H... ...ion

de la f... ...s jours

Chez le même éditeur

AGERON Charles-Robert, *La décolonisation française*, coll. « Cursus », 1991.

AGERON Charles-Robert, (sous la dir. de), *Histoire de la France coloniale*, t. I : *De 1600 à 1914*, tome II : *De 1914 à nos jours*, coll. « Histoires », 1991.

BASTIEN Hervé, *La France contemporaine (XIXe-XXe siècle)*, coll. « U », 1995.

CARON François, *Histoire économique de la France (XIXe-XXe siècle)*, coll. « U », 1995.

DRAÏ Raphaël, *Identité juive, identité humaine*, coll. « Histoires », 1995.

GUILLAUME Pierre, *Histoire sociale de la France au XXe siècle*, coll. « U », 1993.

KOULAKSSIS Ahmed, *Le Parti socialiste et l'Afrique du Nord de Jean Jaurès*, coll. « Histoires », 1992.

MILLMAN Richard, *La question juive entre les deux guerres. Ligues de droite et antisémitisme en France*, 1992.

MILZA Pierre, *Les Relations internationales de 1871 à 1914*, 1990, 2e édition revue et corrigée 1995.

MILZA Pierre, AMAR Marianne, *L'Immigration en France au XXe siècle*, 1990.

MILZA Pierre et BERNSTEIN Serge, *L'Italie contemporaine, du Risorgimento à la chute du fascisme*, « coll. U », 1995.

PROST Antoine, *Petite Histoire de la France au XXe siècle*, « coll. U », 1992.

LEQUIN Yves (sous la dir. de), *Histoire des Français — XIXe et XXe siècle*, 1984.

Ralph Schor

Histoire de l'immigration en France de la fin du XIXe siècle à nos jours

ARMAND COLIN

© Armand Colin/Masson, Paris, 1996
ISBN 2-200-01434-1

Masson & Armand Colin Éditeurs - 4 rue Laromiguière - 75241 Paris Cedex 05

INTRODUCTION

Le territoire français n'a jamais constitué un monde clos. Des grandes invasions de la fin de l'Antiquité aux migrations pacifiques de l'époque contemporaine, des groupes humains plus ou moins importants passèrent ou s'établirent dans l'hexagone. Sous l'ancien régime, des étrangers de talent, artistes, techniciens, négociants, artisans qualifiés, soldats et même grands commis de l'État furent appelés en France. Du XVIe au XVIIIe siècles, quelques-uns des principaux entrepreneurs de l'industrie textile et les spécialistes de l'assèchement des marais venaient de Hollande, les fabricants du goudron indispensable à la construction navale étaient Suédois, beaucoup de sidérurgistes avaient vu le jour en Angleterre, plusieurs grands banquiers étaient originaires de Genève. Parmi les producteurs de cognac, alcool qui symbolise un certain art de vivre français, figuraient un Martell venu de Jersey et un Hennessy irlandais. Les ministres Mazarin et Necker, le maréchal Maurice de Saxe, le peintre le Primatice, les musiciens Lully, Cherubini, Gluck, Offenbach, les philosophes Rousseau, d'Holbach, Helvétius et tant d'autres qui s'illustrèrent en France étaient nés hors de ce pays.

À cette immigration dite de qualité et concernant des effectifs réduits succéda, dans la deuxième moitié du XIXe siècle, une immigration de masse faisant appel à des hommes moins qualifiés. Certes, des artistes et des intellectuels vinrent encore chercher leur inspiration en France, des techniciens possédant des compétences rares exercèrent leurs talents dans ce pays, mais ils furent très largement surclassés en nombre par des travailleurs généralement peu formés venant occuper des emplois dans les campagnes, les usines et certaines activités du secteur tertiaire. À ces immigrés économiques s'ajoutèrent des réfugiés victimes des persécutions politiques et raciales qui s'abattirent sur l'Europe dans la première moitié du XXe siècle.

Dès lors la France devint le lieu d'arrivée de grandes vagues migratoires successives. Jusqu'au milieu du XXe siècle, les Européens, Italiens, Polonais, Belges, Espagnols, occupèrent la première place. Puis, le Portugal mis à part, le recrutement dans les pays du Vieux Monde se tarit progressivement, tandis qu'augmentaient les effectifs de Maghrébins, suivis par les Turcs, les Africains, les Asiatiques. Ainsi se constitua une société bigarrée, diverse par les origines de ses membres, leurs pratiques sociales et culturelles, leurs projets professionnels, leurs aptitudes à l'insertion dans le pays d'accueil. Avec l'augmentation de l'effectif des immigrés se posèrent des problèmes nouveaux ou d'une ampleur jusque-là inégalée. Fallait-il abandonner le mouvement migratoire à la loi de l'offre et de la demande sur le marché du travail ou définir une politique précise fixant les règles de la sélection des étrangers, de leur introduction, de leur répartition par région et par branche professionnelle ? Quel statut juridique devait être assigné aux nouveaux venus ? Comment leurs droits et leurs devoirs devaient-ils être délimités ? Les conditions d'accès à la nationalité seraient-elles libérales ou strictes ? Quels rapports s'instaureraient entre les Français et leurs hôtes étrangers ? Les solutions et les équilibres nécessaires furent d'autant plus délicats à trouver que la France, durant ce siècle, fut rudement éprouvée par deux guerres mondiales, par des crises économiques à répétition, par des mutations profondes de son appareil de production, de sa société, de ses valeurs traditionnelles. Ces chocs et ces évolutions entraînèrent des interrogations, des réflexes de repli ou d'agressivité qui se tournèrent souvent contre les étrangers.

Ceux-ci de leur côté rencontraient des difficultés à s'insérer dans le milieu français. La transplantation, l'immersion dans une société dont généralement les immigrés ignoraient tout, l'acquisition d'habitudes nouvelles, la naissance d'enfants formés dans le moule français, ces facteurs ne pouvaient que remettre en cause la personnalité d'origine et engendrer une ambiguïté identitaire.

Depuis un siècle, la France est devenue la terre d'accueil de nombreuses générations et catégories d'immigrés. Ceux-ci ont enrichi la population de plus de 10 millions de personnes dont 4 millions nés hors du territoire national et 6 millions représentant leur descendance. En 1930, la France était devenue le premier pays du monde, avant même les États-Unis, pour le taux d'accroissement de sa population étrangère. Depuis 1945, l'immigration a assuré plus de 40 % de l'augmentation de la population. Aujourd'hui, 20 % des personnes nées en France possèdent au moins un parent ou un grand-parent ayant immigré au cours du siècle écoulé.

Un phénomène d'une telle ampleur se conciliait en théorie avec la tradition française de l'accueil. Le droit d'asile accordé aux personnes persécutées fait partie intégrante des principes républicains. Cependant le consensus n'a jamais régné en ce domaine. Selon les moments et les hommes en charge de l'autorité, l'accueil se révéla tour à tour libéral ou restrictif, généreux parfois ou hostile à certains moments. En effet, au cours des cent dernières années, la conjoncture fut trop diverse pour qu'une gestion politique ou économique unique et des comportements sociaux invariables fussent observés. L'alternance des phases de croissance et de crise, de paix et de guerre, de stabilité et de mutation imposa à l'histoire de l'immigration des tonalités et des rythmes différents. Si certains Français tenaient l'immigration économique pour une nécessité et le droit d'asile pour un devoir, d'autres au contraire attribuaient toutes les difficultés du pays à la présence étrangère et récusaient le bien-fondé de celle-ci.

En dépit des contrastes de l'accueil et des difficultés souvent profondes qu'entraîne l'installation dans un autre pays, des millions d'immigrés vinrent en France, y demeurèrent et s'y intégrèrent avec plus ou moins de facilité. C'est leur parcours accidenté qu'il importe de connaître pour mieux comprendre la situation présente. En effet, l'immigration fut et reste un des problèmes fondamentaux auxquels est confrontée la société française.

CHAPITRE I

DE LA FIN DU XIXᵉ SIÈCLE À 1914 :
LA MISE EN ROUTE

Dans la deuxième moitié du XIXᵉ siècle, l'immigration vers la France changea de caractère. Le phénomène, qui s'était développé jusque-là à une échelle modeste, concerna des effectifs de plus en plus nombreux et prit une dimension massive.

1. Le processus migratoire avant 1914

D'une manière générale, l'immigration résulte de la combinaison de facteurs démographiques, économiques, politiques, administratifs, voire psychologiques. Selon l'époque, les rapports qui s'établissent entre l'état de la population, le développement de l'économie, la situation sociale, la gestion des affaires publiques diffèrent. A chaque moment historique correspond un ensemble de conditions particulières qui donnent au phénomène migratoire son originalité.

1.1. Les origines du phénomène migratoire

1.1.1. La population française : un état d'anémie

La France possédait 36,9 millions d'habitants en 1876 et 39,6 millions en 1911. Le rapprochement de ces deux chiffres révélait la stagnation démographique du pays.

En tête des pays européens par le nombre de ses habitants en 1800, la France s'était ensuite enfoncée dans un lent déclin qui, au début du XXᵉ siècle, la plaçait au cinquième rang, derrière la Russie, l'Empire allemand, l'Autriche-Hongrie et le Royaume-Uni. Elle ne rassemblait plus sur son sol que 9 % des Européens. La densité de 73,8 habitants au kilomètre carré montrait bien l'état de « basse pression » démographique dans lequel se trouvait l'hexagone.

La natalité apparaissait dangereusement faible. De 1911 à 1913 furent enregistrées en moyenne, chaque année, 746 000 naissances d'enfants vivants, ce qui représentait un taux médiocre de 18,8 pour mille. Le comportement des familles restait volontairement malthusien. En 1896, le nombre moyen d'enfants par famille était de 2,2.

La mortalité reculait. De 1911 à 1913, le nombre moyen de décès annuel fut de 723 000, soit un taux de 18,2 pour mille. L'espérance de vie augmentait : entre 1860 et 1913 elle passa pour les hommes de 38 à 48 ans et pour les femmes de 41 à 52 ans. Malgré ce progrès, la mortalité des Français se situait à un niveau encore relativement élevé, à un taux très proche de celui de la natalité. Certaines années, on comptait même plus de décès que de naissances : ce fut le cas à sept reprises entre 1890 et 1913.

De la sorte, l'accroissement naturel restait très faible, aux alentours de 6 pour 10 000 à la veille de la Première Guerre mondiale. La population française accusait un dangereux vieillissement, ce qui la différenciait de ses principaux voisins, beaucoup plus dynamiques.

1.1.2. La croissance de l'économie française

Dans les années 1890, la France sortit de la longue dépression qui l'affectait depuis le début de la décennie précédente. La reprise suscita une hausse des prix qui, de 1896 à 1913, s'éleva à 40 % pour les produits agricoles et 36 % pour les produits industriels.

Le progrès, mesuré sur le long terme à travers l'évolution du pourcentage de la population active dans les différents secteurs, apparaissait lent : la majeure partie de la population française travaillait dans le primaire.

	Secteur primaire	*Secteur secondaire*	*Secteur tertiaire*
1872	52 %	23 %	25 %
1913	42 %	31 %	27 %

Cependant, depuis le retournement de conjoncture de la fin du XIXe siècle, une accélération du développement industriel s'était produite. Dans plusieurs branches de l'économie, la France se trouvait en tête de l'innovation technologique, ainsi pour l'électrochimie, l'électro-métallurgie, les aciers spéciaux, l'air liquide, l'automobile. La consommation d'électricité quintupla entre 1900 et 1913. Dans l'industrie automobile, la France, premier producteur mondial en 1890, occupait encore la deuxième place en 1913 avec la livraison annuelle de plus de 40 000 véhicules ; cette activité offrait 33 000 emplois en 1913 ; l'entreprise Renault, pour sa part, était passée de 6 ouvriers en 1898 à 4 000 en 1913. La modernisation concernait aussi la sidérurgie qui recourait à des procédés nouveaux ; de 1896 à 1913, la production de fonte doubla et celle d'acier tripla. Cet essor, ajouté à la reprise des échanges ferroviaires, à la mise en service des premières centrales thermiques et à l'urbanisation imposant le chauffage de domiciles plus nombreux, fouetta l'exploitation du charbon.

Au total, la production industrielle connut une croissance des deux tiers entre 1898 et 1913. Dans certains secteurs modernes, comme l'électricité, le caoutchouc, la métallurgie, des taux de croissance de 6 à 9 % par an étaient enregistrés. Les activités traditionnelles comme les mines, le textile, l'alimentation, elles aussi en voie de modernisation, connaissaient des taux plus modestes, mais significatifs, de 2 à 3 %. La France, quatrième puissance industrielle du monde, assurait 7 % de la production planétaire à la veille de la Première Guerre.

Cette économie en plein essor exigeait des ouvriers : entre 1901 et 1911 furent créés 1 600 000 emplois industriels. Or, le vieillissement de la population ne permettait pas de répondre facilement aux besoins. Les solutions auxquelles on recourait, utilisation maximale des hommes en âge de s'employer, lourdeur des horaires de travail qui, dans l'industrie, s'élevaient à 53 heures par semaine en 1913, se révélaient peu satisfaisantes. Aussi, l'immigration apparaissait-elle comme le remède le plus apte à introduire rapidement dans l'appareil productif les hommes jeunes que celui-ci demandait.

1.1.3. La situation dans les pays de départ

L'appel qui, en quelque sorte, était lancé de France rencontrait un écho favorable dans plusieurs pays européens où l'importance de la population dépassait les possibilités d'emploi.

Alors que le taux de natalité culminait à 30 pour mille en Europe centrale et à 32 dans l'Europe de l'Est et du Sud, il stagnait à 18,8 en France.

Taux de natalité et de mortalité (‰) en 1913

Pays	Natalité	Mortalité
Allemagne	27,5	15
Belgique	22,3	14,2
Espagne	30,6	22,3
Italie	31,7	18,7
Portugal	32,5	20,6
Royaume-Uni	24,1	15,5
Suisse	23,2	14,3

D'après Jean-Pierre GENDRON *et alii*, *Écorama*, Nathan, Paris, 1986.

L'importante différence existant entre natalité et mortalité entraînait une forte expansion démographique. Entre 1900 et 1914, la population italienne passa de 32 à plus de 35 millions d'habitants, la population espagnole de 18,6 à 20 millions.

Des progrès économiques avaient été accomplis dans les pays d'Europe centrale et méridionale, mais les profits se trouvaient très inégalement répartis. Les ouvriers et, plus encore, le petit peuple des campagnes étaient mal payés pour de longues journées de labeur et bénéficiaient de peu de garanties. En Italie, la législation sociale adoptée à la fin du XIXe siècle n'était pas appliquée partout. Les régions rurales étaient souvent surpeuplées ; là, des familles nombreuses, dépourvues de terres, mal nourries, entassées dans des maisons petites et inconfortables, connaissaient une misère profonde ; les enfants, mis très jeunes au travail, fréquentaient irrégulièrement l'école et restaient fréquemment illettrés. Ainsi, dans de nombreux pays européens, des hommes jeunes, aspirant à une vie meilleure, étaient tentés par l'expatriation vers une France où existaient des possibilités d'emploi.

La France, patrie des droits de l'homme, jouissait aussi d'une réputation flatteuse – celle d'un refuge généreux – auprès des étrangers persécutés pour des raisons politiques ou religieuses. Tout au long du XIXe siècle, les vaincus des révolutions et les opposants aux régimes autoritaires avaient trouvé en France un asile libéralement ouvert. A la fin du siècle, la tyrannie sévissait encore, surtout en Europe de l'Est, et causait des victimes. Les plus nombreuses de celles-ci étaient les juifs de l'empire russe : les israélites étaient obligés de vivre à l'ouest du pays, dans les zones dites de résidence ; même là, il leur était interdit de s'installer dans les campagnes ; le pourcentage des étudiants admis dans l'enseignement supérieur était limité par un *numerus clausus* allant de 2 à 10 % selon les régions. En Biélorussie, en Ukraine, en Bessarabie, des pogroms éclataient périodiquement, s'accompagnaient de lourds dommages matériels et parfois de morts, cela avec l'assentiment fréquent des autorités. Ces mauvais traitements, ajoutés à la misère dans laquelle se trouvaient confinés la majorité des juifs, poussaient ces derniers à émigrer.

Pour beaucoup de candidats au départ, la France constituait la nouvelle patrie où ils rêvaient de s'installer. Ce pays était beaucoup plus proche géographiquement que la lointaine Amérique et offrait une image séduisante. La France était en effet réputée pour le raffinement de sa civilisation, le prestige de ses penseurs, notamment les philosophes du XVIIIe siècle et les réformateurs sociaux du XIXe. Par dessus tout régnait la représentation d'une France héritière de la grande révolution de 1789, hâvre de liberté, émancipatrice des juifs. Le vieux proverbe est-européen, souvent prononcé en yiddish, « Lebn vi Got in Frankraykh » – Heureux comme Dieu en France – semblait résonner dans l'esprit des victimes de l'autocratisme et les pousser vers l'Ouest.

1.2. Les filières migratoires

Les hommes qui se décidaient à émigrer empruntaient divers chemins. Ceux qui venaient de loin ou qui disposaient de quelques ressources arrivaient généralement par le train. Les Toscans, nombreux en Corse et désignés par le terme générique de *Lucchesi* prenaient un bateau qui les conduisait de Livourne à Bastia. Les plus pauvres, et ils étaient nombreux, n'hésitaient pas à se déplacer à pied en direction des régions françaises où ils espéraient trouver du travail. Certains venaient en passagers clandestins, comme cet Italien de Marseille évoqué dans un témoignage oral :

> « Mon père, il est venu de Procida en 1890 ; il avait 14 ans, il s'est caché dans la cale d'un de ces grands voiliers qui faisaient les campagnes d'un an. Arrivé à Marseille, il a attendu la nuit et il s'est faufilé dans les ruelles du Vieux-Port »[1].

Une partie des émigrants voyageaient seuls et partaient en quelque sorte à l'aventure, en quête d'un travail dans la première région où celui-ci se présenterait. Mais il était fréquent qu'un projet migratoire précis fût construit. Il existait en effet entre les immigrés une active solidarité liant les membres d'une même famille, d'un même village, d'une même région. Le nouvel arrivant était souvent appelé en France par un de ses parents ou de ses compatriotes, déjà installé, ayant trouvé pour son protégé un emploi et un gîte. L'organisation était parfois poussée au point que le voyage se faisait en groupes de plusieurs jeunes d'un même village, attendus par les anciens. A la fin du XIXe siècle, les

---

1. Cité par Anne SPORTIELLO, *Les Pêcheurs du Vieux-Port*, éd. Jeanne Laffitte, Marseille, 1981.

saisonniers agricoles belges, pour leur part, se déplaçaient en équipes pouvant compter quelques dizaines de personnes, obéissant à un chef négociant pour eux les conditions de travail. Les ouvriers agricoles italiens et espagnols, les briquetiers flamands pouvaient aussi se grouper pour le voyage et le labeur.

La chaîne migratoire parvenait dans de nombreux cas à un degré de solidarité familiale, géographique et professionnelle qui éliminait une bonne part des aléas contenus dans l'expatriation. Celle-ci se transformait en projet collectif étalé dans le long terme et éliminant autant que possible le hasard. Ainsi, depuis des lustres, les habitants de Rocca di Ferriere, village de la province de Plaisance, émigraient massivement en raison de la pauvreté de leur terroir, cela sans rompre avec leur petite patrie où ils revenaient périodiquement. Les jeunes, vers l'âge de 15 ou 17 ans, étaient appelés en France par leur père, leur frère aîné ou un oncle. Ce départ ne constituait pas une surprise car les membres de la famille, au cours de leurs séjours antérieurs à Rocca, leur parlaient de la vie en France et les préparaient ainsi au voyage. Les jeunes partaient généralement à la fin de l'hiver, en groupes de quatre ou cinq, et arrivaient dans le XIIe arrondissement de Paris et dans la banlieue Est de la capitale où étaient installés leurs parents. Ceux-ci travaillaient très souvent dans le bâtiment et formaient les nouveaux venus à ce métier. La maçonnerie étant moins active l'hiver, en raison des intempéries, les originaires de Rocca pouvaient alors regagner leur village, tous les deux ou trois ans.

De même, les habitants de certains villages de l'Émilie occidentale, à l'origine bûcherons et fabricants de charbon de bois, fournissaient Paris en *scaldini* ou chauffagistes chargés d'alimenter et d'entretenir les chaudières des grands immeubles, à une époque où se développait le chauffage central au charbon. Là encore, le métier et la clientèle se transmettaient au sein des mêmes familles. Quant aux originaires de la vallée pauvre de Comino dans la province de Frosinone, ils trouvaient une embauche dans certaines verreries de la région parisienne, entreprises qui recrutaient des familles entières logées ensuite dans des baraques à Thiais, Vitry, Ivry, Villejuif. Les hommes de la région de Val Roveto, dans les Abruzzes, venaient effectuer les vendanges dans le Comtat Venaissin. De la sorte, de nombreuses entreprises françaises, agricoles ou industrielles, prenaient l'habitude de faire venir leurs employés d'un village ou d'un groupe de villages précis, leur fournissant une main-d'œuvre plus ou moins spécialisée et ayant l'habitude de l'émigration, ce qui assurait un approvisionnement régulier en bras.

1.3. Un début d'organisation

L'immigration, traditionnellement libre, connut un début de réglementation, en matière de recrutement et de statut juridique, à la fin du XIXe siècle.

1.3.1. Le temps du libéralisme

Jusqu'au début de la IIIe République, l'étranger ne constituait pas une catégorie juridique nettement individualisée. Les spécialistes du droit ne s'intéressaient guère à la question et parfois même éprouvaient des difficultés pour donner une définition correcte de l'individu non français. Les auteurs d'enquêtes sociales ne signalaient pas toujours l'existence de populations immigrées dans les régions où ils effectuaient leurs investigations. Quand ils mentionnaient les étrangers, ils ne les classaient pas à part et les voyaient seulement comme une sous-partie de la classe ouvrière.

Le statut juridique des allogènes différait certes de celui des Français. Les premiers ne jouissaient pas du droit de vote et ne pouvaient entrer dans la fonction publique. Une loi de 1850 les empêchait de créer une école et un décret de 1852 leur interdisait de diriger un journal. Cependant, le triomphe du libéralisme, sanctionné par les accords de 1860 organisant le libre-échange, semblait annoncer une disparition progressive des règles contraignantes pesant sur les étrangers. Déjà, la surveillance policière sur le logement des non-Français, prévue par des textes anciens, tombait en désuétude. Par la loi de 1867, l'Empire libéral facilitait la naturalisation et donnait au nouveau détenteur de la nationalité française tous les droits dont disposaient les citoyens. En matière d'avantages sociaux, dans les sociétés de secours mutuels et les bureaux municipaux de bienfaisance, les étrangers se trouvaient généralement placés sur un pied d'égalité avec les Français ; il en allait de même dans les entreprises pour les fonds versés en réparation des accidents du travail. Les nouveaux venus pouvaient librement adhérer aux syndicats, envoyer leurs enfants à l'école française, créer des associations. Il existait même des cas où les étrangers se trouvaient privilégiés par rapport aux citoyens : les non-Français n'effectuaient pas le service militaire, lequel était très mal accepté dans les milieux populaires autochtones.

Le libéralisme imprimait aussi sa marque au processus migratoire. En effet, ceux qui venaient en France partaient généralement de leur propre initiative. Ils répondaient parfois à l'appel d'un parent ou d'un ami qui les attendait dans le pays d'accueil ; il leur arrivait de suivre un compatriote expérimenté qui, jouant le rôle d'intermédiaire entre les employeurs français et les jeunes désireux d'émigrer, rassemblait ces derniers avant le voyage. Mais il n'existait aucune organisation officielle d'immigration, aucune structure collective de recrutement et d'acheminement des travailleurs, cela jusqu'au début du XXᵉ siècle. Lorsque les étrangers se présentaient à la frontière, le franchissement se révélait facile. Quant au marché de l'emploi, il restait très libre.

1.3.2. Les débuts du recrutement collectif

Les besoins de main-d'œuvre, la volonté d'introduire des travailleurs qualifiés et de garantir aux entreprises un approvisionnement en hommes régulier firent ressentir la nécessité d'une organisation de l'immigration, cela dans la dizaine d'années qui précéda la Grande Guerre. Cette rationalisation n'était pas généralisée ; elle se mettait en place à l'initiative de groupements professionnels ou d'entreprises importantes. Mais, de la sorte, se révélait le besoin de limiter les aléas du libéralisme et de définir une politique de l'immigration.

Dès 1907-1908, la Société des agriculteurs de France créa divers organismes, dont un Comité d'études et de contrôle de la main-d'œuvre étrangère, qui cherchèrent à recruter des travailleurs en Pologne. En 1910, les Houillères du Nord-Pas-de-Calais se tournèrent vers la Westphalie où se trouvaient des mineurs d'origine polonaise et essayèrent d'attirer ceux-ci en France. En 1911, le Comité des Forges, le puissant syndicat des sidérurgistes, envoya ses propres agents en Italie pour y embaucher des ouvriers. Des entreprises prirent pour leur compte des initiatives semblables et se mirent à prospecter en Pologne, en Italie, en Espagne.

1.3.3. Les débuts d'un contrôle administratif

À partir de 1880 s'imposa de plus en plus l'idée que la présence des étrangers en France soulevait de délicats problèmes sociaux et politiques.

Les ouvriers nationaux se plaignaient de la concurrence que les immigrés exerçaient sur le marché de l'emploi. Les nouveaux venus étaient en effet accusés de bénéficier de la préférence patronale pour deux raisons principales : ils acceptaient des salaires inférieurs et, n'étant pas mobilisables, ils constituaient une main-d'œuvre appréciée pour sa stabilité. Au-delà du monde ouvrier, certains milieux nationalistes trouvaient aussi anormal que les étrangers pussent profiter des avantages de la vie en France sans être assujettis au service militaire. Quelques-uns, poussant le raisonnement plus loin, remarquaient que les jeunes étrangers venus, en raison du déclin démographique français, remplacer les nationaux dans les entreprises, pourraient aussi assurer une relève sous les drapeaux. Face à l'Allemagne, bien peuplée, dynamique et considérée comme une ennemie, il fallait former une armée puissante, fut-ce en recrutant les soldats parmi les étrangers. Les nationalistes avançaient un dernier argument : il leur paraissait dangereux de laisser subsister, de génération en génération, des communautés restant juridiquement non françaises, maintenant leurs traditions et leur culture, pouvant un jour représenter un péril politique.

Toutes ces considérations conduisirent à l'adoption, par le Parlement, de la loi du 26 juin 1889 sur la nationalité. Désormais, tout individu né en France de parents nés à l'étranger devenait français à sa majorité, sauf s'il s'y refusait expressément. Quant à l'individu né en France de parents étrangers eux-mêmes nés en France, il recevait la nationalité française sans pouvoir décliner celle-ci. Les modalités de la naturalisation étaient définies : il fallait être majeur, séjourner en France depuis au moins dix ans, faire preuve d'une bonne moralité. De la sorte, si la naturalisation restait aléatoire, l'accès des enfants d'immigrés à la nationalité française se révélait le plus souvent automatique et venait accroître le nombre des citoyens.

Deux autres textes, le décret du 2 octobre 1888 et la loi du 8 août 1893, permirent de mieux surveiller les travailleurs étrangers : l'immigré arrivant dans une commune pour y occuper un emploi devait se faire immatriculer ; la démarche était à renouveler à chaque changement de résidence ; les patrons ne pouvaient embaucher un ouvrier non inscrit. Ces dispositions amélioraient le contrôle policier et fournissaient des renseignements sur les effectifs de travailleurs étrangers, mais n'opéraient pas de sélection et ne fermaient aucune profession. La seule restriction qui existât était imposée par les décrets Millerand du 10 août 1899 : dans les travaux effectués au nom de l'État, des départements ou des communes, l'administration devait fixer un quota d'ouvriers étrangers.

2. Les caractères de la population immigrée avant 1914

La population étrangère se distinguait nettement de la population française par ses caractères démographiques, par ses lieux de résidence et les emplois qu'elle occupait.

2.1. Les caractères démographiques de la population étrangère

De 1851 à la fin du XIXe siècle, la population étrangère présente en France augmenta fortement : 381 000 en 1851, soit 1,05 % de la population totale, 1 001 000 en 1881, soit

2,6 %, 1 160 000 en 1911, soit 2,8 %. Le nombre d'entrées nettes par année passa de 20 000 en moyenne entre 1896 et 1906 à 30 000 entre 1906 et 1911.

2.1.1. Les groupes nationaux

Répartition des étrangers par nationalité de 1851 à 1911

Nationalités	1851	1866	1876	1881	1891	1901	1911
Allemands	57 061	106 606	59 028	81 986	83 333	89 772	102 271
Austro-hongrois			7 498	12 090	12 909	11 730	17 851
Belges	128 103	275 888	374 498	432 265	465 860	323 390	287 126
Britanniques	20 357	29 856	30 077	37 006	39 687	36 948	40 378
Espagnols	29 736	32 630	62 437	73 781	77 736	80 485	105 760
Hollandais		16 158	18 099	21 232	9 078	6 615	6 418
Luxembourgeois					31 248	21 199	19 193
Italiens	63 307	99 624	165 313	240 733	286 082	330 465	419 234
Portugais			1 237	852	1 331	719	1 262
Sujets russes	9 338	12 164	7 992	10 489	14 357	16 061	35 016
Suisses	25 485	42 270	50 303	66 281	83 117	72 042	73 422
Scandinaves		1 226	1 622	2 223	2 811	3 012	3 793
Grecs		720	892	1 252	2 035	2 225	2 902
Roumains,				857			
Serbes, Bulgares		369	702	1 494	1 677		8 080
Turcs		565	1 174		1 851	2 757	8 132
Africains				510	813	1 150	3 120
Asiatiques			417	18 039	433		1 458
Divers	45 902	36 940	20 465		15 943	39 238	24 419
Total	379 289	655 036	801 754	1 001 090	1 130 211	1 037 778	1 159 835
% de la population	1,05 %	1,7 %	2,1 %	2,6 %	2,8 %	2,6 %	2,86 %

D'après Jacques DUPAQUIER et Jean-Pierre POUSSOU, *Histoire de la population française*, Tome 3 : *De 1789 à 1914*, PUF, Paris, 1988.

Le groupe national le plus important demeura tout au long du XIXe siècle celui des Belges : 374 000 en 1876, soit 46,7 % de la population étrangère totale, 465 000 en 1891, soit 41 %. Leur nombre diminua au début du XXe siècle, probablement en raison de la politique française de naturalisation.

Les Italiens qui, depuis le milieu du XIXe siècle, occupaient la deuxième place et augmentaient régulièrement, en chiffres absolus et en pourcentage (15 % du total des étrangers en 1876 et 25 % en 1901), prirent le premier rang en 1901 et le conservèrent pendant soixante ans. En 1911, ils étaient 419 000, soit 36,1 % de la population étrangère totale.

À la troisième place se situaient, alternativement selon les années de recensement, les Espagnols ou les Suisses. En 1911, les personnes venues d'outre-Pyrénées représentaient 9,1 % de la population étrangère totale et les Helvètes 6,3 %. Parmi les nationalités comprenant plus de 10 000 individus apparaissaient les Britanniques, au nombre de 40 000 en 1911, les Russes avec 35 000 sujets, les Luxembourgeois qui étaient près de

20 000. Les effectifs des Allemands augmentèrent après la guerre de 1870 car, parmi eux, étaient comptés des Alsaciens-Lorrains ayant quitté les provinces annexées, mais n'ayant pas opté pour la France en temps utile. Les Maghrébins apparaissaient très peu nombreux : une enquête officielle estima que 4 000 à 5 000 Algériens séjournaient en métropole en 1912. Ainsi 89 % des étrangers venaient des pays européens limitrophes de la France.

2.1.2. Une prépondérance masculine en régression

La population immigrée étant surtout constituée d'individus venus chercher des emplois en France présentait très logiquement une majorité d'hommes jeunes proposant leur force de travail au pays d'accueil. En effet, au recensement de 1911, la communauté allogène comprenait 624 393 hommes pour 535 442 femmes, soit un rapport de masculinité de 116,6.

Cependant, la prépondérance des hommes reculait en raison de la sédentarisation de plus en plus poussée des étrangers qui fondaient une famille, appelaient auprès d'eux femmes et enfants restés dans la patrie d'origine. L'évolution enregistrée dans la population italienne était éloquente : on y comptait 181 hommes pour 100 femmes en 1861, puis 158 en 1872 et 139 en 1896. Parallèlement, la proportion des célibataires, plus importante chez les étrangers que chez les Français, en raison du déséquilibre des sexes et des difficultés de la vie quotidienne, diminua.

2.1.3. Une population jeune

Autre différence séparant Français et étrangers, ces derniers présentaient un pourcentage beaucoup plus important d'individus jeunes. Sur une pyramide des âges, les tranches entre 20 et 50 ans apparaissaient plus fortes chez les immigrés. Un Italien sur trois avait moins de 20 ans. Au-delà de 60 ans, les effectifs d'étrangers se réduisaient nettement pour deux raisons principales : le phénomène migratoire étant relativement récent, les nouveaux venus n'avaient pas encore atteint un âge avancé ; de plus, beaucoup, après un séjour de durée variable en France, rentraient chez eux pour y finir leurs jours (voir graphique page suivante).

La jeunesse des étrangers, à laquelle se conjuguaient le poids des traditions et l'ignorance des pratiques anticonceptionnelles, expliquaient que le taux de natalité de cette communauté dépassât celui des Français : 24,2 pour mille contre 22,5 chez les nationaux pour la période 1888-1891. En chiffres absolus, le nombre des naissances étrangères s'élevait à environ 25 000 par an à la fin du XIXᵉ siècle. C'était aussi la jeunesse qui réduisait le taux de mortalité comparé à celui des Français : 16,8 pour mille contre 22,2.

2.2. *La répartition des étrangers dans l'espace français*

Les étrangers se concentraient traditionnellement dans les régions frontalières limitrophes de leur pays d'origine, ainsi que dans la région parisienne. Avec le temps, s'accentuait la tendance à la dispersion, le long des voies de communication, en direction des grandes zones d'activité économique. Ainsi, les cartes d'implantation étrangère présentaient un croissant de départements densément peuplés sur les bordures nord, est et sud du pays.

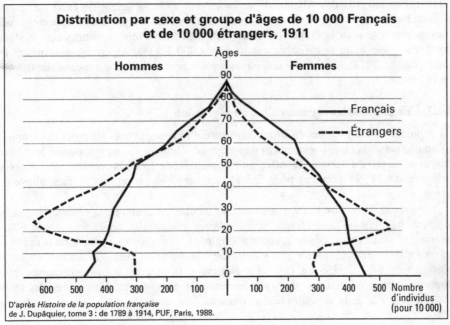

Distribution par sexe et groupe d'âges de 10 000 Français et de 10 000 étrangers, 1911

D'après *Histoire de la population française* de J. Dupâquier, tome 3 : de 1789 à 1914, PUF, Paris, 1988.

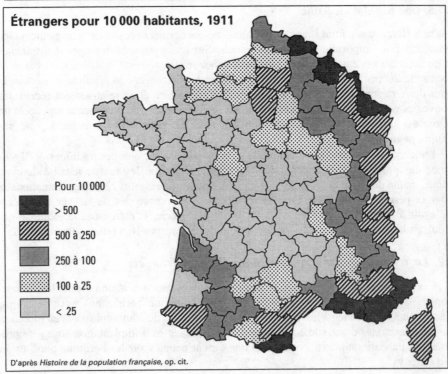

Étrangers pour 10 000 habitants, 1911

Pour 10 000

> 500
500 à 250
250 à 100
100 à 25
< 25

D'après *Histoire de la population française*, op. cit.

Les principaux noyaux étrangers par département

	1881	*1911*
Nord	277 512	180 004
Seine	193 046	204 679
Bouches-du-Rhône	75 738	137 223
Alpes-Maritimes	43 803	99 233
Ardennes	34 814	–
Meurthe-et-Moselle	24 800	66 462
Var	22 941	49 305

Les Belges se massaient dans le Pas-de-Calais, les Ardennes et surtout le Nord où fut recensée plus de la moitié d'entre eux en 1911. L'industrie textile de l'agglomération lilloise leur offrait de nombreux emplois. Dans les années 1870, quelque 55 % des habitants de Roubaix possédait la nationalité belge. Le petit voisin du nord envoyait aussi nombre de saisonniers agricoles qui venaient aider aux moissons dans le Bassin parisien et même couper des arbres dans le Massif central.

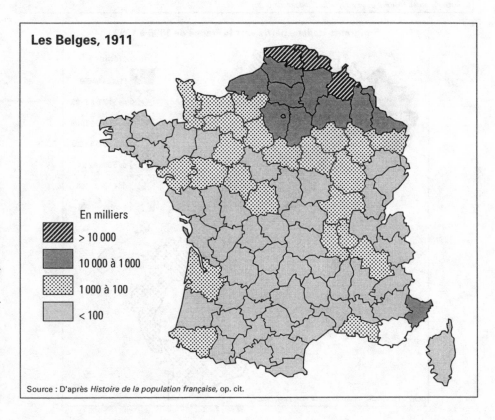

Les Belges, 1911

En milliers
- > 10 000
- 10 000 à 1 000
- 1 000 à 100
- < 100

Source : D'après *Histoire de la population française*, op. cit.

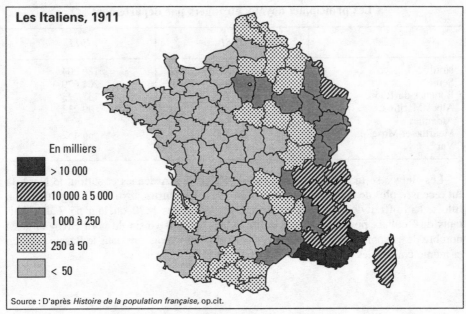

Les Italiens, 1911

En milliers

> 10 000

10 000 à 5 000

1 000 à 250

250 à 50

< 50

Source : D'après *Histoire de la population française*, op.cit.

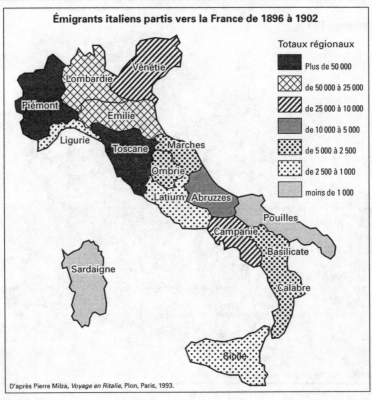

Émigrants italiens partis vers la France de 1896 à 1902

Totaux régionaux

Plus de 50 000

de 50 000 à 25 000

de 25 000 à 10 000

de 10 000 à 5 000

de 5 000 à 2 500

de 2 500 à 1 000

moins de 1 000

Vénétie

Lombardie

Piémont

Emilie

Ligurie

Toscane

Marches

Ombrie

Latium

Abruzzes

Pouilles

Campanie

Basilicate

Sardaigne

Calabre

Sicile

D'après Pierre Milza, *Voyage en Ritalie*, Plon, Paris, 1993.

La quasi-totalité des Italiens vivaient dans la moitié orientale de la France. A l'exception de la région parisienne où se trouvaient 10 % des Transalpins et de quelques départements isolés, comme la Gironde, possédant un petit noyau d'un millier de représentants de cette nationalité, 85 % des Italiens se concentraient à l'est d'une ligne Nancy-Montpellier. La région qui les retenait en priorité était le Midi méditerranéen, proche de la péninsule et plus particulièrement des régions septentrionales de celle-ci : Piémont, Lombardie, Toscane, Émilie, qui fournissaient environ les trois quarts des migrants. Le Midi français offrait également, dans ses centres urbains et ses campagnes, de nombreux emplois à une population qui, de plus, retrouvait là des paysages, des modes de vie, des dialectes proches de ceux du pays natal. Enfin, les liens noués dans le passé – le Comté de Nice n'avait été rattaché à la France qu'en 1860 – concourraient à atténuer le dépaysement. Les mêmes caractères, proximité géographique, emplois, ancienneté des liens entre la Savoie et le Piémont, expliquaient l'importance d'une deuxième zone de présence italienne dans les Alpes du Nord et la région lyonnaise. Le département de la Seine, région d'activité économique intense, formait le troisième noyau d'implantation transalpine avec 35 000 personnes en 1906. Des centres secondaires se formaient depuis les dernières années du XIXe siècle, notamment dans le Sillon rhodanien, les bassins miniers du Nord et de la Lorraine.

Les Espagnols se rassemblaient surtout dans le Sud-Ouest et se dirigeaient aussi vers le Languedoc où ils venaient participer aux vendanges. Certains s'aventuraient jusque dans les mines de fer de Normandie.

Les représentants des autres nationalités étaient généralement concentrés dans les villes, surtout à Paris où, en 1911, furent dénombrés plus de 75 % des Russes vivant en France, plus du tiers des Anglais et des Suisses. Les Algériens venus en métropole, encore peu nombreux, s'employaient dans les docks et les industries marseillaises ; quelques-uns se dirigeaient vers Paris. C'était aussi dans la capitale que s'installait la majorité des juifs d'Europe de l'Est, notamment les Russes fuyant les pogromes de 1881.

2.3. *Les étrangers au travail*

La population étrangère, formée principalement d'individus venus chercher du travail en France, se singularisait très logiquement par un taux d'activité important qui s'élevait à 57 % en 1901.

La majorité des immigrés était employée dans l'industrie où ils effectuaient une bonne part des tâches pénibles, dangereuses ou répétitives. En 1901, ils constituaient 12 % de la main-d'œuvre totale retenue dans l'industrie chimique. Dans les dernières années du XIXe siècle, les Belges formaient 30 % des tisseurs de Roubaix ; dans certaines usines textiles du Nord, ils fournissaient jusqu'à la moitié des manœuvres accomplissant les travaux les plus difficiles et les moins payés. Les Italiens à eux seuls représentaient 10 % des ouvriers du bâtiment ; ils se dirigeaient aussi vers les carrières, les mines, l'industrie métallurgique et chimique, notamment dans le Midi : la moitié des mineurs de Gardanne et des employés des savonneries de Marseille étaient transalpins, de même que 80 % des ouvriers des huileries et des raffineries de pétrole du Bas-Rhône. Les houillères du Nord commençaient à appeler des Kabyles et surtout des Polonais installés jusque-là en Westphalie.

Aux marges de l'industrie, les étrangers travaillant à domicile fournissaient une main-d'œuvre importante dans la confection, la maroquinerie, le travail de la fourrure, toutes ces spécialités étant souvent le propre des juifs d'Europe de l'Est. Une foule de petits métiers étaient exercés par des immigrés souvent nomades : rémouleurs, rempailleurs de chaises, cordonniers, ramoneurs, vitriers...

Entre l'artisanat et le commerce, la frontière apparaissait souvent floue. Les étrangers tenaient un grand nombre de boutiques ou d'éventaires ambulants. Ils vendaient des produits alimentaires, des vêtements, des chaussures. Certaines activités devenaient une quasi-spécialité nationale : les Italiens étaient réputés pour leurs talents artistiques qui se manifestaient notamment dans l'ébénisterie, l'orfèvrerie, la production de statues d'albâtre ; les juifs orientaux excellaient dans la fabrication des casquettes ; les Chinois n'avaient pas leur pareil comme pédicures.

Environ 11 % des immigrés occupaient un emploi dans les services domestiques. C'était le seul domaine où les femmes surclassaient nettement les hommes en nombre ; là se retrouvaient près du tiers des étrangères salariées. Elles étaient bonnes à tout faire, femmes de chambre, gardiennes d'enfants, concierges, chez des particuliers ou dans l'hôtellerie.

Plus de 13 % des étrangers se vouaient à la pêche et aux travaux de la terre, surtout comme ouvriers agricoles. Nombreux étaient les pêcheurs italiens dans le Midi méditerranéen. Vers 1900 à Marseille, beaucoup de Gênois exerçant ce métier comptaient trois générations de présence. Depuis les années 1880, des pêcheurs napolitains venaient en plus grand nombre et s'installaient surtout dans le quartier Saint-Jean ; leurs épouses s'établissaient souvent comme poisonnières. Dans les campagnes, il fallait distinguer les permanents et les saisonniers. Parmi ces derniers, les Belges accomplissaient dans le Nord et le Bassin parisien un circuit éprouvé : ils arrivaient au printemps pour le binage des betteraves ; l'été ils effectuaient les moissons ; à l'automne ils aidaient à l'arrachage des betteraves, des pommes de terre, du lin, à la cueillette du houblon, à la torréfaction de la chicorée. Dans le Midi, les Italiens se rendaient indispensables pour les vendanges, la cueillette des fleurs et des fruits, notamment les olives. Les Espagnols participaient à tous les travaux agricoles en Aquitaine et aux soins de la vigne dans le Languedoc-Roussillon.

Les étrangers se rangeaient dans les catégories inférieures et peu qualifiées de la population active.

La population active étrangère en 1901

	Hommes	*Femmes*	*Total*	*%*
Pêche Agriculture	63 203	16 833	80 036	13,3
Industrie	247 406	60 765	308 171	51,3
Manutention Transports	27 497	11 940	39 437	6,5
Commerce	57 048	24 246	81 294	13,5
Professions libérales Service public	12 574	12 988	25 562	4,2
Domesticité	8 221	57 349	65 570	10,9
Total	415 949	184 121	600 070	

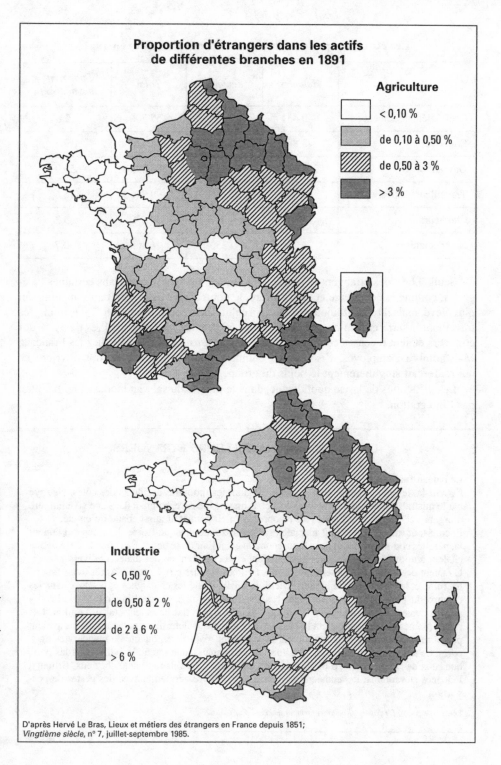

Proportion d'étrangers dans les actifs de différentes branches en 1891

Agriculture

- < 0,10 %
- de 0,10 à 0,50 %
- de 0,50 à 3 %
- > 3 %

Industrie

- < 0,50 %
- de 0,50 à 2 %
- de 2 à 6 %
- > 6 %

D'après Hervé Le Bras, *Lieux et métiers des étrangers en France depuis 1851*;
Vingtième siècle, n° 7, juillet-septembre 1985.

Les étrangers par catégories socio-professionnelles en 1901

	Hommes	*Femmes*	*Total*	*% par rapport aux actifs étr.*
Chefs d'établissement	40 431	17 275	57 706	9,6
Employés	43 884	70 556	114 440	19
Ouvriers	248 637	56 655	305 292	50,9
Travailleurs isolés	64 907	35 069	99 976	16,6
Chômeurs	15 460	4 210	19 670	3,2
Non déclarés	4 210	356	4 566	0,7

Seuls 9,6 % des étrangers se déclaraient chefs d'établissement. Dans certaines catégories, comme le commerce et l'agriculture, le pourcentage de propriétaires apparaissait plus élevé, mais il restait toujours inférieur à celui des Français : ainsi, 18 % des immigrés travaillant la terre étaient propriétaires contre 50 % chez les Français. Près de 51 % des étrangers étaient recensés comme ouvriers, *stricto sensu*, contre 34 % chez les Français. Mais nombre d'employés, d'isolés et de chômeurs partageaient la condition ouvrière, ce qui renforçait singulièrement le poids du groupe.

Les difficultés de la vie quotidienne, dans le monde du salariat modeste, ne facilitait pas l'intégration.

L'ARRIVÉE DES TRAVAILLEURS ÉTRANGERS

Le bateau filait au large de La Ciotat.

Ce soir-là, le temps était si clair qu'on distinguait les moindres accidents des côtes. Nettoyé par le mistral, qui venait de s'apaiser, le ciel, d'un gris bleuâtre, baignait dans une vive lumière d'argent ; et, bien qu'on fût à la mi-octobre, le soleil paraissait aussi chaud qu'en été.

Encore tout transis d'une nuit glaciale et d'une matinée presque froide, les gens qui étaient là, parqués comme un bétail dans l'entrepont, avaient l'air de se dégeler au contact de la bonne chaleur automnale. Les hommes gesticulaient et vociféraient en des dialectes divers.

C'étaient des émigrants italiens, avec leurs femmes et leurs progénitures. Après avoir fauché les foins et les blés, arraché le maïs, cueilli le raisin, gaulé les châtaignes et les noix dans les champs du pays natal, ils s'en allaient, selon leur coutume, passer l'hiver à Marseille. La plupart avaient fait maintes fois le voyage. Aussi l'aspect des lieux leur était-il familier. Les riches plaines qui se déployaient là-bas, derrière la ligne violette des montagnes, ils les avaient parcourues en chemin de fer ou à pied, ils y avaient séjourné en qualité de manœuvres agricoles, de terrassiers et d'ouvriers d'usine ; ils en connaissaient mieux les villages et les ports que ceux de la côte ligure, d'où ils venaient. On aurait dit qu'ils rentraient chez eux. Brutaux, loquaces et vantards, ils tendaient leurs bras vers la terre vermeille, avec des gestes de possession.

Louis BERTRAND, *L'Invasion. Roman contemporain*, Plon, Paris, 1907.

3. Le difficile chemin de l'intégration

Les étrangers étaient rarement poussés par l'idée d'une expatriation définitive, d'autant que les incidents xénophobes dont ils étaient régulièrement victimes leur rappelaient la précarité de leur situation en France. Cependant, un nombre grandissant d'immigrés s'installaient durablement et s'intégraient dans le pays d'accueil.

3.1. L'instabilité

3.1.1. Un projet de séjour temporaire

Le travailleur étranger qui venait en France cherchait essentiellement à améliorer sa condition matérielle et pensait au début que son expatriation était temporaire. Le plus souvent, il projetait d'accumuler des économies, pour aider sa famille restée au pays, pour s'acheter des terres ou une boutique dans le village natal. L'acquisition de cette petite aisance était fréquemment liée à l'idée d'épouser une compatriote, puis d'assurer à celle-ci et aux enfants nés de cette union une vie meilleure dans le cadre familier du pays d'origine. Quant au réfugié politique, il vivait aussi dans l'espoir du retour, après la chute ou la transformation du régime politique cause de son exil.

Ces dispositions d'esprit n'incitaient pas les immigrés à s'enraciner en France. Ainsi, le nombre des Italiens ayant franchi la frontière entre 1870 et 1940 est estimé à 3 500 000, mais un tiers seulement d'entre eux demeura de ce côté des Alpes et y fit souche. Dans le Nord, nombre de Belges, de Luxembourgeois et de Sarrois, qualifiés de « frontaliers », faisaient quotidiennement la navette entre leur pays et les entreprises françaises qui les employaient. Le matin, à pied, en tramway, en train, des flots d'ouvriers transportant quelques provisions pour leur repas de midi traversaient la frontière et, le soir, regagnaient tout aussi régulièrement leur domicile situé dans le pays voisin.

3.1.2. La mobilité professionnelle et géographique

Même parmi ceux qui restaient plus durablement en France, une fréquente instabilité professionnelle et géographique venait contrarier les éventuels projets d'installation. Les immigrés, qui comprenaient une majorité d'hommes jeunes et célibataires, libres de toute attache, n'avaient aucune raison de s'attarder là où les conditions de travail ne leur convenaient pas. Déçus ici, espérant trouver mieux ailleurs, n'hésitant pas à tenter une nouvelle expérience peut-être profitable, ils changeaient volontiers d'entreprise et de région. Le nomadisme était d'ailleurs la règle dans certains métiers saisonniers ou artisanaux et les Français n'étaient pas loin de voir les immigrés comme des sortes de vagabonds vaguement suspects. Certes, à l'intérieur des grandes villes, des quartiers « ethniques » commençaient à se constituer, mais, même dans le cadre plus étroit de la cité, la mobilité apparaissait fréquente : les vieux centres délabrés et certaines banlieues hébergeaient une population flottante de travailleurs peu qualifiés, attendant une embauche journalière, prêts à partir si la conjoncture économique se dégradait ou s'ils entendaient parler d'une tâche bien rémunérée dans une autre région. A Marseille et dans sa périphérie, on observe tout au long du XIXe siècle des déplacements de la population étrangère, déplacements conditionnés par l'ouverture de grands chantiers en divers points de l'agglomération, le creusement du canal de Marseille et des bassins à flot, l'achèvement de la voie ferrée, la construction des grands bâtiments publics.

Cette mobilité, ajoutée aux plaintes que cette errance professionnelle engendrait chez les employeurs privés de main-d'œuvre et à la méfiance qu'elle inspirait aux Français sédentaires, entravait singulièrement l'intégration des étrangers.

3.1.3. Les quartiers étrangers

Ceux des étrangers qui mettaient un terme provisoire ou définitif à leurs pérégrinations avaient tendance à se regrouper par nationalité dans des quartiers spécifiques.

À la fin du XIXe siècle, les Italiens de Paris se rassemblaient en nombre dans les XIe, XIIe, XVIIIe et XIXe arrondissements. D'autres « petites Italies » se formaient en Lorraine, autour des mines, dans les bassins de Briey et de Longwy, puis à proximité des établissements sidérurgiques. A Marseille, les Napolitains investissaient les taudis du Vieux-Port, tandis que d'autres Transalpins s'installaient près des usines dans le nord de la ville. Bordeaux possédait un « quartier espagnol », de même que les cités du Nord comptaient leurs « rues belges ».

Dans leurs petites « enclaves » nationales, les immigrés pratiquaient une active solidarité, conservaient leur langue ou leur dialecte, leurs habitudes culinaires, vestimentaires, festives ; des boutiques offraient les produits du pays d'origine. Le maintien de cette culture freinait l'insertion dans la société française et entretenait aussi la méfiance de certains autochtones, inquiets de voir naître des îlots étrangers voyants, jugés parfois trop autonomes. Cette crainte contribuait à nourrir la xénophobie.

3.2. *Le rejet xénophobe*

Tout le XIXe siècle fut ponctué d'incidents entre ouvriers français et étrangers. En 1819, dans les années 1830, en 1848-1849, les Belges, les Anglais, les Allemands furent critiqués, insultés, molestés par des autochtones furieux. Mais les violences les plus graves furent enregistrées à la fin du siècle. Margueritte Perrot a pu dénombrer 89 incidents xénophobes, parfois meurtriers, entre 1867 et 1893.

3.2.1. Les affrontements xénophobes

Les Belges figuraient fréquemment parmi les victimes des incidents. On peut citer les émeutes anti-belges de Liévin en 1892 et 1901, de Drocourt dans le Pas-de-Calais en 1892, émeutes qui entraînèrent le départ précipité des victimes, les incidents de Jeumont en 1893 et Hollain en 1895. De nouvelles émeutes éclatèrent à Tourcoing en 1899 et 1900, à Hollain et Armentières en 1903 ; la pression des ouvriers français amena le repli des frontaliers poursuivis par leurs assaillants jusque sur le sol belge. De violentes bagarres se produisirent encore à Montigny-en-Gohelle en 1910.

La hargne anti-italienne apparut sans doute plus vive et causa la mort d'une trentaine de sujets transalpins entre 1881 et 1893, principalement dans le Midi. Ainsi, en juin 1881, les « Vêpres marseillaises » naquirent des sentiments supposés hostiles que les Français prêtaient aux Italiens, alors que les troupes coloniales venant d'imposer le protectorat à la Tunisie défilaient victorieusement dans le centre de la cité phocéenne. Durant quatre jours, des foules passionnées firent la chasse aux Italiens accusés d'avoir sifflé les soldats français. Le bilan de 3 morts et 21 blessés fut relativement limité par l'intervention énergique de l'armée. En revanche, beaucoup plus meurtrière se révéla la tuerie d'Aigues-Mortes dans le Gard, en août 1893 : les ouvriers français, se plaignant de la concurrence et de l'agressivité des Italiens aux Salins du Midi, attaquèrent leurs rivaux à coups de gourdin et de pierres. Le bilan précis de ce véritable pogrom ne put jamais être établi car des chasses à l'homme, dont le résultat sanglant resta inconnu, se déroulèrent loin du bourg, dans les marais. Le communiqué officiel fit état de 8 morts et de plusieurs dizaines de blessés graves.

UN ÉPISODE DE LA TUERIE D'AIGUES-MORTES

Au moment où le capitaine croyait pouvoir mettre en sûreté à Aigues-Mortes ceux qu'il protégeait, la population de la ville, échauffée par le vin et la colère, se porta à sa rencontre et attaqua les Italiens par-devant, tandis que la bande qui les suivait les frappait par-derrière. Malgré les pierres qui pleuvaient, ce lamentable convoi peut enfin pénétrer dans la ville, mais à ce moment les actes de sauvagerie redoublent. A chaque instant des Italiens tombent sans défense sur le sol, des forcenés les frappent à coups de bâtons et les laissent sanglants et inanimés. Toutes les portes se ferment devant eux. Pour échapper aux coups, ces malheureux se couchent sur le sol les uns au-dessous des autres, les gendarmes leur font un rempart de leurs corps, mais les pierres volent et le sang ruisselle. M. le préfet eut enfin l'heureuse idée de les faire conduire à une tour de fortifications où ils trouvèrent enfin le salut. Six d'entre eux avaient été tués et une quarantaine avaient reçu des blessures. L'un de ces derniers a succombé dans la nuit et plusieurs autres sont encore en danger. Peu après, vers deux heures trente, deux Italiens sont reconnus sur la place Saint-Louis. La foule se précipite sur eux et les frappe à coups de bâtons sous les yeux des magistrats impuissants. L'un est tué et l'autre gravement blessé. Enfin, vers sept heures du soir, sous la protection de deux compagnies d'infanterie et d'un détachement d'artilleurs à cheval, arrivés enfin de Nîmes, les Italiens réfugiés dans la boulangerie et ceux qu'on avait enfermés dans la tour de Constance, sauf deux trop grièvement blessés et qui ont été portés à l'hôpital, ont pu être amenés à la gare et conduits à Nîmes et à Marseille.

Rapport du procureur général de Nîmes au garde des Sceaux, 22 août 1893, Archives nationales, *BB 18 1947*.

Nouvel épisode violent, en juin 1894, l'assassinat du président Sadi Carnot par l'anarchiste italien Sante Caserio entraîna des incidents anti-italiens, surtout à Lyon, incendie et pillage de magasins, chasses à l'homme qui, cette fois, ne causèrent pas de morts. Les années suivantes, d'autres émeutes visant les Transalpins éclatèrent à Rioupéroux et à La Mure dans l'Isère, dans la région parisienne, à Joeuf et Aubagne.

3.2.2. Les origines des affrontements

La réaction xénophobe, phénomène anthropologique banal, n'était pas nouvelle. La communauté, qu'elle soit villageoise ou nationale, se méfie fréquemment de « l'autre », de l'inconnu, soupçonné de vouloir prendre la place des autochtones, méprisé et rejeté en raison même de sa différence. Or les immigrés apparaissaient bien différents des nationaux, même les Belges qui parlaient le français, mais avec un accent reconnaissable. Les étrangers nouvellement arrivés, nomades ou vivant à part, dans les pires conditions d'hygiène, faisant naître une crainte liée à leur apparence misérable et à leur caractère fruste, souvent murés dans leur dialecte natal, communiquaient peu avec les Français. Ces derniers soulignaient et amplifiaient les différences au point de les mythifier : les images de la Flamande crédule ou de l'Italien primitif, jouant volontiers du couteau, à la fois violent et lâche, étaient très répandues. Les surnoms attribués aux nouveaux venus mettaient l'accent sur certaines de leurs particularités jugées plus ou moins ridicules. Dans le Nord, les Belges étaient qualifiés de « cloutjes », terme désignant les sabots qu'ils s'obstinaient à chausser, de « boyaux rouges », comme ceux des porcs mangeant des pommes de terre en grandes quantités, de « pots d'bure ». Les Italiens étaient « mangeurs de macaronis », avant de devenir de simples « macaronis » ; dans le Midi ils étaient des « babi » ou des « christos » pratiquant leur religion d'une manière ostentatoire qui choquait le prolétariat déchristianisé dans cette région.

Les troubles pouvaient commencer de manière apparemment fortuite, souvent à l'occasion d'une réunion populaire ou d'une fête. La consommation d'alcool, la nervosité et l'excitation collective aidaient à la manifestation de la xénophobie latente. A Toulouse en 1895, ce fut une altercation dans un bal qui dégénéra en une émeute au cours de laquelle quelque 4 000 Français allèrent piller et incendier les logements des Bohémiens dans le quartier Saint-Cyprien. A Aubagne, le 14 juillet 1899, les Italiens furent victimes de jeunes, qui avaient trop bu en ce jour de fête nationale, et de marginaux venus de Marseille en quête de mauvais coups.

Cependant, les actes hostiles aux étrangers révélaient surtout une crise profonde d'ordre économique ou politique. Ainsi, sur les 89 incidents xénophobes recensés entre 1867 et 1893, 58 survinrent entre 1882 et 1889, soit en pleine dépression économique.

LA PEUR DE LA CONCURRENCE ÉTRANGÈRE

Chaque jour plus nombreux, les ouvriers étrangers viennent faire concurrence à la main-d'œuvre nationale, les uns sans esprit de retour, avec l'intention de se fixer dans notre pays, de s'y faire naturaliser au bout d'un temps plus ou moins long, les autres, infiniment plus nombreux, dans l'idée d'y réunir quelque argent qu'ils remporteront ensuite dans leur pays natal. Les uns et les autres contribuent à déprécier les salaires français, les seconds surtout – venus en France sans famille, vivant en commun, s'imposant de lourdes privations qu'un homme ne peut supporter que pendant un temps limité, acceptant un surmenage anormal – peuvent sur le marché français offrir leur travail à des prix absolument inférieurs qui tendent à maintenir à un niveau inférieur aussi le taux général des salaires.

Cette influence se fait sentir dans de nombreuses régions de notre pays, en particulier, cela va de soi, dans les provinces frontières, dans le Nord et le Nord-Est, où Belges et Luxembourgeois affluent, dans le Sud et le Sud-Est où Italiens et Espagnols pullulent.

Nous demandons, que, dans toute industrie, les ouvriers étrangers ne puissent être embauchés à des salaires inférieurs aux salaires français, ceux-ci pouvant être aisément constatés dans l'industrie et dans la région, par un Conseil mixte ouvrier et patronal, tel, par exemple, le Conseil des prud'hommes.

J'ajoute que cette disposition devrait avoir, à mes yeux, pour nécessaire conséquence, celle-ci : qu'en cas de grève, un patron ne pourrait embaucher plus d'ouvriers étrangers qu'il n'en employait avant l'ouverture du conflit.

L. Mirman, *La Voix du Peuple*, 12 mars 1898.

Si en temps de prospérité l'immigré inspirait la méfiance, en période de chômage il devenait ouvertement l'adversaire, le concurrent sur le marché de l'emploi, accusé au surplus d'accepter des conditions de travail et des salaires inférieurs, de se tenir en marge des mouvements revendicatifs et de briser les grèves. Avec la crise, les Français dépourvus de travail refluaient vers les tâches peu qualifiées qu'ils refusaient auparavant. Or ils s'y heurtaient aux étrangers fournissant dès l'origine d'importants contingents de manœuvres, de terrassiers, d'employés divers, ayant acquis une certaine expérience et généralement appréciés de leurs patrons. Le principe de la priorité aux nationaux ne jouant guère, ceux-ci mettaient en cause la docilité de leurs rivaux face à un patronat exploiteur et éprouvaient l'impression d'une invasion étrangère victorieuse.

La fin du XIXe siècle fut également marquée par une consolidation du sentiment national, exacerbé par la défaite de 1870, entretenu par une partie de la classe politique et par les programmes scolaires. Dans ce domaine aussi le vocabulaire traduisait la volonté d'humilier ou d'insulter l'immigré, rabaissé au niveau d'un sujet colonisé quand on le traitait de « kroumir », « bédouin », « sarrasin », « zoulou », ou assimilé à l'ennemi le plus détesté : « Prussien », « uhlan », « alboche ». Les incidents anti-italiens les plus nombreux éclatèrent quand les relations diplomatiques entre les deux pays se tendirent, dans les années 80, alors que l'Italie s'alliait à l'Allemagne et à l'Autriche-Hongrie au sein de la Triplice et qu'ainsi une guerre contre le royaume transalpin devenait plausible. Beaucoup de Français regardaient avec condescendance une Italie à la fois ingrate, car elle oubliait l'aide que lui avait apportée la France pour réaliser son unité, et ridicule, car les qualités guerrières de ses fils étaient jugées particulièrement médiocres.

CONJONCTION DE LA POLITIQUE ET DE L'ÉCONOMIE
Affiche placardée sur les murs du quartier parisien de Charonne après l'assassinat du président Carnot, le 26 juin 1894

Camarades,

Vous devez tous connaître à l'heure actuelle l'horrible attentat dont vient d'être mortellement victime le chef de notre pays.

Cet assassinat (il n'y a pas d'autre qualification à donner à cet acte) a été commis par un Italien – et nous autres Français supportons sans rien dire la présence de ces êtres infects dans nos usines où ils occupent la place d'honnêtes ouvriers français qui meurent de privations et de misère. Depuis longtemps nous avons l'intention et le désir de nous débarrasser de cette vermine.

Croyez-vous que le moment n'est pas arrivé ?

A Paris, trois briqueteries bien connues dans le quartier Saint-Fargeau occupent une quantité énorme d'Italiens.

Pour nous en débarrasser, nous vous engageons énergiquement à vous rallier à nous et à venir grossir nos rangs pour la sommation que nous voulons faire aux patrons de ces usines de ne plus s'occuper de cette mauvaise graine, il y a assez de Français qui attendent du travail et qui sont aussi courageux que ces individus-là.

Une réunion aura lieu à ce sujet le

Camarades, ne manquez pas, soyez en nombre, l'UNION fait la force.

Pour un groupe d'ouvriers Français de différentes usines
TRICOIRE

Archives de la Préfecture de police de Paris, BA 995.

3.2.3. Une amorce de politisation chez les immigrés

Les autorités françaises, pour leur part, avaient des raisons précises de considérer avec suspicion les communautés étrangères. C'était naturellement la fonction même de la police de surveiller les nouveaux venus dont les comportements et les attaches politiques, mal connus, pouvaient troubler l'ordre. En vérité, la majorité des étrangers observait une attitude réservée et n'affichait guère de préférences idéologiques, à supposer que celles-ci existassent.

Cependant, des minorités actives se singularisaient. Ainsi, dans le Nord, certains Belges, comme Émile Fauviau, figuraient parmi les premiers militants du syndicalisme. Dans les années 80, les socialistes belges exercèrent une nette influence dans les usines textiles. Dans plusieurs régions, des Espagnols et surtout des Italiens prenaient une place importante dans l'action politique. Il était révélateur que quelque 200 à 250 Transalpins se fussent engagés dans les rangs communards en 1871, tel Napoleone La Cecilia, ancien de « l'expédition des Mille », promu général par ses camarades, ou Amilcare Cipriani, autre vétéran garibaldien, évoluant de l'anarchisme vers le socialisme, déporté en Nouvelle-Calédonie jusqu'en 1880 et exerçant une forte influence dans le mouvement ouvrier jusqu'à sa mort en 1918. D'une manière générale, les Italiens jouaient un rôle moteur au sein des milieux anarchistes, malgré la surveillance policière et les fréquentes expulsions. Dans les premières années du XXe siècle, ils constituaient plus de 60 % des anarchistes étrangers connus des services de la Sûreté. A Marseille, en 1882, le préfet dénombrait 22 anarchistes transalpins, qualifiés de « redoutables », pour 12 à 15 Français. La grande cité phocéenne faisait figure de capitale du mouvement ouvrier italien émigré car, dans ses murs, se constituaient de gros noyaux transalpins, majoritaires dans certaines entreprises, bien encadrés par de jeunes militants ayant dû fuir la péninsule, comme le journaliste Luigi Campolonghi, les syndicalistes révolutionnaires Montanari et Alceste De Ambris. Ce fut à La Ciotat que fut organisé, du 7 au 9 novembre 1899, le premier congrès de l'Union socialiste italienne en France, à Marseille que se tint le second congrès, les 5 et 6 mai 1900. A cette dernière réunion étaient représentés les groupes socialistes italiens de toute la France, notamment de Paris, Lyon, Nice, Toulon, Cannes, Hyères. Mais la fédération des Bouches-du-Rhône, avec son millier d'adhérents, représentait 80 % des effectifs existant dans tout l'hexagone.

Cet actif engagement politique et syndical, conduit par des militants expérimentés, intelligents, responsables, explique l'ampleur de la participation italienne aux mouvements revendicatifs, dans la région marseillaise dès les années 80, mais aussi dans l'Isère et en Lorraine sidérurgique au début du XXe siècle. L'initiative de ces luttes revint parfois aux immigrés et il arriva même qu'ils y prissent une part importante, supérieure à celle des Français. Ces derniers ne pouvaient plus accuser en toute circonstance leurs camarades transalpins de briser les grèves.

Ainsi, l'instabilité et le rejet xénophobe marginalisaient les étrangers, mais leur participation croissante au débat politique et social révélait que, au moins pour une partie d'entre eux, une forme d'intégration avait commencé à s'opérer.

3.3. Le début de l'intégration

Pour la catégorie numériquement très faible des notables étrangers, l'intégration n'avait jamais constitué un problème redoutable. Il existait dans les grandes villes une mince frange d'étrangers qualifiés d'« élites », aristocrates fortunés, industriels et négociants prospères, écrivains et artistes concentrés principalement à Paris. Ces personnes, généralement bilingues, à l'abri du besoin matériel, sauf certains artistes encore inconnus, nouaient facilement des relations avec leurs pairs français et entraient tout naturellement dans la société du pays d'accueil. Ainsi l'écrivain italien Giovanni Papini, venu à Paris en 1906, rencontra Bergson, Gide, Péguy, Sorel, Picasso ; ses compatriotes Marinetti et Ungaretti fréquentèrent Apollinaire, Paul Fort, Péguy, le groupe du « bateau-lavoir ». A Marseille, le Grec Théodore Rodocanachi, riche négociant, devint un bienfaiteur de sa ville d'adoption ; son compatriote Etienne Zafiropoulo fonda sa fortune sur le commerce des blés de la Mer Noire, la minoterie et l'armement maritime ; tout en gardant sa nationalité d'origine, il se mua en notable respecté, commandeur de la Légion d'Honneur, doyen du Conseil de direction de la Caisse d'épargne. De même, les Suisses de Marseille, formant une bourgeoisie commerçante aisée et solidaire, restaient fidèles à leurs racines tout en s'intégrant facilement à la vie de la cité. A Chantilly, une influente bourgeoisie anglaise se vouant aux activités hippiques préservait certes sa spécificité culturelle, mais se mêlait à la société française qui appréciait la présence de ces Britanniques distingués.

En revanche, la masse des immigrés, entravés par les obstacles culturels, absorbés par une dure vie de labeur, plus souvent visés par la xénophobie populaire, devait suivre un chemin beaucoup plus long et sinueux pour s'intégrer. Il n'en demeure pas moins que, dès la fin du XIXᵉ siècle, le processus intégrateur existait.

Le rôle de l'école doit, pour cette période, être relativisé car la fréquentation n'apparaissait ni générale ni régulière. Cependant, ceux qui en recevaient l'enseignement se trouvaient profondément marqués. Le consul d'Italie à Marseille observait en 1901 :

> « C'est par l'école que s'effectue le plus efficacement le travail d'assimilation et d'attraction vers la nouvelle patrie. Au contact de leurs camarades français les enfants italiens contractent les habitudes, les idées que ceux-ci reçoivent à la maison (...). De plus, les enfants italiens ont une influence sur leurs parents (...) et finissent par leur communiquer les mêmes sentiments de sympathie pour la nation française, concourant à déterminer leur désir de se faire naturaliser »[1].

En fait, le principal facteur d'intégration était la durée du séjour et l'enracinement progressif. Au recensement de 1891, sur 1 100 000 étrangers, plus de 420 000, soit 38 %, étaient nés en France. Des signes démographiques et économiques indubitables confirmaient la stabilisation de l'immigration. Ainsi la proportion des femmes augmentait régulièrement, de même que le nombre des mariages mixtes. Le taux d'activité se réduisait, ce qui traduisait un vieillissement de la population étrangère. En 1901, près de 10 % des étrangers se rangeaient dans la catégorie des chefs d'établissement, proportion non négligeable qui révélait une ascension sociale, certes modeste, mais qui eût été presque inexistante dans le cas d'une immigration commençante. Le renforcement du militantisme politique, qu'on a vu, soulignait aussi la présence d'étrangers installés depuis assez longtemps pour abandonner l'attitude timide des nouveaux venus et s'attacher à la défense résolue de leurs droits. Beaucoup d'individus étaient déjà fils ou petits-fils d'immigrés. Leur éducation, leurs activités sociales et politiques, la loi elle-même faisaient d'eux des Français. A ce titre, ils allaient bientôt participer aux combats de la Grande Guerre et payer « l'impôt du sang ».

---

1. Cité par Pierre Milza, *Français et Italiens à la fin du XIXᵉ siècle*, École française de Rome, 1981, page 833.

CHAPITRE II

1914-1918 : ÉTRANGERS ET COLONIAUX À L'AIDE DE LA FRANCE

La Grande Guerre, avec son cortège d'épreuves, mobilisa toutes les énergies, celles des nationaux comme celles des étrangers. Ceux-ci, sous des formes diverses, furent affectés dans les unités combattantes ou, à l'arrière, participèrent à l'effort productif du pays.

1. L'entrée en guerre

Dans les jours qui précédèrent l'entrée en guerre de 1914, de nombreux Allemands et Austro-Hongrois, pressentant l'issue de la crise internationale, regagnèrent précipitamment leur pays. Des Italiens, ignorant le parti que prendrait le gouvernement de Rome, en firent autant. Dès le 2 août 1914, les ressortissants des nations ennemies restés en France furent invités à se faire connaître, afin d'être rapatriés ou internés dans des centres spéciaux. Leurs biens furent ensuite mis sous séquestre ou confiés à des administrateurs provisoires. Seules quelques catégories de personnes se trouvèrent épargnées par les mesures de rigueur : ceux qui étaient gravement malades, les Françaises devenues étrangères par mariage, les parents d'un fils servant sous le drapeau français, les Alsaciens et Lorrains, juridiquement allemands mais considérés comme des Français en puissance. Au milieu de 1915, le nombre des internés civils était de 21 000 dont 7 500 Allemands et 4 600 Austro-Hongrois. Ces chiffres baissèrent par la suite, car les belligérants conclurent des accords d'échange de civils. Cependant, en 1918, quelque 6 000 ressortissants des pays ennemis se trouvaient encore dans les dépôts français.

En 1914, les mesures de contrôle s'effectuèrent dans un climat d'excitation chauvine. Les Allemands présents en France avant l'entrée en guerre étaient souvent accusés d'espionnage ou d'accaparement économique. *Le Journal de Nice*, dans un article du 14 août 1914, intitulé « Nos hôtes d'hier », observait :

« Il importe de le dire bien haut : les Allemands avaient véritablement envahi la Côte d'Azur. La mobilisation des barbares armées du Kaiser a permis de constater combien cette infiltration, lente, continuelle et méthodique, avait livré à nos pires ennemis, tous espions, une partie de nos industries hôtelière et florale ».

Une autre feuille des Alpes-Maritimes, *Le Réveil Niçois* du 16 août 1914, ajoutait :

« A Nice, comme dans toutes les villes du littoral, beaucoup d'Austro-Allemands sont propriétaires de villas, maisons et hôtels. Il faut que leurs biens soient confisqués au profit de leurs victimes ruinées et en faveur des œuvres charitables, d'assistance ou de mutualité. Défense devra être faite à tous les sujets de l'ex-empire allemand de revenir s'établir ou acquérir en France, cela pendant cinquante ans ».

Dans la rue, les Allemands qui avaient négligé de se faire immatriculer auprès des autorités et qui étaient reconnus se trouvèrent parfois victimes de véritables scènes de lynchage. Des Français grands et blonds, des Suisses, des Alsaciens et Lorrains que leur physique ou leur accent désignaient à la méfiance d'une foule soupçonneuse subirent aussi des violences injustifiées. Des rumeurs folles se répandirent. Ainsi, dans le Lot et la Corrèze, le bruit courut que des Allemands déguisés en femmes distribuaient aux enfants des bonbons empoisonnés.

Les Italiens ne se trouvaient pas à l'abri de la critique. Le gouvernement de Rome s'était certes désolidarisé de ses alliés de la Triplice et avait proclamé sa neutralité, mais ce revirement apparaissait trop récent pour désarmer le réflexe nationaliste. Celui-ci était fréquemment stimulé par l'actualité. Ainsi, le quotidien *Il Secolo* ayant annoncé en octobre 1914 que des automobiles italiennes seraient livrées à l'Allemagne, les ouvriers marseillais s'indignèrent et rappelèrent en outre la concurrence que leur faisaient subir les Transalpins dans les entreprises de la région. D'une manière générale, un certain nombre de mobilisés s'irritait de ce que les Italiens pussent rester en sécurité à l'arrière et prendre possession des emplois vacants.

En vérité, en matière d'emploi, la situation apparaissait contrastée. La présence des étrangers se révélait absolument nécessaire dans les industries extractives ou l'agriculture qui vit partir, tout au long de la guerre, 3 700 000 hommes, soit 45 % de la population active agricole. En revanche, l'entrée en guerre par la désorganisation qu'elle causa, rendit moins utile les immigrés dans certaines branches occupant abondamment ce type de main-d'œuvre : des adjudications de travaux publics furent ajournées ; la quasi-monopolisation des transports terrestres et maritimes à des fins militaires priva diverses industries des matières premières qu'elles importaient, ainsi les huileries qui ne reçurent plus d'oléagineux, les fabriques de pâtes alimentaires qui furent privées de semoules ; les usines jugées non prioritaires furent approvisionnées très parcimonieusement en charbon qui constituait leur principale source d'énergie. Les entreprises qui travaillaient désormais au ralenti ou même cessèrent toute production renvoyèrent leurs employés étrangers. Dans certaines régions un important chômage se développa. Ainsi, dans les Alpes-Maritimes, où les activités de service et les industries alimentaires occupaient en temps normal de nombreux Italiens, le préfet estimait que le ralentissement économique général avait fait refluer dans le pays voisin la moitié des actifs transalpins. La mobilisation italienne en mai 1915 amplifia le reflux.

2. Étrangers et coloniaux au combat

Au cours de la première guerre mondiale, aux côtés des soldats français combattirent des contingents alliés et des coloniaux plus ou moins forcés de participer à la lutte.

2.1. Les volontaires

Dès la déclaration de guerre, des bureaux d'enrôlement s'ouvrirent dans les principales villes. Un décret du 3 août 1914 permit en effet l'engagement des étrangers pour la durée du conflit. Diverses personnalités non françaises vivant à Paris lancèrent des appels exhortant leurs compatriotes à se mettre au service de ce pays dont la cause leur semblait juste. Ainsi, les signatures de volontaires affluèrent. En définitive, un total de 42 883 étrangers représentant 52 nationalités combattirent sous le drapeau français. Avec ces effectifs, la Légion étrangère put organiser cinq régiments de marche.

Les Allemands posaient un problème particulier car la convention de La Haye du 18 octobre 1907, reconnue par la France en 1910, interdisait à tout belligérant d'obliger les ressortissants du pays adverse à se battre contre ce dernier. Aussi les légionnaires allemands furent-ils envoyés outre-mer, notamment au Maroc.

La Légion subit des pertes au combat et dut également se séparer de certains hommes qui regagnaient leur armée nationale quand leur pays d'origine entrait dans le conflit. Avec ceux qui restaient, le commandement créa en novembre 1915 une nouvelle unité, le Régiment de marche de la Légion étrangère, sous les ordres du colonel Rollet. Ce corps s'illustra jusqu'à la fin de la guerre, notamment à Verdun. Avec le Régiment d'infanterie coloniale du Maroc, il devint l'unité la plus décorée de France. Sur les divers théâtres d'opération, la Légion perdit 6 000 de ses soldats.

LA LÉGION ÉTRANGÈRE AU COMBAT

Les compagnies avancent. Le système de défense des « Ouvrages Blancs » est enlevé.

Les premiers prisonniers allemands longent les parapets ; le feu de leurs mitrailleuses les oblige à sauter dans nos boyaux. Ces prisonniers sont jeunes ; ils rient, et sont employés au transport des blessés ; ils semblent implorer protection contre leurs sous-officiers pris avec eux, et qui les traitent avec une brutalité sans nom.

Le petit grenadier espagnol Hill s'amuse férocement. Avec Kordochenko (gravement blessé plus tard), il jette des grenades dans les abris à demi effondrés d'où les Boches ne peuvent pas sortir.

« Combien êtes-vous là dedans ? demande le Russe qui bredouille allemand.

– Cinq.

– Voilà cinq grenades ! Une pour chacun, et deux de rabiot ! »

Des éclatements secs, cinglants ; des cris...

« Ils ont leur compte ! A d'autres ! »

Ils parcourent les boyaux, couteaux à la ceinture, grenades en main. (...)

L'aspect du champ, sous le brouillard roux qui s'atténue, est terrible. Parmi les morts, voici Midowich : le pauvre vieux n'a jamais autant ressemblé à Dante ! Près de lui, la face méconnaissable : un cadavre... mais cette barbiche de Méphisto est bien celle de Furlotti... elle est pointée vers Léonard, le jaloux Léonard ! bravement mort, lui aussi !

Albert ERLANDE, *En campagne avec la Légion étrangère*, Payot, Paris, 1917.

Avec les Russes, les Suisses et les Belges, les Italiens figuraient au premier rang des nationalités étrangères les plus représentées dans l'armée française. En août 1914, le gouvernement de Rome s'était déclaré neutre dans le conflit qui s'ouvrait. Cette décision, qui dissociait l'Italie de ses anciens alliés Allemagne et Autriche-Hongrie, n'avait pas empêché les autorités françaises de maintenir par prudence des troupes sur la frontière des Alpes et certains nationaux d'exprimer leur méfiance à l'égard du pays voisin, hier encore membre de la coalition anti-française.

Cependant, dès les premiers jours de la mobilisation, les immigrés italiens s'étaient montrés sensibles à l'appel lancé en faveur de la France par le fils du héros des Deux Mondes, Ricciotti Garibaldi. Celui-ci qui, aux côtés de son père, s'était déjà battu contre les Prussiens en 1870, voulait à nouveau défendre un pays symbolisant pour lui l'héritage révolutionnaire et la démocratie. Au début, l'état-major français se méfia de la réputation d'agitateurs faite aux garibaldiens et hésita à utiliser les ressortissants d'un pays resté officiellement allié à l'ennemi. Mais les besoins en hommes, après les lourdes pertes enregistrées dans les premières semaines de guerre, et la pression de personnalités françaises favorables à l'Italie vainquirent les réserves. En septembre 1914, Peppino Garibaldi, fils de Ricciotti, fut placé à la tête d'un régiment regroupant 3 000 de ses compatriotes volontaires, vêtus de la célèbre chemise rouge. Entraînés au combat par des sous-officiers de la Légion étrangère, les Italiens furent engagés en Argonne entre le 26 décembre 1914 et le 9 janvier 1915. Après de durs assauts, un quart de ces hommes furent tués ou blessés ; parmi les morts figuraient deux frères Garibaldi, Bruno et Costante.

Les garibaldiens furent alors précipitamment démobilisés afin, semble-t-il, que leurs lourdes pertes ne pussent impressionner défavorablement l'opinion italienne à l'égard de la guerre. Repliés à Avignon, congédiés sans vêtements civils et sans argent, ils causèrent divers désordres et déprédations dans la cité des papes. De ces incidents étaient responsables non pas les combattants politisés, attachés à la liberté personnifiée par la France, mais plutôt les marginaux, les déclassés, les aventuriers qui avaient toujours figuré dans les unités garibaldiennes.

Les Italiens qui, depuis août 1914, étaient des neutres dont une partie s'engageait volontairement dans l'armée française passèrent au statut d'alliés en mai 1915.

2.2. Les alliés

Tout au long de la guerre, la France, où affluèrent les contingents des nations alliées, fut un rendez-vous des peuples.

2.2.1. La diversité des hommes et des réactions

Parmi ceux qui furent présents dès la première heure figuraient les soldats du Royaume-Uni, Anglais, Gallois, Écossais, Irlandais, bientôt rejoints par leurs camarades du *Commonwealth*, Canadiens, Australiens, Néo-Zélandais, Sud-Africains, Indiens. Le Havre et plus encore Rouen, ports par lesquels arrivaient ces hommes et leur matériel, devinrent presque des enclaves britanniques. Les Belges se regroupèrent près du Havre, à Sainte-Adresse, où le gouvernement royal en exil s'installa d'octobre 1914 à décembre 1918.

Les Portugais entrèrent en guerre en mars 1916 et envoyèrent en France un corps expéditionnaire de 55 000 hommes qui débarqua à Brest le 2 février 1917. Ce corps, rattaché à l'armée britannique, fut disposé sur le front des Flandres. Le 5 décembre 1917, à Lisbonne, un coup d'État porta au pouvoir le dictateur Sidonio Pais. Celui-ci, germanophile, ne renversa pas les alliances de son pays, mais laissa à l'abandon ses compatriotes se battant en France et n'assura plus la relève. Ce fut donc une unité incomplète et démoralisée qui subit une rude offensive allemande sur la Lys, le 9 avril 1918, et compta de lourdes pertes. Aussi le corps expéditionnaire portugais fut-il retiré du front.

En avril 1917, les États-Unis entrèrent à leur tour dans le conflit. Les soldats américains, nantis d'un matériel considérable, armes, munitions, nourriture, arrivaient principalement par Bordeaux. Leur quartier général de l'arrière se trouvait à Tours.

Entre les Français et tous ces hôtes nouveaux se nouèrent des rapports divers. Les soldats alliés bénéficiaient *a priori* d'un capital de sympathie. Même si, en fonction du comportement des hommes au combat, des appréciations variables étaient portées sur la valeur militaire des contingents nationaux, la communauté des épreuves subies au front faisait naître un esprit de camaraderie. Les Français se montraient souvent surpris par les différences séparant les armées : différences des uniformes dont la coupe, la couleur, les insignes et décorations variaient considérablement ; les jupes des Écossais, le bonnet de police au gland d'or arboré par les Belges, la mise impeccable des Américains étaient particulièrement remarqués ; différences des musiques et des pas de marche ; différences des gestes, des langues, des habitudes alimentaires. Avant 1914, certaines régions françaises connaissaient certes déjà les immigrés, généralement originaires des pays voisins. Mais la Grande Guerre entraîna la venue massive d'hommes nés beaucoup plus loin, au-delà des océans, des hommes observés de près et offrant des particularités plus visibles. Ainsi, la période de 1914 à 1918 procura en un sens aux Français une ouverture sur le monde.

Les Français connaissaient les noirs originaires de l'empire colonial et éprouvaient généralement pour eux un sentiment de sympathie paternelle. Or les troupes américaines comprenaient aussi des soldats de couleur et les autorités françaises s'alarmèrent à l'idée que ces hommes pussent bénéficier de la cordialité ordinairement témoignée aux coloniaux. Les gradés furent mis en garde par leurs supérieurs : on leur expliqua que les Américains blancs étaient unanimement prévenus contre les noirs et que toute amabilité à l'égard de ces derniers choquerait profondément l'opinion blanche, persuadée que son salut dépendait d'une ségrégation stricte. En conséquence, des instructions précises furent élaborées à l'intention des officiers français : éviter tout contact trop étroit avec les officiers noirs, y compris le serrement de main et les conversations en dehors du service ; ne pas vanter exagérément les troupes de couleur devant les Américains ; détourner les civils de se montrer trop proches des noirs et empêcher autant que possible la femme blanche de s'afficher avec un homme de couleur.

Il n'était pas toujours nécessaire de freiner la sympathie entre les Français et leurs hôtes. Une chronique d'incidents plus ou moins violents et un catalogue de griefs émaillant les années de guerre pourrait être dressé. Ça et là, des soldats pris de boisson, se lançant dans des querelles obscures ou se disputant des femmes, se battirent contre des Français eux-mêmes ivres, effrayés ou projetant de dévaliser des militaires étrangers peu méfiants. Les Anglais étaient accusés d'exploiter à l'excès les régions qu'ils contrôlaient, de rationner le pain de manière drastique, de réglementer la vie quotidienne des civils, de piller les maisons abandonnées. Les soldats exotiques étaient craints pour leur assiduité auprès des jeunes filles françaises et les maladies vénériennes qu'ils étaient censés colporter. Les Américains faisaient monter le prix des denrées car, percevant une allocation supérieure à celle des autres soldats, ils ne marchandaient jamais.

Dans certains cas, les relations entre Français et étrangers étaient plus nettement conditionnées par un arrière-plan politique. Ce fut surtout le cas avec les Italiens et les Russes.

2.2.2. Les épreuves de la sœur latine

La neutralité qu'observait le gouvernement de Rome depuis août 1914 amena diverses associations et notables appartenant à la colonie immigrée à redouter qu'un fossé ne se creusât entre les deux nations, à multiplier les déclarations de loyauté et à afficher une vive sympathie pour la cause française. Des conférenciers italiens, bénéficiant d'un appui officiel de ce côté des Alpes, prêchèrent en faveur d'une intervention de la « sœur latine » aux côtés des alliés.

Quand cette intervention arriva enfin, en mai 1915, des scènes de fraternisation spontanée, entre Français et immigrés italiens, se produisirent, surtout dans les villes du Sud-Est où les ressortissants du pays voisin étaient nombreux et où la crainte de devoir considérer l'Italie comme une ennemie, si elle rejoignait ses premiers alliés, ne s'était jamais totalement dissipée. A Nice, les Transalpins habitant dans les quartiers populaires exprimèrent leur soulagement, tandis que les Français manifestaient leur joie dans les rues en défilant avec les drapeaux des deux pays, en chantant les hymnes nationaux et en faisant une ovation au consul général. En revanche, les chefs d'entreprises se montraient plus réservés, car ils redoutaient que la mobilisation des hommes en âge de servir ne leur fît perdre une main-d'œuvre précieuse. De fait, la désorganisation observée dans certains secteurs économiques en août 1914 s'était révélée passagère et, depuis, dans une France privée par la guerre d'une bonne partie de ses travailleurs, tous ceux qui pouvaient concourir à l'effort de production étaient appréciés. Ce besoin de main-d'œuvre explique que des patrons aidèrent leurs ouvriers italiens à échapper à leurs obligations militaires et même que l'administration française ne fit pas toujours preuve d'un zèle extrême pour arrêter les insoumis. Un nombre inconnu mais sans doute non négligeable d'Italiens réussit à se faire oublier. D'autres mobilisés au début et ayant connu les épreuves des tranchées, choisirent de déserter à la faveur d'une permission dans leur famille restée en France.

Sur le plan militaire, de même qu'après la défaite de Caporetto des unités françaises étaient allées combattre en Italie, des soldats transalpins vinrent prêter main-forte aux Français. En effet, en juillet 1918, à la suite de l'enfoncement du front allié par les Allemands dans la région de Reims, la brigade *Alpi* fut envoyée en renfort. Là, face à un ennemi puissamment armé et deux fois supérieur en nombre, les Italiens se battirent héroïquement, repoussèrent dix-neuf assauts, lancèrent sept contre-attaques, laissèrent sur le terrain 5 000 morts et comptèrent autant de blessés.

2.2.3. Les répercussions de la Révolution de 1917 dans le contingent russe

Les soldats du contingent russe ne furent pas seulement confrontés à l'épreuve du feu. Le gouvernement du tsar, allié de la France et du Royaume-Uni, demandait à ces puissances de lui fournir des armes et des munitions pour contenir les Empires centraux. Les occidentaux, qui disposaient de peu d'excédents en matériel et se méfiaient de l'utilisation qu'en feraient les Russes, proposèrent à ces derniers une sorte de marché : en échange des livraisons, des soldats du tsar, dont l'effectif fut estimé à 40 000, seraient envoyés sur le front de l'Ouest.

Ce fut ainsi qu'en avril 1916 arriva en France un corps expéditionnaire russe. Celui-ci essuya des pertes sévères dans les combats. Les hommes, qui étaient généralement des paysans simples et frustes, éveillèrent la méfiance ou l'hostilité des populations françaises quand ils furent mis au repos à l'arrière. Leur compatriote, l'écrivain Ilya Ehrenbourg, correspondant de guerre, alla les voir à la fin de 1916, « dans cette terre de Champagne où ces hommes humbles montent la garde »[1] et fut ému par leur détresse.

Quand les Russes apprirent l'abdication de Nicolas II, puis l'enchaînement des événements qui devaient conduire à la révolution d'octobre 1917, ils laissèrent éclater leur joie. La plupart estimaient que la guerre était terminée pour eux et souhaitaient regagner au plus vite leur pays. Des soviets se formèrent spontanément dans les unités et présentèrent les revendications des soldats. L'état-major français ne voulut pas laisser au front ces hommes qui ne voulaient plus se battre et les dispersa, puis, inquiet de les voir répandre des idées révolutionnaires auprès des autres troupes, les rassembla au camp de La Courtine, près de Limoges. Les Russes, mécontents d'être maintenus de force en France et traités en suspects, se révoltèrent. Cette mutinerie fut sévèrement réprimée. Les meneurs considérés comme les plus dangereux furent envoyés dans les bataillons disciplinaires d'Afrique ; les autres furent enfermés dans des camps comme Précigné, Surville, Allibeaudière, Souhèmes et, surveillés par des troupes coloniales, y subirent des conditions de détention dures. Ceux qui acceptèrent de travailler dans des entreprises françaises bénéficièrent d'un sort plus doux.

Quelle que fût leur situation, retenus dans des camps ou travaillant à l'extérieur, les Russes étaient considérés avec antipathie par une bonne partie de l'opinion française. Cette observation d'un policier du département des Landes s'appliquait partout : « On signale une grande tension dans les rapports entre ces étrangers et la population autochtone, civile et militaire »[2]. Les responsables de l'ordre, les employeurs, les milieux politiques modérés voyaient dans les Russes des agitateurs en puissance, des propagandistes de la révolution, et les accusait d'avoir trahi la cause alliée en abandonnant le combat au pire moment, en 1917. Seule la gauche qui éprouvait de l'admiration pour les bolcheviks prit la défense des soldats russes retenus en France contre leur gré et maltraités : « La bourgeoisie se venge sur eux de son dépit et de sa haine contre la révolution russe », observait *l'Humanité*[3].

Finalement les émissaires français et russes signèrent un accord de rapatriement en 1920. Seuls 6 300 hommes, hostiles au nouveau pouvoir ou déserteurs des anciennes unités impériales, demandèrent à rester en France.

2.3. Les troupes coloniales en France

Le recrutement de soldats dans l'empire colonial français ajouta à la bigarrure des troupes de la Grande Guerre.

2.3.1. La ponction en hommes dans les colonies

Ce fut d'abord l'Afrique du Nord et plus particulièrement l'Algérie qui se trouva mise à contribution. Les « indigènes » du Maghreb étaient répartis dans des corps d'infanterie

---

1. *Rirzeoye vedomosti*, 6 décembre 1916.
2. Rapport de janvier 1919, Archives nationales, F7 13 488.
3. *L'Humanité*, 23 mars 1920.

(les tirailleurs) et de cavalerie (les spahis). L'Algérie qui fournissait les effectifs les plus importants était soumise à un système de recrutement particulier : les soldats les plus nombreux étaient les engagés, séduits par des primes attractives. Les appelés, très minoritaires, ne représentaient que 3 878 hommes sur les 28 930 tirailleurs inscrits sur les rôles en 1914. En Afrique occidentale, le recrutement par voie d'appel parmi les jeunes de 20 à 28 ans, mis en place en 1912, permettait de former des corps de tirailleurs sénégalais.

Les lourdes pertes subies dès les premières semaines de la guerre amenèrent l'administration française à intensifier les recrutements dans tout l'empire. Les engagements furent stimulés par des méthodes parfois douteuses, comme l'utilisation de rabatteurs, les pressions sur les communautés pour qu'elles fournissent des « volontaires ». En Algérie, le décret du 7 septembre 1917 institua dans la pratique un service militaire obligatoire, sans remplacements ni dispenses.

Les ponctions en hommes exercées par la métropole suscitèrent des révoltes dans le Sud constantinois et dans l'Ouest-Volta, des dérobades de jeunes s'enfuyant dans la brousse, la présentation aux commissaires de recrutement d'individus malades, frêles ou âgés. En définitive, l'Algérie fournit 172 000 hommes se partageant de manière à peu près égale entre engagés et appelés ; la Tunisie, où la conscription fut instaurée, envoya 60 000 hommes et le Maroc 37 000 volontaires. En Afrique occidentale furent recrutés 134 000 soldats, en Indochine 43 000 et à Madagascar 34 000.

2.3.2. La découverte de la France

Acheminés en France, les soldats coloniaux durent affronter un environnement pour eux nouveau et étonnant, parfois hostile. Venus de pays chauds, ils se trouvaient exposés à la pluie et au froid de l'hiver ; beaucoup furent victimes de gelures, de bronchites, de pneumonies. Les individus fragiles, recrutés en plus grand nombre à la fin de la guerre, quand les besoins en hommes rendaient les commissions de réforme moins regardantes, se trouvèrent décimés par des maladies comme la rougeole, la méningite cérébro-spinale, le typhus. Les musulmans, qui craignaient de consommer une nourriture non conforme aux prescriptions de leur religion, ne mangeaient parfois que des fruits et s'exposaient à la dysenterie.

Les troupes indigènes faisaient l'objet d'une surveillance attentive et étaient soumises à des discriminations diverses. Les services de la censure n'hésitaient pas à ouvrir les lettres expédiées vers les pays d'origine. Les contacts avec les Français étaient limités. Les permissionnaires coloniaux pouvaient se rendre dans des centres d'hébergement spécialisés, mais rarement dans des familles françaises où l'on craignait qu'ils ne subissent des influences politiques révolutionnaires ou défaitistes. Jusqu'en 1917, les soldats musulmans d'Afrique du Nord reçurent moins de permissions leur permettant de rentrer chez eux que les Français résidant au Maghreb. En matière d'encadrement, les gradés français étaient toujours plus nombreux que les gradés indigènes. Un Algérien ne pouvait dépasser le grade de lieutenant, sauf s'il était naturalisé français, situation très rare ; et même dans ce cas, il pouvait seulement devenir capitaine.

Au combat, les coloniaux faisaient parfois preuve d'inexpérience et d'affolement, voire de refus d'obéissance quand ils étaient engagés trop vite, sans formation suffisante. Le maniement du matériel moderne les déconcertait. Des pontonniers nord-africains furent effrayés à la vue d'un grand fleuve comme le Rhône.

2.3.3. L'évolution du lien colonial

Les autorités françaises s'attachèrent à résoudre les difficultés en se montrant sensibles aux particularités des coloniaux et en les traitant avec des égards paternels. Ainsi, pour établir un climat de confiance, le commandement fut confié à des officiers connaissant bien les mœurs et si possible la langue des pays d'origine. Les fêtes traditionnelles furent respectées. Les musulmans reçurent une nourriture spéciale ; des cafés maures et des salles de prière furent aménagés ; les rites d'inhumation islamique scrupuleusement suivis. En matière militaire, l'instruction des hommes progressa, surtout à partir de 1915 quand le front se stabilisa. Mieux formés et comprenant ce qu'on attendait d'eux, les soldats se révélèrent le plus souvent très braves et donnèrent satisfaction à leurs chefs avec lesquels des relations parfois très cordiales s'établirent. Cependant, les Indochinois et les Malgaches purent rarement faire leurs preuves au front : jugés peu aptes au combat, ils furent plutôt versés dans des bataillons de dépôt. Les civils français se formèrent généralement une image positive des soldats coloniaux célébrés par la propagande officielle comme des patriotes concourant à la défense de la Grande Nation.

Quant aux soldats indigènes, ils se montrèrent sensibles aux égards qui leur furent témoignés. Ils constatèrent aussi que, dans le combat, des épreuves identiques étaient subies par les hommes, Français ou coloniaux, et que tous, face au danger, faisaient preuve de solidarité. La vie militaire leur paraissait ainsi plus égalitaire et fraternelle que l'ordre colonial. Les soldats gardèrent souvent le souvenir d'une France accueillante et généreuse, distincte de la métropole exigeante et autoritaire qui régnait dans les colonies. Les plus conscients espéraient d'ailleurs que cette France démocratique, reconnaissante pour les services rendus, accorderait les droits de la citoyenneté à ses sujets de l'empire. Enfin les anciens combattants gagnèrent en maturité. En effet, les expériences vécues en Europe les avaient mis en contact avec le monde et la technique modernes. Ils avaient aussi pu mesurer les horreurs auxquelles la civilisation des blancs, tant vantée, risquait de conduire : quelque 70 000 hommes, se répartissant à part à peu près égale entre Maghrébins et noirs, avaient été tués. Autre forme de maturité, les soldats, après avoir pris contact avec les Français et les membres des multiples contingents coloniaux, différents par leurs caractères physiques et leur culture, prirent davantage conscience de leur identité particulière.

3. Étrangers et coloniaux à l'arrière

La pénurie de main-d'œuvre causée par la mobilisation et la nécessité d'intensifier la production amena les responsables français à utiliser tous les hommes disponibles et à recruter massivement des travailleurs à l'étranger (voir encadré pp. 39-40).

3.1. Une main-d'œuvre annexe : prisonniers et réfugiés

Parmi les hommes immédiatement et facilement utilisables figuraient les prisonniers de guerre. Ceux-ci, groupés en équipes plus ou moins importantes, furent dirigés vers l'industrie et surtout l'agriculture, les travaux publics, la manutention. Les résultats se révélèrent inégaux. Les captifs, souvent isolés par la barrière de la langue, n'étaient pas toujours qualifiés pour le travail qui leur était imposé et ne faisaient pas preuve de la plus grande ardeur. Certains essayaient de fuir vers la Suisse ou l'Espagne. Quand ils étaient reconnus en chemin, ils se trouvaient pris en chasse comme du gibier par les paysans effrayés. Quelques fugitifs furent abattus à coups de fusil de chasse. Les autorités hésitaient à poursuivre les auteurs de tels homicides pour ne pas décourager les particuliers de participer à la recherche des fuyards. Ceux qui restaient longtemps dans le même lieu de travail finissaient par habituer les Français à leur présence et inspiraient des sentiments moins hostiles. Dans les fermes surtout, où employeurs français et prisonniers vivaient très proches les uns des autres, pouvait naître une certaine cordialité, voire, dans quelques cas, une idyl le entre tel beau captif et sa patronne.

La guerre avait entraîné le reflux vers le Sud de personnes habitant la zone des combats. Parmi ces réfugiés se trouvaient des Français originaires du Nord et de l'Est, ainsi que des étrangers. Plus de 90 % de ces derniers étaient des Belges. Des Serbes et des Monténégrins demandèrent également asile à la France.

Nombre de réfugiés

Dates	Français	Étrangers	% étrangers
Ier juillet 1915	660 000	205 000	23,6
Ier juillet 1916	735 000	240 000	24,6
Ier juillet 1917	880 000	250 000	22,1
Ier juillet 1918	1 530 000	290 000	15,9

LES RÉFUGIÉS
L'exode des Belges en 1914

Pour atteindre ce pont, les colonnes avaient dû fendre lentement les flots amassés d'une foule de gens, de charrettes et de bestiaux. Car sous le danger imminent du passage de l'ennemi à Termonde, depuis les dernières heures de la nuit, les riverains de l'Escaut fuyaient en criant le long des routes ; ils entraînaient dans leur tourbillon éperdu des paysans qui amassaient à la hâte sur un pousse-cul la pendule, le ressort du lit, la machine à coudre, les vieillards, et, poussant leurs bestiaux à coups de trique, venaient grossir, comme une avalanche, la horde impatiente qui s'écrasait, dans le tohu-bohu d'un marché aux bestiaux, d'un déménagement monstre et d'un convoi de deuil, devant l'implacable barrage du pont gardé de Waesmunster.

Marguerite BAULU, *La Bataille de l'Yser*, Librairie académique Perrin, Paris, 1919.

L'ARRIVÉE DES RÉFUGIÉS A L'ARRIÈRE

Le train ralentit, s'arrête. C'est une gare triste, à peine dégagée de l'ombre par la lueur d'un quinquet. Il n'y a sur le quai qu'une infirmière transie, un monsieur charitable reniflant dans le brouillard, et trois vieux clairons qui tiennent leurs cuivres comme des pipes et n'en tirent que des bouffées de notes pêle-mêle ; mais sans avoir rien vu, avant de rien entendre, tous ils crient :

« Vive la France ! »
Le docteur dit :

« On descend ! »

Ah !... Les mioches... Les ballots... Ils se poussent vers les portes, et c'est un troupeau humain qui dans l'ombre remplit la gare en moutonnant. Enfants petits, vieillards courbés, tout ce monde n'est pas haut sur terre : masse confuse, ils se tassent ; on les parque, ou les range, on les sort ; au premier signe, ils suivent, soumis.

Et il n'y a que les infirmes ou les vieux impotents qui ne se serrent pas contre les autres ; ceux-là traînent la patte ; mais des territoriaux les tiennent.

« Grand'mère, appuyez-vous sur mon bras ; c'est moi qui suis là pour s'occuper de vous. » Puis, bouche bée, ils s'engouffrent dans un hall où leurs yeux sont inondés de lumière, et où on les aligne devant des tables et des cafés au lait.

D'abord, ils ont un grand engourdissement ; ils regardent sans voir ; tout pour eux est nouveau, merveilleux, épuisant. Foule anonyme, ils sont affaissés et pareils : la servitude les a courbés et marqués. Et comme ils ont tant enduré qu'ils sont sans force pour le bonheur, maintenant que l'ennemi ne les talonne plus, ils s'abandonnent, et, sortis des wagons qui ont meurtri leurs reins, les pieds gonflés, le corps mou, cœur las et tête confuse, endoloris, ils sont d'abord tout simplement des humains violentés par la guerre, chassés, hagards, à qui le malheur donne le même air fourbu et hébété.

René BENJAMIN, *Les Rapatriés*, Berger-Levrault, Paris, 1918.

Les réfugiés étaient sommairement hébergés dans des logements individuels ou collectifs, surtout des hôtels, réquisitionnés à cet effet. Ceux qui se trouvaient en état de travailler se voyaient proposer des emplois, notamment dans les usines de guerre où, par mesure de sécurité, on évitait d'utiliser les prisonniers. Mais les personnes déplacées, traumatisées par l'exode et la fréquente séparation d'avec leur famille, souvent inadaptés aux tâches offertes, ne rendaient pas toujours les services qu'on attendait d'elles. Les réfugiés, pour leur part, se plaignaient des défectuosités de l'accueil et de la faible rétribution de leur travail. Leurs hôtes fustigeaient la paresse, l'ingratitude, voire la malhonnêteté de ces résidents forcés. Ainsi, en octobre 1914, le maire de Cannes dénonçait « les réfugiés franco-belges (...), tous animés du plus mauvais esprit... exigeants, indisciplinés, irrités parce que vous leur refusez l'autorisation de retourner chez eux »[1].

3.2. *Le recrutement organisé*

Prisonniers et réfugiés se révélant insuffisants en nombre et parfois inefficaces, le gouvernement français conclut des accords avec les pays alliés ou neutres pour faciliter la venue de travailleurs. Au total quelque 225 000 Européens, notamment des Espagnols, des Portugais, des Italiens, des Grecs, furent introduits. Ces hommes accomplirent toutes sortes de tâches dans l'agriculture, l'industrie, les travaux publics, le chargement des trains et des bateaux. Ils étaient logés individuellement ou collectivement, parfois par les entreprises. Certains spécialistes très qualifiés recevaient de hauts salaires, mais la masse était modestement rémunérée, de sorte que les revendications ne restèrent pas rares.

La France recruta également des Chinois par l'intermédiaire de sociétés privées implantées en Extrême-Orient. Près de 40 000 hommes signèrent ainsi des contrats de cinq ans résiliables au bout de trois ans par la partie française seulement. Les autorités britanniques engagèrent 100 000 autres travailleurs « célestes » pour des tâches non mili-

---

1. Archives départementales des Alpes-Maritimes, *Réfugiés, 1914-1918*, dossier 76.

taires. Installés dans des camps, parfois escortés chaque jour jusqu'aux lieux de travail par des soldats, les Chinois furent soumis à une discipline militaire.

La métropole accueillit également, selon les estimations officielles, 55 000 Malgaches, 49 000 Indochinois et quelque 132 000 Maghrébins, dont 79 000 Algériens, 35 000 Marocains, 18 000 Tunisiens. Ces chiffres étaient sans doute excessifs car ils totalisaient tous les embarquements vers la France, sans tenir compte des éventuels allers et retours d'un même individu. L'immigration nord-africaine n'en restait pas moins importante.

Les premiers Maghrébins, principalement des Kabyles, vinrent d'eux-mêmes au début de la guerre. Ils se regroupèrent dans certains vieux quartiers des villes et dans les banlieues industrielles. Dans la région lyonnaise, ils s'établirent à Saint-Fons, Vénissieux, Feyzin, Neuvelle-sur-Saône. A Marseille, les Algériens commencèrent à s'installer près de la Porte d'Aix et formèrent un peuplement dense dans certaines artères, telle la rue des Chapeliers qui, grâce à ses commerces, à son animation, à ses couleurs et ses odeurs, devint pour de longues années le symbole de la présence « arabe » dans la cité phocéenne. Entassés dans de vieux bâtiments désaffectés ou dans de petites chambres d'hôtel sordides, dont les lits étaient parfois occupés en permanence, la nuit par les hommes travaillant le jour et le jour par des travailleurs nocturnes, les immigrés se retrouvaient dans des cafés et des restaurants tenus par des compatriotes. Ceux-ci servaient souvent d'indicateurs à la police qui, en échange, fermait les yeux sur de petits trafics, les jeux, la prostitution.

Les autorités, soucieuses de contrôler les déplacements, saisies de plaintes par les colons qui craignaient de perdre une partie de leur main-d'œuvre, instituèrent en 1916 un Service de l'organisation des travailleurs coloniaux (SOTC) confié à l'armée et ayant le monopole du recrutement. Les individus sélectionnés de l'autre côté de la Méditerranée arrivaient à Marseille où ils subissaient un examen administratif et sanitaire, puis ils étaient acheminés jusqu'à leur lieu de travail. Là ils étaient étroitement surveillés par les agents du Bureau des affaires indigènes créé dans chaque région militaire, fonctionnant en relation avec la police et la gendarmerie, recherchant les déserteurs et les « meneurs ». Ceux qui transgressaient les règles s'exposaient à de mauvais traitements, coups, enfermement dans des chambres d'isolement où ils recevaient pour seule nourriture du pain sec et de l'eau.

3.3. *La découverte de la France par les travailleurs coloniaux*

Les Maghrébins employés par l'État travaillaient surtout dans des établissements liés à la défense nationale, arsenaux, cartoucheries, fonderies, usines chimiques. Ils devaient se contenter de logements sommaires, des baraquements souvent édifiés sur des terrains vagues, dépourvus de douches et de toilettes intérieures. Ils étaient soumis à un régime militaire comportant un appel matinal et un acheminement jusqu'à l'usine ou au chantier en équipes encadrées par des surveillants. En dehors des heures de travail, les hommes pouvaient se rendre en ville, selon des horaires fixés par le chef de centre français. Mais certains baraquements, proches des usines, se trouvaient éloignés des centres urbains : dans la région parisienne, le principal noyau d'Algériens, à Gennevilliers, se situait à 12 kilomètres des cafés du XIIIe arrondissement ; dans la région lyonnaise, le groupe de Vénissieux était à 8 kilomètres de la ville. La nourriture servie aux immigrés se révélait généralement satisfaisante. Les hommes n'en étaient pas moins exposés aux maladies car ils ne supportaient pas toujours les rigueurs du climat ou les dures conditions de travail. De plus, l'insuffisance de la sélection au départ faisait qu'étaient recrutés des individus vulnérables en raison de leur état de santé ou de leur trop jeune âge. Ainsi, les maladies de peau, les oreillons, la rougeole, la broncho-pneumonie, la tuberculose, la typhoïde, la méningite faisaient des ravages et entraînaient une mortalité élevée. Les affections vénériennes et l'alcoolisme, rançon des excès commis par les hommes dans leurs rares moments de liberté, rendaient encore plus mauvaise la situation sanitaire.

Les travailleurs libres semblent avoir été moins frappés par les maladies, peut-être parce que certains d'entre eux, déjà venus en France avant la guerre, étaient plus évolués et savaient mieux se prémunir. Ceux qui étaient employés dans les entreprises privées jouissaient aussi d'une plus grande liberté. Ils recevaient des salaires supérieurs à la maigre prime allouée aux Nord-Africains qui étaient logés et nourris par l'État. Cependant, d'une manière générale, les ouvriers coloniaux étant considérés comme des non-spécialistes recevaient de médiocres rémunérations. Aussi le gouvernement décida-t-il en 1916 qu'ils devaient être traités comme les Français en matière de salaires et de prestations sociales.

Les relations entre les travailleurs nord-africains et les Français apparaissaient souvent mauvaises. Trop de nationaux vivant repliés sur eux-mêmes, dans leur petite région, n'entretenaient aucun contact avec l'extérieur et n'acceptaient pas sans méfiance l'arrivée de groupes inconnus, aux mœurs si différentes. L'obstacle de la langue qui entravait la communication, les maladresses de comportement caractérisant les immigrés, la fourberie et la paresse qui leur étaient prêtées, le goût de certains pour l'alcool et les femmes, l'apparence misérable de la plupart entretenaient la circonspection, la moquerie ou le mépris agressif. À ces sentiments se substituait vite l'hostilité ouverte si des griefs précis pouvaient être articulés contre les nouveaux venus. Les femmes de mobilisés reprochaient aux coloniaux d'empêcher, par leur présence même, le retour des maris ou des fils maintenus au front. Les hommes dénonçaient la concurrence de ces travailleurs dociles acceptant de bas salaires et ne montrant aucune solidarité à l'égard des grévistes. Si les états-majors syndicaux toléraient la venue de la main-d'œuvre coloniale, à condition qu'une sélection fût opérée au départ et que l'égalité des salaires régnât, la base demandait l'arrêt de l'immigration et même le départ des ouvriers déjà introduits en France.

Les griefs plus ou moins fondés pouvaient entraîner de graves incidents. À Brest, où 1600 Kabyles et Arabes employés à l'arsenal logeaient dans des baraquements situés près de la place de la Liberté, une vive tension régnait : les Français reprochaient aux Maghrébins de leur prendre le travail, d'opérer des rapines dans la ville, de fréquenter trop assidûment les prostituées ; les altercations, les menaces et les rixes se succédaient. Dans la nuit du 4 août 1917, sur la place de la Liberté où se trouvait un champ de foire, de jeunes Brestois, aidés par quelques soldats français, s'en prirent à des Kabyles qui rentraient de l'arsenal. Les groupes antagonistes se renforcèrent et la bagarre dégénéra en émeute. Des soldats appelés pour rétablir l'ordre entrèrent dans le camp nord-africain tout proche, forcèrent les chambrées, assaillirent les dormeurs avec leurs armes. Le bilan de cette nuit de haine se révéla très lourd chez les immigrés : 4 morts dont 3 par armes de guerre, 38 blessés dont 15 grièvement atteints, 7 par balles et 9 par baïonnette ; l'un des blessés avait reçu huit perforations intestinales.

Il arrivait aussi que les incidents, souvent aggravés par l'alcool, opposent les immigrés entre eux. Ainsi, à Montluçon, le 19 juillet 1918, des ouvriers marocains et des tirailleurs sénégalais qui se disputaient une femme, échangèrent des coups de feu qui firent 2 morts et 7 blessés graves. Au camp du Sendet, près de Pau, le 27 octobre 1918, d'autres soldats sénégalais, voulant venger l'un des leurs, blessé par un tirailleur annamite à la suite d'une dispute relative à une femme, attaquèrent les baraquements occupés par les Indochinois et tirèrent sur ceux-ci durant deux heures, jusqu'à épuisement de leurs munitions, soit 6000 cartouches, ce qui causa 15 morts et 19 blessés.

LES CRAINTES DU PROCUREUR DE LA RÉPUBLIQUE DE MARSEILLE

C'est en effet la lie de la population des ports du nord de l'Afrique qui a ainsi émigré pour se rendre en France. Ces indigènes choisissent certains quartiers, vivent chez des logeurs ou restaurateurs de leur race, constituant un milieu fermé dans lequel la police ne peut pénétrer. Ils apportent ici, outre leurs goûts de rapine, toutes les passions qui les animaient déjà sur la terre natale. Ils se regroupent en véritables tribus parfois alliées, souvent rivales. De là, des vols, des agressions de passants attardés dans les rues, des rixes et trop souvent des meurtres. Or, il est extrêmement difficile pour la police d'opérer dans un milieu où l'Européen est, et demeure toujours un objet de défiance. Ces difficultés sont encore augmentées par ce fait que les Arabes parlent une langue qui est ignorée de la plupart des agents. (...).

Au fond, les Arabes venus en France sont presque tous des hommes grossiers, cupides, insolents, n'ayant de notre civilisation qu'une notion des plus vagues. Si, à la suite d'incidents relatifs à l'alimentation ou encore lors du règlement prochain de la redoutable question des loyers, il se produisait à Marseille un mouvement populaire, toujours à craindre dans un milieu aussi impulsif, l'élément arabe fournirait à l'émeute un appoint considérable : les indigènes n'hésiteraient pas à se joindre aux émeutiers, non certes pour les aider à faire triompher telles ou telles revendications, mais uniquement pour se livrer au pillage. Et les travailleurs coloniaux, bien que placés sous la surveillance de l'autorité militaire ne seraient certainement pas les derniers à se joindre au mouvement. En effet, à en juger par les quelques affaires les concernant, dont j'ai été saisi, il semble qu'ils aient encore moins de valeur morale que les ouvriers arabes vivant librement et employés dans les usines. (...)

Je crois fermement que l'augmentation croissante de l'immigration arabe est un phénomène économique qui, pour être relativement nouveau, n'en sera pas moins durable. Cette population qui jadis vivait confinée en Afrique a pris goût, non certes à notre civilisation qu'elle ne comprend pas ou qu'elle hait, mais à certains avantages qu'elle procure. Un courant s'est établi qui amènera dans les villes du littoral méditerranéen, et spécialement dans les centres industriels, ceux qui voudront réaliser quelques économies, ou mieux lutter contre la misère. Sans doute ceux qui auront atteint leur but rentreront dans leur pays, mais ils seront aussitôt remplacés par d'autres plus nombreux.

Rapport du 3 février 1917, Archives nationales, BB18 2590-353 A17

Même en l'absence d'affrontements graves, lesquels restaient d'ailleurs relativement rares, les Nord-Africains ressentaient très fortement le contact avec la France. La découverte d'un monde inconnu, celui de la ville européenne avec ses habitudes étranges, celui de l'usine avec sa technique complexe, produisait un choc puissant. Beaucoup se repliaient dans l'univers rassurant que constituait le cercle familier de leurs compatriotes. Quelques-uns s'évadaient dans la consommation d'alcool. Les plus fragiles sombraient dans les troubles mentaux. Cependant la venue en France permettait aussi le contact avec un certain modernisme, des changements dans le vêtement et dans les habitudes alimentaires, une découverte de l'économie monétaire. Le séjour de ce côté de la Méditerranée révélait encore les réalités du combat social. Souvent exploités et moins payés que les Français, les immigrés protestaient parfois et même se mettaient en grève, comme le faisaient les nationaux. Mais les mouvements revendicatifs, autochtone et colonial, ne se confondaient pas : les Maghrébins restaient toujours seuls. Quand, en septembre 1917, des ouvriers algériens de Pompey, mécontents de la qualité et de l'insuffisance de la nourriture, se mirent en grève et que l'un d'eux jeta une portion de viande en sauce à la tête d'un caporal français, les Lorrains s'indignèrent de ce geste et approuvèrent les sanctions, traduites par des peines de prison, qui s'abattirent sur les meneurs de la grève. Peu après, le syndicat des métaux de la Meurthe-et-Moselle lança une violente campagne pour exiger l'expulsion des Maghrébins. Cependant, en dépit des divisions, le mouvement syndical français et ses méthodes de lutte fournit aux immigrés un modèle d'organisation. Le combat national de l'après-guerre n'oubliera pas la leçon.

LE DÉFILÉ DE LA VICTOIRE LE 14 JUILLET 1919

Voici les armées alliées. Les Américains éclatant de force alerte, de robuste jeunesse, et dont l'alignement, les uniformes et les armes sont aussi bien tenus que la comptabilité. A leur tête, très droit, très froid, marche le général Pershing, qui le jour même de son arrivée en France était allé tout droit au tombeau du libérateur et, la main à la visière de sa casquette, avait dit simplement : « La Fayette, nous voici ! » Cela aussi c'est de la comptabilité en bon ordre. Les Belges sont plus lourds, moins bien alignés, mais ils respirent la forte quiétude d'avoir accompli un redoutable devoir, et d'avoir fait de leur pays, qui était le pays du bien vivre, le pays du bien mourir. Ce sont ensuite les détachements anglais, sir Douglas Haig en tête, cette infanterie si souple, si élégante, si musclée qu'un cavalier ne saurait n'en pas être jaloux. Fifres allègres, cornemuses champêtres, Indiens hiératiques, Écossais aux jambes nues, les sections succèdent aux sections, à l'ombre d'un peuple de drapeaux, si nombreux que l'on n'aperçoit plus les mains qui les tiennent. Tout cela éclate en couleur, en musique, en jeunesse, en force, en santé, et affirme la vigueur d'une nation simple, cordiale et puissante.

Les Italiens passent. Ces régiments-là ont laissé en Champagne la moitié de leurs effectifs. Saluons-les très bas. Ils ont payé de leur sang une fraternité latine que ni eux ni nous ne pouvons ni ne devons oublier. Ils défilent l'arme à la main, le fusil horizontal, prêts à l'attaque, comme si Fiume était dans les Champs-Elysées. Voici les Japonais qui ressemblent à une petite troupe d'ingénieurs intelligents, attentifs et malicieux et qui représentent le péril jaune sous sa forme la plus sympathique. Voici les Portugais gris de fer, les Roumains où je reconnais, si pareils aux nôtres, les admirables soldats de l'Oituz et de Marashesti ; les Serbes, qui évoquent leur épopée, et le pays où le plus vieux recrutement, dit « de défense suprême », se compose des hommes au-dessus de soixante ans et des enfants au-dessous de seize ans ! Voici les Polonais, que tout un passé de douleur ne semble pas avoir trop attristés, – et qui portent le bleu comme s'il avait toujours été leur horizon. Et voici les vaillants Tchéco-Slovaques, qui me font songer à mon cher et admirable Stéfanick, et les Siamois, qui me font songer à une féerie du Châtelet, et que nous y reverrons peut-être un jour.

Je ne puis m'empêcher d'éprouver et d'exprimer un regret : celui de n'avoir pas aperçu parmi les troupes alliées une section de soldats russes blessés. Ils n'auraient certes pas représenté parmi nous l'armée de Lénine et de Trotsky, mais les deux millions d'hommes qui sont tombés sur le front oriental dans les deux premières années de la grande guerre. C'eût été un hommage et une justice à leur rendre.

Le défilé des armées alliées s'achève. Tous ces uniformes – de tous pays – certains jours ont été teints d'une même couleur : celle du sang. Par là ils nous sont tous sacrés. Dans quelques instants ils passeront place de la Concorde, et donneront à ce nom sa véritable investiture.

Puis un grand espace vide, – un grand silence, un grand recueillement, l'attente de quelque chose d'infiniment grand et d'infiniment beau et que voici : l'armée française.

Robert DE FLERS, *Le Figaro*, 15 juillet 1919. (*Copyright* Le Figaro *963 2195 par Robert De Flers*)

CHAPITRE III

LA GRANDE VAGUE MIGRATOIRE
DES ANNÉES 20

L'hécatombe humaine de la Grande Guerre et de nouveaux besoins en main-d'œuvre favorisèrent une arrivée massive et rapide des immigrés en France dès le début des années 20. La présence de ces hôtes nouveaux inspira une réglementation spécifique et souleva de nombreux problèmes économiques et politiques. L'immigration devint ainsi un grand débat national.

1. Les nouvelles données de l'immigration

Au lendemain de la guerre, la situation démographique et économique de la France rendit le recours à l'immigration quasiment inéluctable.

1.1. Les conséquences de la guerre

La Première Guerre mondiale éprouva durement un pays qui souffrait d'une anémie démographique déjà ancienne.

1.1.1. Le bilan humain de la guerre.

Les pertes en vies humaines constituaient la conséquence la plus dramatique du conflit qui venait de s'achever. Rares étaient les familles qui ne déploraient pas la disparition d'un de leurs membres ; longues étaient les listes de morts qui s'allongeaient sur les monuments élevés jusque dans les plus petites communes. Sur les 8 millions de Français mobilisés, près de 1 400 000 étaient décédés : 675 000 avaient été tués au combat, 250 000 avaient succombé à leurs blessures, 175 000 n'avaient pas résisté à la maladie, 225 000 étaient portés disparus.

Cette spectaculaire ponction représentait 17,6 % des mobilisés et 10,5 % de la population masculine active. En ce domaine, la France, comparée aux autres belligérants, était particulièrement éprouvée : la proportion des tués par rapport aux actifs était de 9,8 % en Allemagne, 6,2 % en Italie, 5,1 % en Grande-Bretagne, 0,2 % aux États-Unis.

C'étaient les jeunes qui avaient payé le tribut le plus lourd : les classes de recrutement de 1912 à 1915 avaient perdu environ le tiers de leurs effectifs ; la saignée se révélait moins drastique dans les classes plus anciennes, mais la classe 1897, celle des hommes ayant 40 ans à la fin de la guerre, avait été encore amputée de 10 %. Il est délicat d'établir une répartition sociologique des décès. Cependant, la sévérité des pertes subies par les officiers – 22 % d'entre eux avaient été tués, contre 18 % chez les hommes de troupe – indique bien que les cadres de la nation étaient particulièrement frappés : un tiers des membres des professions libérales et un quart des commerçants mobilisés avaient été fauchés. Malgré le renvoi de nombreux affectés spéciaux dans les usines d'armement à l'arrière, la classe ouvrière avait également subi une rude ponction. Et plus encore les paysans qui, largement versés dans l'infanterie, avaient fourni environ les deux cinquièmes des tués. Cette amputation des forces vives de la nation allait ce révéler désastreuse pour l'économie du pays.

Les répercussions de la guerre de 1914-1918 sur le monde du travail

Profession	Population active masculine en 1913	Morts	% des morts	Mutilés
Agriculture	5 400 000	538 000	9,9	161 200
Industrie	4 730 000	415 000	8,7	123 300
Transports	580 000	47 500	8,1	13 400
Commerce	1 300 000	123 000	9,4	37 000
Professions libérales	310 000	33 200	10,7	10 000
Fonctionnaires	520 000	54 800	10,5	15 900
Domestiques	160 000	16 400	10,25	5 100
Ecclésiastiques	–	1 496		
Divers	–	60 000		23 000
Sans profession	–	6 800		

Parmi les survivants, on comptait trois millions de blessés. Plus d'un million d'entre eux reçurent une carte d'invalides de guerre. Gazés, mutilés, amputés, ces derniers au nombre de 60 000, se trouvaient souvent dans l'incapacité de reprendre leur ancien métier et contribuaient à amoindrir la vitalité du pays, les invalides qui touchaient une pension représentaient une charge supplémentaire.

La population civile se trouvait également affectée par la guerre. Celle-ci en effet entraîna une forte chute du nombre des mariages qui passèrent de 248 000 en 1913 à 75 000 en 1915, avant de se relever légèrement au cours des années suivantes. Les divorces, ralentis au début du conflit, redevinrent progressivement plus fréquents en raison de la longueur des séparations ; l'adultère de l'épouse, qui représentait 10 % des causes de divorces prononcés en 1914, atteignit 18 % en 1918. Le nombre des mariages dissous augmenta et passa de 16 335 en 1913 à 19 465 en 1919.

La mobilisation et le reflux des mariages amenèrent une forte baisse de la natalité. Alors que 46 500 enfants étaient venus au monde en avril 1915, on ne dénombra que 29 000 naissances en mai, neuf mois après l'entrée en guerre. Au total les naissances diminuèrent de 604 000 en 1913 à 313 000 en 1916, année où le minimum fut constaté. Le relèvement qui se manifesta ensuite n'égala pas les chiffres d'avant-guerre. On estima à 1 400 000 âmes la perte de population due à la baisse de natalité durant les années de conflit.

Le taux de mortalité des civils fut moins perturbé par la guerre que celui des mariages et des naissances. La principale augmentation des décès se produisit en 1918-1919 à cause de l'épidémie de grippe espagnole : en octobre 1918, on enregistra 115 000 morts, au lieu d'environ 40 000 pour les mois d'octobre des années précédentes. La longueur du conflit, la sous-alimentation, l'extension du travail féminin aggravèrent cependant la mortalité infantile à partir de 1917. Au total, le surcroît de décès civils fut évalué à environ 570 000.

Au lendemain de la guerre, le nombre des mariages et des naissances progressa nettement : en 1920, 623 000 unions furent célébrées et 834 000 enfants virent le jour. Mais ce redressement ne devait pas faire illusion ; naturel à la fin d'un long conflit qui avait retardé beaucoup de mariages, il se révéla éphémère et ne compensa pas la terrible saignée que la France venait de subir.

1.1.2. De nouveaux comportements sociaux

La population active se trouvait amputée par les morts de la guerre, fauchés en pleine jeunesse. En 1931, 52,4 % des Français étaient actifs ; en 1936, le pourcentage était tombé à 49,2. La main-d'œuvre nationale, devenue plus rare, s'efforçait de faire payer plus cher ses services. Plus exigeante, elle abandonnait les professions fatigantes ou dangereuses, elle n'acceptait pas toujours les déplacements ou la mobilité professionnelle qu'imposait l'économie moderne. Seul mouvement de grande ampleur, l'exode rural s'accéléra ; de 1919 à 1931, quelque 950 000 paysans se dirigèrent vers les villes où ils espéraient trouver un emploi moins dur et mieux rémunéré, des conditions de vie meilleures et des distractions. En 1931, les ruraux, formant 48,8 % de la population française totale, se retrouvèrent pour la première fois dépassés en nombre par les citadins. Or la mécanisation agricole, en retard, ne permettait pas toujours de remplacer les partants ; nombre de tâches délicates exigeaient la présence de travailleurs spécialisés ; beaucoup de chefs d'exploitation réclamaient des saisonniers, des servantes de ferme, des bergers...

L'industrie et les travaux publics éprouvaient aussi, comme on le verra, de grands besoins de main-d'œuvre. Mais les jeunes s'orientaient de plus en plus vers le secteur tertiaire, la fonction publique, les professions libérales et commerciales qui leur semblaient offrir une promotion sociale. Ces ambitions furent progressivement satisfaites grâce au développement de l'instruction ; le nombre des bacheliers passa de 7 000 en 1911 à 15 300 en 1927 ; les effectifs des étudiants augmentèrent de 35 000 en 1906 à 64 500 en 1928. Ce début de démocratisation des études retardait l'âge d'arrivée dans la vie active et contribuait à éclaircir les rangs des professions ouvrières et rurales.

Autre facteur contribuant à réduire la masse du travail fourni : les progrès de la législation sociale. L'adoption, dès 1919, des huit heures de travail quotidien obligea souvent les employeurs à embaucher des ouvriers supplémentaires pour maintenir les rendements et le niveau de la production.

1.1.3 Les besoins économiques

Autre conséquence de la guerre, l'accumulation des ruines, imposait une tâche urgente de reconstruction et ouvrait un vaste champ d'activité. Une large bande allant de la Flandre à la Lorraine, représentant 7 % du territoire français, était dévastée et n'offrait plus qu'un spectacle de désolation : bois et champs truffés de mines, défoncés par les tranchées et les trous d'obus, hérissés de réseaux de barbelés, fermes rasées, villes ravagées, usines détruites, mines volontairement inondées par les Allemands. La zone des combats était spectaculairement dépeuplée : on y dénombrait seulement 240 000 habitants au lieu de 1 726 000 en 1911. Il fallait remettre en état plus de trois millions d'hectares de terres dont deux millions de terres labourées ; le cheptel, décimé, devait être reconstitué. Dans les villes et les bourgs, 300 000 immeubles, ainsi que 20 000 usines et ateliers entièrement démolis, 500 000 immeubles partiellement endommagés attendaient d'être relevés. Seules 420 communes sur les 4 700 occupées durant les années de guerre ne présentaient aucun dommage ; à Reims, il ne subsistait que quatorze maisons totalement intactes. Des milliers de kilomètres de routes, de voies ferrées, de canaux se trouvaient hors d'usage. Pour permettre la renaissance de ces régions sinistrées, reconstituer leur capacité de production, loger les sans-abris, une main-d'œuvre abondante se révélait immédiatement nécessaire.

Il fallait aussi des bras supplémentaires pour que l'économie française pût profiter de la conjoncture favorable régnant dans l'après-guerre. De fait, malgré certaines faiblesses, cherté des prix, insuffisance des investissements productifs, stagnation de l'agriculture et de certains secteurs industriels traditionnels comme le textile, le bois, les cuirs, la France connut incontestablement une phase de prospérité au cours des années vingt. Les progrès de la concentration et de la rationalisation, l'émergence d'un patronat moderne et entreprenant symbolisé par des hommes comme Louis Renault, André Citroën, Ernest Mercier, le développement d'activités nouvelles liées à la « deuxième révolution industrielle », les marchés procurés par la reconstruction des régions dévastées, tous ces facteurs favorisèrent la croissance de l'économie française. L'équipement électrique, le raffinage du pétrole, la construction automobile pour laquelle la France occupait le premier rang européen, l'industrie chimique, la sidérurgie dont la production passa, entre 1921 et 1929, de 3 à 9,7 millions de tonnes d'acier connurent un essor spectaculaire. Même une activité ancienne comme l'extraction du charbon progressa, grâce à sa modernisation, de 40 millions de tonnes en 1913 à 55 millions en 1929. Les chiffres de la production industrielle exprimaient bien la prospérité : si l'on affecte l'indice 100 à l'année 1913, la production industrielle tombe à 60 en 1919, mais parvient ensuite à 100 en 1924 et 140 en 1929. Le revenu national augmenta de 4,6 % entre 1924 et 1929.

Si les conditions démographiques rendaient la main-d'œuvre nationale insuffisante en nombre, il n'existait qu'une seule solution offrant au pays des travailleurs adultes, immédiatement utilisables, pouvant éventuellement contribuer au relèvement de la natalité : l'immigration.

De même qu'avant 1914, l'appel venu de France recueillait un écho favorable dans de nombreux pays étrangers. En effet, au moment où la population française s'étiolait, plusieurs pays européens connaissaient une évolution inverse. Dans de vastes régions, situées surtout à l'est et au sud du continent, le taux de natalité se maintenait à un haut niveau. Mais, là, l'essor économique et la création d'emplois industriels restaient en retrait de l'expansion démographique. Aussi le niveau de vie apparaissait-il souvent misérable. En Galicie polonaise, le taux de natalité atteignit 42,5 pour mille durant les années 1901-1910 et l'accroissement naturel fut de 15,6 pour mille pour la même période. Cette population en forte croissance s'entassait sur des exploitations agricoles minuscules. Une situation comparable régnait dans de nombreuses régions d'Italie. Une immigrée transalpine, venue à Paris, interrogée lors d'une enquête, déclara :

> « A douze ans, j'ai commencé de travailler, je tirais déjà l'aiguille. Quand il y a dix enfants et qu'on est l'aîné, ce n'est pas facile, vous pouvez le marquer dans votre papier ; c'est surtout pour cela que les gens s'en vont. Autrement l'Italie est un beau pays, il y a le soleil »[1].

Dans ces conditions, de nombreux individus n'espéraient sortir de leur pauvreté qu'au prix d'une expatriation. L'Amérique avait traditionnellement absorbé des cohortes d'émigrants. Mais, après la première guerre mondiale, les États-Unis se fermèrent progressivement et sélectionnèrent les nouveaux arrivants : 90 101 Polonais furent admis dans ce pays en 1921 et seulement 4 290 en 1924. La rétractation du flux transocéanique faisait de la France le seul grand pays proche où l'accueil restait possible. De plus, les liens et les chaînes migratoires déjà établis entre la France et ses voisins avant 1914 stimulaient le mouvement. Un enquêteur illustre le processus à partir de la réponse d'un Italien installé dans le Lot-et-Garonne :

> « Il a choisi la France parce que son frère aîné et son autre frère, le premier menuisier, le second cultivateur, lui avaient par lettre fait l'éloge de notre pays. Ce sont ses deux frères aînés, déjà installés, qui se sont occupés des formalités pour les faire venir et qui avaient acheté pour eux une petite propriété »[2].

1.2. Les principes de l'immigration d'après-guerre

Dans l'immédiate après-guerre, l'introduction massive des travailleurs étrangers en France fut seulement préconisée par des cercles étroits qui, par leurs fonctions ou leur réflexion, avaient pris conscience des nécessités économiques. Parmi ces avocats de l'immigration figuraient les organisations patronales, les chambres de commerce, quelques parlementaires liés aux milieux industriels, des spécialistes, économistes, juristes, catholiques s'exprimant dans *la Croix*, seul grand quotidien recommandant le recours à la main-d'œuvre étrangère.

1.2.1. La nécessité d'une immigration organisée

Tous ceux qui prêchaient pour l'utilisation des immigrés rappelaient que cette solution avait déjà été expérimentée avant 1914. Il était certes possible, observaient les spécialistes, de trouver quelques solutions nationales : la mécanisation, le taylorisme, l'appel à la main-d'œuvre féminine, l'amélioration des conditions de vie à la campagne pour freiner l'exode rural. Mais ces mesures ne semblaient pas susceptibles de pallier véritablement

---

1. Alain GIRARD et Jean STOETZEL, *Français et immigrés*, tome I, PUF, Paris, 1953, page 198.
2. *Ibid.*

le manque d'hommes : elles différeraient ou limiteraient le recours aux travailleurs étrangers, elles ne l'empêcheraient pas. Même dans les périodes de dépression et de chômage momentané, lors de la démobilisation de 1919 ou de la récession de 1920-1921, les responsables, s'élevant au-dessus de la conjoncture immédiate, soulignèrent le caractère inéluctable de l'immigration. En février 1921, en pleine crise de chômage, Daniel Vincent ministre du Travail, interpellé sur la protection de la main-d'œuvre française, ne craignit pas d'affirmer que, beaucoup plus que par le passé, « la France sera, dans l'avenir, un pays d'immigration »[1]. Quelques semaines plus tard, Édouard de Warren, porte-parole du grand capital, et 155 autres députés rappelèrent qu'en dépit des difficultés du moment, le recours aux travailleurs étrangers constituait « un besoin permanent ». Et ce besoin devait être satisfait très rapidement comme le révélait l'attitude des employeurs qui, en raison de l'importance et de l'urgence des tâches à accomplir, se ruaient sur la main-d'œuvre disponible et débauchaient les étrangers engagés par d'autres patrons.

Capital pour la réussite de l'immigration s'avérait le choix des travailleurs étrangers, surtout si ces hommes, comme le suggéraient certains spécialistes, devaient s'installer définitivement en France. Sur cette délicate question de la sélection des immigrés, les recommandations présentées par les milieux intéressés, responsables économiques et dirigeants politiques, se révélaient convergentes.

1.2.2. Les nationalités jugées indésirables

D'une manière générale, les responsables souhaitaient réduire au maximum la part de la main-d'œuvre coloniale et exotique qui avait été utilisée pendant la guerre. Le rendement de ces travailleurs, leur lenteur, leur inadaptation à la vie sociale française, leur moralité parfois, étaient mis en cause. Les reproches les plus appuyés étaient adressés aux Chinois. Ceux-ci, assurait-on, avaient été recrutés sans aucun soin. Dès lors, quelles sortes d'hommes avaient été introduits dans le pays ? Des observateurs aussi différents que l'ultra-réactionnaire Urbain Gohier et le radical Henri Simoni fournissaient des réponses voisines :

> « Des coolies..., joueurs effrénés, voleurs incorrigibles, fumeurs d'opium, pourris de maladies et de vices terribles »[2].
> « C'étaient des bandits, des voleurs, quelquefois des assassins, la lie de la population... Des quantités de malades contagieux firent le voyage »[3].

Les autres immigrés non européens employés durant la guerre n'étaient pas plus estimés que les Chinois. Les Annamites étaient considérés comme doux, mais fragiles et peu actifs. Les Nord-Africains, outre leur manque de valeur morale, étaient également réputés indolents. Le député radical André Paisant se plaignait en ces termes des Algériens utilisés dans l'Oise pour boucher les tranchées et couper les barbelés :

> « Extrême lenteur... Il a fallu trois semaines à 80 Algériens pour couper des fils de fer que 10 hommes auraient coupé en moins d'une semaine »[4].

---

1. *Journal Officiel*, Débats de la Chambre, 11 février 1921, page 509.
2. Urbain GOHIER, *la Vieille France*, 23 janvier 1919.
3. Henri SIMONI, *l'Œuvre*, 23 février 1919.
4. *Journal officiel*, Débats de la Chambre, question du 6 août 1919, page 4204.

À la peur et au mépris parfois raciste qu'inspiraient les exotiques pouvait s'ajouter une raison supplémentaire pour les écarter de la France : la mise en valeur de l'Empire colonial que l'on entendait activer et qui imposait le maintien sur place d'une main-d'œuvre abondante.

Si les coloniaux étaient repoussés, il ne restait plus qu'à sélectionner les immigrants parmi les Européens. Là encore un classement apparaissait indispensable. Les vaincus de la guerre étaient rejetés d'un commun accord. Cet ostracisme était justifié par les rancunes et les haines que les quatre années de conflit et de propagande nationaliste avaient exaspérées. La presse, de l'extrême droite aux radicaux, appelait les Français à se montrer très vigilants : il fallait empêcher les entreprises germaniques de prendre le contrôle de leurs homologues françaises, expulser d'Alsace et de Lorraine les « Boches » encore présents, lesquels, accusait-on, se livraient à l'espionnage, accaparaient les situations les plus lucratives et troublaient l'ordre. Les prisonniers de guerre allemands n'inspiraient aucune pitié ; le journal radical *l'Œuvre* ne voyait en eux qu'un moyen de pression sur le Reich pour activer le paiement des réparations. La gauche elle-même adopta une position réservée à l'égard des vaincus. Ainsi la CGT reprocha aux syndicalistes allemands de s'être montrée trop nationalistes pendant la guerre.

Or, dès 1919, les syndicats allemands du bâtiment proposèrent d'envoyer en France des travailleurs qui collaboreraient au relèvement des ruines. La droite française s'indigna de ce que les anciens occupants voulussent revenir sur le lieu de leurs méfaits ; la gauche, CGT et socialistes compris, reprit le même argument et ajouta que le chômage consécutif à la démobilisation empêchait l'introduction d'ouvriers étrangers. Aussi l'offre fut-elle repoussée. Quand elle fut renouvelée en 1920 et 1921, la gauche, moins marquée par le nationalisme qui l'habitait encore dans les premiers mois qui avaient suivi le retour de la paix, se montra plus favorable. La CGT, les socialistes et les radicaux décidèrent de lancer une vaste campagne en faveur de la main-d'œuvre germanique, car il leur semblait réaliste d'accepter cette proposition de collaboration économique et d'accélérer ainsi la reconstruction. La droite et le patronat, refusant toujours de rencontrer les ennemis de la veille et redoutant que de fructueux marchés n'échappassent aux entreprises françaises, firent preuve d'une hostilité irréductible. La CGT, pour surmonter ces oppositions dont la force impressionnait les pouvoirs publics, suggéra, en 1921, l'emploi à l'essai de la main-d'œuvre allemande ; celle-ci se verrait confier la reconstruction de douze villages proches de Chaulnes, dans la Somme. Le gouvernement accepta, à condition que les habitants, consultés par référendum, se déclarassent d'accord avec un minimum de 80 % de « oui ». La consultation, organisée par la CGT, donna 84 % d'avis favorables. Mais le gouvernement, prétextant une irrégularité, demanda au préfet de procéder à un deuxième référendum, lequel, selon la gauche, fut accompagné de nombreuses pressions administratives. Ce nouveau scrutin ne donna plus que 49 % de « oui ». Cet échec, voulu par la droite et par les tenants du pouvoir, sonna le glas des espoirs mis par la gauche dans l'utilisation des travailleurs allemands.

Pas plus que les Allemands, les Russes vivant en France, émigrés civils et soldats survivants du corps expéditionnaire envoyé par le tsar en 1916, n'éveillaient la sympathie. Pour beaucoup de Français, les Russes apparaissaient surtout comme des traîtres sortis de la guerre au pire moment et responsables de la signature du traité de Brest-Litovsk. La droite et les pouvoirs publics craignaient, pour leur part, que parmi les exilés ne se fussent glissés des agents bolcheviks chargés d'étendre la révolution à la France. Les employeurs hésitaient à embaucher les Russes suspectés de nourrir des desseins révolutionnaires. La gauche eut beau développer une campagne en faveur des soldats russes encore enfermés dans des camps et présentés comme des martyrs, victimes de la bourgeoisie, elle ne réussit pas à renverser la tendance générale et la méfiance qu'inspiraient les « rouges ».

1.2.3. Les « bons » immigrés

Les coloniaux, les Germaniques et les Russes écartés, il fallait donc essentiellement puiser la main-d'œuvre dans l'Europe latine et slave où vivaient des populations jugées plus proches de la France, robustes et sûres au point de vue politique. Les spécialistes vantaient particulièrement les qualités des Italiens, surtout ceux du Nord, réputés sobres, vigoureux et actifs. Les Belges, pensait-on, offraient les mêmes avantages. Puis venaient, dans l'ordre des préférences, les Portugais et les Espagnols, les premiers parfois considérés comme plus robustes et plus stables que les seconds ; enfin les Polonais et les Tchécoslovaques. Le gouvernement, au cours des conférences interministérielles qui eurent lieu au lendemain de la guerre, établit lui-même l'ordre d'appel prioritaire suivant : Italiens, Polonais, Tchécoslovaques, Portugais, Espagnols, Grecs, Russes, Allemands, Austro-Hongrois, Bulgares.

De fait, des traités de travail furent rapidement signés avec les trois premiers pays cités, avec la Pologne le 3 septembre 1919, l'Italie le 30 septembre 1919, la Tchécoslovaquie le 20 mars 1920. Ces conventions, très proches les unes des autres, obéissaient aux mêmes principes. Les gouvernements étrangers s'engageaient à faciliter le recrutement de la main-d'œuvre nécessaire à la France. Celle-ci promettait de réserver aux nouveaux venus un traitement équivalent à celui des travailleurs nationaux. Le contrat-type, qui comportait des clauses fort détaillées, définies par les deux contractants, la France et le pays d'émigration, étaient destinés à éviter l'exploitation des étrangers ; le contrat offrait à ces derniers toute une série de garanties et de recours contre l'arbitraire patronal.

Ainsi, mis à part l'accès à certaines fonctions publiques et la direction des syndicats, les immigrés bénéficiaient en théorie d'avantages essentiels : l'égalité avec les nationaux en matière de salaires et d'avantages sociaux, notamment l'assistance. Si ces clauses étaient respectées, les pays étrangers ne seraient plus tentés d'intervenir en France pour protéger les intérêts de leurs ressortissants. Quant aux ouvriers français, ils ne pourraient plus soupçonner leurs camarades allogènes de s'employer à vil prix. Les signataires des traités de travail et les juristes tirèrent gloire de ces accords qui donnaient à la France un rôle de pionnier dans le domaine social et semblaient régler le problème de l'immigration avec un maximum d'équité. Mais, dans la pratique, l'égalité de traitement, surtout en matière salariale, fut souvent tournée par le patronat.

1.3. L'introduction des étrangers en France

1.3.1. Les pouvoirs publics et le recrutement de la main-d'œuvre étrangère

Les questions relatives à l'immigration dépendaient de plusieurs services administratifs. Le service de la main-d'œuvre étrangère du ministère du Travail comprenait une direction centrale à Paris, à laquelle était adjoint un bureau de placement pour la région parisienne, des bureaux frontaliers, à Hendaye, Marignac, Saint-Béat, Perpignan, Le Havre, Frasne, Roubaix-Tourcoing, Baisieux, Faignies, Toul, Pontarlier, Pougy-Chanay, Modane, Menton, Marseille, et des contrôles régionaux à Marseille, Lyon, Strasbourg,

Metz, Lille, Nantes, Bordeaux et Toulouse. Ce service de la main–d'œuvre étrangère participait à l'élaboration des accords internationaux et des contrats-types ; il veillait à l'accueil, au placement et à la protection des immigrés.

Au ministère de l'Agriculture, le service de la main-d'œuvre agricole contrôlait le recrutement et le placement des ouvriers agricoles étrangers, ainsi que le crédit accordé aux cultivateurs allogènes et l'achat des terres par ces derniers. Le ministère de l'Intérieur s'occupait du visa des passeports et de la délivrance des cartes d'identité ; à ces tâches s'ajoutaient la surveillance policière des nouveaux venus et la répression des délits. Le service du Sceau du ministère de la Justice examinait les demandes de naturalisation. Le ministère des Affaires étrangères rassemblait des informations sur les pays d'émigration et menait les négociations avec ces puissances.

L'existence de services aussi nombreux aboutissait à une dispersion de responsabilités. Les compétences s'enchevêtraient parfois. Des rivalités opposaient les divers bureaux ; ainsi, les fonctionnaires de la main-d'œuvre agricole, menacée d'absorption par le ministère du Travail, luttaient pour conserver leur autonomie. Les crédits affectés à ces services restèrent toujours médiocres ; au lendemain de la guerre, ils furent même sévèrement amputés par mesure d'économie : les effectifs de la main-d'œuvre étrangère au ministère du Travail passèrent de 122 personnes en 1918 à 66 en 1923, alors que l'immigration connaissait un développement spectaculaire. Ce personnel, trop peu nombreux, mal rémunéré, recruté sans garanties sérieuses de compétence, se montrait parfois incapable, voire malhonnête. Les policiers ignoraient souvent la langue des étrangers qu'ils étaient chargés de surveiller. Certains employés délivraient des autorisations de séjour et des permis de travail moyennant finances. L'insuffisance des effectifs de fonctionnaires entraînait des retards considérables, notamment en ce qui concernait les naturalisations : en 1925, plus de 12 000 dossiers s'entassaient au ministère de la Justice et les candidats à la francisation devaient attendre une réponse durant plusieurs années. Enfin, les locaux attribués aux services s'occupant des étrangers se révélaient malcommodes, vétustes, dispersés, ce qui entravait encore l'action administrative.

Pour tenter de coordonner les activités des services, deux organes nouveaux furent mis en place en 1920. La Commission interministérielle de l'Immigration, composée de douze hauts fonctionnaires, coopérait à l'élaboration des traités internationaux et en contrôlait l'application ; elle devait aussi harmoniser l'action des divers services ministériels ; cette commission se réunissait à intervalles irréguliers et ne disposait d'aucun crédit budgétaire. Le Conseil national de la main-d'œuvre, créé également en 1920, comportant douze hauts fonctionnaires, dix représentants du patronat et dix membres ouvriers, fournissait des avis sur le recrutement et les conditions d'emploi de la main-d'œuvre coloniale et étrangère. En vérité, ces deux conseils ne possédaient ni les moyens ni l'influence nécessaires pour imposer une unité d'action aux différents rouages ministériels.

Pour être réellement efficace, l'organe directeur de l'immigration devait, à l'évidence, émaner directement du gouvernement et disposer d'une autorité politique. Une telle situation ne se présenta que deux fois et pour peu de temps : en 1926, un gouvernement Herriot, qui ne dura que quatre jours, nomma Charles Lambert Haut-commissaire à l'Immigration et aux Naturalisations ; entre janvier et mars 1938, le cabinet Chautemps posséda, en la personne de Philippe Serre, un sous-secrétaire d'État chargé de l'immigration. La brièveté de ces expériences montre bien que les questions relatives à l'immigration ne furent jamais placées sous une direction unique définissant une politique rationnelle et contrôlant la mise en œuvre de celle-ci. Une telle insuffisance, facteur de désordre, désolait les observateurs de toutes opinions : « La carence de l'État dans le domaine de l'immigration est pitoyable », s'exclamait le conservateur Pierre Caziot[1]. « Nous n'avons jamais eu, nous n'avons pas de politique de l'immigration », regrettait le député socialiste Albert Paulin[2]. Le radical Charles Lambert, spécialiste des questions migratoires, affirmait en 1931 :

> « Le problème des étrangers en France, le plus vaste peut-être de l'heure présente, le plus délicat à résoudre, le plus gros de conséquences pour l'avenir du pays, reste, après plus de dix ans d'immigration massive, à peine effleuré »[3].

L'irrésolution des pouvoirs publics, conjuguée à l'élection, en 1919 d'une majorité de droite qui entendait rester fidèle aux principes libéraux et satisfaire les vœux du patronat, aboutit très vite à dépouiller l'administration de l'essentiel de ses responsabilités en matière de recrutement. Les majorités de gauche, élues aux consultations suivantes et assaillies par de nombreux problèmes, ne disposèrent pas du temps ou de la volonté nécessaires pour revenir sur le « laisser-faire » choisi au sortir du conflit mondial. Tous les projets de création d'Office de l'immigration ou de services centraux unifiés s'enlisèrent.

1.3.2. La Société Générale d'Immigration

En 1918, l'État détenait, héritage de la période de guerre, un monopole de fait pour l'embauche de la main-d'œuvre étrangère. Du mois d'octobre 1919, au mois d'octobre 1920, les services ministériels introduisirent encore 80 000 ouvriers italiens ; le ministère des Régions libérées engagea quelque 12 500 travailleurs en 1920. Mais le désordre qui avait présidé à ces opérations et, plus encore, les pressions de la majorité conservatrice élue en 1919 et déterminée à lutter contre « l'étatisme », amenèrent les services publics à abandonner l'essentiel du recrutement au secteur privé. Dès 1919, divers groupements patronaux, notamment le Comité des forges de l'Est et la Confédération des associations agricoles des régions dévastées (CARD), avaient commencé à embaucher des ouvriers italiens et polonais. Ces groupements comprirent rapidement qu'ils avaient intérêt à unifier leurs efforts. Ce fut pourquoi, en mai 1924, diverses associations industrielles ou agricoles, dont le Comité central des houillères, le Comité des fabricants de sucre, l'Office central de la main-d'œuvre agricole, émanation de la CARD, fondèrent une société anonyme baptisée Société Générale d'Immigration (SGI).

La Société Générale d'Immigration était chargée de la sélection, de l'embauche et de l'acheminement de la main-d'œuvre étrangère au profit de tous les employeurs qui en faisaient la demande. À la tête de l'entreprise siégeaient des hommes qui appartenaient aux plus hautes sphères de l'économie et de la politique. Le président du conseil d'administration, Edouard de Warren, actif animateur du syndicalisme agricole patronal en Lorraine, était député de la Meurthe-et-Moselle et secrétaire général de l'Union Républicaine Démocratique, groupe parlementaire conservateur. Le vice-président Henri de Peyerimhoff de Fontenelle, dirigeant du Comité des houillères ainsi que de nombreuses sociétés, représentait souvent la France dans les conférences économiques internationales. Le

---

1. Pierre CAZIOT, *La reconstruction de la population française et l'appoint étranger*, Paris, 1926, page 5.
2. *Journal Officiel*, Débats de la Chambre, 11 décembre 1934, page 4430.
3. *Journal Officiel*, Documents de la Chambre, 1931, annexe 4511, page 184.

conseil d'administration de la SGI réunissait bien d'autres membres éminents du syndicalisme patronal. Ces hommes, forts de leur expérience professionnelle, critiquaient l'incompétence de l'administration et vantaient leurs propres succès. Ils jouissaient en fait d'une grande liberté de manœuvre, facilitée par leur poids économique et les fonctions politiques qu'ils occupaient. Les dirigeants de la SGI intervenaient couramment auprès des ministères et exerçaient des pressions conformes aux intérêts de la société. De la sorte, les concurrents, se voyaient réduits à l'impuissance et les fonctionnaires, aptes à mesurer la force de la Société qui allait jusqu'à les faire espionner, apprenaient à ménager cette influente entreprise. Celle-ci apparaissait également très puissante à l'étranger, elle se maintenait en contact avec certains hauts fonctionnaires et des ministres dont elle entretenait parfois la sympathie par des cadeaux et l'octroi de décorations françaises.

La Société Générale d'Immigration qui avait acquis le quasi monopole de recrutement collectif introduisit en France, de 1924 à 1930, plus de 400 000 travailleurs. Elle se faisait connaître des employeurs en leur adressant des brochures dans lesquelles elle expliquait qu'elle pouvait rapidement fournir toute catégorie d'ouvriers sélectionnés, en bonne santé, accompagnés ou non de leur famille. L'employeur intéressé remplissait un formulaire de demande. Les offices publics de placement et le ministère du Travail visaient favorablement ces documents si aucun chômage ne régnait dans la profession ou la région concernées. Cependant, faute de personnel et de moyens d'information, ces enquêtes officielles restaient souvent de pure forme. La SGI, qui avait installé des antennes dans de nombreux pays, Italie, Belgique, Grèce, Autriche, Lituanie, Norvège, Suède, Suisse, Roumanie et surtout Pologne, entrait alors en action.

La Pologne, où furent recrutés les effectifs les plus considérables, peut être retenue comme le meilleur exemple des méthodes utilisées par la Société Générale d'Immigration. Celle-ci se livrait à une intense propagande auprès des habitants et peignait la vie en France sous des couleurs chatoyantes. Des affiches placardées dans les lieux publics invitaient les candidats au départ à se présenter dans les locaux de la SGI pour y remplir les formalités de sélection. Des foules considérables, séduites par les promesses qu'on leur avait faites, se présentaient ; tous les témoins furent frappés par l'anxiété de ces hommes et de ces femmes, les bousculades, la tristese de ceux qui se voyaient éliminés :

> « C'est un rassemblement pire que le rassemblement des bêtes un jour de marché. Les gens arrivent en masse. Certains viennent de régions éloignées. Les plus malins occupent les places près des portes du bureau de placement la veille pour s'assurer la priorité... Les ouvriers luttent entre eux pour entrer au bureau ; il arrive qu'on y enfonce les portes et les fenêtres »[1].
>
> « Parfois, sur cette foule, la pluie ou la neige tombent. Un vent froid siffle. C'est un tableau de misère humaine accablant et effrayant... Des images dignes de Dante »[2].

Les médecins de la SGI se livraient à un examen rapide, destiné surtout à déceler les affections rendant le sujet inapte au travail et à vérifier qu'il était bien familier du métier qu'il disait exercer ; quelques questions précises, l'examen du hâle et des mains, la recherche des usures de la peau causées par l'emploi de certains outils facilitaient l'enquête. Ces barrages aboutissaient à l'élimination d'une partie des Polonais qui

---

1. *Nychodska*, n° 47, cité par Stéphane Niklewski, *La réglementation de l'immigration des travailleurs polonais en France*, Nancy, 1930.
2. *Le Peuple*, 16 janvier 1930.

s'étaient présentés. Ceux qui étaient retenus subissaient, le cas échéant, un épouillage et signaient le contrat-type imposé par les traités de travail. Les émigrants étaient ensuite répartis en convois de 800 à 1 000 individus. Les moins nombreux, recrutés dans le nord du pays, venaient par mer de Gdynia jusqu'à Dunkerque ou au Havre. La grande majorité, rassemblée à Myslowice, était acheminée par chemin de fer.

Au terme d'un voyage long et fatigant, les travailleurs subissaient un nouvel examen assez superficiel, à Toul, dans un centre d'accueil vétuste et mal équipé. Il ne restait plus qu'à adresser les nouveaux venus aux employeurs qui les avaient demandés. Les Polonais effectuaient généralement cette dernière étape individuellement, par chemin de fer ; comme la plupart d'entre eux ne parlaient pas français et risquaient de se perdre, les agents de la SGI leur accrochaient autour du cou une étiquette portant l'adresse de leur futur patron et priant les cheminots d'orienter les voyageurs dans la bonne direction.

La Société Générale d'Immigration, se défendant de poursuivre un objectif commercial, se flattait de servir exclusivement les intérêts de l'économie française. La gauche, les syndicats et certains hauts fonctionnaires, notamment au ministère de l'Agriculture, répliquaient que la SGI, faisant payer ses services par les employeurs en quête de main-d'œuvre, trouvait un avantage évident à accroître le nombre des introductions d'étrangers, même en période de chômage ; elle essayait alors de peser sur les décisions du gouvernement et de l'empêcher de limiter l'immigration. De la sorte, les recruteurs du patronat furent souvent traités de « négriers », « trafiquants de chair humaine », « marchands d'hommes ». La gauche prétendait que l'entreprise avait réalisé, entre 1924 et 1930, un bénéfice de 40 millions de francs. Quoi qu'il en fût, les chiffres publiés par la SGI elle-même ne laissaient aucun doute sur sa prospérité : les exercices correspondant à cette même période de 1924 à 1930 avouaient un excédent de 29 millions et le capital qui se montait à 3,6 millions en 1924 passa à 20 millions en 1930.

La SGI fut également accusée de recourir à des pratiques irrégulières ou malhonnêtes. Les employeurs lui reprochaient le prix trop élevé de ses services. Les médecins critiquaient le manque de sérieux de l'examen sanitaire imposé aux émigrants. La gauche assurait que ces derniers ne percevaient pas toujours les salaires qui leur avaient été promis. On peut effectivement vérifier la réalité de quelques-unes de ces accusations, mais on ne saurait affirmer que les procédés répréhensibles constituèrent une règle générale.

1.3.3. Les autres formes d'introduction des étrangers

Preuve que les activités de recrutement se révélaient lucratives, diverses agences d'immigration clandestine se constituèrent. Ces officines faisaient entrer les travailleurs en fraude, leur vendaient de fausses pièces d'identité et de faux contrats. Parfois, l'entrée en France était assurée par de simples passeurs de frontières ou des marins qui cachaient à fond de cale les candidats au voyage. Un fait divers tragique dévoila ces pratiques au grand jour : en 1926, dans les soutes du cargo *Sidi Ferruch* furent découverts les cadavres de onze Nord-Africains, passagers clandestins, victimes d'une asphyxie accidentelle.

En marge du recrutement collectif, légal ou clandestin, les travailleurs pouvaient entrer individuellement en France. S'ils se déclaraient commerçants ou touristes, ils entraient librement. En période de plein emploi, les ouvriers parvenaient facilement à faire régulariser leur situation administrative. La CGT, inquiète de la concurrence que risquaient de représenter les nouveaux venus, soucieuse aussi de moraliser l'immigration, réclama la création d'organismes nouveaux, dans lesquels les syndicats auraient joué un rôle important et qui eussent contrôlé l'entrée des étrangers. Les communistes, au contraire, considérant que les travailleurs n'appartiennent à aucune patrie, exigeaient une totale liberté de déplacement ; ce fut seulement la crise des années trente et le gonflement du chômage qui amenèrent les communistes à accepter le principe d'un contrôle des frontières. En fait, aucune réforme ne vint modifier l'organisation du recrutement et le patronat continua à profiter d'une grande liberté, peu entamée par les contrôles légers qu'exerçaient les services publics.

En plus des travailleurs, la France reçut les victimes des dictatures, des persécutions idéologiques, raciales et religieuses qui désolèrent l'Europe et le Proche-Orient. Ceux qui furent chassés de leur pays par les nombreux bouleversements politiques du XXᵉ siècle choisirent souvent la France, fidèle à la démocratie libérale et réputée depuis longtemps pour son respect du droit d'asile. Ainsi, arrivèrent successivement les Russes blancs, les Arméniens, les Assyro-Chaldéens, les juifs d'Europe orientale et les adversaires des régimes autoritaires régissant nombre des pays de cette région, les Italiens antifascistes, les Espagnols hostiles à Primo de Rivera, puis les monarchistes et, après 1936, ceux qui fuyaient les armées de Franco, les juifs allemands et les victimes des annexions nazies, Sarrois, Autrichiens, Tchécoslovaques.

Enfin s'installèrent en France des étrangers peu nombreux, mais jouant un rôle économique et culturel non négligeable, des médecins, des juristes, des commerçants et hommes d'affaires ayant trouvé dans ce pays un terrain propice à leurs entreprises, de riches résidents séduits par les conditions de vie qu'offraient certaines régions attractives comme la Côte d'Azur ou la capitale, des étudiants, des écrivains, des peintres, des sculpteurs attirés par la réputation de Paris, centre intellectuel et artistique effervescent. La présence des peintres de l'École de Paris, presque tous étrangers, et des écrivains américains de la « génération perdue » illustre ce magnétisme de la Ville-lumière. Le romancier Henry Miller, venu du Nouveau Monde, et dont les intimes étaient l'écrivain américano-espagnole Anaïs Nin, le journaliste autrichien Alfred Perlès, le philosophe russe Michael Fraenkel, le peintre allemand Hans Reichel, la photographe hongrois Brassaï, résumait l'opinion de ses amis dans cette formule : « A Paris, l'atmosphère est saturée de création »[1].

2. Le poids démographique de la population étrangère dans les années 20

Par l'importance de leur nombre, par leur présence dans les régions industrielles et agricoles, par leur dynamisme démographique, les étrangers qui affluèrent en France après la Première Guerre mondiale occupèrent une place grandissante dans l'évolution de la population de leur nouvelle patrie.

2.1. L'évolution de la population étrangère dans les années 20

De 1920 à 1930 une immigration massive déferla sur la France. De ce flux, les recensements donnèrent une image atténuée car beaucoup d'étrangers, clandestins ou indifférents aux statistiques, ne furent pas comptabilisés.

---

1. BRASSAÏ, *Henry Miller, grandeur nature*, Gallimard, Paris, 1975, page 27.

Année de recensement	Population totale recensée	Population étrangère	% des étrangers par rapport à la population totale
1911	39 600 000	1 132 696	2,8
1921	39 200 000	1 550 449	3,9
1926	40 700 000	2 498 230	6,1
1931	41 800 000	2 890 923	7

En 1921, la France comptait déjà 400 000 allogènes de plus qu'en 1911. Dans les dix ans qui suivirent, la population étrangère augmenta à un rythme beaucoup plus rapide qu'avant 1914, 10 % par an de 1921 à 1926 contre 2 % auparavant, et doubla ses effectifs. En chiffres absolus, les étrangers représentaient plus de la moitié de l'accroissement de la population totale dans la décennie 1921-1931. Durant cette période, le gain net annuel, calculé d'après le chiffre des entrées et des sorties contrôlées, s'éleva en moyenne à 123 000. A la veille de la grande crise des années trente, quelque trois millions d'étrangers constituant 7 % de la population totale vivaient en France. Celle-ci, par rapport au nombre de ses habitants, était devenue le premier pays d'immigration du monde.

Entrées et sorties contrôlées d'étrangers

Années	Entrées			Sorties	Bilan
	Industrie	Agriculture	Total		
1919	–	62 117	62 117	–	–
1920	–	–	201 925	12 151	+189 774
1921	25 998	54 414	80 412	62 536	+ 17 876
1922	107 787	73 865	181 652	50 309	+131 343
1923	184 255	78 622	262 877	59 951	+202 926
1924	173 170	90 185	263 355	47 752	+215 603
1925	104 477	71 784	176 261	54 393	+121 868
1926	98 949	63 160	162 109	48 683	+113 426
1927	18 778	45 547	64 325	89 982	– 25 657
1928	36 055	61 687	97 742	53 759	+43 983
1929	110 871	68 450	179 321	38 870	+140 451
1930	128 791	92 828	221 619	43 789	+177 830

Les entrées et les sorties contrôlées de travailleurs ne reflétaient pas la totalité des mouvements. Ces statistiques ne prenaient pas en compte les migrants non salariés et les clandestins dont l'effectif fut parfois estimé à un tiers des chiffres enregistrés officiellement. Cependant, telle quelle, cette comptabilité livrait des enseignements précieux. Il apparaissait que l'immigration, pour massive qu'elle fût, ne suivait pas un rythme régulier et connaissait des pulsions plus ou moins brusques, liées à la conjoncture économique. En période de chômage, les introductions se réduisaient, tandis que les départs augmentaient : ainsi, en 1921 et 1928. Un excédent de sorties fut même enregistré lors de la crise de 1927. Le géographe Georges Mauco pouvait à juste titre observer que l'immigration constituait « le baromètre de l'activité économique de la France »[1].

Les variations affectaient surtout les entrées d'ouvriers destinés à l'industrie, domaine particulièrement sensible à la conjoncture. En revanche, l'introduction des travailleurs agricoles marquait des mouvements de faible amplitude, en raison de la permanence des besoins de main-d'œuvre dans les campagnes françaises. En fait, compte tenu de l'importance des saisonniers, betteraviers, liniers, vendangeurs, c'étaient les variations mensuelles, et non annuelles, qui se révélaient significatives : les travailleurs de la terre arrivaient en nombre au printemps et à l'automne.

2.2. *La répartition nationale et géographique de la population étrangère*

Les pays limitrophes de la France, Italie, Espagne, Belgique, Suisse, qui, avant 1914, fournissaient l'immense majorité des immigrés conservèrent cette prépondérance, mais affaiblie : leur part dans le total de la population étrangère passa de 79 % en 1921 à 55 % en 1931. La diminution des Belges, en chiffres absolus et en pourcentage, fut spectaculaire : ils constituaient 22,5 % des allogènes en 1921 et 8,7 % en 1931. La place des Suisses déclina également. Les Espagnols augmentèrent légèrement en effectifs, mais baissèrent en proportion. Seuls les Italiens renforcèrent fortement leurs positions en doublant leurs effectifs durant les années 1920 et en formant 30 % des étrangers en 1931.

Tandis que, l'Italie exceptée, les ressortissants des pays voisins perdaient de leur hégémonie numérique, ceux de l'Europe centrale et orientale prenaient une place de plus en plus importante : ainsi les Russes, les Tchécoslovaques et surtout les Polonais qui, recensés au nombre de 45 800 en 1921, se retrouvèrent 507 800 en 1931. De même, la proportion des Grecs, des Turcs, des Arméniens, des Africains et des Asiatiques s'accrut fortement par comparaison avec la période antérieure à 1914.

Au total, les immigrés d'origine nordique cédaient rapidement la place aux Méridionaux, aux Slaves et, dans une moindre mesure, aux Levantins et aux Africains.

---

1. Georges MAUCO, *Les étrangers en France*, Colin, Paris, 1932, p. 137.

Nationalités présentant des effectifs supérieurs à 50 000 personnes
(chiffres absolus et pourcentages par rapport à la totalité
de la population étrangère)

	1921	*%*	*1926*	*%*	*1931*	*%*
Britanniques	47 400	3	62 300	2,4	49 100	1,7
Allemands	75 600	4,9	69 300	2,7	71 700	2,4
Belges	349 000	22,5	326 600	13	253 700	8,7
Espagnols	255 000	16,4	322 600	12,9	351 900	12,1
Italiens	451 000	29	760 000	30,4	808 000	27,9
Polonais	45 800	2,9	309 000	12,3	507 800	17,5
Russes	32 300	2	67 200	2,6	71 900	2,4
Suisses	90 100	5,8	123 100	4,9	98 500	3,4
Nord-Africains	36 300	2,3	69 800	2,8	102 000	3,5

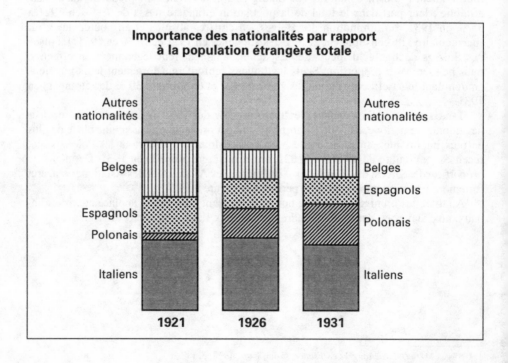

**Importance des nationalités par rapport
à la population étrangère totale**

La répartition géographique des étrangers reproduisait dans ses grandes lignes la situation enregistrée avant 1914 : les densités les plus importantes formaient un arc le long des frontières septentrionales, orientales et méridionales du pays. Les zones industrielles et urbaines les plus proches des frontières, le Nord, l'Est, la frange méditerranéenne du Sud-Est, les régions de Paris et de Lyon concentraient les trois quarts des étrangers.

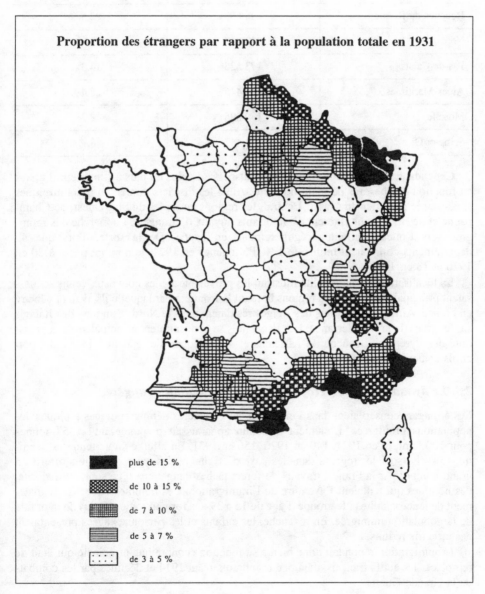

Proportion des étrangers par rapport à la population totale en 1931

plus de 15 %

de 10 à 15 %

de 7 à 10 %

de 5 à 7 %

de 3 à 5 %

Les 7 départements ayant plus de 100 000 étrangers en 1931

	Effectifs étrangers	*% par rapport à la population du département*
Seine	459 498	9,3
Bouches-du-Rhône	248 800	22,5
Nord	222 247	10,9
Pas-de-Calais	173 525	14,3
Alpes-Maritimes	140 446	28,4
Moselle	130 095	18,7
Seine-et-Oise	122 447	8,9

Cependant, la population immigrée se dispersa de plus en plus à l'intérieur du pays en fonction des besoins de main-d'œuvre. Ainsi les districts miniers et métallurgiques situés sur le pourtour du Massif Central, les régions agricoles du Sud-Ouest, de Champagne et de Bourgogne fixèrent d'importants noyaux d'étrangers. La marche des immigrés vers l'ouest s'effectua régulièrement, en nappe. De la sorte, alors que 45 départements comptaient moins de 1 % d'allogènes en 1921, le nombre passa à 20 en 1926 et 13 en 1936.

La localisation par nationalité illustre les provenances : les nouveaux venus se massaient principalement dans les régions bordant la frontière par laquelle ils avaient pénétré en France. Ainsi les deux tiers des Belges résidaient dans le Nord et un tiers des Italiens sur les rives de la Méditerranée. Les Espagnols se concentraient principalement à proximité des Pyrénées. Beaucoup d'Africains et d'Asiatiques s'arrêtaient à Marseille, port où ils avaient débarqué.

2.3. *Le dynamisme démographique de la population étrangère*

Les étrangers conservaient dans l'ensemble les caractères démographiques typiques des populations immigrées. L'élément masculin apparaissait prépondérant : 135 hommes pour 100 femmes en 1921, 140 en 1926, 156 en 1931. En effet, compte tenu des conditions psycho-sociales régnant dans les pays d'origine et des types d'emplois offerts en grand nombre par la France, travaux de force, tâches dangereuses, ce sont, en majorité, des hommes qui tentaient l'aventure de l'immigration. Ces hommes étaient principalement de jeunes adultes : le groupe d'âge de 15 à 39 ans formait toujours plus de la moitié de la population immigrée. En revanche, les enfants et les personnes âgées présentaient des effectifs réduits.

L'immigration répondait donc bien à sa fonction économique principale qui était de remplacer les actifs français, déjà peu nombreux avant 1914 et décimés par les combats de la Grande Guerre.

Répartition de la population masculine étrangère par âges (en %)

	1921	*1926*	*1931*
0-14 ans	15,9	17,4	16,7
15-39 ans	53,2	56,8	58,1
40-64 ans	26,9	22,2	22,4
plus de 65 ans	4	3,6	2,8

La prépondérance des hommes jeunes expliquait que la population étrangère comprît une proportion de célibataires supérieure à celle des Français. En 1926 on enregistrait un taux de 49 % d'immigrés non mariés, contre 44 % chez les nationaux. Quant aux individus mariés, ils vivaient souvent seuls, surtout au début de leur séjour, car ils laissaient leur épouse au pays natal jusqu'à ce que l'amélioration de leur situation matérielle permît de l'appeler.

La natalité se trouvait stimulée par la jeunesse des immigrés, par leur fréquente fidélité aux enseignements de la morale catholique et par l'appartenance de la majorité d'entre eux à des catégories sociales frustes ignorant souvent les pratiques anticonceptionnelles. Même si le déséquilibre des sexes, l'élévation progressive du niveau social et culturel, l'affaiblissement de la pression religieuse se conjuguaient pour tempérer les facteurs favorables à la natalité, les familles étrangères demeuraient plus prolifiques que les françaises. En 1927 et 1928, le taux de natalité qui plafonnait à 18 pour mille chez les nationaux atteignit 23 pour mille chez les immigrés. Si l'on considérait que le taux de mortalité des étrangers, 13 pour mille, était très inférieur à celui des Français, 16 pour mille, il apparaissait que les nouveaux venus tenaient une place de première importance dans l'accroissement démographique du pays.

3. Les étrangers dans les grands débats des années 20

De 1919 à 1930, en dépit d'une prospérité d'ensemble, la France connut une série de crises économiques ponctuelles, ainsi que des affrontements politiques au cours desquels les étrangers se trouvèrent souvent mis en cause.

3.1. Les crises économiques des années 20

3.1.1. Des difficultés ponctuelles

Au début de 1919, la France connut un engorgement du marché du travail, en raison de la démobilisation et de la lenteur avec laquelle s'effectuait la reconversion des industries de guerre. Une nouvelle poussée de chômage fut enregistrée en 1921, à la suite de la récession mondiale. En revanche, le ralentissement d'activité constaté en 1924-1925 était propre à la France : l'achèvement de la reconstruction des régions dévastées pendant la guerre, une stabilisation provisoire des changes qui décourageait les investissements étrangers, la victoire électorale du Cartel des gauches qui effraya les capitalistes français expliquaient cette perturbation. En 1926, l'effondrement du franc, juste avant le retour de Raymond Poincaré au pouvoir, engendra un affolement dans l'opinion. En 1927 se produisit une nouvelle dépression limitée à la France et due à la politique suivie par Poincaré : stabilisation de la monnaie, ralentissement de l'inflation, restriction du crédit, économies diverses, relèvement du change, mesures qui freinaient la production industrielle et les exportations.

3.1.2. Les crises de chômage de 1919, 1921, 1924 et 1927

Toutes les poussées de chômage, celles de 1919, 1921, 1924 et 1927, entraînèrent des réactions identiques dans l'opinion. Les travailleurs français, craignant de perdre leur emploi, s'en prenaient rapidement aux ouvriers étrangers, vus comme des concurrents. Ce mécontentement dégénérait souvent en violences xénophobes verbales ou même physiques. En 1921, la CGT reconnut que ses adhérents envisageaient de recourir à des « moyens extrêmes » contre les étrangers[1].

Dans ces circonstances, les conservateurs et les radicaux soutenaient les protestataires. L'extrême droite se réjouissait de ce que, à la faveur de la crise, les ouvriers français redécouvrissent les vertus du nationalisme. En 1927, le quotidien modéré *Le Temps* observa lui-même :

> « Un demi-siècle et plus de marxisme international n'a pas réussi à mettre la moindre douceur dans l'âme des ouvriers à l'égard de leurs frères. Il suffit d'une crise de chômage, si faible soit-elle, pour que les incidents se multiplient »[2].

Les directions syndicales essayaient de contenir les excès de leur base, mais ne pouvaient totalement ignorer les revendications de celle-ci : fermeture des frontières, rapatriement des étrangers ou, au moins, contingentement des entrées, priorité d'embauche réservée aux nationaux, instauration de taxes frappant les immigrés ou leurs employeurs. Cependant, les communistes, que leur idéal internationaliste rendait partisans de la libre circulation des travailleurs entre les pays, s'opposaient à toute mesure pouvant avantager les Français, notamment la fermeture des frontières. De plus, ajoutaient les rouges, le renvoi des immigrés permettrait aux patrons de se débarrasser en priorité des individus conscients, actifs, militants, syndiqués, et ainsi de mieux exploiter la main-d'œuvre française. La base ne suivait guère ces raisonnements et se laissait emporter par la colère. Certains syndicats se séparèrent de la centrale communiste CGT unitaire qu'ils jugeaient trop favorable aux étrangers. Les crises entraînaient aussi des polémiques à gauche : les socialistes accusaient le PCF d'être indifférent à l'anxiété des travailleurs et de vouloir seulement attiser le mécontentement pour gagner des adhérents :

> « Mais que tout aille mieux, voilà qui est indifférent au parti communiste. En vérité, l'essentiel, c'est que la crise provoque toujours plus de mécontentement. Les chefs communistes servent le communisme et non l'intérêt des ouvriers communistes »[3].

---

1. *Le Peuple*, 1er mars 1921.
2. P. FERVACQUE, *le Temps*, 20 janvier 1927.
3. Paul RIVES, *le Populaire*, 1er février 1927.

Le patronat, qui avait besoin d'un maximum de main-d'œuvre, prédisait toujours que la crise serait brève et demandait que, dans la perspective de la reprise, on conservât en France tous les hommes disponibles. Chasser les étrangers était, selon *le Temps*, porte-parole des milieux dirigeants de l'économie, une « idée simpliste »[1].

Quant aux pouvoirs publics, ils se bornaient généralement à suspendre temporairement l'entrée des immigrés et à encourager les retours volontaires, voire à rapatrier quelques coloniaux, mesures modérées qui satisfaisaient la gauche non communiste, sans trop inquiéter la patronat.

3.1.3. La crise financière de 1926

Dans le courant de l'été 1926, le cours du franc s'effondra : le 13 juillet la livre sterling valait 196 francs et le dollar 40 francs ; le 21 juillet, les deux monnaies se trouvaient respectivement à 243 et 50 francs. Cette situation engendra une grande nervosité qui se tourna particulièrement contre les étrangers accusés d'envahir la France pour profiter d'un change favorable et vivre à bon compte. Le romancier Jean-José Frappa s'inspira de cette actualité et publia dès novembre 1926 un livre intitulé *À Paris, sous l'œil des métèques* :

> « Les paquebots et les trains déversaient sur le malheureux pays une multitude innombrable de métèques joyeux, bruyants, souvent insolents et marchandeurs qui, forts de leur monnaie hypertrophiée, se donnaient des allures de conquérants, traitant chaque Français en mendiant ou en voleur »[2].

Une partie de la presse entama une campagne xénophobe, accusa les étrangers d'accaparer les biens, de faire monter les prix, de traiter les Français en domestiques ou en peuplade colonisée, d'afficher un mauvais goût de « rustres exotiques »[3]. A Paris, sur les grands boulevards, des autocars de touristes furent encerclés et hués par des foules menaçantes. Quelques allogènes auxquels l'on reprochait une expression narquoise sur leur visage ou une parole malheureuse furent molestés. Le 29 juillet, à Granville, des Anglais qui jetaient des sous à des enfants se trouvèrent bombardés de pierres par des Français qu'indignait cette humiliante aumône.

Les milieux libéraux eurent beau expliquer que les dépenses des étrangers rééquilibraient la balance commerciale de la France, l'opinion xénophobe réclama à nouveau l'expulsion des hôtes indésirables ou leur assujetissement à des taxes. Un conseiller général des Basses-Pyrénées, Camille Servat, convainquit toutes les assemblées départementales de France, sauf trois, de voter un vœu demandant la perception d'un droit sur les étrangers non travailleurs, car le pays se trouvait « en état de siège économique »[4]. Quatre propositions de loi allant dans le même sens furent déposées par des députés conservateurs ou radicaux. Mais les pouvoirs publics préférèrent temporiser. En définitive, la formation du gouvernement Raymond Poincaré en juillet 1926 rassura l'opinion et entraîna une hausse du franc qui fit retomber l'émotion.

---

1. *Le Temps*, 13 février 1921.
2. Jean-José FRAPPA, *À Paris sous l'œil des métèques*, Flammarion, Paris, 1926, page 218.
3. *L'Illustration*, 28 août 1926.
4. *L'Œuvre*, 22 août 1926.

PEDRO, *l'Œuvre*, 30 juillet 1926.

3.2. Les débats politiques des années 20

En règle générale, les étrangers prenaient peu d'engagements politiques, mais leur importance numérique et les efforts de recrutement qu'effectuaient dans leurs rangs certains partis ou syndicats français représentaient une menace potentielle pour l'ordre public.

3.2.1. La faible politisation des étrangers

La grande majorité des immigrés observait une prudente réserve face aux engagements politiques et syndicaux. La police française qui surveillait attentivement la colonie étrangère notait toujours la discrétion et la retenue de celle-ci. Ainsi, à Nice, où vivaient 40 000 Italiens, on dénombrait parmi ces derniers en 1929 moins de cent communistes et un millier de fascistes. Un policier du Vaucluse constatait en 1931 : « Dans le département, on compte 7 ou 8 000 Italiens dont la très grande majorité se cantonne dans la neutralité la plus absolue »[1]. Quelques Polonais du Nord et du Pas-de-Calais cotisaient au Parti communiste, mais dans les autres régions les adhésions apparaissaient exceptionnelles. Le Galicien Thomas Olszanski, naturalisé français, secrétaire de la Fédération CGTU du sous-sol, orateur apprécié de ses anciens compatriotes et militant infatigable, reconnaissait cette faiblesse : venu à Decazeville en 1926, il ne rencontra qu'un seul communiste polonais. Une telle circonspection expliquait que les étrangers participassent rarement aux grèves. A Auboué, où les immigrés formaient 69 % de la population en 1926, on n'enregistra entre les deux guerres que trois grèves totalisant vingt-sept jours d'arrêt de travail. Il se révèle difficile d'établir avec précision des données chiffrées à l'échelle nationale car les organisations majoraient leurs effectifs et les ouvriers, se déplaçant souvent d'une région à l'autre, ne renouvelaient pas toujours leur adhésion. Cependant les enquêtes, même s'il fallait les lire avec précaution, confirmaient la réserve des immigrés.

Effectifs étrangers de la CGTU en mai 1930

Nationalité	Nombre d'adhérents
Arméniens	40
Bulgares	50
Espagnols	500
Hongrois	680
Italiens	12 000
Juifs étrangers	300
Polonais	2 500
Roumains	20
Russes	100
Tchécoslovaques	300
Yougoslaves	200

D'après les archives de la Préfecture de Police de Paris, 300 200 – 1096 – 3.

---

1. Archives départementales de Vaucluse, I M 809.

Les raisons pour lesquelles les étrangers hésitaient à se lancer dans les activités politiques et syndicales apparaissaient diverses. Ces populations simples, originaires de pays où les autorités civiles et religieuses gardaient influence et prestige, vouaient un respect traditionnel aux représentants du pouvoir et, de ce fait, répugnaient à suivre des partis contestataires. Ainsi les Polonais qui adhéraient au communisme n'étaient pas les paysans venus directement de leur pays, mais bien plutôt des Ukrainiens et des juifs hostiles au gouvernement de Varsovie ou des hommes émigrés dès avant 1914 en Westphalie et ayant acquis là une maturité politique nouvelle. De plus, certains immigrés, devant entretenir une famille ou voulant épargner, regrettaient l'argent perdu lors des grèves ou le montant des cotisations versées aux organisations. La peur de la répression régnait par-dessus tout : les militants actifs risquaient d'être licenciés par leur employeur et expulsés de France par une décision administrative sans appel. Dans ses souvenirs l'écrivain François Cavanna souligne cette réalité :

« D'abord, quand on est immigré, on a intérêt à se faire tout petit, surtout avec le chômage qui rôde. Pris dans une manif, ou à un meeting, c'est la carte de travailleur qui saute... Ou même carrément expulsé »[1].

3.2.2. Les engagements d'une minorité

Les réfugiés politiques se trouvaient généralement porteurs d'une idéologie qui constituaient la cause même de leur exil. Tel était notamment le cas des Espagnols libéraux et des Catalans opposés à la dictature de Primo de Rivera entre 1923 et 1930. Les Italiens antifascistes, les *fuorusciti*, s'opposaient à la dictature de Mussolini. Quelque 20 000 Transalpins s'installèrent en France, en trois vagues : celle de 1921-1922 composée surtout de cadres ouvriers fuyant la terreur imposée par les chemises noires, celle de 1924-1926 avec les principaux chefs de l'opposition politique, celle de 1926-1927, la plus massive, suscitée par l'affermissement du régime mussolinien. D'autres réfugiés, Arméniens, Russes blancs, Assyro-chaldéens, juifs d'Europe orientale, devaient leur infortune moins à leurs choix politiques qu'à leur appartenance ethnique, sociale ou religieuse. Certains de ces hommes, découragés ou prudents, soucieux de ménager les autorités françaises, cessaient toute activité militante. A l'inverse, d'autres n'entendaient pas abdiquer leurs idées et poursuivaient leur combat depuis la France. Ils étaient parfois rejoints par les immigrés venus initialement dans ce pays pour des raisons économiques et ayant découvert le sens de l'engagement politique au travers de leur expérience nouvelle.

Loin de se montrer unis dans l'adversité, les militants étrangers reproduisaient en France leurs divisions antérieures. Ainsi, les Italiens, la nationalité la plus politisée, formaient une nébuleuse fractionnée en de multiples tendances d'autant plus fermes sur leurs principes que de nombreux chefs importants se trouvaient en France, tels les libéraux Nitti et Salvemini, les socialistes et syndicalistes Nenni, Treves, Saragat, Modigliani, le vieux Turati enlevé dans sa résidence surveillée milanaise par un commando de jeunes antifascistes, Sandro Pertini, Carlo Rosselli, Ferrucio Parri. Quelque 5 000 à 10 000 *fuorusciti* adhéraient au Parti communiste, 2 000 au Parti socialiste, quelques centaines au Parti maximaliste, au Parti républicain, à *Giustizia e Liberta*, aux groupes anarchistes, environ 2 500 à la Ligue italienne des droits de l'homme. Les dirigeants de cette

---

1. François CAVANNA, *Les Ritals*, Belfond, Paris, 1978, page 87.

dernière organisation, Luigi Campolonghi et Alceste De Ambris, constituèrent bien, en 1927, avec leurs amis réformistes, une sorte de cartel, la Concentration antifasciste, mais celle-ci se divisa vite entre certains dirigeants plus ou moins immobiles et des activistes pressés d'agir. Les communistes se tenaient hors de la Concentration et la critiquaient. D'abord rassemblés dans des sections propres, ils furent obligés par l'Internationale, en 1923, à s'affilier à des groupes de langue dirigés par le Parti communiste français. Actifs, ils formèrent en 1924 des Centuries prolétariennes, sortes de cohortes paramilitaires que le gouvernement français décima par des arrestations et des expulsions. A cette épreuve s'ajouta en 1925-1926 la bolchevisation et la mise au pas des communistes italiens jugés trop peu disciplinés par l'Internationale ; cette épuration fit tomber le nombre des militants rouges à 4 000 en 1926 et 2 000 en 1928.

Face à cette gauche italienne fragmentée se dressait le fascisme exporté en France. En effet, dès 1922, le parti mussolinien avait décidé de créer des *Fasci all'estero*. Les premiers *fasci* fondés avant 1926, surtout ceux de Paris, Nice, Marseille, étaient contrôlés par de jeunes activistes en chemise noire, adeptes des méthodes violentes, gourdin et huile de ricin, qui effrayaient les notables immigrés. Après 1926, les *fasci*, anciens ou nouveaux comme ceux de Lyon et de Lille, furent mis au pas car Mussolini voulait qu'ils devinssent non seulement une structure d'encadrement des immigrés, mais aussi la vitrine respectable du nouveau régime. Les notables, commerçants, industriels, cadres bancaires, membres des professions libérales, se sentaient ainsi plus à l'aise dans le mouvement fasciste et en formaient l'ossature, les éléments ouvriers se révélant très minoritaires. Liés aux consulats, contrôlant de nombreuses associations, les *fasci* poursuivaient des activités sociales et patriotiques : distribution de secours, retour des femmes en couches et des enfants en vacances dans la péninsule, cours de langue, organisation des fêtes nationales, célébration du culte de l'italianité et du régime. Ce programme attira 10 000 à 12 000 personnes. Au début des années 1930, le *fascio* de Paris comptait 3 000 inscrits, dont 500 à 600 militants actifs, celui de Nice 1 000, chiffres auxquels il fallait ajouter plusieurs milliers d'adolescents enrôlés dans les organisations de jeunesse.

Malgré la façade de respectabilité qu'il se donnait, le fascisme italien n'avait pas totalement renié sa nature profonde. Dans les consulats, des policiers, des provocateurs, des agents secrets tel l'écrivain Curzio Malaparte, plus ou moins cachés derrière des fonctions officielles, poursuivaient des activités d'espionnage ou de surveillance des immigrés, ce qui inquiétait les autorités françaises et entretenait la haine des *fuorusciti*.

La preuve des agissements fascistes fut apportée à plusieurs reprises, notamment en septembre 1926 lors de l'affaire Ricciotti Garibaldi. Ce dernier, petit-fils du héros des Deux Mondes, antimussolinien notoire, cherchant à recruter en France des légions qui rétabliraient la liberté en Italie, était en réalité un agent provocateur, stipendié par le Duce pour compromettre des personnalités antifascistes et les faire arrêter si elles revenaient dans leur pays. Démasqué par la police française en 1926, Garibaldi fut jugé, condamné et expulsé. Les réfugiés, adversaires de Mussolini, n'oubliaient pas les violences dont ils avaient été victimes chez eux et cherchaient à se venger, ce que comprenait bien la gauche française. Ainsi, un rédacteur de *l'Humanité* communiste disait d'un Italien qui avait abattu un diplomate fasciste à Paris : « Les jurés de la Seine ne devront pas juger Di Modugno : ils devront juger le régime de terreur qui ensanglante l'Italie »[1]. Ce furent

---

1. *L'Humanité*, 14 octobre 1928.

une dizaine de fascistes qui tombèrent en France sous les balles des exilés dans les années 1920, notamment Nicolà Bonservizi, président du *fascio* de Paris, en février 1924, et le comte Carlo Nardini, vice-consul d'Italie à Paris, en septembre 1927.

LES AUTORITÉS FRANÇAISES ET LA CRAINTE DES MENÉES ITALIENNES EN 1926

La collusion entre les hommes du fascisme italien et les fascistes français est certaine... Le duc de Camastra, président du Faisceau de Paris, est en rapports continus avec les hommes les plus réactionnaires de France... Si une action violente des fascistes français était engagée, on peut être assurée que les fascistes italiens y participeraient.

En résumé, on peut craindre que le territoire français sur lequel vivent paisiblement plusieurs centaines de milliers d'Italiens établis et assimilés, devienne le théâtre d'incidents assez graves du fait des agissements de quelques individus venus récemment d'Italie pour mener une action fasciste et qui se sentent forts de l'appui de l'ambassade et du consulat d'Italie...

Les masses italiennes en France sont soumises à une pression nationaliste et antifrançaise qui peut créer graduellement un état d'esprit d'hostilité ou d'antipathie des masses italiennes envers les Français, malgré la sympathie instinctive des Italiens émigrés qui se laisseraient facilement assimiler.

La politique générale du gouvernement fasciste étant assez nettement antifrançaise, il est de l'intérêt du gouvernement français de faire en sorte que les faisceaux et les autorités fascistes italiennes aient aussi peu d'emprise que possible sur les Italiens résidant en France.

Note anonyme au ministre de l'Intérieur, 28 mars 1926, Archives Nationales, F7 13 245.

Chez les Polonais aussi se manifestaient des divisions, même si elles étaient plus feutrées que dans la bouillante colonie italienne. La poignée d'immigrés militant à gauche s'opposait à la Société des ouvriers polonais en France, d'opinion conservatrice, fondée en 1924, revendiquant 10 000 membres deux ans plus tard et cachant derrière la façade d'une organisation d'entraide une activité de type plutôt syndical. Après 1926, date de l'arrivée au pouvoir du maréchal Pilsudski à Varsovie, les progressistes s'inquiétèrent de la volonté d'encadrement des immigrés par le nouveau gouvernement autoritaire, même si, au début, les efforts et les résultats restèrent modestes.

Au sein du petit groupe d'Africains vivant en France d'autres clivages apparaissaient. Avant 1926, les militants coloniaux, notamment René Maran, Kojo Tovalou, Max Bloncourt, adoptèrent généralement des positions assimilationnistes : ils attendaient que la France étendît la citoyenneté aux indigènes pour les remercier de s'être bien battus durant la Grande Guerre. A partir de 1926, beaucoup d'hommes de couleur, principalement rassemblés autour du Comité de défense de la race nègre de Lamine Senghor, affichèrent une plus grande autonomie culturelle qui passait par une revalorisation des racines africaines. Les marxistes eux-mêmes essayaient de concilier la tradition révolutionnaire européenne qu'ils avaient apprise et une spécificité noire ; ainsi Tiemoko Garan Kouyaté voulait construire une véritable « conscience de race ».

Ces multiples nuances échappaient généralement à l'opinion française.

3.2.3. Les réactions françaises

L'opinion française se montrait sensible aux événements spectaculaires : la trahison de Ricciotti Garibaldi, provocateur fasciste embusqué derrière un nom glorieux, l'assassinat de personnalités mussoliniennes comme Bonservizi et le comte Nardini, d'autres meurtres comme celui de l'hetman ukrainien antisoviétique Petliura, abattu en mai 1926 à Paris par un juif originaire de Smolensk, Samuel Schwarzbard, qui reprochait à l'hetman d'avoir ordonné des pogromes. Très commentée aussi fut la disparition à Paris, en janvier 1930, du général Koutiepov, président de l'Union des anciens soldats russes à l'étranger, vraisemblablement enlevé par des agents soviétiques et dont le corps ne fut jamais retrouvé. La majorité des Français, ne voyant pas que la masse des étrangers se gardait de tout militantisme, éprouvait le sentiment que la France était devenue le champ clos d'obscurs règlements de comptes entre factions étrangères ennemies et Paris « la capitale du crime politique »[1].

L'Œuvre, 21 août 1925.

---

1. *L'Action Française*, 1er février 1930.

En temps ordinaire, l'opinion française considérait les activités politiques des étrangers avec une indifférence mêlée d'inquiétude. Les épreuves des réfugiés, arrivés en vagues toujours renouvelées, ne suscitaient plus guère d'apitoiement. Même les socialistes et les communistes semblaient parfois ne témoigner aux exilés qu'une molle compassion de principe. Dès que les étrangers se signalaient à l'attention, l'insensibilité se muait en exaspération. Celle-ci était particulièrement nourrie par les formes d'ostentation politique, de droite ou de gauche, le port d'insignes fascistes, l'apparition d'une chemise noire ou d'un drapeau rouge, la participation d'immigrés à des manifestations. Les étrangers jugés insolents ou affichant un orgueil national déplacé s'attiraient des quolibets ou des coups. Les régions particulièrement menacées, comme le Comté de Nice et la Corse, objets de revendications annexionnistes italiennes, montraient une vive sensibilité à l'égard des agissements du pays voisin.

APRES LES ATTENTATS

Les étrangers indésirables

APRES LA BAGARRE

LES ÉTRANGERS INDÉSIRABLES

La Liberté, 17 septembre 1927.

Il ne suffit pas de les condamner, il faut surtout s'en débarrasser en les expulsant.

PETITS BLEUS DU MATIN

ÇA NE PEUT PAS DURER

Il faut, d'urgence et avec toute l'énergie qui convient, purger la France des étrangers qui prennent notre pays pour un champ d'expériences anarchistes et révolutionnaires.

Le Petit Bleu, 27 septembre 1927.

Les milieux politiques réagissaient en fonction de leurs *a priori* idéologiques. La droite classique avec une certaine mesure, l'extrême droite avec violence dénonçaient les menées politiques étrangères et ils voyaient dans la France « le dépotoir du monde ». Les activistes immigrés étaient qualifiés de « racaille », « raclure », « lie », « tourbe », « horde », « plèbe internationale »... Les caricaturistes publiaient de nombreux dessins véhiculant une xénophobie plus ou moins affirmée. Les conservateurs se scandalisaient de ce que les étrangers profitassent de la sécurité offerte par la France pour critiquer le gouvernement de leur pays d'origine ou conspirer contre ce dernier. Plus encore régnait la peur que les immigrés ne préparassent contre leurs hôtes une révolution accompagnée des pires violences. *L'Action Française* prédisait « le pillage après carnage »[1] ; *L'Ami*

---

1. *L'Action Française*, 1er octobre 1928.

du Peuple dénonçait « une véritable armée de professionnels du couteau et du rasoir qui suivent en hurlant le drapeau rouge »[1]. La droite s'en prenait aux partis et syndicats français de gauche, à la Ligue des droits de l'homme, à la franc-maçonnerie qu'elle accusait de protéger les agents étrangers. Mais la droite mettait aussi en cause les fascistes italiens qui sortaient de la réserve dans laquelle ils auraient dû se cantonner et essayaient en particulier de freiner l'assimilation de leurs compatriotes. Les conservateurs demandaient que les contrevenants fussent très sévèrement punis, que des peines de prison et des expulsions nombreuses les frappassent. Ils ne remettaient généralement pas en cause le droit d'asile, mais voulaient en sélectionner soigneusement les bénéficiaires. « Le Français fait toujours bon visage aux proscrits, à condition qu'ils soient discrets », concluait *la Croix*[2].

L'INQUIÉTUDE D'UN DÉPUTÉ D'EXTRÊME DROITE
Extraits d'une proposition de loi de Pierre Taittinger

Exposé des motifs

Messieurs, quand j'ai eu l'honneur d'interpeller le gouvernement sur les menées communistes, je me suis exprimé ainsi : « Le pays n'est pas gangrené et le péril n'est pas imminent, mais le mal réside dans la pègre internationale qui, par tous les moyens, s'attache à corrompre les éléments sains du travail français. »

Personne n'ignore, en effet, que les dirigeants de la IIIe internationale communiste ne sont pas de chez nous, que les ordres viennent d'ailleurs et que le gros de l'armée communiste est composé de 70 % d'étrangers.

Si nous ne prenons pas immédiatement des mesures très sévères contre cette invasion du dehors, nous risquons de voir les troupes communistes, qui offrent déjà de très sérieux dangers, se former en une véritable armée du désordre, de l'anarchie et de la révolution.

Ne nous y trompons pas, messieurs, ce sont certains étrangers, ayant déjà fait leurs preuves dans leur pays d'origine, qui viennent en France pour fomenter les grèves et la guerre civile. L'ouvrier français, à part de rares exceptions, ne donne jamais le signal du désordre ; il suit le plus souvent, en hésitant, des meneurs qui ne pensent pas dans la même langue que lui, en un mot, il ne commande pas, il obéit. (...)

Il n'est pas possible, messieurs, que cette pègre internationale fasse la loi chez nous. Notre patience a des limites ; la contagion est très sérieuse ; il ne faut pas qu'elle devienne dangereuse. (...).

Nous avons vu se produire assez de cas scandaleux d'étrangers tombant sous le coup de nos lois pénales et jouissant quand même de l'hospitalité de la France, pour être sur ce point désabusés, sceptiques et parfois angoissés.

Nous venons donc vous proposer un texte qui fera au gouvernement une obligation très nette, tout en conservant à la France son renom de nation généreuse et hospitalière, de reconduire à la frontière les étrangers indignes, par leur attitude, de rester chez nous.

Nous vous demandons de voter ce texte d'urgence, puisqu'il concourra à la défense réelle et morale de notre patrimoine national.

Journal officiel, Documents de la chambre, 29 décembre 1924 (session extraordinaire), annexe 985, page 469.

---

1. *L'Ami du Peuple*, 17 novembre 1928.
2. *La Croix*, 6 janvier 1930.

La gauche affichait une vive sympathie de principe pour les étrangers, condamnait les partis et les agissements racistes et xénophobes, s'indignait de la répression policière contre les immigrés et des expulsions injustes. Les réfugiés politiques, disait une proposition de loi déposée par des députés socialistes et radicaux, étaient « deux fois sacrés, comme étrangers et comme proscrits »[1]. Mais des divergences séparaient les progressistes. Les non-communistes ne cherchaient guère à entraîner les étrangers dans les combats politiques français. En revanche, le PCF voulait que les nouveaux venus, comprenant leur devoir de classe, se joignissent à la lutte contre le pouvoir bourgeois français : l'asile offert par la France devait permettre de « prolonger l'activité politique qu'on ne pouvait plus exercer dans son propre pays »[2]. Autre différence, les non-communistes, qui se voulaient fidèles à une conception large de l'humanisme, faisaient bon accueil à tous les exilés, quelles que fussent leurs opinions. Le député radical Henri Guernut, dirigeant de la Ligue des droits de l'homme, prononçait d'émouvants plaidoyers en faveur des réfugiés :

> « proscrits par la droite ou proscrits par la gauche, chassés par les provocations ou par les représailles, toutes victimes égales, à mes yeux, de l'égale injustice qui naît de toutes les dictatures »[3].

Les communistes, pour leur part, réservaient leur sympathie à leurs amis les plus proches et voulaient chasser les autres hors de France, surtout les Russes, « déchets tsaristes »[4], évalués à 400 000, ce qui multipliait leur effectif réel par six, et accusés de préparer une guerre de revanche contre l'URSS (voir dessin p. 75).

Quant aux pouvoirs publics, ils firent toujours preuve de la plus grande résolution dans leur volonté de contrôler l'activité politique des étrangers et de les détourner de toute forme d'agitation. Ainsi, le radical Albert Sarraut, ministre de l'Intérieur, déclara devant les députés en 1927 :

> « Si je reconnais que les ouvriers étrangers doivent suivre le sort de la classe ouvrière avec laquelle ils travaillent, s'ils doivent jouir des mêmes droits, si je leur reconnais le droit de faire grève, par exemple, je n'admets pas qu'ils soient ici des agitateurs, des agents provocateurs, des meneurs de grève. cela, non ! *(applaudissements à gauche, au centre et à droite)*.
> Je vous le dis de la façon la plus claire et la plus nette : je ne veux pas brimer les ouvriers étrangers, mais je ne veux pas qu'ils viennent faire la loi chez nous (très bien ! très bien !)...
> Chaque fois qu'ils essayeront de violer les lois du pays qui les hospitalise, ils me trouveront, moi et ma police, devant eux *(applaudissements à gauche, au centre et à droite)* »[5].

Ministres, préfets, policiers estimaient que la surveillance et la répression se justifiaient au nom de la sécurité nationale. Il fallait en effet connaître l'état d'esprit, les activités, les effectifs militants des étrangers présents dans le pays. Ceux qui, repliés sur eux-mêmes, refusaient l'assimilation et risquaient de devenir des ennemis si leur gouvernement déclarait un jour la guerre à la France stimulaient particulièrement le zèle policier.

---

1. *Journal Officiel*, Documents de la Chambre, 17 janvier 1929, page 71.
2. Lucien CONSTANT, *L'Humanité*, 16 novembre 1934.
3. *Journal Officiel*, Débats de la Chambre, 15 décembre 1931, page 4544.
4. *L'Humanité*, 3 avril 1926.
5. Réponse à une question orale du communiste Gaston Muller, *Journal Officiel*, Débats de la Chambre, 5 avril 1927, page 1192.

Il n'y a plus de Pyrénées.

G. De Champo, *L'Humanité,* 22 novembre 1924.

Il convenait aussi d'empêcher l'agitation et la préparation de complots contre les régimes étrangers, cela pour éviter les complications diplomatiques. la police qui croyait beaucoup en l'exemplarité des sanctions effectua une importante œuvre de renseignement et de répression : dissolution d'associations étrangères, interdiction de journaux, arrestations ; de 1920 à 1933 95 130 expulsions furent prononcées, soit 566 par mois.

Mais les dirigeants de la République française se gardèrent des excès, ils respectèrent le plus souvent les droits de l'homme, ils reçurent fréquemment les représentants des associations humanitaires défendant les étrangers et firent droit de leurs demandes à quelques-unes. Il arriva aussi que les autorités renoncent à sévir faute de moyens en hommes et en matériel. L'écrivain allemand Erich–Maria Remarque, qui avait quitté son pays, reconnaissait avec ses amis exilés que la France restait le dernier hâvre possible et que les contrôles s'y révélaient relativement supportables :

> « Ils vivaient à Paris, c'était suffisant pour eux. Ils mettaient leur espoir en des lendemains meilleurs et se sentaient à l'abri. L'esprit de tolérance soufflait sur cette ville qui avait absorbé tous les émigrés du siècle ; on pouvait y mourir de faim, mais on n'y était pas poursuivi plus qu'il n'était indispensable ; c'était déjà beaucoup à leurs yeux »[1].

3.3. L'organisation de l'immigration

Pour nécessaire que pût apparaître la surveillance policière, celle-ci ne tenait pas lieu de politique d'immigration. Or, le gonflement du nombre des étrangers au long des années 20 posait le problème d'une organisation du phénomène migratoire.

---

1. Erich-Maria REMARQUE, *Les Exilés (Liebe deinen nächsten)*, réédition, Paris, 1970, page 420.

3.3.1. La réflexion sur la sélection et l'assimilation

L'absence d'un organisme public chargé de conduire et de coordonner la politique d'immigration engendrait de nombreuses difficultés. Les lois et règlements épars qui prétendaient mettre de l'ordre dans l'introduction et la condition des étrangers manquaient de précision et parfois même se contredisaient. Les décisions politiques ou administratives reflétaient souvent des préoccupations passagères, résolvaient des problèmes isolés, satisfaisaient des revendications catégorielles. En effet, l'irrésolution des pouvoirs publics laissait le champ libre aux interventions disparates et intéressées du patronat, des syndicats, de groupes de pression divers, des gouvernements étrangers eux-mêmes, qui essayaient parfois de garder le contrôle de leurs ressortissants. Enfin, l'absence d'une politique précise permettait le venue d'immigrés qui ne correspondaient pas toujours aux besoins économiques du pays.

Aussi les spécialistes de l'immigration, certains hauts fonctionnaires, des élus, des juristes, des économistes, des démographes, des médecins, réfléchissaient-ils aux règles qui pouvaient présider à l'entrée et au séjour des étrangers en France.

Les spécialistes demandaient que fût opérée parmi les candidats à l'entrée en France une rigoureuse sélection. Celle-ci devait d'abord s'intéresser à l'origine ethnique : certains théoriciens comme le docteur Martial s'accordaient avec le grand public pour penser que les immigrés européens se révélaient bien préférables aux Africains et aux Asiatiques, car ils étaient « racialement » proches de leurs hôtes français. Il fallait ensuite favoriser l'immigration familiale qui semblait garantir le venue d'individus plus stables, plus calmes, épanouis et responsables. En outre, la présence d'enfants à l'esprit malléable, formés par l'école du pays d'accueil, permettrait de faire pénétrer rapidement les valeurs françaises chez les étrangers. Évidentes et nécessaires paraissaient, la sélection professionnelle, fournissant une main–d'œuvre qualifiée et répondant aux besoins du pays, la sélection médicale écartant les malades contagieux et les infirmes, la sélection morale fermant la frontière aux délinquants ; la sélection politique écartant les personnes qui mettaient en cause les structures sociales et les institutions françaises.

Après avoir choisi les immigrés, il semblait souhaitable de les assimiler. C'était cet objectif que voulaient atteindre la plupart de ceux qui réfléchissaient aux questions migratoires, à l'exception de l'extrême droite xénophobe et des communistes, muets sur ce point. Les étrangers qui fusionneraient avec la société française donneraient à celle-ci leurs qualités natives, leur vigueur démographique, leur ardeur au travail, et ils ne formeraient pas sur le territoire français des minorités nationales dangereuses.

Pour convaincre les nouveaux venus de s'intégrer, la France devait se montrer accueillante, généreuse, libérale car on ne pouvait imposer de force l'assimilation et effacer d'un coup les traditions culturelles des populations immigrées. Mais cette tolérance resterait temporaire, car l'objectif était bien de soumettre les étrangers aux règles françaises. Dans la pratique, il fallait éviter la formation de noyaux allogènes dans une région ou une entreprise : « concasser, diviser pour régner »[1], disséminer les hommes. L'enracinement se révélerait durable si on offrait aux immigrés une vie matérielle facile, des logements confortables, des droits sociaux et des salaires égaux à ceux des nationaux, des facilités pour acquérir des biens. Enfin, le maintien des traditions religieuses, ferment

---

1. Ludovic NAUDEAU, *l'Illustration*, 1ᵉʳ novembre 1924.

d'ordre social, et l'enseignement du français, moyen d'imposer les valeurs du pays d'accueil, devaient compléter l'œuvre assimilatrice.

Cet ambitieux programme vit-il le jour ? Des efforts privés furent enregistrés. L'association « le Foyer français », fondée par Paul Painlevé en 1924, aidait les étrangers dans leurs démarches administratives, dispensait des cours de français et facilitait les naturalisations. L'Association lyonnaise d'aide aux immigrés, dirigée par le pasteur Brès, poursuivait la même activité. Les autorités catholiques créèrent des œuvres et un périodique, *l'Étranger catholique en France* qui préparaient l'intégration des étrangers. Le journal *l'Amitié Française*, fondé en 1928 par Charles Lambert, député radical du Rhône, et publié en quatre langues, français, italien, polonais et russe, dispensait des conseils pratiques. Dans le domaine public, des problèmes précis furent résolus. Ainsi, les enfants étrangers furent soumis à l'obligation de fréquenter l'école française. Les Comités départementaux d'aide et de protection des femmes immigrantes, institués par le ministère de l'Agriculture en 1928 et présents dans trente-six départements en 1931, remplissaient une fonction d'interprétariat, d'assistance sociale et d'arbitrage des différends. Mais aucun plan d'ensemble régissant l'entrée, le séjour et la condition des immigrés ne fut adopté. Dans les années 20, seules deux lois importantes, lois visant à résoudre des questions particulières, furent votées.

3.3.2. La lutte contre le débauchage de la main-d'œuvre : la loi du 11 août 1926

Les années 20 furent caractérisées par une conjoncture de prospérité que les crises, limitées dans le temps, ralentirent seulement de manière éphémère. Aussi, les besoins en main-d'œuvre se révélèrent-ils importants. Les patrons se disputaient souvent les travailleurs. De la sorte, ces derniers pouvaient, dans certains cas choisir les régions, les entreprises, les conditions d'emploi qui leur semblaient les meilleures. Ceux, parmi les immigrés qui avaient signé dans leur pays d'origine un contrat dont ils mesuraient mal les implications et découvraient, une fois arrivés en France, une réalité décevante, abandonnaient vite leur entreprise. Les conditions de travail répulsives, l'autoritarisme patronal, l'absence de logement décent accéléraient la fuite. Les campagnes, où les journées de labeur étaient longues, les salaires généralement inférieurs à ceux de l'industrie et les distractions rares, se trouvaient particulièrement frappées. Une enquête effectuée en 1927 montra que, sur 600 000 travailleurs introduits de 1918 à 1926 au profit de l'agriculture, 253 000 seulement étaient restés à la terre. Durant la même période, on avait appelé 850 000 ouvriers pour l'industrie. Or, en 1927, on comptait 1 120 000 étrangers dans les usines[1]. Ainsi, un formidable mouvement aspirait les travailleurs ruraux en direction des villes, ce qui n'empêchait pas non plus la redistribution des ouvriers entre entreprises industrielles rivales. En effet, certains employeurs peu scrupuleux débauchaient les immigrés en leur offrant des salaires supérieurs, ce qui leur permettait d'acquérir rapidement une main-d'œuvre, sans faire pour celle-ci l'avance des frais de voyage.

---

1. Bureau international du Travail, *Chronique mensuelle des migrations*, avril 1928, page 135.

L'INSTABILITE DE LA MAIN-D'ŒUVRE AGRICOLE

... À certaines époques l'importance des ruptures de contrat avant la date fixée pour leur expiration normale a atteint 18 % du nombre des introductions.

Les causes de rupture peuvent se cataloguer comme suit pour 100 cas constatés :

Différends relatifs aux taux de salaires 25 %.

Règlement tardif ou irrégulier des salaires 3,5 %.

Différends provenant des conditions de travail (travail du dimanche, travail journalier trop prolongé, etc...) 18 %.

Réclamation résultant des conditions de logement 11 %.

Ruptures provenant de recrutement d'ouvriers non qualifiés 7 %.

Maladie de l'ouvrier 3,25 %.

Réclamation concernant la nourriture 1 %.

Retenue des pièces d'identité 0,50 %.

Ruptures de contrat provenant du débauchage d'ouvriers en cours de route 1 %.

Soit un total : 70,25 %.

Le surplus, c'est-à-dire 30 % environ des cas de rupture est imputable à la seule volonté de l'ouvrier sans qu'un motif plausible quelconque ait pu être enregistré...

Salaires : Beaucoup d'employeurs agricoles, au moment où ils formulent leur demande, portent sur cette demande le salaire le plus bas de la catégorie.

Ils ignorent en effet quel ouvrier ils vont recevoir...

Il est exact que le relèvement du salaire conformément aux aptitudes du travailleur ne s'opère pas toujours dans la suite...

Logement : Le logement défectueux est une cause sérieuse d'instabilité des étrangers en agriculture comme c'est certainement une cause puissante d'exode de la main-d'œuvre agricole française.

Le couchage dans les écuries et les étables n'est pas encore supprimé.

Les ouvriers étrangers et particulièrement ceux qui viennent de la Pologne occidentale et de la Tchécoslovaquie ne s'en accommodent que très difficilement. Ils se plaignent de souffrir de l'humidité et de ne pouvoir faire sécher ni leurs vêtements ni leur linge.

Les logements du personnel ne couchant pas à l'étable sont fréquemment médiocres...

Nos moyens de chauffage sont fréquemment jugés insuffisants...

Extrait du rapport de Marcel Paon, chef du service de la main-d'œuvre étrangère au ministère de l'Agriculture, présenté au Conseil National de la Main-d'Œuvre, publié par *la Voix du Peuple* en février 1927.

Le patronat, soutenu par de nombreux députés, se plaignait vivement de cette instabilité des immigrés. Aussi les pouvoirs publics préparèrent-ils un texte, la loi du 11 août 1926, qui fut massivement votée par la droite et la plus grande partie de la gauche, à l'exception des communistes. Désormais, il était interdit d'embaucher les étrangers dont la carte d'identité ne portait pas la mention « travailleur » et ceux qui abandonnaient le type d'emploi, agricole ou industriel, pour lequel ils avaient été introduits en France. Les immigrés retrouvaient cependant leur liberté après un an de séjour en France et en cas de résiliation amiable de leur contrat de travail.

Mais la nouvelle loi se révéla en grande partie inopérante car les fonctionnaires chargés de sanctionner les délits, officiers de police judiciaire à la campagne, inspecteurs du travail dans les entreprises industrielles et commerciales, se trouvaient en nombre notoirement insuffisant.

3.3.3. Les débats sur la nationalité et la loi du 10 août 1927

L'anémie démographique de la France posait très concrètement la question de l'accès à la nationalité. Un pays pauvre en hommes devait-il offrir la citoyenneté aux étrangers installés sur son territoire ? En d'autres termes, le « droit du sol » devait-il l'emporter sur le « droit du sang » ?

D'une manière générale, la droite et surtout l'extrême droite se méfiaient des natura-lisés, ceux que l'Action Française appelait « Français de papier » ou « Français d'alluvion ». L'avocat royaliste Marie de Roux mettait ses lecteurs en garde :

> « L'illusion qui s'imagine faire un Français avec un décret inséré au Bulletin des lois est parente de celle qui s'imagine faire de la richesse en manœuvrant la planche à billets. Prenons garde à l'inflation de la nationalité et ne fabriquons pas des Français papier »[1].

Les naturalisés étaient accusés à droite de rester fidèles à leur culture nationale et, même s'ils paraissaient intégrés, de ne pas faire partie d'une communauté française soudée par les liens du sang et par une histoire séculaire : « qu'on le veuille ou non, ces nouveaux Français n'auront pas les mêmes souvenirs, le même passé que nous »[2]. De plus, beaucoup de conservateurs se demandaient si les nouveaux venus étaient politiquement sûrs et loyaux. Ces nomades étaient soupçonnés d'avoir abandonné leur nationalité d'origine non par amour de la France, mais pour obtenir de celle-ci des avantages matériels.

Certains libéraux, la gauche et les spécialistes de l'immigration écartaient les objec-tions de la droite réactionnaire. Ils observaient que les étrangers demandant leur natura-lisation prouvaient par ce fait leurs bonnes dispositions, car les gens suspects ne cherchaient pas à sortir de l'ombre. Au surplus, ajoutait-on, le pays n'avait pas le choix en raison de la grave pénurie de producteurs. Enfin les vertus assimilatrices de la France étaient célébrées, cette France qui, au long de son histoire, avait reçu, brassé et harmo-nieusement fondu de multiples apports ethniques. L'économiste Yves Guyot répliquait à *l'Action Française* : « Nous sommes tous des métèques »[3].

Le débat se focalisait sur certains problèmes particuliers. Ainsi la droite, au nom de l'unité des familles, défendait la législation en vigueur avant 1927, législation imposant à la Française épousant un étranger de prendre la nationalité de celui-ci. Les progressistes voulaient abolir cette disposition au nom de la liberté du choix et de l'égalité de la femme qui pouvait se retrouver soumise à un droit étranger la confinant dans une situation infé-rieure. Les observateurs étaient également choqués de ce que, d'après la loi en vigueur avant 1927, les enfants nés en France de parents étrangers pussent décliner la nationalité française à l'âge de 21 ans, même quand leurs parents étaient naturalisés. Beaucoup de jeunes usaient de cette faculté pour échapper au service militaire. Le juriste Joseph Bar-thélémy révéla qu'entre 1921 et 1923, sur 92 178 garçons nés en France de parents étran-gers, 1418 seulement avaient opté pour la nationalité française :

> « Voilà une armée de près de 100 000 hommes qui profitent de tous les avantages du pays ; qui ont des droits sans devoirs ; c'est inadmissible »[4].

---

1. Marie DE ROUX, *l'Action Française*, 17 octobre 1926.
2. Charlotte SALMON-RICCI, *La naturalisation des étrangers en France*, Godde, Paris, 1929, page 144.
3. Yves GUYOT, *l'Économiste français*, 22 novembre 1924.
4. Joseph BARTHÉLÉMY, *l'Économiste français*, 22 novembre 1924.

Droite et gauche s'affrontaient sur d'autres points. La première voulait empêcher ou fortement limiter les possibilités de francisation du nom des naturalisés, surveiller ces derniers, les priver de certains droits, prévoir des procédures de déchéance en cas de fautes. Les progressistes plaidaient pour un alignement des patronymes exotiques sur l'état-civil français courant, pour des naturalisations certes sélectionnées, mais conférant tous les droits aux bénéficiaires.

Le Parlement examinait la réforme du droit de la nationalité depuis 1913. Les dispositions examinées juste après la guerre apparaissaient restrictives et ne modifiaient pas sensiblement la loi de 1889. Mais la prise de conscience de la dépression démographique dans laquelle s'enfonçait le pays fit en définitive prévaloir l'orientation libérale dans la loi du 10 août 1927 qui introduisit d'importants changements.

Le rapporteur de la loi, André Mallarmé, membre de Gauche radicale, avouait volontiers que le législateur cherchait « nettement et sans ambages les moyens d'accroître notre population nationale »[1]. Désormais, les facultés d'option à la majorité étaient réduites et plusieurs catégories de jeunes devenaient automatiquement français : l'enfant né en France d'un père étranger lui-même né dans ce pays, l'enfant d'un père naturalisé, l'enfant né en France d'une mère française. La naturalisation était favorisée par diverses mesures : réduction à trois ans de la durée de séjour préalable à une demande, abaissement de 21 à 18 ans de l'âge auquel un étranger acquérait le droit de solliciter sa naturalisation. La femme qui épousait un étranger gardait sa nationalité, sauf si elle exprimait la volonté de prendre celle de son mari. Toute libérale qu'elle apparût, la loi prit cependant deux précautions à l'égard des nouveaux Français. Ces derniers jouissaient de tous les droits politiques, mais ne pouvaient être investis de fonctions et de mandats électifs que dix ans après leur naturalisation. En outre, durant une même période de dix ans, les naturalisés pouvaient être déchus de la nationalité française s'ils accomplissaient des actes contraires à la sûreté de l'État ou s'ils se soustrayaient aux obligations militaires.

La nouvelle loi répondit bien aux intentions de ses promoteurs : durant les trente-huit années allant de 1889 à 1927, le nombre des naturalisations s'était élevé à 164 000 ; pendant les treize ans séparant 1927 de 1940, le chiffre monta à 452 000.

Ainsi, même si l'élargissement des modalités d'accès à la nationalité française ne faisait pas l'unanimité, un grand débat de ce type put être mené dans les années 20, car la prospérité économique et la brièveté des crises permettaient de recourir aux travailleurs étrangers sans choquer profondément les nationaux. L'hypothèse d'une installation définitive des immigrés en France pouvait être évoquée sans susciter une xénophobie systématique. Avec la crise des années 30, une telle réflexion devint beaucoup plus difficile.

---

1. *Journal Officiel*, Documents de la Chambre, 18 mars 1927, page 384.

CHAPITRE IV

LA VIE AU QUOTIDIEN DANS L'ENTRE-DEUX-GUERRES

Les étrangers venus en France comme résidents aisés, réfugiés politiques, travailleurs, se trouvaient confrontés à une société, à des comportements, à des techniques de production qui les déconcertaient plus ou moins. Leur vie quotidienne était faite de cette confrontation permanente qui les menait à prendre davantage conscience de leur identité, à se figer dans celle-ci ou à s'insérer dans le pays d'accueil. Les Français cherchaient, selon le cas, à faciliter ou à entraver l'intégration.

1. Les étrangers dans la vie sociale

Les étrangers s'installaient dans un pays, la France, qui leur était généralement inconnu et ils formaient pour les autochtones un nouveau sujet d'observation. Ils conservaient leurs pratiques sociales ou les adaptaient aux usages qu'ils découvraient. De toutes façons, l'insertion dans la société française constituait toujours un choc qui affectait et, dans certains cas, perturbait gravement les comportements.

1.1. Les étrangers dans l'espace français

Par leur masse, trois millions en 1930, soit 7 % de la population totale, les étrangers devinrent pour les Français de l'entre-deux-guerres, une réalité familière.

1.1.1. Une France Babel

Les occasions de contact avec les étrangers se révélaient multiples. Les Français pouvaient côtoyer les immigrés sur les lieux de travail, à l'usine, sur les chantiers, dans les champs, ainsi que dans la rue, au stade, à l'église, au cinéma. Les étrangers se manifestaient encore sous les traits d'un voisin, d'un commerçant, d'un chauffeur de taxi, d'un élève que l'on rencontrait quotidiennement.

Le phénomène migratoire se révéla si important qu'il inspira une masse d'écrits sensibilisant l'opinion. Au fil des années et en fonction de l'actualité, le nombre des articles de presse consacrés aux étrangers augmenta fortement. Entre 1919 et 1939, huit des principaux quotidiens nationaux, *l'Action Française*, *le Temps*, *la Croix*, *l'Aube*, *l'Œuvre*, *le Populaire*, *le Peuple* et *l'Humanité* consacrèrent à ce sujet près de 20 000 articles, tandis que, durant la même période, les grandes revues publièrent un millier de textes. Des hommes politiques, des hauts fonctionnaires, des chercheurs universitaires firent des étrangers le sujet de plus de 300 livres, dont un tiers de thèses. Les allogènes devinrent encore des héros de première importance dans plus de 200 romans et nouvelles, dans une cinquantaine de pièces de théâtre, dans 12 % des films français parlants, réalisés entre 1930 et 1939.

Les arts et les spectacles réservèrent souvent une place de choix aux étrangers et leur valurent une grande célébrité. Certaines vedettes de la danse et du chant, comme Isadora Duncan, Loïe Fuller, Raquel Meller, Serge Lifar, Feodor Chaliapine, firent courir les foules. Les orchestres slaves ou exotiques, l'irruption du jazz et du tango habituaient les oreilles françaises à des rythmes d'importation. Au cinéma, les acteurs dotés d'un accent reconnaissable, tels Elvire Popesco, Betty Stockfeld, Eric von Stroheim, furent très appréciés du grand public. D'autres étrangers, que leur art vouait à être connus de cercles plus réduits, se firent néanmoins une place dans la vie culturelle française ; ce fut le cas des musiciens Georges Enesco, Heitor Villa-Lobos, Szymanovski, Manuel de Falla qui écrivait en 1923 : « Pour tout ce qui fait référence à mon métier, ma patrie, c'est Paris » ; de même les photographes Germaine Krull, Man Ray, Brassaï, les peintres Picasso, Dali, Hartung, Foujita, les sculpteurs Brancusi et Zadkine, l'architecte Le Corbusier, parmi beaucoup d'autres. Une bonne partie de ces créateurs, surtout les musiciens et les plasticiens, ne rencontraient pas la faveur du grand public, mais, ne fut-ce que pour critiquer leur modernisme, on remarquait leur présence, on parlait de leurs œuvres et de l'importance des étrangers dans le monde des arts.

Ainsi, au cours des multiples circonstances de la vie quotidienne, dans la vie privée, dans les activités professionnelles, dans les loisirs, le Français rencontrait l'étranger. Peu importait que l'on habitât une région faiblement concernée par le phénomène migratoire, région où le contact personnel avec l'allogène restait rare : le journal, le livre, le cinéma disaient assez que l'immigration se développait et qu'il devenait impossible de l'ignorer, comme le montrait Pierre Drieu La Rochelle :

> « Pas un de ces Français, dont on a tant dit qu'ils se refusaient à la géographie et aux voyages, qui ne sache maintenant par l'ouïe, par l'odorat ou par le toucher, par la lutte ou par l'amour, par la haine ou par la curiosité, ce qu'est l'étranger – l'homme qu'il n'a pas cherché et qui est venu le trouver »[1].

1.1.2. Paris et la province

C'était à Paris que résidait la colonie étrangère certainement la plus remarquée. La capitale ne puisait pas son originalité dans la présence des travailleurs immigrés, qu'elle attirait à l'instar de nombreuses régions françaises, mais dans l'afflux d'autres catégories moins bien représentées, en nombre et en qualité, au cœur des provinces, ainsi les réfugiés politiques, les étudiants, les artistes, les résidents aisés. Ces hôtes plus visibles que les autres se concentraient dans certains quartiers et certains lieux, Montmartre, Montparnasse, le quartier Latin, les brasseries de la Coupole, la Rotonde, le Dôme, parfois dans

---

1. Pierre Drieu la Rochelle, Discours aux Français sur les étrangers, *Revue Hebdomadaire*, 9 octobre 1926.

des établissements plus modestes. Là, ils poursuivaient de bruyantes conversations d'ordre politique, philosophique, esthétique, comme à la terrasse de la Rotonde que Jean Giraudoux décrivait en ces termes :

> « À ce carrefour, (...) était installé tout ce que Paris compte de Japonais expressionnistes, de Suédois cubistes, d'Islandais graveurs, de Turcs médaillers, de Hongrois et de Péruviens à vocations complémentaires, chacun agrémenté d'une demi-épouse à maquillage individuel et dont aucune n'employait la même couleur pour les yeux ou les lèvres ; chacun dans l'accoutrement qui le faisait passer pour fou dans sa ville natale, mais qui représentait dans ce quartier, et pour la concierge elle-même, le minimum de l'extravagant »[1].

Les étrangers fortunés dépensaient joyeusement leur argent dans les lieux de plaisir du « gai Paris », dans les restaurants et les cabarets, rendez-vous d'une foule bigarrée, animée, volubile, accueillie par des portiers russes, distraite par des musiciens noirs et des danseurs argentins, servie par des employés italiens. L'écrivain Joseph Kessel voyait dans Montmartre un « paysage d'Américains ivres, de nègres à saxophone, d'Argentins à tango »[2]. Francis Carco disait d'un « dancing » du quartier de la Madeleine :

> « C'était Paris, le Paris de chaque nuit, où pêle-mêle, se coudoyant, des Américains aux lunettes d'écaille, des Anglais d'un rouge brique, des Argentins crépus, des mulâtres... se pressaient, buvaient, fumaient, bâfraient »[3].

Le spectacle de cette foule colorée amena les journalistes et les écrivains à rebaptiser la capitale « Cosmopolis », comme le fit *la Croix*[4] ou, plus fréquemment, Babel. « Nous devenons une tour de Babel. Dans plusieurs quartiers de Paris, on entend toutes les langues, sauf le français », observa le sénateur radical Fernand Merlin[5].

En province aussi se rencontraient de riches étrangers, notamment dans les lieux de villégiature traditionnels comme la Côte d'Azur où se côtoyaient planteurs sud-américains, lords anglais, écrivains américains tels Scott et Zelda Fitzgerald, John Dos Passos, Henry Miller. Certains, séduits par la beauté des paysages et l'agrément du climat, s'installaient définitivement, sur le littoral méditerranéen, dans le Béarn, le Pays Basque, en Bretagne parfois.

Mais, hors de Paris, l'attention était surtout attirée par les travailleurs industriels et agricoles. Le journaliste Georges Le Fèvre observait en 1929 :

> « On ne reconnaît plus tout à fait la Touraine, le Languedoc et le Périgord. Sans doute le décor est immuable..., mais çà et là on dirait que les silhouettes se sont modifiées... Les grandes tablées de la Sologne où le fermier préside au goûter de quatre heures sont garnies de Polonaises et il n'est pas rare de voir dans un bastidon provençal une Hollandaise en métayage fourbir avec amour son poêle émaillé... (Dans le nord et dans l'est) des villages entiers ont changé d'âme, de langues, de coutumes. L'étalage du boutiquier est incompréhensible comme l'écriture de son enseigne... »[6].

---

1. Jean GIRAUDOUX, *Siegfried et le Limousin*, Grasset, Paris, 1922.
2. Joseph KESSEL, *Nuits de princes*, Ed. de France, Paris, 1927, page 139.
3. Francis CARCO, *Verotchka l'étrangère*, Albin Michel, Paris, 1923, page 244.
4. *La Croix*, 16 novembre 1923.
5. Fernand MERLIN, *la France active*, 1er avril 1925.
6. Georges LE FÈVRE, *Homme-travail*, Baudinière, Paris, 1929, pages 22-23.

En 1920, les Aciéries de Longwy employaient 1 700 Français et 3 252 étrangers dont 1 194 Belges et Luxembourgeois, 1 030 Italiens, 497 Polonais et plusieurs centaines d'autres ouvriers se répartissant en une douzaine d'origines nationales. Les usines électrochimiques d'Ugine rassemblaient une vingtaine de nationalités. Les industries de Grenoble réunissaient les représentants de 51 pays en 1931. A la vieille immigration italienne qu'avait connu Marseille auparavant s'ajoutaient des vagues espagnole, maghrébine, maltaise, suisse, grecque, arménienne. Dans les grands domaines agricoles s'affairaient des vachers polonais ou suisses, des betteraviers belges, des vendangeurs italiens ou espagnols.

FRANÇAIS ET ÉTRANGERS À VALENCE VERS 1930

Étant revenu à Valence après une interruption de douze ans (1916-1928) je trouvais la ville assez profondément modifiée dans sa structure morphologique sinon dans ses mœurs. J'avais connu une petite cité encore bourgeoise, peuplée d'un assez grand nombre de petits rentiers et regardant doucement couler, du haut de sa terrasse, le Rhône rapide. Je me trouvais maintenant en présence d'une population plus mélangée, plus ouvrière, plus cosmopolite aussi et le premier soir, en me promenant le long des boulevards, je fus frappé d'entendre, tout comme à Paris ou dans les grandes villes, des sonorités étrangères : Espagnols bronzés et minces, Arméniens aux masques souvent orientaux, Marocains ayant remplacé dans sa caserne le 6e Régiment d'Artillerie disparu.

Et ce qu'il y avait de plus intéressant, c'est que la très grosse majorité de ces étrangers ne se trouvait pas fondue dans la population du pays. Elle formait des groupes bien séparés, ayant leur vie propre et continuant, dans une certaine mesure tout au moins, le pays quitté, provisoirement ou définitivement. Colonie arménienne encore massée en général dans les vieux quartiers de la ville et particulièrement dans la rue Belle-Image, avec son prêtre grégorien, son restaurant arménien de la rue Chauffour. Régiment marocain, à qui la plupart des établissements de la ville étaient interdits et qui ne communiait avec la population indigène que par le plus international des arts : le cinéma muet. Certes, des rapports organiques commençaient à se nouer. Et je devais par la suite me poser avec les plus intellectuels des Arméniens rencontrés l'important problème de la naturalisation. Mais enfin, je me trouvais en présence de faits de ségrégation bien caractérisés.

Extrait d'un article de Roger BASTIDE, *Les Arméniens de Valence*, paru dans *la Revue Internationale de sociologie*, 1933, page 17.

Les noyaux numériquement les plus importants se constituaient dans les vieux centres urbains ou les quartiers populaires dans lesquels les loyers restaient modiques. Ainsi, à Nice qui, avec un quart d'habitants étrangers, battait le record national des grandes cités, les Italiens, nationalité largement majoritaire, se rassemblaient dans les immeubles vétustes de la vieille ville, dans les quartiers du Port, de Riquier, de Saint-Roch. Il était fréquent que les nouveaux venus se groupassent dans les banlieues qui, de ce fait, grossirent fortement après la Grande Guerre. Autour de Lyon, Vénissieux reçut de forts contingents d'Italiens, d'Espagnols, de Maghrébins ; Décines et Saint-Maurice de Beynost devinrent d'importants foyers arméniens. Si les arrondissements parisiens voués à l'industrie et à l'artisanat possédèrent de gros noyaux d'immigrés, la couronne de la capitale, surtout les communes du nord et de l'est, vit affluer Italiens, Espagnols, Maghrébins. Ainsi à Gennevilliers se constitua une importante communauté algérienne ; à Nogent-sur-Marne, la population italienne passa de 818 individus en 1911 à 1586 en 1931, ce qui représentait presque un doublement de l'effectif.

LE MAGHREB À PARIS

Parallèle au boulevard de la Gare, la rue Harvey se glisse en plein quartier des raffineries, au cœur de ce treizième arrondissement qui, malgré ses immenses avenues et ses naissantes cités modernes, semble toujours une ville de province agrandie. La rue Harvey, dans ce coin de Paris, est un vrai morceau d'Afrique : à la tombée du jour, quand les usines de sucre essaiment sur le pavé leurs équipes, elle s'emplit d'un grouillement d'hommes bistrés et résonne de rauquements arabes. En un instant, les petits débits alignés en une double file ont aspiré toute cette foule : sous la lumière rare, entre les murs fumeux, les Nord-Africains s'entassent et, tandis qu'un phonographe se met à nasiller un air du pays, les dominos s'alignent sur le bois des tables, les cartes courent entre les doigts bruns : la ronda, la baya commencent leur danse endiablée qui, peu à peu, grignote les payes, entame les économies, fait perdre à ces grands enfants et leur argent et leur raison...

A la même heure, une foule pareille se répand dans la Villette, à Javel, à Boulogne, à Saint-Ouen, à Gennevilliers. Sortis de l'atelier où le travail les éreinte, Kabyles d'Algérie, Kroumirs tunisiens, Soussis et Riffains du Maroc, Chleus hier encore insoumis, colporteurs qui, naguère, poussaient d'un bout à l'autre du Maghreb un maigre bourricot chargé d'une maigre pacotille, tous regagnent les chambrées où, en plein centre de la civilisation occidentale dont, hélas, ils connaissent surtout les rigueurs, ils recréent, tant bien que mal, la vie commune des douars. Combien sont-ils ainsi dans la région parisienne : soixante, soixante-dix, quatre-vingt mille, on ne sait pas bien, tant ils ont conservé, en traversant la mer, d'ancestrales habitudes nomades et tant leur méfiance, ou leur ruse, les pousse à changer de nom, à troquer leurs papiers, à dépister la curiosité des services chargés de leur surveillance.

Le Peuple, 17 janvier 1931

De même que pour Paris, les journalistes, les écrivains, les cinéastes illustrèrent la présence des étrangers en province. L'action du roman *Ton pays sera le mien* d'André Lamandé, se déroulait dans le Sud-Ouest, celle de *L'Année des vaincus*, d'André Chamson, sur un chantier de montagne et celle de *Pain de brique*, de Jean Fréville, dans une banlieue ouvrière. Maurice Bedel, auteur à succès et lauréat du Prix Goncourt 1927, situa *Molinoff Indre-et-Loire* en Touraine. Les héros de *Jazz*, pièce de Marcel Pagnol, évoluaient à Aix-en-Provence et ceux d'*Une jeune fille espagnole*, de Maurice Rostand, à Marseille. Le commissaire Maigret, créé par la plume prolixe de Georges Simenon, poursuivit des malfaiteurs étrangers à travers toute la France, des canaux du Nord à Cannes, en passant par Bergerac. Les films mettant en scène des aristocrates européens ou des milliardaires américains furent souvent tournés sur la Côte d'Azur. Jean Renoir fit vivre *Toni*, sympathique immigré italien, à Martigues.

La vie quotidienne des étrangers ne s'écoulait pas seulement dans un espace régional, mais dans le cadre plus restreint d'une rue et d'une maison.

1.1.3. Les conditions de logement

La localisation, la qualité et le confort des habitations dépendaient naturellement des moyens financiers dont disposaient les étrangers. Les personnes fortunées s'installaient dans les quartiers résidentiels agréables, Neuilly et l'Ile-Saint-Louis à Paris, Cimiez à

Nice, la Croix-des-Gardes à Cannes. Là, ils louaient ou ils achetaient de spacieux appartements, ils édifiaient de luxueuses villas, parfois des châteaux. Ces résidents n'étaient pas forcément vus avec faveur. En période de difficultés financières et d'affaiblissement du franc, ils étaient considérés comme responsables de la hausse des loyers et de la mise à l'écart des Français aux revenus inférieurs. Ainsi, en 1923, le conservateur Charles Barrès, député de la Haute-Garonne, expliqua :

> « La cause principale de la crise actuelle est, selon nous, dans l'accaparement des loyers par les étrangers à change favorable. Paris, ses plus beaux immeubles, ses quartiers les plus favorisés au point de vue commercial comme pour leur agrément (et même de plus modestes) sont peu à peu envahis par les étrangers (...).
> Nous sommes chassés par les étrangers, soit de Paris, soit des grandes villes de province. Les étrangers sont chez nous les maîtres du marché des loyers, pour ce motif bien simple que, suivant qu'il s'agit d'un porteur de monnaie de tel ou tel pays, notre argent français ne lui coûte absolument rien pour les trois quarts, les cinq sixièmes, et plus, suivant les cas »[1].

Cependant, la grande masse des immigrés, ouvriers, employés, commerçants modestes, réfugiés sans ressources, ne pouvaient prétendre au luxe et vivaient dans des conditions parfois très précaires. En règle générale, les ouvriers agricoles étaient logés par l'employeur et confinés dans des locaux particulièrement médiocres, cahutes au sol de terre battue, soupentes resserrées, dortoirs aveugles. Une famille de vachers polonais, arrivée en 1922, confie à un enquêteur :

> « Ils gagnent Courcelles-sous-Moyencourt situé à une vingtaine de kilomètres, où se trouve l'exploitation de 150 hectares où ils vont séjourner. On les loge dans une petite maison au toit percé. Le trou date de la guerre ! Elle pose une bassine sur le sol et pousse en pleurant l'unique grand lit contre le mur »[2].

Il n'était pas rare que l'immigré fût relégué à l'étable, avec le bétail, comme le remarquait une revue économique en 1924 :

> « Trop nombreuses sont encore les exploitations où l'ouvrier fait partie du cheptel vif, où le travailleur couche à l'écurie sur une mauvaise paillasse ou dans un grenier vaguement aménagé en dortoir, et dans lequel il est à peine à l'abri des intempéries »[3].

Certains étrangers habitués à un minimum de confort, Hollandais et Danois ayant vécu dans de bonnes conditions d'hygiène, Italiens nés dans les grandes fermes du nord de la péninsule, ne parvenaient pas à s'habituer au style de vie rude qu'ils trouvaient dans les campagnes françaises et regagnaient leur pays.

Les conditions d'habitat dans les villes et les banlieues industrielles apparaissaient beaucoup plus diverses. Les immigrés qui n'étaient pas logés par leur entreprise étaient souvent réduits, par manque de moyens ou par esprit d'économie, à s'entasser dans les anciens centres offrant des loyers peu élevés en raison de la vétusté des locaux. Ils trouvaient là de petits appartements, des chambres meublées, parfois de simples dortoirs dans lesquels l'entassement, la violation des règles d'hygiène étaient fréquents. Sur les terrains

---

1. *Journal Officiel*, Documents de la Chambre, proposition de loi du 19 juin 1923, page 1258.
2. Janine PONTY, *Polonais méconnus*, Publications de la Sorbonne, Paris, 1988, page 84.
3. La main-d'œuvre agricole et la rupture des contrats de travail, *les documents du travail*, juin-juillet 1924, p. 9.

vagues étaient édifiés des bidonvilles dont les misérables cahutes se composaient des matériaux les plus divers.

LES ÉTRANGERS DANS LES BIDONVILLES DE LA ZONE DE PARIS

Telle rue du 18e arrondissement peut être citée en exemple. Qu'on imagine un chemin défoncé, boueux, bordé de masures, de constructions en bois, en papier goudronné, en tôle. Dès l'entrée de la rue, un juif polonais, brocanteur, négociant en objets les plus hétéroclites et les plus malpropres, s'est construit une maison uniquement avec de vieilles portes et de vieux volets : selon les besoins, il les a cloués en hauteur ou en travers. Plus loin des Italiens ont élevé une sorte de chalet avec des poutres de démolition ou des caisses. Par endroits, les pieds, enfoncent jusqu'aux chevilles dans le tapis d'ordures dont l'odeur, l'été, est insupportable. Nombre d'habitants font leur cuisine en plein air ; autour de la fontaine, unique point d'eau du quartier, il y a foule toute la journée. Les commères s'y interpellent dans des idiomes variés... Le soir, les promenades dans les rues doivent s'accompagner de prudence pour éviter les chutes dans l'obscurité, au milieu des immondices et du grouillement des rats. L'éclairage cependant est varié, au moins dans les intérieurs : lampions, lampes à huile, lampes à acétylène. C'est une véritable exposition rétrospective de l'éclairage : rien n'y manque, sauf l'électricité naturellement.

Extrait d'un article de Georges Mauco, Le problème des étrangers en France, paru dans *la Revue de Paris*, le 15 septembre 1935, page 393.

Face à un tel spectacle, des observateurs très différents pouvaient être réunis par une même indignation. En 1926, le journaliste communiste Georges Altmann, venu à Marseille, fut accablé par l'entassement des Arméniens dans le camp Oddo, la misère des Nord-Africains dans le quartier de la Porte d'Aix, la saleté régnant au bidonville du Pentagone, le pullulement des Italiens dans une artère mal nommée, la rue de la Rose, « caverne de maladie et de mort que ce couloir infecte[1] ». Trois ans plus tard, le modéré Ludovic Naudeau, après avoir vu les mêmes taudis et les mêmes venelles insalubres, revint atterré :

> « Allez encore à la traverse (ou enclos) Milliard... Là le blanc, et plus particulièrement l'Espagnol misérable, rétrograde jusqu'au sauvage ; la bicoque devient la hutte, la hutte tombe à l'immondice, l'immondice prend vie, se manifeste en pullulations pédiculaires »[2].

En 1935, l'écrivain Anaïs Nin, visitant un antique immeuble parisien peuplé d'étrangers fut effarée par la misère, l'obscurité, l'humidité, le froid, l'atmosphère de maladie régnant en ces lieux qui la faisaient penser aux bas-fonds décrits par Dostoïevski[3].

La situation n'apparaissait pas forcément meilleure dans les banlieues semi-rurales. Les étrangers y trouvaient certes plus facilement une maison individuelle et un jardin, mais le confort se révélait aussi rudimentaire qu'en ville. La pureté théorique de l'air pouvait être altérée par les fumées d'usine ou une mauvaise exposition, dans un vallon étroit, un versant à l'ombre, une plaine humide. Robert Ripa qui passa son enfance dans

---

1. Georges ALTMANN, *l'Humanité*, 22 septembre 1926.
2. Ludovic NAUDEAU, *l'Illustration*, 31 août 1929.
3. Anaïs NIN, *Journal*, volume 2, Paris, 1978, page 147.

la périphérie marseillaise a décrit la petite maison sans électricité et eau courante où il fut élevé par son grand-père italien :

> « Pour accéder à la vieille demeure, il fallait descendre, avec précaution, la pente raide d'une impasse et traverser une petite cour partagée en deux par un mince ruisseau. Celui-ci servait à charrier les eaux sales d'un lavoir... Plus que serviable, ce ruisselet faisait un détour sous les cabinets abrités par une baraque en planches, avant d'aller déposer son mélange de liquides dans une mare dormant au fond du jardin »[1].

Certaines grandes entreprises, notamment les houillères, consentaient un effort pour l'hébergement de leurs employés. Une enquête effectuée en 1929 par le ministère du Travail auprès d'un millier d'établissements de plus de 500 salariés montra que plus des deux tiers des employeurs avaient pris des initiatives en matière de logement social. Ces initiatives se révélaient très diverses. Dans certains cas, la direction versait une allocation particulière. Quelques entreprises mettaient à la disposition du personnel, surtout les célibataires, des baraquements qui offraient un gîte souvent misérable. D'autres entreprises, notamment celles qui étaient situées loin des villes, édifiaient des logements susceptibles de stabiliser la main-d'œuvre en assurant aux familles des conditions d'habitat décentes. La réussite ne constituait pas la règle générale : les maisons pouvaient se révéler trop petites, dépourvues d'eau courante et d'électricité ; faute de place, les compagnies installaient parfois deux ou trois familles dans un local prévu pour une seule ; il arrivait que le loyer parût trop cher aux immigrés et que ceux-ci préférassent se loger par eux-mêmes. Mais, dans d'autres cas, des logements spacieux et confortables étaient proposés aux nouveaux venus. Ces derniers appréciaient l'existence d'un jardin qui permettait de cultiver des légumes, d'élever des volailles et même des porcs. La jouissance d'une pièce supplémentaire sous-louée à un compatriote était la bienvenue pour arrondir les revenus de la famille. Quelques entreprises se montraient particulièrement attentives au sort de leurs ouvriers pour les fixer. Ainsi, la société des Talcs de Luzenac, dans l'Ariège, qui exploitait des carrières isolées, à 1 400 mètres d'altitude, mettait à la disposition de ses employés des dortoirs confortables, une salle de cinéma, une nourriture excellente, du papier à lettres, de l'encre, des plumes. De véritables cités furent construites avec églises, écoles, salles des fêtes, stades, dispensaires, coopératives, personnel spécialisé, médecins, sage-femmes, interprètes, instituteurs, prêtres, rémunérés par les compagnies. Ludovic Naudeau fut très impressionné par sa visite de Mancieulles, en Meurthe-et-Moselle :

> « Avec ses toits rouges, ses rues claires et larges, son parc, ses courts de tennis, ses pelouses, ses parterres fleuris, ses roseraies, son kiosque à musique, son stade, elle vous a, sur ma foi, toutes les allures d'une petite ville d'eau. Pour compléter l'illusion..., il y a un théâtre, un vrai théâtre comme beaucoup de villes de province n'en ont pas »[2].

Les syndicats reconnurent généralement que, vus sous l'angle matériel, les efforts fournis dans les cités ouvrières neuves étaient incontestables et ne donnaient pas lieu à critique. Mais les dirigeants du mouvement ouvrier redoutaient que le patronat ne voulût détourner les immigrés de l'agitation, les ligoter par des avantages concrets et empêcher ainsi chez eux une prise de conscience politique.

---

1. Robert RIPA, *Les Étrangers des maisons basses*, J. Laffitte, Marseille, 1977, PAGE 11.
2. Ludovic NAUDEAU, *l'Illustration*, 23 août 1930.

1.2. Les étrangers, périls sociaux

La communauté immigrée contenait son lot de malades et de délinquants. Morbidité et criminalité ne constituaient pas des périls imaginaires, mais il fallait les ramener à leurs justes proportions.

1.2.1. Les dangers sanitaires

Les statistiques les plus sérieuses établies entre les deux guerres portaient sur le nombre de malades étrangers admis dans les hôpitaux français. D'une manière générale, il apparaissait que le pourcentage des allogènes hospitalisés était supérieur à celui de la population étrangère. Ainsi, en 1927, alors que les immigrés formaient 6 % de la population totale, ils représentèrent 8 % des malades hospitalisés. Localement, les chiffres pouvaient s'élever davantage : les 5 % d'étrangers que comptait le département de la Loire en 1925 donnaient 9,2 % des patients, les 14,7 % de la Meurthe-et-Moselle fournirent 20 % des malades en 1924 et 28 % en 1925. Des nombreuses enquêtes effectuées à Paris, il ressort que la capitale où résidaient 9 % d'étrangers se situa dans la moyenne nationale au cours des années 20 avec 7 à 8 % de personnes admises dans les hôpitaux et dépassa ce pourcentage après 1930 avec 10 % et davantage. Certains services ou hôpitaux spécialisés enregistraient des taux plus importants : le service de lutte contre la syphilis de l'hôpital Saint-Louis reçut 20 % d'étrangers en 1925 et le service des maladies mentales de l'hôpital Sainte-Anne, 15 %.

En dehors des accidents du travail, les étrangers étaient surtout atteints par les affections respiratoires, la tuberculose, les maladies vénériennes, les troubles mentaux. De petites épidémies de variole, d'amibiase, de peste, de trachome se déclarèrent dans des régions circonscrites, mais elles furent rapidement jugulées.

Les contemporains expliquaient l'importance de la morbidité étrangère par l'insuffisance du contrôle sanitaire aux frontières. Il était exact que ce contrôle restait superficiel et même que beaucoup d'immigrés y échappaient. Mais les enquêtes officielles faisaient aussi ressortir que la majorité des étrangers arrivaient en France indemnes de maladies graves. Les Nord-Africains, particulièrement frappés par la tuberculose, contractaient le plus souvent ce terrible mal dans le pays d'accueil. De même, 83 % des immigrés atteints de syphilis s'étaient trouvés infectés après leur entrée en France. Il fallait ainsi admettre que les étrangers présentaient surtout une pathologie d'acquisition, rançon de leurs conditions de vie et de travail. Les emplois dangereux, fatigants, malsains qu'ils exerçaient en priorité les exposaient particulièrement aux maladies et aux accidents du travail. A ces conditions défavorables s'ajoutaient l'ignorance fréquente des règles d'hygiène, l'inconfort des logements, les privations que beaucoup d'immigrés s'imposaient par esprit d'économie, les changements de climat qui surprenaient les Méditerranéens. Peu avertis quant aux risques d'infection et aux signes avant-coureurs de la maladie, les immigrés tardaient à se soigner. Quand le mal s'aggravait, l'hospitalisation devenait inévitable car ces hommes, vivant généralement seuls, ne pouvaient bénéficier de soins à domicile. Ainsi s'expliquaient la fréquence et la longue durée du séjour des étrangers dans les hôpitaux.

1.2.2. L'importance de la délinquance étrangère

Toutes les statistiques produites dans l'entre-deux-guerres soulignèrent l'importance de la délinquance étrangère. Ainsi, dans la Seine, de 1926 à 1931, les étrangers qui formaient

9 % de la population représentèrent 25 % des personnes arrêtées. A Paris, 14,4 % des mineurs appréhendés par la police en 1924 et 17,8 % en 1925 n'étaient pas français. A Marseille, le taux des mineurs étrangers arrêtés s'éleva à 43,8 % en 1925, alors que les immigrés constituaient dans cette ville 19,3 % de la population. Chaque année, quelque 50 000 étrangers étaient déférés devant les tribunaux. A Marseille, ils donnèrent 53 % des personnes condamnées en 1927. Dans les trois départements du Doubs, du Jura et de la Haute-Saône où ils étaient 5,2 % de la population, ils représentèrent 10,1 % des condamnés. De 1919 à 1925, le pourcentage des étrangers sanctionnés par les cours d'assises passa de 10 à 17 % et atteignit 33,5 % en 1936. Un pourcentage de 15 à 20 % des détenus des prisons étaient nés hors de France. La délinquance des étrangers se révélait donc supérieure à celle des autochtones : en 1933 et 1934, dans le Rhône, un immigré sur 10 000 commit un crime, contre 0,4 chez les Français. La proportion des étrangers justiciables des assises apparaissait trois fois supérieure à celle des nationaux.

Selon Georges Mauco, dont la thèse sur les étrangers en France, parue en 1932, faisait autorité, les étrangers commettaient 21 % des assassinats et 18 % des vols qualifiés. Aux immigrés étaient également reprochés les coups et blessures, le port d'armes prohibées, le vagabondage, les abus de confiance. Les spécialistes montraient que les étrangers les plus dangereux étaient ceux qui venaient des pays les plus éloignés ou les plus méridionaux. Ainsi, pour Mauco, la criminalité des Africains se révélait quinze fois supérieure à celle des Français ; pour les Polonais, il fallait multiplier par quatre, pour les Italiens et les Portugais par trois, pour les Espagnols par deux ; chez les Belges et les Anglais, le taux de délinquance égalait celui des nationaux ; les Suisses se situaient au-dessous de la moyenne nationale.

Cependant, l'interprétation des statistiques les plus sérieuses devait être nuancée. Les étrangers présentaient une délinquance incontestablement supérieure à celle des Français, mais la comparaison se trouvait faussée par le fait que les allogènes commettaient des délits spécifiques, comptabilisés dans les enquêtes, délits inaccessibles aux nationaux comme les infractions aux règles de séjour et aux arrêtés d'expulsion. Si l'on déduisait ces infractions, le taux de délinquance chutait nettement ; ainsi, dans le Rhône, il n'était plus supérieur que de 0,1 % à celui des Français. Il fallait encore remarquer que la délinquance se trouvait renforcée par certains caractères socio-culturels propres au monde de l'immigration : la prédominance des hommes, les comportements frustes, l'ignorance, la pauvreté de nombreux allogènes, les difficultés psychologiques et les discriminations dont souffraient certains. En définitive, à catégorie sociale égale, il n'était pas sûr que les étrangers fournissaient beaucoup plus de coupables que les Français.

1.2.3. Les réactions de l'opinion française

Les interprétations pondérées de la morbidité et de la délinquance des étrangers ne se trouvaient généralement pas prises en compte par l'opinion française, sauf parfois à gauche. Pour le grand public, conforté par les médias et un large éventail de mouvements politiques allant de l'extrême droite au Parti radical, la société française était exposée à une grave contamination sanitaire et morale.

Dès le début des années 20, la presse multiplia les enquêtes montrant que, dans les établissements de soins, les lits étaient monopolisés par les immigrés et que les dépenses de santé imposées aux collectivités se révélaient considérables. En janvier 1926, dans une série de douze articles intitulée « Paris hôpital du monde », *le Matin*, quotidien de large information, prit la tête d'une véritable croisade contre les malades étrangers. *Le Petit Journal* surnomma la capitale « Babylone du crime »[1]. *L'Œuvre* radicale dénonçait les malfaiteurs aux noms « évocateurs de ghettos et de bas-fonds sud-américains »[2].

UN JOURNAL DU CENTRE GAUCHE PROTESTE CONTRE L'INEFFICACITÉ DES EXPULSIONS

Les oiseaux qui ne sont plus de passage

Au tableau de chasse des inspecteurs de la sûreté parisienne, figurent pour la seule journée du quinze, dix voleurs à la tire ou à l'esbroufe. Les uns ont des noms bizarres, hérissés de consonnes : ils nous viennent de Kovno, Varsovie, Odessa, Salonique ; d'autres, ont des résonnances latines et sont truffés de voyelles : ils nous arrivent de Brususchetto, Naples et Rome.

C'est peut-être flatteur pour notre amour propre national ; pas un nom n'est de chez nous ! Mais cela ne fait pas honneur à notre système de protection. Tous ces oiseaux chassés de leur aire, se sont abattus sur nos vergers. Les épouvantails que le vent balance, au-dessus des haies, ne les effraient plus. Il y a longtemps même que cela les amuse...

Ces épouvantails sont les trois mois de prison, que les tribunaux distribuent tout au long de leurs mornes audiences, à ces indésirables, frappés d'expulsion. Trois mois de repos, puis on signifie à ces étrangers qu'ils ont à repasser la frontière. Ils sourient, inclinent la tête, et les voici lancés dans la circulation. La frontière, quand par exception, les maigres crédits dont dispose la police permettent le refoulement, l'expulsé la regarde avec sérénité et ses gardes n'ont pas encore tourné le dos, que, déjà, il est dans notre verger.

Sur les cinq Italiens arrêtés à Paris, quatre d'entre eux avaient été frappés d'un arrêté d'expulsion. Mesure vaine, purement théorique et qui ne semble prise que pour occuper la colonne d'observations du casier judiciaire de ces messieurs. L'arrêté d'expulsion, c'est l'épouvantail à moineaux. S'il rassure les honnêtes gens, en leur donnant l'illusion de la protection, il est sans effet, sur l'indésirable, qui en a mesuré, depuis longtemps, la vanité !

On le savait, d'ailleurs, dans les milieux judiciaires. On ne se faisait aucune illusion, sur des moyens de répression en carton-pâte. Mais le public, le grand public, l'ignorait et il a fallu le tragique destin de Paul Doumer, pour l'éclairer sur la sinistre blague des « arrêtés d'expulsion ». Sa généreuse indignation, permettra, peut-être, le renforcement de la loi !

Pour apaiser l'inquiétude générale, on annonce de « sérieuses mesures de protection ». On va tendre des rêts, nous dit-on, à ces oiseaux migrateurs, qui ne sont plus de passage, puisqu'ils ne quittent plus le doux ciel de France. Mais ne nous faisons pas d'illusion... L'émotion calmée, notre générosité reprendra le dessus. Et on reparlera d'hospitalité large...

Comme il est bien de chez nous ce proverbe... italien : « Passato, il péricolo gabbato, il santo ».

Article de Jean FARON dans *le Petit Var*, le 17 mai 1932.

Les romanciers et les cinéastes mettaient souvent en scène des étrangers insinuants et beaux parleurs qui escroquaient sans peine les Français trop crédules. Dans les œuvres de fiction, les trafiquants de drogue, les fabricants de faux papiers, les proxénètes et les auteurs de délits sexuels étaient fréquemment nés dans des pays lointains. Au cinéma ces individus étaient souvent incarnés par des acteurs habitués aux rôles antipathiques,

---

1. *Le Petit Journal*, 26 novembre 1923.
2. *L'Œuvre*, 26 novembre 1923.

comme Jules Berry ou Marcel Dalio. De plus, quelques faits divers authentiques aggravèrent la réputation sinistre faite à certaines nationalités. Ainsi, en novembre 1923, l'assassinat de deux Françaises à Paris, rue Fondary, par des Maghrébins, compromit l'image de ces derniers, déjà accusés de nombreux vices. L'opinion réagit encore plus aux méfaits de la « bande des Polonais » qui, à la même époque, commit six assassinats, cinq tentatives de meurtres et environ soixante-dix cambriolages dans les campagnes du Nord, de l'Est et du Bassin parisien. Dès lors les Polonais furent accusés de « se former en grandes compagnies et de terroriser nos campagnes »[1]. Bien des années plus tard, le romancier Georges Simenon, dans plusieurs de ses œuvres, relata les affrontements du commissaire Maigret et des criminels venus des bords de la Vistule.

L'extrême droite xénophobe exploita largement les peurs éprouvées par les Français. Le quotidien fasciste *l'Ami du Peuple*, qui tirait à un million d'exemplaires vers 1930, tenait une place centrale dans la critique anti-étrangère. Ce journal assurait que les immigrés amenaient avec eux des maladies éliminées depuis longtemps sur le territoire national et contaminaient immanquablement leur entourage. « La presque totalité des Nord-Africains est hérédo-syphilitique », affirmait le journal[2], lequel ajoutait que ces hommes, déracinés, enclins à la débauche et à l'alcoolisme, formaient des victimes toutes désignées pour la tuberculose. *L'Ami du Peuple*, outre ses éditoriaux et enquêtes explicitement xénophobes multipliait les faits divers habilement présentés dont les titres soulignaient systématiquement l'appartenance nationale des délinquants. Ainsi, dans chaque numéro, les lecteurs trouvaient une foule d'étrangleurs polonais, de sadiques nord-africains, d'escrocs venus d'Europe centrale ; les crimes passionnels étaient souvent commis par des Italiens ou des Espagnols au sang chaud et à l'honneur exigeant.

Les réactions de rejet venues des Français contribuaient souvent à crisper les étrangers dans un réflexe de défense identitaire.

1.3. Défense identitaire et intégration

Le poids de leur culture nationale et le dépaysement éprouvé lors de l'arrivée en France poussaient fréquemment les étrangers à se replier sur eux-mêmes. Ce maintien des traditions était encouragé par les gouvernements de certains pays d'origine, mais l'emprise du milieu d'accueil modifiait progressivement l'identité des immigrés.

1.3.1. Le choc de l'exil

La grande majorité des immigrés venait en France non pas avec le projet de s'intégrer et de demeurer à jamais dans cette nouvelle patrie, mais avec la résolution d'économiser de l'argent, puis de rentrer au pays et d'y vivre mieux grâce à l'épargne réalisée. De fait, comme on l'a déjà observé, sur les quelque 3 500 000 Italiens venus en France entre 1870 et 1940, seules 1 200 000 à 1 300 000 personnes restèrent. Une rotation du même genre affectait les autres nationalités. Certains étrangers, délégués en quelque sorte par leur famille pour amasser un pécule, émigraient individuellement en France pour des séjours d'un à trois ans, puis rentraient chez eux et étaient relayés par un parent.

---

1. *L'Illustration*, 14 mars 1925.
2. *L'Ami du Peuple*, 2 septembre 1930.

Ce n'était pas seulement la brièveté prévue de leur présence en France qui, au départ, marginalisait les étrangers, mais aussi le choc produit par l'émigration. Les nouveaux venus qui, parfois, n'avaient jamais quitté leur village natal, entreprenaient un voyage qui pouvait se révéler long et compliqué. Certaines femmes qui ignoraient tout des pratiques de la médecine subissaient avant le départ ou à l'arrivée un examen médical jugé humiliant. Les formalités administratives apparaissaient souvent mystérieuses. La langue et les usages français étaient, pour la plupart, incompréhensibles et accentuaient l'impression d'isolement éprouvée par les arrivants. Des Italiens qui avaient vécu dans de gros villages, lieux d'intense socialisation, souffraient de s'installer dans les fermes dispersées du Sud-Ouest. Des Polonais, nés dans des exploitations agricoles bien séparées les unes des autres, ne s'habituaient pas aux corons du Nord dont les maisons proches rendaient les voisins très présents.

Certains étrangers, en particulier les réfugiés politiques, se révélaient peu adaptables en raison de leur âge, de leur ignorance de la langue française, de leur fidélité à la civilisation d'un pays lointain, de leur espoir de regagner celui-ci le plus vite possible. Dans un de ses poèmes, Bertolt Brecht entretenait cette espérance et n'incitait pas l'exilé à établir un contact avec son hôte :

« Ne plante pas de clou au mur :
Jette ta veste sur la chaise :
Pourquoi prévoir pour quatre jours ?
C'est demain que tu rentreras »[1].

« Et le pays qui nous reçut ne sera pas un foyer, mais l'exil. Ainsi nous sommes là, inquiets, au plus près des frontières, attendant le jour du retour, guettant le moindre changement de l'autre côté (...)[1].

En attendant le retour, beaucoup d'émigrés politiques préféraient demeurer entre eux, maintenir les traditions, évoquer leurs souvenirs. Assaillis par des difficultés matérielles et morales, ils se sentaient souvent déclassés et frustrés, ils s'aigrissaient dans une attitude négative qui leur faisait refuser le présent et idéaliser le passé. Le Russe Ilya Ehrenbourg précisait la nature d'un tel comportement :

« Il existe quelque chose de commun entre les émigrés de toutes tendances, de diverses nationalités et de différentes époques : c'est l'hostilité qu'ils éprouvent envers le pays où ils vivent malgré eux, contre leur volonté ; c'est la nostalgie aiguë de leur patrie et le besoin de vivre dans un cercle étroit de compatriotes »[2].

1.3.2. L'organisation de milieux nationaux

Troublés ou déçus par la transplantation qu'ils subissaient, les étrangers essayaient souvent de se rassurer en se regroupant.

Le rassemblement des personnes originaires d'une même région ou d'un même village dans un seul quartier ou une rue permettait de recréer un cadre plus familier et un lieu de solidarité. Cette volonté de regroupement fit naître de nombreuses « Petites Italies » ou de « Petites Espagnes ». Ainsi, la carte d'implantation des Italiens à Nogent-

1. Bertolt BRECHT, *Poèmes 4 – 1934-1941. Pensées sur la durée de l'exil*, Paris, 1966.
2. Ilya EHRENBOURG, *Mémoires*, tome I, Gallimard, Paris, 1962, page 106.

sur-Marne en 1936 montre dans le vieux centre historique une forte densité de personnes, originaires des vallées situées dans les régions de Parme et de Plaisance.

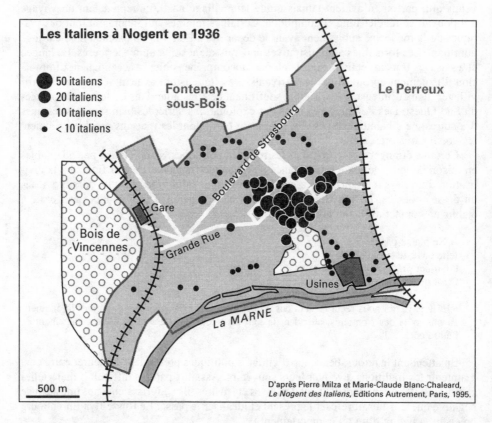

Les Italiens à Nogent en 1936

● 50 italiens
● 20 italiens
● 10 italiens
· < 10 italiens

Fontenay-sous-Bois

Le Perreux

Boulevard de Strasbourg

Gare

Bois de Vincennes

Grande Rue

Usines

La MARNE

500 m

D'après Pierre Milza et Marie-Claude Blanc-Chaleard, *Le Nogent des Italiens*, Editions Autrement, Paris, 1995.

Le journaliste Ludovic Naudeau, enquêtant à Marseille, donnait un autre exemple à travers la description d'une grande ville transformée en une mosaïque de quartiers nationaux :

« Nous sommes à deux pas de la flamboyante Canebière. A peine s'en est-on éloigné que l'on tombe sur des quartiers de Naples, d'Alger ou de Port-Saïd »[1].

De nombreux journalistes, comme Louis Roubaud et Albert Londres, se promenèrent dans la « casbah » de Marseille dont le centre était la rue des Chapeliers :

« L'Afrique du Nord s'est installée rue des Chapeliers. Les hôtels louent au détail et à la nuit la chambre à vingt lits... Les restaurants étalent à leur devanture les quartiers de mouton desséchés, les pâtisseries lourdes, à la graisse ; ils servent dans des dés à coudre le café épais comme du chocolat »[2].

1. Ludovic NAUDEAU, *l'Illustration*, 24 août 1929.
2. Louis ROUBAUD, *Pays de Marseille*, Gallimard, Paris, 1933, page 15.

« Voulez-vous voir l'Algérie, le Maroc, la Tunisie ? Donnez-moi le bras, je vous conduis rue des Chapeliers. Voilà des gourbis, les bicots et les mouquères. Voilà le parfum de l'Orient, c'est-à-dire l'odeur d'une vieille chandelle en train de frire dans une poêle. Voilà, pendus aux portes, les moutons aux fesses vieilles et talées. Voilà les sidis rentrant à la casbah après le travail au port. Cédez le trottoir et ne parlez pas aux femmes, cela ferait une bagarre, vous êtes en territoire arabe »[1].

À l'intérieur de ces quartiers bien individualisés, les habitants se rencontraient dans des lieux où peu de Français s'aventuraient, maisons meublées, cafés, épiceries spécialisées vendant les produits du pays d'origine. Là, les usages sociaux, alimentaires, vestimentaires, religieux parfois, certains jeux traditionnels aussi, restaient vivants. Dans les campagnes où l'habitat était dispersé, les compatriotes entretenaient le contact en se rendant visite, en organisant des veillées, en célébrant en commun leurs fêtes, mariages, baptêmes, commémoration du saint protecteur du village natal. Dans ce milieu clos, la langue et la culture d'origine se maintenaient. Ainsi, des témoins italiens se rappellent l'originale survie parmi eux de chants et de références littéraires d'extraction savante, mais parfaitement intégrés dans le milieu populaire :

« Par exemple, en Italie, les gens chantent des opéras, ils savent pas que c'est Verdi ou autre. Mon père, je me rappelle, siffle des opéras, chante des opéras comme vous vous chanteriez *À la claire fontaine* ou *Pleure pas Jeannette*. Et pour les livres c'est la même chose, *La Divine Comédie* est le livre italien par excellence, même des gens qui n'ont jamais vu, qui n'ont jamais lu le livre, ils vous racontent des passages parce qu'on a raconté à quelqu'un qui a raconté, enfin c'est toute la tradition orale. Et *La Divine Comédie,* tout en ignorant que c'est *La Divine Comédie*, on vous dira que c'est vrai, et en France cela n'existe pas (...). « La donna è mobile come piuma al vento », bon, ça se chante comme ici vous chantez, je sais pas... *Frou-Frou* »[2].

Au-delà de la survie spontanée des pratiques quotidiennes, la défense identitaire pouvait résulter d'initiatives plus ou moins officielles visant à mettre en place des structures d'encadrement.

Les autorités de certains pays, surtout la Pologne et l'Italie, redoutaient la dénationalisation de leurs compatriotes, leur contamination par l'athéisme ou le communisme. On a déjà vu que, dès les années 20, des organisations politiques avaient été implantées en France pour entretenir le culte de la mère-patrie. D'autres initiatives furent prises dans le domaine religieux. D'une manière générale, les catholiques étrangers se sentaient mal à l'aise dans l'Église de France dont la sensibilité ne correspondait pas véritablement à la leur. Habitués à une pratique plus ostentatoire, comprenant processions imposantes, pélerinages de masse, fêtes très suivies en l'honneur de la Vierge Marie ou de grands saints nationaux, ils étaient déçus par la discrétion d'un clergé français tenu à la réserve dans une République laïque. Quand les étrangers se rendaient à la messe, ils pouvaient suivre la partie de l'office célébrée en latin, mais ne comprenaient pas le sermon et les annonces en langue vulgaire. Aussi beaucoup réduisaient-ils leur pratique, notamment les Polonais qui, confondant traditionnellement sentiment religieux et sentiment national, ne pouvaient satisfaire leurs aspirations en France. Cet éloignement traduisait moins une

---

1. Albert LONDRES, *le Petit Parisien*, 25 août 1926.
2. Monique ROUCH (dir.), *Comprar un prà. Des paysans italiens disent l'émigration, 1920-1960*, Maison des Sciences de l'homme d'Aquitaine, Mérignac, 1989.

désaffection religieuse profonde qu'une déception face à une religiosité française jugée trop différente et tiède.

En fait, une bonne partie des immigrés étaient prêts à reprendre leur pratique ancienne s'ils retrouvaient des structures religieuses traditionnelles. Or, des missions catholiques existaient à Paris, parfois depuis le début du XIXe siècle, notamment pour les Polonais, les Italiens, les Belges, les Espagnols, les maronites, les Anglais. Marseille et Nice possédaient chacune une église italienne. Dans certaines paroisses urbaines, des prêtres polyglottes pouvaient à l'occasion prêcher et confesser en langue étrangère. Mais cet encadrement ne répondait pas vraiment aux besoins de l'immigration de masse qui se développa après la Grande Guerre. Aussi de nouveaux efforts se révélèrent-ils nécessaires. La Mission catholique polonaise fit venir des prêtres de Pologne ; ceux-ci exerçaient leur ministère sous le contrôle plus ou moins effectif des évêques français et étaient rétribués par les grandes entreprises. La moyenne générale d'un aumônier pour 12 000 Polonais dans les années 20 recouvrait en réalité de fortes inégalités : de 1 pour 2 500 en Saône-et-Loire à 1 pour 25 000 dans le Nord. Les prêtres devaient donc accomplir de longues tournées pour visiter leurs ouailles isolées qui, de leur côté, n'hésitaient pas à parcourir 15 ou 20 kilomètres pour voir et écouter un compatriote homme de Dieu.

Les autorités italiennes s'attachèrent également à préserver le sentiment religieux des immigrés par le truchement d'institutions caritatives dont la plus importante fut *l'Opera Bonomelli*, fondée en 1900 par l'évêque du même nom, en charge du diocèse de Crémone. Cette œuvre, structurée en 1928 en dix-huit « secrétariats », mettait à la disposition des immigrés, écoles, dispensaires, bureaux d'embauche, caisses d'épargne, bibliothèques. Certains représentants de *l'Opera Bonomelli* comme Mgr Torricella, installé à Agen, exerçaient une forte influence sur leurs compatriotes. Dissoute en 1928, *la Bonomelli* fut remplacée par les Missions italiennes pour les émigrés en Europe qui continuèrent une action du même genre. *L'Opera cardinal Ferrari* fut fondée en 1921 grâce au legs d'un prélat milanais et, jusqu'à sa faillite en 1930, poursuivit une action missionnaire et patriotique, visant à sauvegarder l'italianité des migrants, conformément aux vœux du régime fasciste. Lors des fêtes de Pâques 1926, *la Ferrari* organisa un pèlerinage au Sacré-Cœur de Montmartre qui rassembla quelque 20 000 Italiens de la région parisienne, heureux de participer à des cérémonies empreintes du caractère national.

L'ouverture d'écoles étrangères pouvait puissamment contribuer au maintien des cultures d'origine. Mais, en ce domaine, la loi se montrait très restrictive et donnait un quasi-monopole aux enseignants français chargés de diffuser les valeurs républicaines en honneur depuis Jules Ferry. Cependant, les Polonais demandaient avec insistance la possibilité d'apprendre à leurs enfants la langue, l'histoire et la géographie du pays natal. Ce fut pourquoi le grand patronat s'engagea en avril 1924 à financer, dans un certain nombre de cas, un enseignement des matières demandées, enseignement dispensé après les heures de classe française, par des moniteurs polonais, sous le contrôle des autorités académiques du pays d'accueil. En 1926, environ 30 % des jeunes Polonais d'âge scolaire suivaient de tels cours. Les autres nationalités, qui se contentaient de l'organisation de quelques cours sporadiques, n'obtinrent pas des résultats aussi importants. Les fascistes italiens essayèrent de tourner la loi française en mettant en place un enseignement à l'intérieur des consulats ou, dans le cas de Nice, près de la frontière, à Vintimille. Mais ces initiatives remportèrent peu de succès.

La loi française, stricte en matière scolaire, se révélait au contraire libérale dans le domaine associatif, ce qui permit la naissance de nombreuses organisations. Là encore, les Polonais tinrent la première place : en 1926, dans le seul Pas-de-Calais, ils possédaient plus de 400 associations, généralement fermées aux Français, se vouant au chant choral, à la musique instrumentale, à l'art dramatique, au sport. Ces nombreux groupements se rassemblèrent sur le plan local ou national. Les sociétés sportives ou *Sokols* (Faucons) dépendaient d'une Union centrale sise à Varsovie. En 1925 fut créée une Union des sociétés catholiques polonaises en France. Ces associations mobilisaient de nombreux adhérents, de tous âges, ravis de revêtir leurs costumes traditionnels pour défiler dans les rues avec fanfares, chants, bannières, avant ou après la messe, en l'honneur de la fête nationale du 3 mai ou de commémorations religieuses. La colonie polonaise possédait aussi des banques, des coopératives, d'actives œuvres d'assistance ou *Opieka Polska* (Protection polonaise).

La plupart des autres nationalités présentes en France, même si elles étaient moins densément quadrillées que les Polonais, profitaient de la liberté d'association qui leur était offerte. En ce domaine, les activités culturelles et sportives, la bienfaisance et la mutualité dominaient largement. Dans certains cas, quand les clivages politiques étaient accusés, les sociétés se divisaient en clans rivaux, luttant sourdement les uns contre les autres. C'était le cas du mouvement associatif italien à l'intérieur duquel les groupements de gauche ou simplement neutres devaient se défendre contre les ambitions hégémoniques de leurs similaires fascistes. Il arrivait qu'un type particulier d'organisation prît une importance significative. Ainsi, chez les Russes blancs, nombreux étaient les anciens soldats qui se rassemblaient par arme ou par régiment. Les juifs d'Europe orientale créaient volontiers des associations où se retrouvaient les personnes originaires d'une même ville ou d'une même province.

Les étrangers cherchaient encore à préserver leur identité en publiant des journaux dans leur langue. Entre 1920 et 1926, les Polonais lancèrent 37 titres dont *Wiarus Polski* (le Brave Polonais), orienté au centre droit, tirant à 10 000-12 000 exemplaires, et *Narodowiec* (le National), de centre gauche, arrivant à 15 000 exemplaires. La presse italienne apparaissait encore plus riche, avec des dizaines de titres, plus ou moins éphémères, représentant toutes les sensibilités religieuses et politiques, de l'anarchisme au fascisme. Un fractionnement du même genre pouvait être observé au sein de la plupart des autres nationalités.

Le repli identitaire des Nord-Africains constituait un cas particulier, car il résultait autant du comportement des immigrés eux-mêmes, nés et formés dans une société musulmane, que des initiatives du gouvernement français. Celui-ci, en effet témoigna à ses sujets maghrébins une sorte de bienveillance paternaliste en leur permettant, dans certains cas, de conserver leurs usages grâce à la création d'institutions propres. Les efforts les plus importants furent accomplis dans la région parisienne où vivaient environ 70 000 Nord-Africains. Ainsi fut inaugurée en 1926 la mosquée de Paris puis, en 1935, l'hôpital de Bobigny doté d'un personnel arabophone, offrant une nourriture et un type de soins ne dépaysant pas les malades. Des foyers-hôtelleries furent créés à l'aide de subventions, mais, mal gérés et imposant une discipline trop sévère à leurs locataires, ils disparurent rapidement. Le département de la Seine, en 1925, puis Marseille, Lille, Bordeaux, Saint-Étienne et Lyon reçurent un Service des affaires indigènes nord-africaines chargé d'aider les immigrés dans leurs démarches et la recherche d'emplois, de les soigner, mais aussi de les surveiller et de réprimer les délits. En fait, les autorités françaises cherchaient moins à améliorer fondamentalement les conditions de vie des Maghrébins qu'à encadrer ces hommes réputés primitifs, donc potentiellement dangereux ou influençables.

1.3.3. Les facteurs d'intégration

Tandis que les étrangers organisaient leur défense identitaire, ils subissaient insensiblement, et en général sans être conscients, des influences contraires qui aboutissaient à fixer définitivement en France une partie d'entre eux. Mais aux immigrés installés de longue date et en voie d'enracinement s'ajoutèrent les flots d'individus arrivés en nombre dans l'après-guerre. Les nouveaux venus empruntèrent à leur tour le long et difficile chemin de l'intégration.

Au premier rang des facteurs matériels d'intégration figurait le parcours professionnel. Les immigrés qui travaillaient seuls ou en compagnie de compatriotes conservèrent plus longtemps leur identité nationale. C'était le cas de ceux que l'on embauchait dans de petites entreprises artisanales dirigées par des proches. Ainsi de nombreux maçons, plâtriers, carreleurs, peintres, menuisiers, chauffagistes italiens, travaillant dans des équipes aux effectifs réduits, souvent composées d'individus originaires du même village, vécurent dans un milieu culturel homogène, proche de celui du pays natal, et gardèrent durant des périodes plus ou moins longues leur langue, leurs modes de pensée, leurs habitudes quotidiennes. De même, les artisans en chambre, comme les fourreurs et les casquettiers juifs orientaux, nombreux à Paris, livrant généralement leurs produits à un patron issu lui aussi de l'immigration, évoluèrent lentement.

Au contraire, les étrangers que leur travail mettait en contact suivi avec les Français entrèrent plus vite dans la société du pays d'accueil. De la sorte, ceux qui trouvèrent un emploi dans les mines, la sidérurgie, les industries mécaniques ou chimiques, les grands chantiers de travaux publics furent à la fois confrontés à un monde moderne, technique, les coupant de leurs habitudes quand ils venaient de la campagne, et mis en contact avec le prolétariat français, porteur d'une culture originale, façonné par les luttes ouvrières anciennes, se singularisant par ses comportements. De même, les petits commerçants, épiciers, boulangers, bouchers, cafetiers, restaurateurs, tailleurs, coiffeurs, cordonniers... exerçaient des métiers qui les prédisposaient à s'intégrer. En effet, tous, dans la boutique ou l'atelier, nouaient des contacts quotidiens avec les collègues ou les clients français. Les conversations, les échanges d'informations, la solidarité dans l'accomplissement des tâches constituaient de puissants facteurs de socialisation qui accéléraient l'apprentissage de la langue et la familiarité avec les usages français.

Le travail dans les campagnes présentait des modèles d'intégration plus ou moins rapide. Dans les petites exploitations, les salariés étrangers, peu nombreux, exerçaient quotidiennement leurs tâches en compagnie du patron français et partageaient parfois les repas avec lui. Mais les exigences de ces employeurs, souvent même leur dureté, la médiocrité des salaires et l'inconfort des logements poussaient les immigrés à chercher ailleurs un meilleur emploi et donnaient du pays d'accueil une image négative. Dans les grandes exploitations où se constituaient des équipes d'ouvriers agricoles aux effectifs considérables comprenant aussi des Français, les meilleures conditions de vie et la possibilité de contacts plus suivis avec les autochtones favorisaient davantage l'insertion. Les exploitants étrangers vivant dans des fermes isolées, comme c'était le cas dans le Sud-Ouest, restaient à l'écart ou, lors de leurs rares loisirs, rendaient visite à des compatriotes ; cependant, la nécessité économique de l'entraide au moment des grands travaux et l'usage collectif de certaines machines comme les batteuses amenaient les hommes à travailler avec leurs voisins français et à découvrir progressivement ceux-ci.

La réussite professionnelle constituait un autre facteur d'enracinement. Les étrangers qui accédaient à la notoriété dans le monde des arts, du spectacle, du sport ne se montraient guère enclins à regagner définitivement un pays où leur statut de vedette n'était pas garanti. Loin de la célébrité existait une couche d'entrepreneurs, d'artisans, de commerçants, d'exploitants agricoles qui, par leurs efforts opiniâtres, avaient accédé à une certaine aisance et parfois acquis la propriété de leur outil de travail. Chez les salariés, quelques mineurs parvenaient aux fonctions de porion ou d'aide-porion. Le succès professionnel restait souvent modeste, la réussite pouvait se révéler fragile, la crise des années 30 fut fatale à plus d'un boutiquier ou d'un fermier endetté. Cependant, même si elle paraissait peu assurée, l'ascension sociale procurait une forte satisfaction psychologique. Certains immigrés, heureux de leur condition matérielle, associaient étroitement celle-ci à la France et vouaient à ce pays une reconnaissance profonde qui les conduisait fréquemment à minimiser les difficultés rencontrées.

Les engagements politiques et syndicaux dans les organisations de gauche offraient un autre mode d'intégration. Certes celui-ci concernait seulement la minorité d'étrangers qui osait abandonner la réserve observée par le plus grand nombre. Mais les militants qui se lançaient dans des actions communes avec les Français, réunions, conférences, participation aux grèves, aux congrès, aux fêtes populaires, publication d'articles dans la presse du pays d'accueil, se faisaient connaître de leurs partenaires autochtones et se familiarisaient avec la culture de ceux-ci. Cette découverte réciproque, la solidarité de fait qui naissait, l'habitude de l'action concertée accéléraient l'entrée des immigrés dans la société française.

Les nationalités les mieux représentées dans la France de l'entre-deux-guerres, Italiens, Polonais, Belges, Espagnols, étant catholiques, la communauté de foi est censée avoir fortement rapproché les immigrés et les nationaux. De fait, le partage des croyances et des pratiques, la communion devant le même autel faisaient se rencontrer les individus. Mais la réalité vécue se révélait plus complexe. Il faut d'abord remarquer qu'un certain nombre d'étrangers s'étaient déjà éloignés de la religion avant leur départ. C'était le cas, entre autres, des réfugiés politiques les plus engagés à gauche qui, souvent, contestaient l'autorité de l'Église et sa connivence avec les régimes autoritaires. Plus généralement, l'émigration, le poids des soucis matériels, la fréquente mobilité géographique des ouvriers, l'obligation faite à quelques-uns de travailler le dimanche, l'isolement d'hommes séparés de leur famille restée pratiquante, tous ces facteurs se liguaient pour affaiblir la vitalité religieuse. Quand ces hommes s'installaient dans des régions françaises fidèles à la foi ancienne, ils se trouvaient en discordance, coupés de leurs hôtes.

Cependant, même si la pratique des étrangers fléchissait, elle restait largement supérieure à celle des Français, comme en fait foi une enquête réalisée après la Deuxième Guerre mondiale parmi 526 Italiens et Polonais arrivés en France avant 1939.

Pratique religieuse	Italiens %	Polonais %
Catholiques pratiquants	49	64,5
Catholiques non pratiquants	47	33,5
Autres	4	2

D'après Alain GIRARD et Jean STOETZEL, *Français et immigrés*, INED, PUF, Paris, 1953.

Beaucoup d'étrangers restaient attachés à des pratiques religieuses ostentatoires, aimaient le déploiement public de grandes processions accompagnées de cantiques, témoignaient un profond respect au prêtre dont ils baisaient la main. Ces comportements étonnaient et choquaient les Français déchristianisés, ce qui élevait une barrière. Les catholiques étrangers qui demeuraient discrets dans la manifestation de leur foi n'étaient pas forcément bien accueillis dans les paroisses françaises qui percevaient les nouveaux venus comme extérieurs à la communauté. Aussi les étrangers s'écartaient-ils souvent des églises proches où ils se sentaient mal à l'aise et recherchaient des prêtres et des religieuses venus de leur propre pays. Or, ce clergé missionnaire visait fréquemment à maintenir l'identité nationale de ses ouailles.

Le lien religieux, s'il ne doit pas être surestimé, finissait cependant par s'établir. Le clergé étranger n'était pas assez nombreux pour encadrer toute la population immigrée. Il pouvait ralentir la dénationalisation de celle-ci, non l'empêcher, d'autant que la hiérarchie catholique française, très méfiante, contrôlait les agissements des missionnaires et essayait d'entraver les initiatives jugées contraires aux intérêts du pays d'accueil. A la longue, des contacts s'établissaient au sein des paroisses. Les jeunes étrangers, en particulier, fréquentaient le catéchisme, le patronage, les équipes sportives dépendant de l'Église, nouaient des amitiés avec les petits Français, ce qui favorisait l'intégration. Les organisations religieuses étrangères contribuaient elles-mêmes, indirectement, à cette intégration : par leur présence, elles maintenaient la cohésion des communautés immigrées, elles préservaient un certain ordre social et une morale publique, elles contenaient la turbulence des jeunes. Ainsi était offerte aux Français l'image positive de colonies étrangères paisibles et respectueuses des hiérarchies, image qui contribuait à désarmer les préventions et favorisait l'insertion.

Le catéchisme jouait un rôle intégrateur complémentaire de celui de l'école. L'enseignement primaire était plus suivi qu'avant 1914 : les jeunes étrangers formaient 5 % de l'effectif total des élèves en 1926 et 9 % en 1935. Localement, le pourcentage pouvait s'élever considérablement : 40 % dans les Alpes-Maritimes et 32 % dans les Bouches-du-Rhône en 1935. Certes, dans les classes, les jeunes étrangers qui se singularisaient par leur ignorance de la langue ou par un costume particulier n'étaient pas toujours bien accueillis ; les moqueries ou les coups pouvaient tomber sur eux. C'était la différence que les enfants autochtones sanctionnaient à leur manière, mais il suffisait parfois qu'une période d'adaptation fût passée et que survînt dans l'école un Français originaire d'un quartier éloigné ou d'une autre région pour que l'étranger entrât dans l'anonymat, tandis que les épreuves convergeaient sur le nouveau. Le temps, le partage des jeux dans la cour de récréation, les rues de la cité ou les champs avoisinants faisaient généralement disparaître les affrontements initiaux et de réelles amitiés naissaient. De plus, l'école, vue comme un instrument d'ascension sociale, jouissait d'un puissant prestige auprès des parents étrangers qui exigeaient de leurs enfants une totale soumission à l'institution. L'enseignement donnait aux élèves une réelle connaissance du français et diffusait la culture du pays d'accueil, des exemples historiques, des nomenclatures géographiques, des références littéraires, des modèles idéologiques constitutifs de l'identité française. Par le biais des devoirs faits à la maison, des leçons récitées à la mère ou aux aînés, des conversations familiales, c'était toute la culture de la France qui se répandait au cœur de la population immigrée.

L'une des manifestations les plus évidentes de l'intégration était la langue utilisée par les enfants. En famille, ils parlaient leur langue d'origine ou faisaient alterner celle-ci avec le français. Quand les jeunes se retrouvaient entre eux, le recours à l'idiome d'origine baissait nettement. Certains enfants nés et scolarisés en France éprouvaient même des difficultés plus ou moins grandes pour comprendre le vocabulaire de leurs parents, comme le montra l'enquête réalisée après la Deuxième Guerre mondiale.

Langue parlée par les enfants	Italiens %	Polonais %
En famille		
Italien ou polonais seulement	20,3	30,5
Français seulement	49	28
Les deux langues	30,7	41,5
Entre enfants		
Italien ou polonais seulement	4	1
Français seulement	42,3	32
Les deux langues	53,7	67

D'après Alain GIRARD et Jean STOETZEL, *Français et immigrés*, op. cit.

Les résultats scolaires étaient généralement jugés satisfaisants et la plupart des enseignants reconnaissaient avec l'inspecteur primaire Abel Desrois : « La race et la nationalité n'ont que de faibles répercussions sur les aptitudes »[1]. Beaucoup d'élèves étrangers se situaient rapidement en tête de leur classe. Des enquêtes effectuées à Paris montrent que, globalement, les Italiens obtenaient des résultats supérieurs à ceux des Français, surtout au certificat d'études. Le sous-préfet de Douai disait des jeunes Polonais : « Ce sont, en général, des sujets remarquables d'intelligence et de compréhension »[2]. Sans doute, les petits immigrés allaient moins que les nationaux vers les cours complémentaires et les lycées. Mais le succès, même limité au certificat d'études, permettait une relative promotion sociale, le passage du statut de manœuvre, qui était souvent celui du père, à l'échelon d'ouvrier qualifié ou d'employé. Cette promotion socio-professionnelle renforçait l'intégration.

LE RÔLE DE L'ÉCOLE

En matière d'assimilation, l'influence de l'école est prépondérante. Les petits étrangers qui viennent en classe à cinq ou six ans, ne sachant pas un mot de français, passent à douze ou treize le certificat d'études comme leurs camarades. Ils oublient leur dialecte d'origine et parfois servent d'interprètes à leurs parents. Ils apprennent très rapidement notre langue, surtout les Italiens. L'école est le creuset où se fondent les nationalités diverses en un métal franc et de bon aloi. Ce sont nos idées, nos mœurs et nos sentiments qui se trouvent dès l'âge le plus tendre assimilés par l'école.

M. MAGNIN, *Les étrangers en Franche-Comté et dans le territoire de Belfort*, enquête prescrite par le recteur de l'Académie de Besançon, Jacques et Demontron, Besançon, 1926, page 25.

---

1. Abel DESROIS, *Les étrangers dans le département de l'Ain*, Bellegarde, 1939, p. 221.
2. Rapport du 9 mars 1923, Archives départementales du Nord, M 208/135.

L'entrée dans la société française pouvait enfin s'effectuer de manière diffuse par l'intermédiaire des contacts et des expériences de tous les jours. Des relations entre immigrés et Français s'établissaient à l'occasion des loisirs, dans les cafés, les bals, les stades, les vélodromes. Les costumes nationaux, voyants et généralement peu appropriés aux occupations quotidiennes, étaient rapidement relégués au fond des armoires et ne ressortaient que les jours de fête. Les habitudes culinaires reculaient moins facilement, mais le prix parfois plus élevé des denrées alimentaires importées, la difficulté de les trouver, l'influence des modèles français amenaient souvent les étrangers à préparer une cuisine mixte dans laquelle la pâtisserie nationale et les plats traditionnels exigeant de longues préparations étaient réservés aux jours de fête. Les médias français, radio et journaux, pénétraient aussi dans les foyers étrangers et se trouvaient vite associés aux moyens d'information nationaux. Ce contact dépendait du niveau de connaissance du français. En ce domaine régnait la diversité : les enfants formés par l'école du pays d'accueil ne se distinguaient généralement pas des nationaux ; les adultes présentaient des degrés de maîtrise divers. Des personnes culturellement frustes, mais dotées d'un esprit vif, pouvaient parvenir à une certaine aisance dans le maniement du français. Cependant les blocages antérieurs semblaient déterminants : les individus peu scolarisés ou illettrés dans leur pays d'origine faisaient généralement preuve d'une mauvaise maîtrise linguistique. Certains puisaient leur vocabulaire à plusieurs sources les amenant à construire des phrases bigarrées juxtaposant des mots français et étrangers, voire dialectaux.

Pratiques culturelles au lendemain de la Seconde Guerre mondiale

	Italiens (%)	*Polonais (%)*
Costume		
Entièrement français	92	96
Pas entièrement français	8	4
Cuisine		
Française	25,7	50,5
Italienne ou polonaise	15,3	6,5
Mixte	59	43
Émissions radiophoniques écoutées		
Italiennes ou polonaises seulement	5,3	16,5
Françaises	36,7	37
Des deux pays	58	46,5
Journaux lus		
Italiens ou polonais seulement	12,7	34
Français	64,7	37
Des deux pays	22,6	29

D'après Alain GIRARD et Jean STOETZEL, *Français et immigrés*, op. cit.

2. Les étrangers au travail

La majorité des étrangers venaient en France en qualité de travailleurs. Le patronat, inquiet du manque de main-d'œuvre, ne cessait de réclamer une accélération de l'immigration. Mais les nouveaux venus n'étaient pas également représentés dans tous les types d'activité.

Population active étrangère en 1931

	Hommes	*Femmes*	*Total*	*%*
Pêche et agriculture	181 097	69 145	250 242	15,6
Industrie	834 104	115 110	949 214	59,3
Manutention et transports	69 345	6 866	76 211	4,8
Commerce	115 206	40 795	156 001	9,7
Professions libérales et service public	76 926	21 603	98 529	6,1
Domesticité	15 615	53 412	69 027	4,3
Total	1 292 293	306 931	1 599 224	

D'après l'INSEE

2.1. Une main-d'œuvre abondante et peu qualifiée

Les immigrés remplissaient bien la fonction pour laquelle on les appelait en France : combler les vides laissés par la population française et occuper les emplois dont les nationaux se détournaient.

Les immigrés ne cessèrent de renforcer leur position dans la population active totale jusqu'en 1931 et, dans leurs rangs, l'importance des éléments actifs se révélait nettement supérieure à ce que l'on constatait chez les Français.

	Français		*Étrangers*		
	Actifs	% par rapport à population française totale	Actifs	% par rapport à population étrangère totale	% par rapport à population active totale
1921	19 710 000	52,3	910 000	58,7	4,4
1926	19 115 000	49,9	1 370 000	54,8	6,6
1931	19 100 000	49	1 600 000	55,3	7,7

Peu d'étrangers devenaient chefs d'entreprise : 9,6 % des actifs allogènes en 1931, au lieu de 40 % chez les Français. En revanche, les immigrés comprenaient proportionnellement plus de salariés que les nationaux : en 1931, plus des 3/4 des actifs immigrés et moins des 2/3 des Français appartenaient à cette catégorie.

	Français			*Étrangers*			
	Salariés français	% par rapport à population française	% par rapport à population active totale	Salariés étrangers	% par rapport à population étrangère totale	% par rapport à population étrangère active	% par rapport à population salariée totale
1921	11 931 000	31,6	60,5	616 000	39,7	67,6	4,9
1926	11 852 000	30,9	62	1 020 000	40,8	74,4	7,9
1931	11 547 000	29,6	60,4	1 258 000	43,5	78,6	9,1

Cependant, la crise des années 1930, la montée du chômage, les rapatriements d'immigrés ou le passage de ceux-ci dans les petits métiers du secteur tertiaire réduisirent d'environ un tiers la proportion des ouvriers. Ces derniers comprenaient quelque 900 000 individus en 1936, peut-être un million avec les clandestins, ce qui donnait à cette date un pourcentage d'environ 35 % de salariés au sein de la population étrangère.

La qualification professionnelle moyenne des salariés étrangers était faible, surtout pour ceux qui étaient originaires des pays méridionaux ou lointains. Une enquête effectuée en 1926 dans la métallurgie lourde montrait que plus des deux tiers des travailleurs nés dans les États méditerranéens remplissaient des tâches de manœuvres. Pour ceux qui venaient d'Europe centrale, le pourcentage restait supérieur à 50 %. Seule l'Europe du Nord-Ouest, surtout le Royaume-Uni, envoyait en France une majorité de spécialistes.

La main-d'œuvre dans la métallurgie lourde en 1926

Nationalités	*Spécialistes*		*Manœuvres*	
	Total	%	Total	%
Anglais	134	95,1	7	4,8
Belges	3 999	66	2 052	33,9
Tchécoslovaques.	313	44,1	396	55,8
Russes	1 160	43,8	1 487	56,1
Italiens.	4 507	31,1	10 007	68,9
Espagnols	1 104	27,8	2 867	72,1
Polonais.	1 510	25,7	4 352	74,2
Nord-Africains	1 065	15,8	5 648	84,1
Portugais	175	14,6	1 009	85,3
Divers	3 007	54,9	2 447	45,1

2.2. Les étrangers dans l'agriculture

Les travaux de la terre occupaient 250 000 immigrés. Malgré des introductions nombreuses dont la moyenne annuelle, pour la période de l'entre-deux-guerres, s'établit à 63 000, ces travailleurs représentaient un pourcentage stationnaire de seulement 3 % des actifs de la profession et 15,6 % des actifs étrangers, contre 34,6 % chez les Français. En effet, la population rurale autochtone ayant conservé des effectifs importants, le patronat jouissait de relatives facilités de recrutement en son sein. En outre, une bonne part des immigrés introduits pour les tâches agricoles se dirigeaient plus ou moins rapidement vers les villes où ils espéraient trouver de meilleures conditions de vie. Les effectifs permanents étaient complétés par des saisonniers, de 35 000 à 50 000 selon les années, qui franchissaient les frontières surtout d'avril à octobre.

Parmi les étrangers travaillant la terre, les Italiens représentaient une proportion de 30 %, les Espagnols 25 %, les Belges 17 %, les Polonais 13 %. Les Suisses et les Hollandais, peu nombreux, étaient très recherchés pour leur expérience en matière d'élevage. Les cultivateurs étrangers se rassemblaient principalement dans les régions les plus proches de leur pays d'origine. Ainsi, la moitié des agriculteurs italiens se concentraient dans les départements situés à l'est du Rhône. La majorité des Belges s'installaient au nord de la Seine. Au total, quatre grandes zones d'immigration agricole s'individualisaient : le Nord et le Bassin parisien où, d'après l'enquête de 1927, les départements du Nord, de l'Aisne et de l'Oise retenaient chacun plus de 10 000 ruraux étrangers ; la région du Jura et de la Savoie ; le Midi méditerranéen où les Alpes-Maritimes, le Var, l'Hérault, l'Aude et les Pyrénées orientales possédaient chacun plus de 10 000 ruraux étrangers ; le Bassin aquitain, région dans laquelle une importante colonisation italienne s'organisa au début des années 20. En effet, le dépeuplement du Sud-Ouest stimula une immigration d'origine transalpine, particulièrement forte entre 1924 et 1926. Les quatre départements du Lot-et-Garonne, du Gers, du Tarn-et-Garonne et de la Haute-Garonne comptèrent bientôt 60 000 Italiens. Ceux-ci redonnèrent vie à un terroir souvent abandonné, entreprirent d'importants travaux d'irrigation, introduisirent de nouvelles semences et ressuscitèrent la culture du mûrier.

La catégorie des étrangers chefs d'exploitation agricole, en qualité de propriétaires, fermiers ou métayers, passa de 12 000 personnes en 1922 à 92 000 en 1927. Dans le même temps, les surfaces exploitées augmentèrent de 333 000 hectares à 586 000. Ces chiffres crûrent à un rythme plus ralenti durant les années 30 puisque, à la veille de la Deuxième Guerre mondiale, 95 000 étrangers contrôlaient 650 000 hectares. Seuls 14 % des allogènes étaient propriétaires de leur terre, contre 60 % des Français. Quatre nationalités, italienne, belge, espagnole et suisse rassemblaient 90 % des exploitants.

Les domaines agricoles s'étendaient principalement dans le Midi méditerranéen et aquitain, ainsi que dans le Nord et le Bassin parisien. La petite propriété dominait dans le Midi. Ainsi, les Alpes-Maritimes se hissaient en 1927 au premier rang national par le nombre des exploitants étrangers, 9 038, mais étaient reléguées au 29e rang par les surfaces, 5 132 hectares. Les plus grandes superficies se trouvaient dans le Nord. L'Aisne et l'Oise, avec chacune plus de 44 000 hectares exploités par des allogènes, étaient les deux départements où l'emprise étrangère sur le sol apparaissait la plus forte. Le Sud-Ouest occupait, par les surfaces et le nombre des exploitants étrangers, une place intermédiaire.

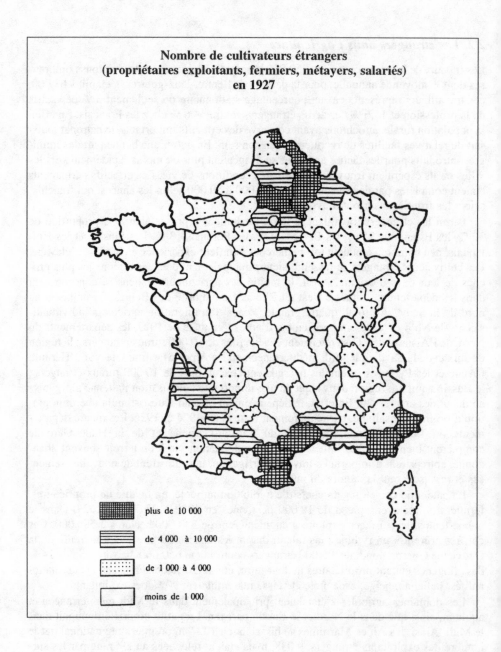

**Nombre de cultivateurs étrangers
(propriétaires exploitants, fermiers, métayers, salariés)
en 1927**

plus de 10 000

de 4 000 à 10 000

de 1 000 à 4 000

moins de 1 000

En raison de la permanence des besoins de main-d'œuvre dans l'agriculture, les effectifs globaux des cultivateurs étrangers se maintinrent et augmentèrent même pendant les années 30, contrairement à ce qui se produisit dans l'industrie.

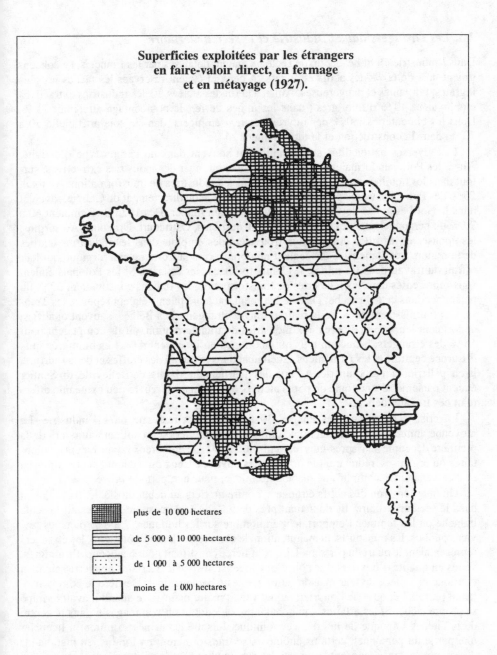

**Superficies exploitées par les étrangers
en faire-valoir direct, en fermage
et en métayage (1927).**

plus de 10 000 hectares

de 5 000 à 10 000 hectares

de 1 000 à 5 000 hectares

moins de 1 000 hectares

2.3. *Les étrangers dans l'industrie et le secteur tertiaire*

Dans l'industrie, dont beaucoup de secteurs étaient délaissés par les Français, se concentraient près de 60 % des actifs étrangers. A ceux-ci étaient réservées les tâches les plus ingrates, fatigantes et dangereuses. Ainsi, à la fin des années 20, les industries extractives employaient 40 % d'immigrés ; dans les mines de fer, le pourcentage atteignait 71 %. Dans les cimenteries, 50 % des ouvriers étaient étrangers, dans la soie artificielle 50 à 70 %, dans la construction et le terrassement 24 %.

Les diverses nationalités se spécialisaient souvent dans un certain type d'activité. Ainsi, les Polonais formaient 48 % du personnel étranger des industries extractives, surtout dans les houillères, et seulement 8 % dans les industries de transformation. Au total, 55 % des Polonais, venus de la Westphalie allemande ou directement de Galicie, vivaient dans le Nord et le Pas-de-Calais, au cœur du bassin minier. Dès 1923 ils formaient 60 à 70 % du personnel dans les compagnies de Courrières, Ostricourt, Drocourt. Au surplus, les épouses et les filles des mineurs trouvaient des emplois dans les industries textiles de la région. Les Italiens se dirigeaient nombreux vers la Lorraine sidérurgique qui leur offrait du travail dans les mines, les hauts-fourneaux, les aciéries. Si les Polonais étaient sous-représentés dans les industries de transformation, les Italiens constituaient 37 % du personnel dans cette branche. Dans le bâtiment, où leurs talents étaient réputés, les Transalpins fournissaient 41 % de la main-d'œuvre étrangère. Les Belges, souvent qualifiés, apportaient leurs compétences aux industries de transformation, où ils comptaient pour 15 % des étrangers, beaucoup plus qu'aux mines où ils étaient 4 %. Les immigrés juifs d'Europe centrale et les Arméniens excellaient dans le travail des étoffes et de la fourrure, la chapellerie, la maroquinerie. À Paris, les quartiers du Marais, de Belleville, du Sentier étaient parsemés d'une foule de petits ateliers où une main-d'œuvre peu exigeante effectuait ces travaux délicats.

La crise économique des années 30 fut fortement ressentie dans l'industrie. La moyenne annuelle des introductions, qui avait atteint 98 000 travailleurs au cours de la première décennie de l'après-guerre, tomba à 12 000. De nombreux rapatriements, volontaires ou organisés, réduisirent le nombre des ouvriers. Ceux qui étaient encore admis en France venaient accomplir une tâche déterminée, pour une période brève.

Un quart environ des actifs étrangers, contre un tiers au début du siècle, travaillaient dans le secteur tertiaire. Ils donnaient près de 9 % de la domesticité, qui restait la seule branche où les femmes l'emportaient en nombre sur les hommes, 7 à 8 % dans les services publics, les transports, la manutention, le commerce. Dans l'hôtellerie, les étrangers représentaient le quart du personnel. Le commerce constituait pour beaucoup d'immigrés, venus en qualité d'ouvriers, l'espoir d'une ascension sociale. Certains convertissaient en boutique une pièce de leur maison ou un modeste baraquement. Derrière le comptoir se tenait parfois l'épouse de l'ouvrier, lequel venait prêter main-forte quand il avait terminé sa propre tâche. Si les affaires « marchaient », on ouvrait un vrai magasin dans le centre de la cité. À l'époque de la crise économique, lorsque les usines se mirent à licencier une partie du personnel, certains chômeurs se transformèrent en forains, en marchands des quatre saisons disposant leurs articles sur un charreton, activités n'exigeant pas une mise de fonds importante. Ces hommes aussi espéraient surmonter une passe difficile et, peut-être, acquérir un jour un véritable magasin.

D'un point de vue géographique, les régions utilisant une abondante main-d'œuvre étrangère étaient très logiquement celles où les immigrés appartenant aux secteurs secondaire et tertiaire apparaissaient les plus nombreux. Les concentrations les plus importantes se trouvaient dans le Nord, l'Est, les régions parisienne et lyonnaise, la Savoie et le littoral méditerranéen à l'est du Rhône. C'était aussi dans ces régions que les relations entre Français et étrangers s'établissaient le plus directement.

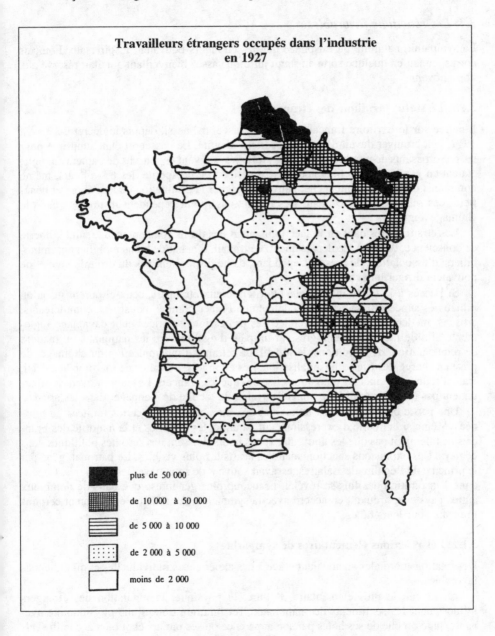

**Travailleurs étrangers occupés dans l'industrie
en 1927**

- plus de 50 000
- de 10 000 à 50 000
- de 5 000 à 10 000
- de 2 000 à 5 000
- moins de 2 000

3. Les relations entre Français et étrangers

Les relations entre les Français et leurs hôtes s'organisaient en une gamme complexe de sentiments et de comportements allant de la sympathie à l'hostilité la plus vive.

3.1. Les réactions favorables

La sympathie naturelle ou raisonnée que les étrangers pouvaient inspirer aux Français correspondait en quelque sorte au statut juridique assez bienveillant qui était réservé aux non-citoyens.

3.1.1. Le statut juridique des étrangers

L'entrée sur le territoire français se révélait aisée, même si, depuis le décret du 2 avril 1917, tout étranger devait détenir une carte d'identité. Le passeport était supprimé pour les ressortissants de nombreux pays. Les réfugiés, souvent dépourvus de papiers en règle, étaient en général admis libéralement. En période de prospérité, les travailleurs, même non munis d'un titre d'embauche, pouvaient gagner la destination de leur choix et bénéficier des services de placement. Des restrictions furent cependant instituées quand le chômage augmenta.

Les étrangers résidant en France jouissaient des droits fondamentaux, sûreté, liberté de conscience, de culte, de déplacement, de travail, d'achat de biens mobiliers et immobiliers, d'association, de presse. Cependant, ils ne disposaient pas du droit de vote et ne pouvaient diriger un syndicat.

Si l'accès à la fonction publique était fermé aux étrangers, ceux-ci purent jusqu'au milieu des années 30, s'installer facilement en France comme industriels, commerçants, artisans, médecins, juristes. L'exercice des professions salariées était davantage réglementé afin de mettre les immigrés sur un pied d'égalité avec les nationaux en matière de rémunération, de conditions de travail, de retraite, d'indemnisation du chômage, de prise en charge des frais d'hospitalisation. Les étrangers, exonérés de tout impôt spécial, étaient soumis aux mêmes obligations fiscales que les Français. Les non-citoyens n'effectuaient pas le service militaire, mais ils avaient la faculté de s'engager dans les armées.

Une partie des dispositions favorables aux étrangers étaient certes limitées ou tournées. Même si la liberté d'expression était garantie, les autorités et la majorité des Français ne toléraient pas que les nouveaux venus poursuivissent des activités politiques dans ce pays. Des expulsions sanctionnaient les écarts les plus visibles. Le patronat, gêné par le principe de l'égalité des salaires, essayait souvent de sous-payer les immigrés. Cependant, l'inspiration des lois se révélait beaucoup plus généreuse que dans de nombreux autres pays et se trouvait en accord avec la sympathie naturelle qu'éprouvaient certains Français pour leurs hôtes.

3.1.2. Les réactions élémentaires de sympathie

Des relations cordiales se nouaient grâce à des expériences individuelles et quotidiennes favorables.

Au niveau le plus élémentaire, l'allure, le physique, la réputation des étrangers influençaient les sentiments des nationaux. Tel immigré doté d'une physionomie avenante, jugé proche de ses hôtes par son apparence ou ses mœurs était bien accueilli. Tels autres, Russe blanc protégé par ses manières d'aristocrate, écrivain italien ou diplomate britannique bénéficiant du prestige attaché à leur fonction, touriste américain vu comme le symbole de la modernité, du jazz, d'une vie plus libre, séduisaient ou impressionnaient certains Français.

D'une manière moins superficielle, l'amitié ou l'estime pouvaient naître entre un Français et un étranger, voisin ou collègue, que le premier avait appris à connaître, qu'il jugeait honnête, serviable, discret, bon travailleur et bon père de famille. Il semble que la camaraderie s'établissait plus vite entre jeunes : même si les petits Français ne se montraient pas insensibles à la différence et se moquaient parfois d'un étranger gauche ou muré dans sa langue natale, ils étaient moins marqués par les préjugés antérieurs. Les longues heures de travail et de jeu passées ensemble dans les classes, les cours de récréation, les jardins publics apprenaient aux enfants à se connaître et effaçaient progressivement les préventions.

L'appartenance à un même milieu social ou professionnel constituait un puissant facteur de rapprochement. Les aristocrates et la haute bourgeoisie constituaient un groupe cosmopolite fréquentant les mêmes lieux, appréciant les mêmes plaisirs, connaissant les usages ; seules les fautes de goût paraissaient choquantes dans cet univers : « les frontières s'effacent d'elles-mêmes sous les effets d'un certain bon ton », reconnaissait l'écrivain réactionnaire Maurice Bedel[1]. Chez les intellectuels se renforçaient aussi des sympathies nées de la communauté des goûts et des occupations. Ainsi, le romancier Henry Miller, nommé répétiteur d'anglais au lycée de Dijon en 1932 fut accueilli avec chaleur par ses collègues. La charmante et érudite libraire américaine Sylvia Beach, installée à Paris et confrontée à des difficultés financières, reçut l'aide d'un comité d'écrivains français de toutes opinions, parfois même xénophobes. Quand le chômage ne venait pas endurcir les cœurs, les ouvriers de nationalités diverses pouvaient être rapprochés par la solidarité et les habitudes de travail, par la communauté des engagements politiques ou syndicaux, par l'identité des goûts, par les moments partagés au café, au bal, au stade.

L'absence de concurrence professionnelle se révélait décisive. Le Français qui ne considérait pas l'immigré comme un rival sur le marché de l'emploi perdait une bonne part de sa méfiance. Ainsi, la fonction publique étant fermée aux étrangers, les employés de l'État se montraient plus favorables aux nouveaux venus que les salariés du secteur privé. Les enseignants en particulier, marqués en outre par le sceau d'une formation humaniste, constituaient l'un des milieux les plus ouverts.

3.1.3. La sympathie raisonnée

L'amabilité des Français se trouvait souvent stimulée par l'intérêt financier qu'ils trouvaient dans la fréquentation des étrangers. A l'évidence les fournisseurs, commerçants, hôteliers, restaurateurs, agents immobiliers qui travaillaient avec une clientèle venue de loin réservaient à celle-ci leurs meilleurs sourires. Une même attitude pouvait être observée chez les salariés français satisfaits d'un généreux employeur étranger. Celui-ci constatait facilement qu'un billet de banque amadouait la plus revêche des concierges parisiennes.

Le patronat français trouvait aussi son avantage dans l'utilisation de la main-d'œuvre étrangère et se plaignait sans cesse des entraves administratives retardant l'embauche.

---

1. Maurice Bedel, *Molinoff Indre-et-Loire*, Gallimard, Paris, 1928, page 51.

Beaucoup d'entreprises se déclaraient incapables de fonctionner sans un appoint d'immigrés venant remplacer les Français que les tâches difficiles rebutaient. Les employeurs prédisaient que, faute de travailleurs, ils ne pourraient répondre à la demande et renonceraient aux exportations ; la rétractation du marché, ajoutaient-ils, entraînerait une hausse des prix de vente et du coût de la vie. Même si ces arguments économiques paraissaient recevables, il faut remarquer que les patrons préféraient aussi les immigrés parce que l'ignorance ou la crainte rendaient ces derniers plus dociles que les Français. Les pressions patronales, l'obligation faite à tous les membres d'une famille étrangère de travailler dans la même entreprise ou de s'approvisionner dans la coopérative de celle-ci, la sous-rémunération en violation des réglements en vigueur, tous ces abus étaient fréquents.

LE PATRONAT PROTESTE CONTRE UN EXCÈS DE RÉPRESSION ENTRAÎNANT LE DÉPART DES OUVRIERS ÉTRANGERS

Note du Comité des Forges, le 22 mai 1924.

La Gendarmerie de la région semble avoir reçu des ordres particulièrement sévères en ce qui concerne la police dans le bassin de Briey.

Les Gendarmes passent dans les différentes cités ou entrent à toute heure chez les ouvriers, sans respect aucun pour la liberté individuelle.

Ils dressent des procès-verbaux sans qu'il y ait, semble-t-il, motifs bien sérieux. On cite notamment le cas qui s'est produit pour des ouvriers serbes ayant chez eux des camarades à une heure avancée de la soirée. Le même ouvrier a eu trois procès-verbaux le même jour pour :
– ouverture de débit,
– distribution de boissons alcooliques,
– tapage nocturne,
ce qui représentait des amendes variant, avec les frais, de 500 à 1 000 francs.

Le résultat a été, pour une seule mine (Tucquegnieux), le départ immédiat de 12 ouvriers, dont 10 serbes et 2 tchécoslovaques, ceci pour éviter le paiement des frais du procès.

Cet état de choses dure depuis 5 ou 6 mois, non seulement pour les étrangers, mais encore pour les ouvriers français.

L'un des directeurs de Mines, supposant que cela tenait au zèle d'un nouveau brigadier de gendarmerie s'est renseigné auprès de ses collègues et a constaté qu'il en était de même partout.

Les ouvriers étrangers de la région, Italiens, Serbes, Tchécoslovaques, etc... sont absolument terrorisés.

Ils sont dans l'impossibilité de savoir ce qu'ils peuvent faire et s'ils ne sont pas toujours sous le coup d'amendes, de prison ou d'expulsion.

En outre, quelques directeurs (Pompey), se plaignent également, qu'à l'inverse, la gendarmerie n'est pas assez sévère pour la surveillance des débauchages.

Il est inutile de souligner l'importance de ce préjudice et également de celui qui sera causé par ce que ces ouvriers raconteront à leurs compatriotes dès qu'ils seront de retour chez eux.

Un autre ouvrier de la même mine a eu 200 francs d'amende parce qu'il logeait deux pensionnaires et que le nom de l'un d'eux, qui est serbe, était mal orthographié.

Archives Départementales de la Meurthe-et-Moselle, 4 M 228.

L'exploitation patronale était dénoncée par les syndicats ouvriers qui témoignaient une grande sollicitude aux immigrés. Ces derniers, montraient les syndicats, étaient séduits par les promesses qui leur étaient faites en matière de salaires, d'horaires, de logement. Puis, une fois arrivés en France, ils découvraient qu'ils avaient été trompés. Ceux qui se révoltaient contre leur sort étaient licenciés, voire expulsés du pays ; aussi la masse se taisait-elle pour se transformer en une troupe soumise, esclave de la domination capitaliste. Les organisations ouvrières accusaient encore le patronat d'introduire dans le pays beaucoup plus d'immigrés qu'il n'en fallait afin de constituer un volant de chômeurs, ce qui faisait stagner les salaires et permettait toujours de trouver des « jaunes » briseurs de grèves. Les employeurs étaient également critiqués pour les obstacles qu'ils opposaient à tout rapprochement entre Français et immigrés, rapprochement qui eût permis la formation d'un front commun des exploités et une meilleure lutte pour la défense des droits. Aussi les syndicats, soulignant la communauté des épreuves et des aspirations, exaltaient-ils la fraternité liant les deux catégories de prolétaires : l'exploitation des uns facilitait celle des autres ; l'intérêt commun consistait à combattre dans l'unité. De toutes façons, concluait le communiste Marcel Cachin, « pour nous, le mot étranger n'a pas de sens »[1].

Avec d'autres mots, la hiérarchie catholique ne parlait pas différemment. Elle rappelait que, Dieu ayant voulu l'unité et la solidarité du genre humain, le droit de migration était naturel. Un chrétien avait le devoir d'accueillir un immigré chassé de chez lui par la pauvreté et un réfugié politique, même marxiste ou juif. Cependant, il paraissait légitime de réglementer les migrations en fonction des ressources de chaque pays et des besoins de main-d'œuvre, d'écarter les individus dangereux, agitateurs, espions, délinquants, cela pour ne pas troubler la vie des groupes organisés. L'Église espérait que les immigrés, presque tous d'origine catholique, seraient fraternellement reçus par leurs coreligionnaires français et qu'ils s'intégreraient en gardant leur foi. Mgr Emmanuel Chaptal, chargé de l'apostolat des étrangers par l'archevêque de Paris, exhorta le clergé français à accorder toute sa bienveillance aux nouveaux venus qui, faute de cette attention, resteraient sous la coupe de missionnaires polonais ou italiens jugés nationalistes. De nombreux évêques et des intellectuels catholiques comme Jacques Maritain, François Mauriac, Marc Sangnier s'attachèrent à lutter contre le racisme et l'antisémitisme.

3.2. Les portraits nationaux

De la sympathie à l'hostilité, les sentiments des Français se déclinaient en un ensemble complexe qui variait selon les nationalités considérées.

3.2.1. Une sympathie générale pour les Européens

Les Européens faisaient l'objet d'appréciations d'autant plus élogieuses qu'ils semblaient proches du type français. Dès lors, il apparaissait naturel que les Belges et les Suisses, souvent francophones, jugés sérieux et compétents, fussent placés en tête de tous les classements. Les Belges bénéficiaient au surplus de leur statut d'alliés de la France dans les combats de 1914-1918, ce qui mobilisait en leur faveur une sorte d'élan sentimental. Les Italiens étaient également considérés comme d'anciens alliés et des parents proches, ressortissants de la « sœur latine », donc facilement adaptables. Leur robustesse, leur sobriété, leur esprit d'économie étaient souvent vantés, mais ils étaient placés après les

---

1. Marcel Cachin, *l'Humanité*, 17 juillet 1923.

voisins du Nord car on les jugeait moins éduqués et politiquement dangereux par leur adhésion aux idées communistes ou fascistes. Les Espagnols et les Portugais, vus comme plus frustes et indolents, semblaient un peu inférieurs aux Transalpins.

Les Polonais, peu connus, étaient attentivement observés. Ils étaient très estimés pour leur résistance physique et leur discipline, mais ils décevaient par le manque de vivacité et d'initiative qu'on leur prêtait, leur intempérance et surtout leur particularisme culturel qui semblait empêcher à terme toute intégration.

Le portrait des autres nationalités européennes véhiculait nombre de poncifs. Ainsi les Anglais passaient pour une race usée malgré son goût du sport, flegmatique, pudibonde, ayant le sens de l'humour. Les Russes blancs, peu nombreux en France, furent cependant le groupe national qui suscita la plus vive curiosité, inspira d'innombrables enquêtes journalistiques, des romans comme *Verotchka l'étrangère* de Francis Carco ou *Nuits de princes* de Joseph Kessel, des pièces de théâtre au succès inépuisable comme *Tovaritch* de Jacques Deval, des films où des aristocrates se retrouvaient chauffeurs de taxi à Paris. Les Français qui se pressaient dans les cabarets russes, achetaient des mets, des cigarettes, des vêtements, des objets de décoration réputés russes entretinrent, surtout dans les années 20, une véritable mode russe. L'engouement qu'éveillaient les rescapés de l'empire tsariste tenait d'abord à la dimension romanesque et spectaculaire du tragique retournement de fortune dont les anciens privilégiés, princes, dames du monde, officiers supérieurs, étaient victimes. Cet engouement était aussi lié à l'image stéréotypée que l'on se faisait de l'étrange personnalité des réfugiés. En effet, selon l'opinion commune, les Russes passaient par des états successifs de fièvre et d'abattement ; ils étaient tour à tour ascètes et jouisseurs, fatalistes et entreprenants, tendres et violents ; le regard de ces êtres déconcertants, plein d'une exquise délicatesse, pouvait être traversé par des éclairs de sauvagerie asiatique. C'était là que résidait tout le mystère et le charme de l'âme slave.

PETIT DIALOGUE BIEN PARISIEN

— Please go Gare Saint-Lazare.
— Moi, pas connais, Nitchevo !

L'Œuvre, 23 janvier 1926.

3.2.2. L'exception allemande

Les Allemands étaient loin d'inspirer des jugements aussi positifs que la majorité des autres Européens. Si quelques intellectuels rappelaient que l'âme germanique se révélait sensible, romantique, éprise de musique et de philosophie, la plupart des Français voyaient davantage leur voisin d'outre-Rhin comme un homme lourd, raide, discipliné, ayant gardé des mœurs rudes, pétri de militarisme et d'orgueil national. Fier de sa science et de ses arts, croyant tout comprendre, il voulait tout dominer. En somme, l'Allemand apparaissait sous les traits du rigide officier prussien ou du « Herr Doktor » bardé de ses certitudes intellectuelles.

Les milieux de gauche essayaient souvent de nuancer les représentations négatives des Allemands, d'améliorer la connaissance réciproque des deux peuples, notamment au moyen d'échanges scolaires. Le cinéaste Jean Renoir tourna en 1937 son célèbre film *La Grande illusion* pour prouver, entre autres, que « les Allemands sont aussi des êtres humains »[1]. Mais la majorité des Français, profondément choqués par les épreuves de la Grande Guerre, considéraient avec la plus grande méfiance ces voisins qu'ils appelaient encore souvent « Boches » et qu'ils soupçonnaient de nourrir un impérialisme antifrançais.

3.2.3. De fortes réticences à l'égard des exotiques

Beaucoup de Français s'alarmaient des différences physiques et morales que présentaient les immigrés originaires de contrées lointaines.

Les Indochinois étaient généralement considérés comme doux, mais fragiles et peu actifs. Les Chinois intriguaient et inquiétaient l'opinion française. En effet, ces hommes à l'affabilité apparente et à l'allure féline, pratiquant d'étranges coutumes alimentaires, réputés pour leur goût de l'opium et leur affairisme sournois, incarnaient les mystères impénétrables de l'Orient.

Les Levantins étaient peints sous des couleurs particulièrement sombres. Leur physique était jugé déplaisant et leur comportement nuisible à la société française car ces individus se spécialisaient dans l'escroquerie, le chantage, l'intrigue, la perversité. Les Arméniens, reconnus intelligents, paraissaient cependant trop orientaux pour n'être pas suspects.

C'étaient sur les Nord-Africains que tombaient les jugements les plus défavorables. À la sympathie qu'ils avaient pu susciter pendant la Grande Guerre, quand ils se battaient sous l'uniforme français, succédait la peur face à cette « plèbe désordonnée, mal vêtue, malpropre, sans hygiène (qui) s'empare des rues et se réfugie dans les établissements interlopes »[2]. Les Maghrébins, soulignait-on, appartenaient à l'aire culturelle islamique dont les principes étaient absolument inconciliables avec ceux de l'Europe. Ces hommes, conditionnés par l'atavisme oriental, étaient considérés comme des primitifs, des sauvages s'abandonnant à leurs passions, incapables de résister aux tentations et à la débauche, minés par la syphilis et la tuberculose, travailleurs instables et peu endurants. A leur égard, le tutoiement paraissait de rigueur, de même que les sobriquets péjoratifs, « bicots », « sidis », ce qui conduisait aux franges du racisme.

---

1. Jean RENOIR, *Écrits*, Paris, 1974.
2. Octave DEPONT, *l'Afrique française*, septembre 1925, page 436.

3.3. La xénophobie et la racisme à la française

Si les Français savaient se montrer accueillants dans certains cas, ils offraient aussi aux étrangers l'image d'un peuple replié sur lui-même, indifférent ou parfois hostile.

3.3.1. L'indifférence

Beaucoup d'étrangers regrettaient qu'il fût presque impossible d'établir des rapports avec leurs hôtes, accusés de refuser le contact. Les Français admettaient eux-mêmes que ce repli caractérisait le tempérament national. Le Russe Ilya Ehrenbourg, à peine arrivé à Paris, confirma ce trait :

> « J'étais habillé de façon bizarre, mais personne ne faisait attention à moi. Dès les premières heures je compris que dans Paris on pouvait vivre sans se faire remarquer ; personne ne s'intéressait à vous »[1].

Ce manque d'intérêt pouvait provisoirement présenter un certain attrait pour qui avait vécu dans un cadre oppressif, comme le remarquait Manès Sperber :

> « L'indifférence radicale du Parisien et son refus marqué d'entrer dans l'existence d'un étranger ou de le laisser pénétrer dans la sienne garantissent à chaque individu une liberté personnelle dont on ne trouve ailleurs nul exemple »[2].

Mais, à la longue, cette indifférence donnait aux étrangers le sentiment d'être confinés dans une pesante solitude. Ils se rendaient compte que les Français n'étaient pas naturellement portés à rendre service aux nouveaux venus, à les renseigner, à les accueillir dans leur foyer. Les étrangers habitués à des comportements plus spontanés étaient étonnés et déçus : « Les Français sont tellement fiers qu'on ne peut venir les voir sans une invitation spéciale, un dîner chez eux est une affaire d'État », constata la Russe Zoé Oldenbourg[3]. « Je ne voyais jamais un intérieur français... Je me trouvais, comme la plupart des étrangers, à l'écart de la vie de famille française », se rappelait le Hongrois Arthur Kœstler[4].

3.3.2. L'hostilité

Les Français qui passaient de l'indifférence à la xénophobie étaient généralement aiguillonnés par la peur. En effet, la plupart des nationaux voyageaient peu et, n'ayant pas l'habitude des contacts, s'inquiétaient face au développement de l'immigration. Ils ignoraient souvent la psychologie des étrangers et les raisons économiques de leur venue, comme le notait à juste titre l'Allemand Friedrich Sieburg :

> « L'étranger, dont la venue est économiquement si nécessaire à ce pays, n'y est jamais aimé, à peine toléré. Le Français voit en lui le parasite et non ce qu'il apporte »[5].

---

1. Ilya EHRENBOURG, *Mémoires*, tome I, Gallimard, Paris, 1962, page 93.
2. Manès SPERBER, *Au-delà de l'oubli*, Calmann-Lévy, Paris, 1979, page 76.
3. Zoé OLDENBOURG, *Visages d'un autoportrait*, Gallimard, Paris, 1977, page 28.
4. Arthur KŒSTLER, *La Corde raide*, Calmann-Lévy, Paris, 1953, réédition Le livre de Poche, Paris, 1978, page 279.
5. Friedrich SIEBURG, *Dieu est-il français ?* Paris, 1930, page 123.

Aussi les Français se découvraient-ils soudain envahis par une masse d'inconnus aux intentions obscures. Ils se croyaient presque devenus minoritaires sur leur territoire et ils redoutaient les changements que cet afflux pouvait entraîner. Le travailleur voyait souvent dans l'immigré un concurrent. Le militant politique appréhendait que le nouveau venu s'engageât dans le camp adverse. L'homme de la rue craignait le malade ou le délinquant étranger. Très vive apparaissait la peur d'un abâtardissement de la culture française. Les allogènes étaient accusés de refuser le cartésianisme, la finesse, le bon goût, le sens de la mesure qui caractérisaient le génie national. L'engouement pour les opérettes viennoises, les compositeurs russes, les films américains, les orchestres exotiques, l'art nègre, l'architecture allemande, les peintres nés le plus loin possible, comme Chagall, Foujita, Soutine, Vlaminck, Picasso, Miro, ne constituait-il pas les signes d'une décadence irrémédiable, telle celle de l'empire romain envahi et mis à mort par les barbares ?

Outre la peur, l'hostilité était gouvernée par un fort sentiment de la différence séparant Français et étrangers. Les premiers reprochaient pêle-mêle aux seconds les particularités de leurs idées et de leurs mœurs, leur accent, leurs patronymes jugés bizarres ou comiques, leur physique parfois, « l'horrible mélange de ces gens aux figures étranges, au nez circonflexe, au poil trop noir, au teint cuivré, ou bronzé, ou terreux », comme disait *le Petit Bleu*[1]. En fait, les Français éprouvaient souvent un sentiment de supériorité qui les conduisait à refuser aux étrangers l'égalité des droits. Le vocabulaire montrait bien que les nationaux se plaçaient eux-mêmes à un niveau plus élevé : l'épithète « étranger », précédée ou non de « sale », servait fréquemment d'injure, de même que « métèque » ou son synonyme « indésirable », en vogue dans les années 30. Les Italiens étaient traités de « macaronis », les Polonais de « Polacks », les jaunes étaient des « Chin'tock » et les Nord-Africains des « bicots ». Ce réflexe de supériorité relevait du racisme, lequel était parfois théorisé.

3.3.3. Le racisme et l'antisémitisme

La plupart des Français, surtout les libéraux et les progressistes, ne cessaient de proclamer l'égalité des hommes. Les intellectuels soulignaient que la théorie des races pures constituait une absurdité scientifique. Les socialistes organisaient des manifestations « pour la fraternité des races ». Le Parti communiste patronnait la Ligue de défense de la race nègre. Le colonel de La Rocque, dirigeant de la réactionnaire Ligue des Croix de Feu dénonçait « l'erreur d'un exclusivisme raciste »[2]. Quand, dans l'été 1923, des touristes américains, scandalisés de côtoyer des noirs dans les lieux publics, suscitèrent des incidents, l'opinion française s'enflamma en faveur des Africains et des Antillais mis en cause : « le citoyen français n'a pas de couleur spécifique », s'exclama le quotidien catholique *la Croix*[3]. Plus tard, les idées nazies inspirèrent une profonde répugnance.

Or, malgré leur bonne conscience, les Français sombraient souvent dans le racisme. Celui-ci, quand il restait instinctif et ordinaire, se traduisait par une condescendance plus ou moins bienveillante à l'égard de certains groupes, comme les noirs « grands enfants » à l'âme primitive. Le racisme, plus offensif, pouvait également s'exprimer par le mépris,

---

1. *Le Petit Bleu*, 9 mai 1932.
2. Colonel DE LA ROCQUE, *Service public*, Grasset, Paris, 1934.
3. *La Croix*, 9 août 1923.

l'insulte, les coups. Et l'invective ne restait pas marginale : le quotidien *l'Ami du Peuple* de François Coty, véritable anthologie de la xénophobie et du racisme, tirait à un million d'exemplaires en 1930 ; de la sorte, affirmait fièrement la rédaction, le journal était lu chaque jour par trois millions de Français.

L'Ami du Peuple, ainsi que certains intellectuels et des mouvements d'extrême droite essayaient de théoriser le racisme. Si la notion de pureté raciale paraissait souvent obscure aux Français, celle d'inégalité dans les aptitudes humaines était jugée évidente. Paul Souday, éminent critique littéraire et chroniqueur du *Temps*, observait :

> « C'est bien la race blanche qui a créé la civilisation, et les autres ne se cultivent qu'à son école. Je croirai à l'égalité lorsqu'elles auront toutes produit un Platon et un Sophocle, un Descartes et un Voltaire »[1].

S'il existait une seule civilisation, la France en était considérée comme la plus brillante incarnation et les métèques, inférieurs, disqualifiés par l'ignorance, la sauvagerie, la délinquance, la dépravation des mœurs, venaient compromettre le génie national. Or, selon les racistes, ces individus, définitivement confinés dans leur médiocrité, se révélaient inaptes à s'élever au niveau des Français.

Les juifs, bien qu'ils fussent peu nombreux en France, 150 000 en 1919 et 300 000 en 1939, étaient souvent englobés dans ce rejet, surtout au cours des années 30. Qu'ils détinssent la nationalité française ou non, les juifs apparaissaient comme un groupe particulier. Ils pouvaient ainsi devenir les victimes d'un climat d'intolérance et de mépris. Les mariages mixtes étaient souvent réprouvés, même dans les milieux populaires. Les ennemis des juifs pensaient que l'antisémitisme représentait un réflexe de défense légitime auquel les Français se trouvaient acculés en raison de la personnalité et de l'emprise des sémites. En effet, ceux-ci, selon une opinion commune, étaient dotés d'une personnalité inquiétante : ils se montraient habiles, ambitieux, dépourvus de scrupules, obséquieux pour parvenir à leurs fins, arrogants dans la réussite, adeptes d'une religion matérialiste, affligés d'une sensualité débridée. La communauté juive était encore accusée de rester soudée par une solidarité exclusive qui la poussait à attirer en grand nombre dans ce pays ses coreligionnaires étrangers. Restant différents et solidaires à travers le temps et l'espace, les israélites ne pouvaient s'assimiler : ils symbolisaient le métèque intrus, le « vagabond international »[2], le révolutionnaire sans attaches.

Les antisémites s'indignaient encore que les juifs exerçassent un pouvoir sans partage sur la France dont ils contrôlaient tous les leviers de commande, politiques, économiques, culturels. Leur richesse, généralement acquise de manière malhonnête, constituait, avec l'art de la corruption, leur principal moyen de puissance.

Face à cette offensive, les juifs français ne niaient pas qu'ils apportaient une aide, jugée normale, à leurs frères immigrés. Ils se défendaient aussi, soit en faisant confiance au gouvernement de la République, soit en créant des mouvements comme, en 1928, la Ligue internationale contre l'antisémitisme (LICA), dirigée par Bernard Lecache. Mais la violence de l'attaque dirigée contre eux troublait parfois les israélites et les amenait à se demander s'ils devaient s'affirmer d'abord juifs ou d'abord Français. En fait, rares étaient ceux qui faisaient passer la citoyenneté au second plan. Aussi ne plaidaient-ils

---

1. Paul SOUDAY, *le Temps*, 12 juillet 1928.
2. Marcel BUCARD, *le Franciste*, 14 juin 1936.

guère pour une large immigration de leurs coreligionnaires. Ceux-ci leur apparaissaient souvent comme des individus frustes, agités, fidèles à d'antiques et désuètes coutumes religieuses, alimentaires, vestimentaires, trop portés à s'engager à gauche. Les juifs français, profondément intégrés, craignaient au fond que les immigrés, par leur présence voyante et leur habitude de s'opposer à la société les entourant, ne remissent en cause les patients efforts d'assimilation poursuivis par la communauté depuis 1789 et ne stimulassent ainsi l'antisémitisme. Celui-ci, de fait, se renforça singulièrement au cours des années 30.

CHAPITRE V

LES ANNÉES TRENTE :
LE TEMPS DES CRISES

La crise économique des années 30 qui renforça les tensions sur le marché du travail, le durcissement des dictatures étrangères qui fit se déverser sur la France des flots de réfugiés souvent considérés comme des hôtes encombrants, la participation des immigrés aux principaux épisodes de la vie politique intérieure maintinrent les étrangers sous les feux de l'actualité. Plus ou moins bien acceptés dans les années 20, ils se trouvèrent communément rejetés dans la décennie suivante et traversèrent alors de rudes épreuves.

1. Crise économique, xénophobie et corporatismes

La grande dépression mondiale des années 30 toucha durement la France. Les indicateurs économiques enregistrèrent un fléchissement particulièrement net à partir de 1931. Durant cette année, les émissions de valeurs mobilières diminuèrent de 40 %, la production d'acier de 17 %, les revenus du tourisme de 30 %. Le chômage prit alors des proportions jamais vues depuis la guerre. En additionnant les chômeurs complets déclarés et l'effectif des individus travaillant à temps partiel, on observe que la France comptait 1 000 000 à 1 500 000 chômeurs réels en 1933 et 2 000 000 en 1935, soit 16 % de la population active[1]. Alors qu'au plus fort de la crise de 1927, le nombre des chômeurs secourus avait atteint 80 000, on culmina à 426 500 en 1935.

Les ouvriers étrangers devinrent rapidement les victimes désignées de la conjoncture difficile dans laquelle entrait la France.

---

1. Jean LHOMME, *le Mouvement Social*, avril-juin 1968.

Nombre de chômeurs secourus

1930	1 700
1931	45 400
1932	260 800
1933	274 100
1934	335 700
1935	426 500

1.1. La clameur xénophobe

Dès que la France eut ressenti les premières atteintes de la dépression, ce ne fut qu'un cri, résumé à la Chambre par le député conservateur Pierre Amidieu du Clos : « Nous ne souffrons pas d'une crise de chômage national, mais d'une crise d'invasion étrangère »[1]. En 1938, le sénateur Josse confirma : « Si nous n'avions pas reçu tant d'étrangers, nous n'aurions pas eu de chômeurs (...). L'étranger nous arrache le pain de la bouche »[2].

1.1.1. Une vague xénophobe d'une ampleur inégalée

La mise en cause était générale et ne constituait pas le monopole d'une catégorie sociale, d'une profession, d'une région, d'un parti, d'un syndicat. La critique des étrangers comme fauteurs de chômage devint un sujet de conversation banal, chez le coiffeur, au café, dans le métro... Même des revues de cabaret obtinrent du succès en traitant démagogiquement cette grave question. Le réflexe xénophobe semblait presque naturel et le communiste Maurice Lebrun ne s'étonnait plus de voir germer « des pensées nationalistes en des cerveaux hantés par la crainte légitime du chômage qui menace »[3]. En fait, la gauche incriminait aussi les étrangers. Les radicaux Édouard Herriot et Pierre Mendès France, les socialistes Roger Salengro et Georges Monnet, l'un des dirigeants de la Ligue des droits de l'homme, Henri Guernut, parmi beaucoup d'autres, demandaient la réduction de la main-d'œuvre étrangère. La CGT ne cachait pas qu'elle entendait donner la priorité à la défense des travailleurs français. De nombreuses fédérations confédérées, des unions départementales et régionales, en contact direct avec les ouvriers, réagirent violemment, exigèrent une protection et participèrent à des manifestations nationalistes. Les syndicats communistes en firent autant et Maurice Thorez, avec d'autres dirigeants du PCF, dut stigmatiser « le courant xénophobe qui existe dans nos rangs »[4]. L'extrême droite, qui attisait le brasier, constatait avec plaisir que l'idéologie socialiste volait en éclats dès que les intérêts matériels élémentaires se trouvaient compromis et laissait place à un élan nationaliste.

1. *Journal Officiel*, Débats de la Chambre, 18 décembre 1931, page 4640.
2. Posper JOSSE et Pierre ROSSILLION, *L'Invasion étrangère en France en temps de paix*, La Nation, Paris, 1938, page 40.
3. Maurice LEBRUN, *l'Humanité*, 30 novembre 1931
4. *L'Humanité*, 13, 26 et 27 mars 1932.

TRACT DE L'ACTION FRANÇAISE DISTRIBUÉ À TOULON LE 11 AVRIL 1934
À BAS L'INTERNATIONALISME
Qui a mis l'ouvrier français sur la paille en favorisant l'étranger ?
Qui a ruiné le commerce et l'industrie français en favorisant les produits étrangers ?
VIVE LE NATIONALISME
Qui protègera les produits nationaux et défendra l'ouvrier français ?
CHÔMEURS, Lisez ces chiffres :

Dans la Seine	160 000 chômeurs français
	230 000 étrangers salariés
En Province	184 000 chômeurs français
	460 000 étrangers salariés

À QUI LA FAUTE
Aux internationalistes, la CGTU
À *l'Humanité,* au *Populaire*
Qui vous ont vendus
Au régime républicain qui vous a laissé vendre
Archives départementales du Var, 4 M 59 – I

Le mécontentement se manifestait sous de multiples formes. Les journaux publiaient de nombreuses enquêtes et prises de position qui ne créaient certes pas la xénophobie mais l'encourageaient. Ce fut en 1931 que la presse, surtout celle de gauche, pressée par l'actualité, consacra le plus grand nombre d'articles à la présence des étrangers dans l'économie française.

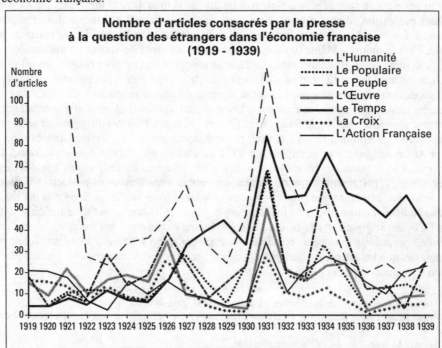

Nombre d'articles consacrés par la presse à la question des étrangers dans l'économie française (1919 - 1939)

Les Français envoyaient de nombreuses lettres, signées ou anonymes, ainsi que des pétitions, aux journaux et aux autorités, préfets, maires, parlementaires, inspecteurs du travail, commissaires de police. Cette correspondance exprimait l'indignation des chômeurs, dénonçait tel immigré ou tel employeur trop xénophile, exigeait des sanctions, témoignait de l'anxiété et de l'exaspération de tout un peuple de travailleurs assaillis par la peur du lendemain. Beaucoup de victimes de la crise, pour donner plus de poids à leur protestation, se groupaient en fédérations ou comités de défense. Des organisations d'extrême droite, comme les Syndicats unionistes ou l'Union corporative des travailleurs français, accrurent leur audience. Les ouvriers, politisés ou non, manifestaient en scandant des slogans empruntés aux extrémistes : « Le travail aux Français d'abord » et surtout « La France aux Français ». Certains incidents illustrèrent le climat passionnel dans lequel entrait le monde du travail. Le chômeur ou le gréviste qui se voyait supplanté par un immigré n'hésitait pas à agresser celui-ci. Plusieurs rixes entraînèrent mort d'homme, ainsi en 1931 dans le Nord où des Belges, refusant de participer à une grève, furent molestés, bombardés de pierres et de briques, jetés dans les canaux.

Les Français présentaient toute une série de revendications. Ils exigeaient en premier lieu une priorité absolue en faveur des nationaux : les étrangers seraient licenciés les premiers, en cas de contraction du personnel, et les Français embauchés avant tous autres, dans le cas contraire. Une telle mesure semblait légitime car, remarquaient les plaignants, la solidarité nationale ne devait bénéficier qu'aux citoyens, ceux-ci étant les seuls à remplir l'intégralité des obligations attachées à ce titre et à exposer leur vie pour la défense de la patrie. Les défenseurs de la main-d'œuvre française suggéraient aussi d'assujettir les immigrés à des impôts spéciaux pour compenser les frais que leur présence imposait et les encourager à partir. Certains préféraient percevoir la taxe sur l'employeur qui trouvait un avantage à embaucher un étranger. Les nationalistes voulaient également que le versement des allocations de chômage fût réservé aux Français. Mais le principal remède semblait résider dans une réduction du nombre des immigrés. Cet objectif serait atteint par une fermeture des frontières, mesure très largement demandée, de l'extrême droite à la CGT, et par un refoulement des non-citoyens. Les plus nationalistes réclamaient des départs massifs et autoritaires ; certains expulsaient en esprit tous les salariés étrangers ; d'autres s'arrêtaient à un effectif équivalent à celui des chômeurs français ; quelques modérés et hommes de gauche souhaitaient rapatrier seulement des volontaires ou des clandestins.

Rares furent les Français qui osèrent défendre les immigrés. Le patronat rappela cependant les services qu'avait rendus cette main-d'œuvre et la nécessité de la conserver. Le modéré Paul Reynaud ne comprenait pas qu'un pays dépeuplé comme la France pût expulser des familles étrangères en voie d'intégration. Certains dirigeants de gauche, refusant de s'associer à la réaction xénophobe de la base, soutenaient que le responsable de la crise n'était pas l'immigré, mais le système capitaliste. Quant à la CGT, prudente au début et refusant de désavouer nettement ses adhérents nationalistes, elle évolua après 1934 et se désolidarisa des extrémistes. Les communistes, longtemps hostiles à toute réglementation empêchant le libre déplacement des travailleurs d'un pays à l'autre, adoptèrent de nouvelles positions en 1936 dans la CGT réunifiée : alors que dans celle-ci les anciens réformistes insistaient désormais sur l'internationalisme, les communistes acceptèrent l'idée que pût être créé un organisme nouveau gérant les phénomènes migratoires, organisme auquel des représentants ouvriers participeraient. Mais ce ne fut pas cette solution que choisirent les pouvoirs publics.

1.1.2. La réponse des pouvoirs publics et la loi du 10 août 1932

Les pouvoirs publics français, invités à agir par l'opinion, répondirent à ces exhortations pressantes de manière nuancée. L'exercice se révélait en effet délicat car il fallait à la fois satisfaire une partie des revendications, respecter certains droits des immigrés, droits inscrits dans la loi ou dictés par des considérations humanitaires, assurer aux entreprises une main-d'œuvre suffisante, ce que le patronat présentait comme l'intérêt supérieur de l'économie, ménager les apparences face aux gouvernements étrangers attentifs au sort de leurs ressortissants.

L'arme financière consistant à imposer les immigrés ne fut pas utilisée car elle se révélait contraire aux accords internationaux et elle aurait pressuré des travailleurs de condition particulièrement modeste. En revanche, la Chambre des députés essaya à deux reprises, en 1933 et 1934, d'instituer une taxe payable par les entreprises employant des étrangers. Les vives protestations du patronat et également des communistes prévoyant que la nouvelle contribution serait prélevée sur les salaires des immigrés firent échouer ces projets. Cependant le Front Populaire, par le décret du 28 août 1937, réussit à imposer légèrement les chefs d'entreprise, non pas sur les ouvriers résidant déjà en France, mais sur ceux dont l'entrée était demandée.

Les pouvoirs publics freinèrent au maximum les entrées de travailleurs étrangers, plus dans l'industrie que dans l'agriculture où les besoins de main-d'œuvre étaient davantage ressentis. Comme, dans le même temps, les sorties étaient encouragées, il arriva, en 1932 et 1935, que les départs l'emportassent sur les introductions.

Mouvements de travailleurs contrôlés

Années	Entrées			Sorties	Bilan
	Industrie	Agriculture	Total		
1931	25 804	76 463	102 267	92 916	+ 9 351
1932	12 817	56 675	69 492	108 513	– 39 021
1933	12 260	62 375	74 635	49 047	+ 25 588
1934	11 188	60 350	71 538	40 004	+ 31 534
1935	9 989	46 517	56 506	67 215	- 10 709
1936	10 062	52 645	62 707	46 426	+ 16 281
1937	13 997	77 202	91 199	20 527	+ 70 672
1938	12 521	45 904	58 425	20 500	+ 37 925
1939	6 684	20 200	26 884	–	–

La conjoncture de crise convainquait déjà certains immigrés de regagner d'eux-mêmes leur pays. Les dirigeants français s'attachèrent vite à accélérer ce mouvement. Aussi des règles plus sévères présidèrent-elles à la délivrance et au renouvellement des cartes d'identité : les cartes à durée réduite ne furent que parcimonieusement prolongées, les immigrés dépourvus de titre de séjour reçurent des invitations au départ volontaire et les peines de prison frappant les récalcitrants furent alourdies. Les ouvriers agricoles demandant à passer dans l'industrie s'exposèrent à un refus quasi systématique. Les allocations de chômage qui, d'après les traités, devaient être versées à certains étrangers : Polonais, Italiens, Belges, licenciés pour raison économique, furent parfois refusées à leurs bénéficiaires, surtout par les autorités locales dépourvues de moyens. Beaucoup de fonctionnaires, inquiets face à la montée du chômage, appliquèrent de manière revêche et parfois avec un zèle excessif les mesures limitant la main-d'œuvre étrangère.

Les pouvoirs publics exercèrent également des pressions discrètes sur les grandes entreprises pour qu'elles renvoient un nombre important d'ouvriers immigrés. Des circulaires confidentielles demandèrent aux principaux syndicats patronaux d'organiser des rapatriements. Les branches qui, comme les houillères, vivaient surtout grâce à la protection douanière dépendant de l'État ne pouvaient guère refuser. A partir de 1934, les injonctions officielles se firent plus insistantes et au grand jour. Dès mars 1934, le gouvernement demanda au Comité central des Houillères de renvoyer 6 000 à 7 000 ouvriers. Les Polonais, particulièrement nombreux dans les mines, furent les principales victimes de ces compressions de personnel. En 1934, leurs effectifs baissèrent de 7 226 dans les seules Houillères du Nord-Pas-de-Calais.

Effectifs des ouvriers dans les houillères du Nord-Pas-de-Calais

Dates	Effectif total	Effectif étranger (dont Polonais)	Effectif polonais	% des étrangers dans l'effectif total	% des Polonais dans l'effectif total
1930	180 855	74 471	61 519	41,2	34,0
1931	180 681	66 979	57 643	37,1	31,9
1932	159 860	58 714	53 625	36,7	33,5
1933	154 004	59 645	51 727	38,7	33,6
1934	142 870	51 301	44 501	35,9	31,1
1935	137 169	47 235	40 838	34,4	29,8
1936	139 959	44 878	40 844	32,1	29,2
1937	147 489	47 524	43 055	32,2	29,2
1938	149 652	47 637	43 193	31,8	28,9
1939	143 126	49 419	42 658	34,5	29,8

D'après Alain GIRARD et Jean STOETZEL, *Français et immigrés*, PUF, Paris, 1953, page 446.

Les départs volontaires, les refoulements autoritaires, ainsi que les naturalisations demandées par les immigrés souhaitant échapper au rapatriement, firent chuter les effectifs de la population étrangère recensée de 2 890 000 en 1931 à 2 453 000 en 1936. Mais les Français qui continuaient à rencontrer nombre de ces rivaux nés sous d'autres cieux n'avaient guère conscience de la diminution et réclamaient avec insistance un contingentement plus énergique. Or le patronat restait pratiquement libre du choix de ses salariés, ce qui paraissait incompatible avec le vœu souvent exprimé de réserver une priorité aux Français. Finalement, la loi du 10 août 1932 introduisit une réglementation nouvelle en ce domaine.

La presse d'extrême droite, *l'Action Française*, *la Victoire* et surtout *l'Ami du Peuple*, fort de son important tirage avoisinant le million, menait une campagne tapageuse en faveur du contingentement de la main-d'œuvre étrangère, campagne qui traduisait en termes tonitruants les aspirations de la masse. Les milieux nationalistes exerçaient une telle pression sur les députés qu'en novembre 1931 deux cents d'entre eux, appartenant à toutes les tendances, sauf le Parti communiste, formèrent le Groupe de défense des chômeurs qui promit de faire voter un texte législatif limitant la présence étrangère dans les entreprises. Aussitôt furent déposées cinq propositions de loi dont deux émanaient de la droite, une des chrétiens du Parti démocrate populaire, une des radicaux et une des socialistes. Ce fut cette dernière qui causa la plus vive surprise. Le fait que la SFIO envisageât de contingenter le nombre des immigrés indigna le Parti communiste et amusa la droite. Le communiste Maurice Lebrun, évoquant la campagne menée par *l'Ami du Peuple*, journal appartenant au riche parfumeur François Coty, conclut avec mépris : « Coty a sifflé. Toute la meute des députés socialistes a répondu à son appel »[1]. Le conservateur Jacques Debu-Bridel demanda dans *l'Ordre* : « La patrie existe donc pour ces messieurs ? »[2]. Les socialistes, par la voix de Léon Blum et de quelques autres, se défendirent de sombrer dans le nationalisme, mais ne convainquirent pas leurs adversaires.

En définitive, la Chambre des députés élabora un texte de synthèse qui fut voté le 21 décembre 1931 par 452 voix contre 0 : aucun élu n'avait osé se prononcer contre une réglementation tellement exigée par les travailleurs. Cependant, les communistes et les socialistes s'abstinrent. Le texte, examiné par le Sénat en juillet 1932, fut promulgué le 10 août de la même année. La nouvelle loi, écartant les dispositions trop rigides, comme un pourcentage uniforme de main-d'œuvre étrangère autorisée ou une priorité d'embauche réservée aux Français, stipulait que des décrets, pris à l'initiative du gouvernement ou des organisations patronales et ouvrières, pourraient déterminer la proportion des étrangers employés dans les entreprises privées, industrielles et commerciales. Ces limitations s'appliqueraient à une région seule ou à l'ensemble du territoire, à une profession ou à la totalité d'une branche professionnelle. La loi ne concernait pas l'agriculture, malgré les demandes pressantes des socialistes qui voulaient protéger les ouvriers agricoles français. Le patronat rural, influent et hanté par la peur de manquer de main-d'œuvre, intervint fortement auprès des élus et garda sa pleine liberté d'embauche.

Les dispositions instaurées le 10 août 1932 se singularisaient par leur souplesse. Tout dépendait de la volonté politique présidant à leur mise en vigueur. Dans un premier temps, allant jusqu'en novembre 1934, la loi fut mollement appliquée. Un total de 72 décrets fut signé, mais aucun à l'initiative du gouvernement. Les premiers de ces contingentements concernaient les musiciens, les employés d'hôtel, les travailleurs des cuirs et peaux, activités dans lesquelles les salariés français se plaignaient depuis longtemps de l'invasion étrangère. Mais nombre d'industries essentielles ne subissaient aucune limitation. Les milieux nationalistes s'indignaient de cette lenteur et furent entendus par le gouvernement Flandin qui, formé en novembre 1934, consolida la majorité conservatrice. Dès lors, de nouveaux décrets parurent à un rythme soutenu et beaucoup d'anciens furent durcis. En

---

1. Maurice LEBRUN, *l'Humanité*, 30 novembre 1931.
2. Jacques DEBU-BRIDEL, *l'Ordre*, 22 décembre 1931.

1936, deux ans après le retour de la droite aux affaires, 553 décrets avaient été signés. Nombre d'entre eux découlaient d'une initiative gouvernementale. Dans plusieurs régions, des activités importantes, bâtiment, travaux publics, métallurgie, industrie chimique, avaient dû s'amputer d'une partie de leur main-d'œuvre étrangère. Le gouvernement de Léon Blum continua à préparer et à publier des décrets en grande quantité.

LOI DU 10 AOÛT 1932 PROTÉGEANT LA MAIN-D'ŒUVRE NATIONALE

ARTICLE PREMIER. – Les cahiers des charges des marchés de travaux publics ou de fournitures passés au nom de l'État, des départements, des communes et des établissements publics, par adjudication ou de gré à gré, ainsi que les cahiers des charges des contrats de concession ou d'affermage passés, par ces mêmes collectivités, devront déterminer la proportion des travailleurs étrangers qui pourront être employés dans les chantiers ou ateliers organisés ou fonctionnant en vue de l'exécution des marchés, ainsi que dans les exploitations concédées ou affermées.
Cette proportion sera fixée après consultation des services publics de placement compétents. Dans les services publics concédés, cette proportion ne pourra pas dépasser 5 %.
Les mêmes collectivités fixeront, dans les mêmes conditions, la proportion des travailleurs étrangers qui pourront être occupés dans les travaux, fournitures ou services qu'ils feront exécuter en Régie.
ARTICLE 2. – En ce qui concerne les entreprises privées, industrielles ou commerciales, non visées par l'article précédent, des décrets pourront fixer la proportion des travailleurs étrangers qui pourront y être employés. Cette proportion sera fixée par profession, par industrie, par commerce ou par catégorie professionnelle, pour l'ensemble du territoire ou pour une région. Les décrets fixeront, le cas échéant, les délais dans lesquels cette proportion sera ramenée, en une ou plusieurs étapes, aux limitations fixées.
Ces décrets seront pris, soit d'office, soit à la demande d'une ou plusieurs organisations patronales ou ouvrières, nationales ou régionales intéressées.
Dans l'un et l'autre cas, les organisations patronales et ouvrières intéressées et le Conseil national de la main-d'œuvre devront être consultés. Ils devront donner leur avis dans le délai d'un mois.

Journal Officiel, 12 août 1932

1.1.3. Les répercussions de la crise chez les travailleurs immigrés

Les travailleurs immigrés, critiqués de toutes parts, gardaient cependant le soutien du patronat. Celui-ci était-il mû par la nécessité de conserver une main-d'œuvre irremplaçable, faute de Français acceptant les tâches rebutantes, ou par l'intérêt qu'il trouvait à exploiter des ouvriers dociles ? Les deux motivations se mêlaient de manière inextricable. De la sorte, les employeurs protestèrent souvent contre les décrets pris au titre de la loi du 10 août 1932. Ils mettaient en avant leurs difficultés pour recruter des hommes disposés à fournir de gros efforts physiques ou à courir un danger professionnel. Rares aussi étaient certains spécialistes : où trouver des musiciens jouant des instruments exotiques et chantant en langue étrangère, demandaient les directeurs de casinos ? Les patrons prédisaient que, privés d'immigrés, il leur faudrait réduire la production, voire fermer les entreprises, ce qui gonflerait encore les effectifs des chômeurs. Aussi, lors des réunions au cours desquelles les organisations syndicales préparaient les décrets, les employeurs, contrairement aux représentants ouvriers, demandaient-ils toujours des pourcentages de main-d'œuvre élevés. Quand les proportions étaient fixées, ils les jugeaient trop sévères et les dépassaient fréquemment, malgré les procès-verbaux qui sanctionnaient ces écarts. Dans certaines régions où les difficultés de recrutement furent réellement reconnues par les pouvoirs publics, les entreprises reçurent l'autorisation d'aller au-delà des pourcentages officiels, ainsi dans l'Ariège où les carrières situées en altitude purent engager jusqu'à 75 % d'étrangers, faute de trouver des Français acceptant de travailler isolés dans les montagnes.

LES PLAINTES DES EMPLOYEURS CONTRE LE CONTINGENTEMENT DE LA MAIN-D'ŒUVRE ÉTRANGÈRE

Mémoire du Syndicat patronal de l'industrie textile de Labastide à l'inspecteur du Travail de Castres, 15 décembre 1934.

Il a été impossible depuis la guerre de recruter pour certains emplois la main-d'œuvre française. Alors que les Français se sont spécialisés en majorité dans l'accomplissement des travaux peu pénibles, les Espagnols adultes ont dû être embauchés dans les ateliers où le travail est particulièrement dur. La préparation de la filature et la conduite des assortiments de cardes sont assurés presque exclusivement par des Espagnols, hommes ou femmes ; il en est de même dans les ateliers de teinture ou d'apprêts. Le métier de rattacheur est exercé par des jeunes de 14 à 17 ans qui sont recrutés dans les familles espagnoles.

Les filatures ne trouvent plus d'ouvriers de ce genre dans les familles françaises où la dénatalité sévit depuis la guerre, et dont les rares enfants prolongent leurs études...

Nous supplions donc M. le Ministre de ne pas désorganiser un centre textile qui, au milieu d'un crise sans précédent, a réussi à force de sacrifices à faire vivre sans chômage sa main-d'œuvre française et, par la force des choses, 300 Espagnols dont la présence a été indispensable et bienfaisante.

Archives départementales du Tarn, XIII M 14/5

Cependant le patronat ne restait pas totalement sourd aux pressions du gouvernement qui voulait réduire les effectifs des immigrés et à la clameur nationaliste qui montait du monde salarié français. Beaucoup d'entreprises purent montrer qu'elle réagissaient d'une manière en quelque sorte patriotique, car elles renvoyaient proportionnellement plus d'étrangers que de Français. Ainsi, dans les houillères, la baisse du nombre de mineurs nationaux atteignit 14 %, tandis que celle des étrangers montait à 24 %. Dans la pratique, la stratégie des entreprises se révélait cependant plus nuancée : elles ménageaient certes les Français, mais, parmi les étrangers, elles essayaient de conserver les spécialistes les plus utiles et congédiaient massivement les autres. Janine Ponty a montré que les Houillères du Nord et du Pas-de-Calais se séparèrent de 11 % de leurs employés français et de 39 % des étrangers, sauf les Polonais dont l'effectif diminua seulement de 15,9 %, car leurs compétences de mineurs étaient vivement appréciées.

Quoi qu'il en fût, les immigrés, malgré la fréquente sollicitude du patronat, ressentirent brutalement le choc de la crise, durent accepter les réductions d'horaires, les licenciements, les tracasseries administratives. Certains, qui comptaient de nombreuses années de séjour en France regagnèrent d'eux-mêmes leur pays ; d'autres subirent la loi du rapatriement forcé, parfois travesti en « congé de longue durée ». De 1931 à 1933, le gouvernement paya le transport ferroviaire des ouvriers rapatriés jusqu'à la frontière française ; la partie restante des frais de voyage se trouvait à la charge des intéressés, ce qui représentait une somme importante pour les Polonais, les Tchécoslovaques, les Yougoslaves, les Bulgares, les Roumains. Cependant, en ce début de crise, les immigrés possédaient encore quelques économies qui leur permettaient d'assurer la dépense. En 1934, les ouvriers n'ayant plus de disponibilités financières, de nouvelles pratiques furent instaurées : les rapatriés étaient désormais groupés en convois ferroviaires collectifs partant environ toutes les trois semaines. La portion française du trajet était payée par le ministère du Travail et la section suivante par les entreprises. A partir de 1935, l'État prit à sa charge la totalité de la dépense. Les contemporains ont souvent conservé le souvenir de ces tristes convois dont les voyageurs ne pouvaient emporter plus de 30 kilos de bagages par personne, ce qui signifiait que les immigrés installés de longue date avaient dû vendre hâtivement les meubles, les objets, les animaux achetés depuis leur arrivée. Pour beaucoup de rapatriés, le retour s'assimilait à un échec démentant le choix qu'ils avaient fait de venir en France. Parmi les personnes brutalement renvoyées figuraient des familles dont les enfants, nés en émigration et juridiquement français, ne connaissaient pas la patrie de leurs parents. La France, démographiquement si faible, se privait aussi d'une partie de la jeune génération.

Les autorités françaises trouvèrent un autre moyen de réduire les effectifs étrangers : l'expulsion à grande échelle des militants politiques actifs, inscrits au Parti communiste et à la CGTU, animateurs de grèves, vendeurs de journaux révolutionnaires. Emblématique à cet égard apparut l'affaire Thomas Olszanski. Celui-ci, Polonais né en 1886, installé en France comme mineur en 1909, soldat de l'armée polonaise en France en 1917, avait été naturalisé en 1922. Militant dynamique et excellent orateur, il avait adhéré au Parti communiste et il était devenu secrétaire de la Fédération CGTU du sous-sol. En 1932, il fut mis en cause par les pouvoirs publics pour avoir dénoncé l'exploitation de la main-d'œuvre étrangère, exhorté les immigrés à ne pas payer leurs impôts et à résister par la force aux expulsions. La justice, estimant qu'Olszanski, par ses écrits et ses discours, avait accompli des « actes contraires à la sûreté intérieure et extérieure de l'État », lui appliqua un article de la loi du 10 août 1927 sur la nationalité, article permettant dans un tel cas de le priver de sa naturalisation. Un comité de défense se constitua avec Malraux, Gide, Nizan, Duhamel, Martin du Gard, Guéhenno, Romain Rolland, Signac, Lurçat et d'autres intellectuels et artistes. Rien n'y fit. Olszanski n'étant plus français pouvait être poursuivi comme propagandiste étranger et expulsé, ce qui survint effectivement en 1934.

Les ripostes aux rapatriements et à la répression restèrent limitées, sauf dans le Pas-de-Calais, dans les mines de Leforest exploitées par la Société de l'Escarpelle. Là, grâce à une bonne implantation d'une section syndicale communiste CGTU, une forte hostilité se manifestait contre les mesures prises par la direction. Le 7 avril 1934, à l'instigation des communistes, 166 mineurs polonais déclenchèrent un mouvement de grève au fond d'un puits, avec une dizaine de Français, bientôt considérés comme otages des étrangers et victimes de violences. Un dirigeant de la CGT s'offrit comme médiateur et obtint l'arrêt du mouvement, 37 heures après le début de celui-ci. La compagnie renvoya aussitôt 122 Polonais et, dans les 48 heures, 71 d'entre eux furent expulsés de France. Dans le même temps, les syndicalistes français se déchirèrent : les communistes accusaient la CGT d'avoir brisé la grève, la centrale réformiste accusait les révolutionnaires de mener la politique du pire et de commettre des « actes insensés »[1]. En tout cas, l'impuissance

---

1. *Le Peuple*, 17 août 1934.

des syndicats face à la politique menée par les entreprises, l'échec de la grève de Leforest qui eut un grand écho et la crainte de la répression réduisirent la crédibilité des organisations et la combativité des ouvriers. Seule l'arrivée de la gauche au pouvoir, après les élections législatives de 1936, pouvait ranimer l'espoir.

1.2. Le long combat des commerçants et artisans français

Rien n'empêchait un salarié étranger au chômage ou privé de sa carte de travailleur de s'établir à son compte, comme commerçant ou artisan. D'autre part, des entreprises, obligées par la loi du 10 août 1932 à réduire le nombre de leurs ouvriers immigrés, tournaient la difficulté en transformant ceux-ci en façonniers. Les Français dont la clientèle était raréfiée par la crise s'alarmèrent de cette situation.

1.2.1. Les plaintes des commerçants et artisans

 « N'importe qui, venant de n'importe où, peut tenir en France commerce de n'importe quoi », s'écriait le député conservateur Joseph Denais[1]. Les élus, les syndicats de négociants, les chambres de commerce regrettaient l'absence de réglementation sérieuse empêchant les étrangers de s'installer. Lorsque, à partir de 1933, le nombre des réfugiés politiques augmenta et que certains d'entre eux ouvrirent des boutiques ou de petits ateliers, la masse des plaintes enfla.

Les commerçants et artisans français soulignaient d'abord que, dans leur domaine d'activité, l'argument du manque de main-d'œuvre si souvent invoqué dans l'industrie et l'agriculture, ne tenait pas : l'effectif des nationaux souhaitant exercer les professions du secteur tertiaire semblait déjà excessif. L'exaspération des Français croissait d'autant plus qu'ils jugeaient les étrangers non seulement inutiles à l'activité économique, mais encore responsables d'une concurrence déloyale. De l'avis général, les nouveaux venus ne respectaient pas la réglementation relative à la durée du travail, aux conditions d'hygiène, aux assurances sociales, à l'interdiction d'utiliser la main-d'œuvre enfantine, à la qualité des produits, aux obligations fiscales. Ils ouvraient partout, dans des locaux de fortune, des échoppes et des ateliers clandestins où une main-d'œuvre abondante et peu exigeante travaillait jusqu'à 15 heures par jour. Malhonnêtes, les étrangers fabriquaient et vendaient des objets de mauvaise qualité, copiaient et bradaient à vil prix les nouveaux modèles lancés par les maisons françaises. Ils étaient encore accusés de ne pas payer tous leurs fournisseurs et créanciers et de disparaître dès que la police ou les agents du fisc s'intéressaient à leurs activités.

1.2.2. Le scandale Stavisky

Si la gauche communiste et socialiste restait muette sur la question du commerce étranger, la droite, l'extrême droite, les radicaux et la CGT, celle-ci hostile aux façonniers étrangers qui se montraient généralement rétifs à l'affiliation syndicale, soutenaient les plaignants français. Il n'était pas jusqu'au cinéma qui ne popularisât le type du négociant allogène envahissant et antipathique.

Le scandale Stavisky qui éclata à la fin de 1933 et se développa en 1934 apparut comme l'illustration frappante des doléances exprimées par les nationaux. Certes, Sta-

---

1. *Journal Officiel*, Documents de la Chambre, 12 février 1935, page 280.

visky, homme d'affaires véreux, coupable de vastes escroqueries, ayant acheté des complicités en haut lieu, n'était pas à proprement parler un commerçant tenant boutique, mais ses activités l'apparentaient au monde du négoce et l'opinion dans sa colère, ne s'embarrassait pas de nuances. « L'escroc-métèque »[1], « enfant du ghetto de Kiev »[2], « naturalisé de fraîche date, au nom exotique »[3], semblait symboliser les agissements des étrangers, si décriés. La dégradation des mœurs, la malhonnêteté, les prolongements politiques du scandale, la crise morale qui se trouvait ainsi dévoilée furent dénoncés de toutes parts.

1.2.3. Une protection tardive

Une réaction semblait s'imposer. À la Chambre des députés, dix propositions de loi ou de résolution destinées à défendre les commerçants et artisans français, rédigées par des conservateurs, parfois avec le concours des socialistes, des radicaux et des démocrates-chrétiens, furent déposées entre 1932 et 1935 ; un onzième texte s'ajouta aux précédents en 1938. Les plans de sauvegarde voulaient que les étrangers obtinssent une autorisation ministérielle avant toute création de magasin ou d'atelier ; cette autorisation ne serait accordée qu'aux personnes présentant des garanties de moralité et séjournant en France depuis au moins cinq ans. Certains syndicats et chambres de commerce exigeaient des dispositions plus drastiques : extension de la loi du 10 août 1932 au petit commerce, interdiction totale des marchands ambulants étrangers, préférence accordée d'office aux soumissionnaires français dans le cas des adjudications publiques, doublement des impôts dus par les négociants allogènes, sanctions sévères si les affaires de ces derniers périclitaient, faillite obligatoire et non liquidation judiciaire.

La protection que réclamaient les nationaux ne leur fut accordée qu'à la veille de la guerre. Certes un décret du 8 août 1935 avait aligné les artisans étrangers sur le régime des salariés en les obligeant à posséder une carte spéciale et en les soumettant à la loi du 10 août 1932. Mais ces dispositions étaient en grande partie restées lettre morte. Aussi le gouvernement Daladier, sensible à la montée des plaintes, décida-t-il, par le décret du 2 mai 1938, d'accélérer la délivrance des cartes d'artisans qui servaient de permis de séjour et d'autorisation pour l'exercice de la profession. Les décrets des 12 novembre 1938 et 2 février 1939 étendirent cette réglementation aux commerçants étrangers.

1.3. Les campagnes des professions libérales

La grande dépression des années 30 ne frappa pas seulement des salariés et les commerçants. Les membres des professions libérales constatèrent que leurs clients se faisaient plus économes et plus rares. Aussitôt les avocats et les médecins mirent en cause les étrangers.

1.3.1. La discrète et efficace campagne des avocats

Les avocats redoutaient que, faute d'une réglementation assez restrictive, le barreau ne fût envahi par des concurrents étrangers. Mais, contrairement aux représentants des autres professions, ces spécialistes de la parole n'entreprirent pas une grande campagne publi-

---

1. Charles MAURRAS, *l'Action Française*, 28 janvier 1934.
2. Henri BÉRAUD, *Gringoire*, 12 janvier 1934.
3. *L'Illustration*, 13 janvier 1934.

que d'explication. Se constituant en groupe de pression efficace, ils préférèrent agir en coulisse, au Parlement, où ils comptaient de nombreux confrères qui leur apportèrent une aide décisive.

Les chambres légiférèrent avec une célérité exceptionnelle. Une proposition de loi déposée par un député avocat le 22 juin 1934 fit l'objet, dès le 30 juin, d'un rapport très favorable dû à un député agrégé de droit. Votée en dix minutes le 5 juillet, la loi fut promulguée le 19 juillet 1934. La nouvelle réglementation empêchait un nouveau naturalisé d'entrer pendant dix ans dans la fonction publique, d'être inscrit au barreau ou d'être titulaire d'un office ministériel.

La protection des avocats, maquillée en protection de l'ensemble de la fonction publique, était restée une affaire de juristes, discrètement menée. En revanche, les problèmes concernant le corps médical firent l'objet d'un large débat.

1.3.2. La dénonciation de la « pléthore médicale »

Grâce à un très souple système d'équivalences universitaires, la législation en vigueur permettait aux jeunes étrangers de s'inscrire dans les facultés de médecine françaises, puis, leur diplôme obtenu, de s'installer dans ce pays. Vers 1930, la statistique des médecins étrangers exerçant en France, 3 % de la profession, restait modeste. Mais, dans certaines régions, la proportion s'élevait davantage, ainsi dans la Seine où elle atteignait 11 %. A ces chiffres, il fallait ajouter la présence de praticiens réfugiés politiques, ne pouvant officiellement pratiquer leur art, faute de posséder un diplôme français, mais dispensant parfois discrètement des soins, notamment à leurs compatriotes. Les Français s'inquiétaient davantage que le renom de la science française, la souplesse de la réglementation et la sélection à base raciale instituée dans certaines facultés étrangères attirassent de nombreux jeunes dans les établissements de Paris et de la province : la proportion des étudiants en médecine étrangers, souvent juifs, était passée de 12,5 % en 1919 à 25 % en 1930. Ainsi, l'université semblait former de futurs concurrents pour les praticiens du pays d'accueil.

Les médecins français, affolés par ce constat, portèrent le débat sur la place publique. Ils mobilisèrent leurs syndicats, les groupements d'étudiants, l'Académie de médecine ; ils alertèrent le Parlement et la grande presse ; ils se félicitèrent du soutien parfois bruyant que la droite et l'extrême droite leur accordèrent. Le corps médical dénonçait le surpeuplement de la profession, majorait les chiffres de la présence étrangère, accusait la gauche de naturaliser en masse les médecins étrangers quand elle exerçait le pouvoir. Mais les nationaux ne signalaient pas que le taux d'encadrement médical par habitant situait la France très bas parmi les pays évolués, au dix-septième rang mondial. Qu'une partie des nouveaux venus fussent des réfugiés politiques ne modifiait pas la situation aux yeux des plaignants. Les modérés regrettaient la violation des droits de l'homme, mais ne souhaitaient pas pour autant accueillir les proscrits vus comme des concurrents. Quant aux extrémistes, surtout ceux de l'Action Française, très présente dans ce débat, ils observaient seulement que la majorité des étudiants et des médecins réfugiés étaient juifs, ce qui les disqualifiait à tous égards.

Les conséquences de l'invasion étaient jugées catastrophiques. Les médecins répugnaient à employer le terme de « concurrence » qui leur paraissait trop commercial et ne cadrait pas avec la haute idée qu'ils se faisaient de leur métier. Ils préféraient dénoncer la « pléthore », dont ils étaient victimes. De cette pléthore ils évoquaient, avec une certaine discrétion, mais sans fausse honte, les implications matérielles : de nombreux confrères, après des études longues et onéreuses, vivaient dans la gêne. Dès lors la qualité morale de la profession risquait de baisser ; les actes médicaux seraient multipliés, les soins dispensés plus vite et moins bien.

L'absence de moralité des étrangers semblait, en tout cas, aux yeux des Français, un fait déjà acquis. Le docteur Cibrie, secrétaire général de la Confédération des syndicats médicaux, incriminait les médecins « venus de loin vendre de la médecine comme on vend des tapis aux terrasses des cafés »[1]. Ces individus étaient accusés de se parer de titres imaginaires, d'exercer illégalement, de pratiquer des avortements, de diffuser des stupéfiants, de prescrire des arrêts de travail injustifiés, pourvu qu'on les payât bien. Et, à supposer qu'un médecin étranger fût honnête, jamais il ne pourrait comprendre la mentalité profonde de la France et égaler un homme issu de cette vieille terre en finesse, en délicatesse, en dévouement, toutes qualités indispensables à l'exercice de la médecine.

1.3.3. Les étapes de la protection du corps médical

Les médecins obtinrent une première satisfaction avec la loi préparée par un sénateur modéré, le docteur Raymond Armbruster. La nouvelle réglementation, promulguée le 21 avril 1933, stipulait que, pour exercer la médecine et la chirurgie dentaire, il fallait être Français et posséder le doctorat d'État français. Cependant, les étrangers en cours d'études et les docteurs d'État exerçant régulièrement au jour de la promulgation n'étaient pas astreints à la naturalisation.

Le barrage établi par la loi Armbruster parut bientôt trop fragile, surtout quand les avocats, grâce à la loi du 19 juillet 1934, eurent obtenu que les naturalisés fussent écartés du barreau pendant dix ans. Ce furent les étudiants en médecine qui relancèrent la contestation au début de 1935. Soutenus par leurs camarades des autres facultés, par les syndicats médicaux et par l'extrême droite, Jeunesses Patriotes et surtout Action Française, les étudiants déclenchèrent à travers toute la France un mouvement massif et parfois violent. La grève s'étendit largement dans les établissements d'enseignement supérieur ; les réunions et les cortèges se multiplièrent aux cris de « La France aux Français », « Conspuez les métèques », « A la porte les métèques », mots d'ordre illustrant l'influence des maurrassiens, omniprésents. Les manifestations prirent parfois un tour antisémite et de jeunes étrangers furent molestés.

Le gouvernement, impressionné par cette agitation, réserva un bon accueil aux délégations de protestataires et promit dans un premier temps de consulter les syndicats avant d'accorder la naturalisation à un médecin immigré. Une nouvelle loi, datée du 22 juillet 1935, préparée sous la pression des étudiants et des médecins, aggrava les dispositions adoptées deux ans auparavant. Désormais, seuls les naturalisés ayant accompli leur service militaire pouvaient exercer la médecine et la chirurgie dentaire ; les réformés devaient attendre une période égale à celle du service avant de s'installer. Les fonctions de médecine publique étaient interdites aux naturalisés durant cinq ans à partir de l'obtention de la nationalité française.

Ainsi, les classes moyennes, commerçants, avocats, médecins, réagirent comme les ouvriers en dénonçant la concurrence des étrangers et en exigeant une protection légale. Les membres des professions libérales, qui se flattaient de former une élite morale et

---

1. Dr CIBRIE, *Le Médecin de France*, 15 avril 1930.

intellectuelle, pouvaient, comme les autres catégories sociales, sombrer dans la xénophobie quand leurs intérêts matériels étaient menacés. Les campagnes de défense sociale et économique furent largement politisées. La question des réfugiés le fut encore davantage.

2. Nouveaux réfugiés, nouveaux malheurs

La France possédait une ancienne tradition d'accueil pour les réfugiés politiques. Au cours des années 30, l'intensification de la répression dans les dictatures, les persécutions antisémites en Allemagne, l'annexion de vastes territoires par le Reich, la victoire des franquistes en Espagne multiplièrent le nombre des proscrits et des exilés.

2.1. Les réfugiés allemands : de la pitié à l'antisémitisme

L'arrivée d'Hitler au pouvoir en janvier 1933 entraîna presque aussitôt une vague de départs qui se poursuivirent jusqu'en 1939. Les juifs, plus nombreux que les opposants politiques au nazisme, monopolisèrent l'essentiel de l'attention des Français.

2.1.1. Le malheur de l'exil

Dès janvier-mars 1933, des juifs, des sociaux-démocrates, des communistes, des progressistes divers, quelques catholiques quittèrent l'Allemagne. A la fin de l'année, sur les 60 000 à 65 000 personnes parties du Reich, 25 000 à 30 000 s'étaient installées en France, dont environ 7 000 dans la région parisienne. La majorité possédait la nationalité allemande, mais, parmi les exilés, figuraient aussi des Polonais, des Russes, des Roumains, des Estoniens, des Lituaniens qui, avant 1933, avaient choisi l'Allemagne comme terre d'asile.

Parmi les nouveaux arrivants, les hommes apparaissaient de loin comme les plus nombreux, surtout au début : ils formaient 90 % des émigrés à Paris en 1933. Par la suite, la proportion recula jusqu'à 70 %, la partie restante étant constituée de 20 % de femmes et 10 % d'enfants. En 1933, les trois quarts des réfugiés se situaient dans la tranche d'âge comprise entre 25 en 40 ans. Ce furent donc essentiellement des hommes jeunes qui s'exilèrent d'Allemagne.

D'un point de vue professionnel, les ouvriers étaient peu nombreux, environ 8 % des personnes dénombrées en 1933, contrairement aux employés qui représentaient 20 % de cette émigration, aux hommes d'affaires, aux membres des professions libérales, aux intellectuels. Parmi ces derniers figuraient de nombreux écrivains de renom comme Klaus Mann, Bertolt Brecht, Walter Benjamin, Lion Feuchtwanger. Les réfugiés politiques, juifs ou non, comprenaient au maximum 10 000 personnes, divisées en de nombreuses tendances : 4 000 à 5 000 communistes avec l'infatigable Willi Münzenberg, Wilhelm Pieck, Franz Dahlem, Walter Ulbricht, 3 000 à 3 500 sociaux-démocrates dont Rudolf Hilferding, Rudolf Breitscheid, Max Brauer, quelques centaines de militants de la Ligue de combat des socialistes internationalistes (ISK) menés par Willi Eichler, du Parti ouvrier socialiste animé par Jacob Walcher, Walter Fabian, Willy Brandt, et diverses autres organisations de gauche. Quelque 600 émigrés pouvaient être qualifiés de pacifistes et démocrates ; 300 étaient des catholiques.

Au début, les réfugiés pensèrent que leur exil serait de courte durée. Selon eux, Hitler se déconsidérerait rapidement et serait rejeté par l'Allemagne. Le psychiatre écrivain Alfred Döblin observait :

> « Ce n'est qu'une excursion, le temps de laisser passer l'orage, tout au plus trois ou quatre mois : ensuite on en aura fini avec les nazis (...). Une petite valise à la main, je suis parti tout seul »[1].

La dissipation progressive de l'espoir de retour et l'accumulation des difficultés matérielles et morales, engendrèrent la désillusion. Très rares étaient ceux qui, tel Ernst Erich Noth, trouvaient à leurs épreuves une dimension positive :

> « Il arrive parfois que l'on ait de la chance dans sa malchance, et Paris valait un exil. Car la capitale de la France était aussi celle de la littérature mondiale (...). En tant que futur écrivain, Paris fut pour moi avant tout un atelier littéraire idéal »[2].

En fait, Noth représentait un cas particulier car il s'exprimait couramment en français. En effet, la majorité de ses compatriotes ignoraient la langue du pays dans lequel ils arrivaient et avaient de celui-ci une vision généralement stéréotypée : la France du bien-vivre, de la bonne cuisine, des arts, la France des libertés et des droits de l'homme. Mais bien vite les difficultés de la vie quotidienne venaient modifier le jugement. Il fallait d'abord se loger. La plupart des réfugiés surpris par les événements que leur pays avait connus et estimant qu'Hitler passerait peu de temps au pouvoir, n'avaient pas placé de fonds à l'étranger et se trouvaient dans la gêne. Quelques-uns, comme les militants Rudolf Breitscheid et Willy Brandt, possédaient à Paris des amis qui leur assuraient un gîte confortable. Les autres s'établissaient dans de petits hôtels ou de modestes chambres de bonne. Les plus démunis trouvaient un hébergement collectif dans les asiles de nuit comme, à Paris, l'Asile israélite de la rue Lamarck ou les sinistres dortoirs des boulevards périphériques.

Le déroulement du temps était ponctué par les démarches administratives. Les réfugiés, entrés en France avec un simple visa touristique, détenteurs d'un sauf-conduit délivré à la frontière et valable vingt jours, clandestins parfois, cherchaient à obtenir un permis de séjour. Les longues heures dans les locaux administratifs, les questions soupçonneuses des fonctionnaires, la hantise du refus, synonyme d'expulsion, entretenaient les malheureux dans un sentiment d'insécurité et d'angoisse. Ils pouvaient en revanche bénéficier des conseils et de l'aide de divers comités de secours fondés par la communauté juive, les organisations humanitaires et les partis.

La réglementation et l'ignorance de la langue empêchaient les exilés allemands de travailler, sinon clandestinement, souvent dans une activité autre que leur spécialité, pour un employeur qui, compte tenu du risque qu'il courait lui-même, versait une rétribution minime. Lion Feuchtwanger rappelle :

> « La plupart du temps, les émigrés allemands vivaient dans la gêne. Il y avait des médecins ou des avocats qui vendaient à présent des cravates à domicile, faisaient du travail de bureau ou essayaient de quelque façon, pourchassés par la police, de vendre leur savoir. Il y avait des

---

1. Alfred DOBLIN, *Und heute gehört uns Deutschland*, Paul Zsolnay Verlag, 1959, page 71.
2. Ernst Erich NOTH, *Mémoires d'un Allemand*, Julliard, Paris, 1970, page 322.

femmes, diplômées de l'Université, qui gagnaient leur pain comme vendeuses, bonnes ou masseuses »[1].

Quand il ne pouvait travailler, le réfugié était réduit à l'errance dans la ville ou aux longues heures dans les cafés à l'intérieur desquels, moyennant le prix d'une modeste consommation, on était chauffé, on rencontrait des compatriotes, on échangeait des informations pratiques, on glosait sur les nouvelles du pays. Les militants écrivaient dans les journaux allemands publiés en France, participaient à des réunions ou à des meetings antifascistes. Les intellectuels continuèrent à écrire et furent aidés par le *Schutzverband Deutscher Schriftsteller* (Société allemande des gens de lettres), fondé à Paris dès 1933, qui proposait des conférences, des soirées culturelles, des expositions, une commémoration des autodafés de livres en Allemagne. Brecht créa à Paris *Les Fusils de la mère Carrar*, où il dénonçait l'agression fasciste contre l'Espagne républicaine, et le ballet *Les Sept péchés capitaux*, sur une musique de Kurt Weil. En juin 1935 se réunit à la Mutualité un grand congrès pour la défense de la culture, sous la présidence d'André Malraux et d'André Gide, avec Robert Musil, Max Brod, Heinrich Mann qui reçut un hommage émouvant.

2.1.2. La défense des réfugiés allemands

Quand il fut établi, au début de 1933, que les nazis maltraitaient les juifs et les opposants, une vigoureuse réprobation s'exprima dans les rangs du judaïsme français, de la gauche non communiste, des organisations humanitaires. Quelques personnalités modérées comme Paul Reynaud, François Piétri, Henri Rollin, les responsables des communautés chrétiennes, de nombreux intellectuels affichèrent les mêmes sentiments et témoignèrent une profonde compassion aux réfugiés.

La sauvagerie des nazis fut condamnée dans des réunions publiques, des discours parlementaires, des articles de journaux, des sermons. Dans un pays divisé par de vieilles querelles politiques et religieuses, comme l'était la France, la défense des réfugiés allemands rassembla des hommes de sensibilité différente, peu habitués à se rencontrer. Des radicaux, vieux défenseurs de la laïcité, prirent la parole aux côtés d'ecclésiastiques, ainsi à Lyon où, le 8 avril 1933, Édouard Herriot, le chanoine Ronchouze et le pasteur Favre participèrent à une réunion, à Toulouse où se tint une autre réunion le 12 avril avec l'évêque Mgr Saliège, maître de Moro-Giafferi et le maire Billière.

Au-delà de la sympathie, il fallait dispenser aux exilés une aide matérielle. Tandis que les comités politiques et philanthropiques déjà existants se mettaient à l'œuvre, des organisations nouvelles se constituèrent, comme le Comité d'accueil et d'aide aux victimes de l'antisémitisme allemand, présidé par Paul Painlevé, comité qui travailla bientôt avec le Comité national de secours aux réfugiés allemands, créé par le Consistoire israélite de Paris et dirigé par le baron Robert de Rothschild, le Comité de protection des intellectuels chassés d'Allemagne qui comptait parmi ses fondateurs le cardinal Verdier, archevêque de Paris, le pasteur Wilfrid Monod, François Mauriac. Le Comité agriculture et artisanat, animé par Justin Godart, procurait aux réfugiés une formation professionnelle et des emplois.

---

1. Cité par Gilbert Badia, *Les Barbelés de l'exil*, Presses universitaires de Grenoble, 1979, page 69.

Les juifs de France se montrèrent très solidaires de leurs coreligionnaires malheureux et donnèrent près de 15 millions de francs de l'époque entre 1933 et 1936, alors que la recette moyenne annuelle du Consistoire de Paris s'élevait seulement à 4 millions. Les responsables des organisations israélites françaises défendaient les réfugiés accusés par les antisémites de concurrencer les nationaux et de vouloir lancer la France dans une guerre de punition contre l'Allemagne. Mais les juifs du pays d'accueil éprouvaient souvent un malaise les amenant à souhaiter que leurs frères fissent de la France une simple étape et partissent vers la Palestine ou tout autre pays disposé à les recevoir. Les Français trouvaient en effet les nouveaux venus très différents d'eux-mêmes, agités, exigeants, imbus d'un complexe de supériorité germanique, « encombrants, envahissants, indésirables »[1], en somme voyants et susceptibles d'entraîner un sursaut d'antisémitisme. Les organisations d'aide mises en place par le Consistoire essayaient aussi de contrôler les réfugiés et de leur interdire l'action politique. Quand les comités, débordés par le nombre de personnes à aider, durent sélectionner celles-ci, les militants, à commencer par les communistes, furent les premiers exclus.

L'attitude embarrassée et partagée du judaïsme français se retrouva à l'échelle gouvernementale. Dans un premier temps, les responsables décidèrent d'ouvrir largement les frontières aux fugitifs. Mais cette attitude généreuse, adoptée sous le coup de l'émotion ressentie au printemps de 1933, disparut vite. Dès juillet 1933, l'accès du territoire fut limité aux réfugiés munis d'un visa. Une circulaire ministérielle du 2 août 1933 précisa : « L'introduction en France des Israélites chassés d'Allemagne doit se poursuivre avec une extrême circonspection ». Des textes organisèrent la surveillance politique des réfugiés et leur exclusion du marché du travail, notamment en soumettant l'octroi de l'autorisation de séjour à l'engagement de ne pas occuper un emploi salarié. Les lois et décrets protégeant le barreau, la médecine, le commerce et l'artisanat étaient particulièrement dirigés contre les juifs, jugés trop nombreux dans ces activités. En fait, la présence de ces malheureux surexcitait l'antisémitisme.

2.1.3. La vague d'antisémitisme des années 30

La présence de nombreux juifs parmi les réfugiés allemands servit la propagande antisémite. Celle-ci put aussi exploiter une conjoncture favorable : la montée du chômage causé par la crise mondiale, les polémiques sucitées par le Front Populaire en 1936, l'inquiétude nourrie par les tensions internationales. Les juifs furent bientôt présentés comme les responsables de toutes les difficultés et l'antisémitisme, resté modéré dans les années 20, atteignit des sommets de violence dans les années 30.

Un courant spontané d'hostilité populaire se développa. Les juifs allemands reconnus dans les lieux publics, parce qu'ils parlaient leur langue maternelle, s'attiraient des réflexions désagréables. « Les gens ne veulent pas de nous... on nous aime peu », observait tristement Klaus Mann[2]. L'expression « sale juif », parfois accompagnée d'un crachat, devint fréquente. Des marchands de journaux diffusant la presse de l'exil furent molestés. A l'extrême droite se formèrent de nombreux partis et ligues solidement ancrés dans leur antisémitisme, comme le Parti populaire français, la Solidarité française, le Francisme, le Rassemblement anti-juif de France, le Front de la jeunesse, le Grand Occi-

---

1. Jacques BIELINSKY, *Samedi*, 3 septembre 1938.
2. Klaus MANN, *Le Volcan*, Gallimard, Paris, 1982, page 41.

dent, le Front franc et une poussière d'autres groupuscules. Parmi les périodiques qui répandaient les idées de ces mouvements, figuraient des feuilles à grand tirage comme *l'Ami du Peuple*, *l'Action Française*, *Je Suis Partout*, *Gringoire*, et une pléiade de petites publications comme *la Libre Parole*, *l'Antijuif, la Revue internationale des sociétés secrètes*. Une troupe abondante de « chefs » dirigeait ces groupements et ces journaux, ainsi Jacques Doriot, Marcel Bucard, Jean Renaud, Henri Coston, Jean-Charles Legrand, Louis Darquier de Pellepoix.

Les antisémites reprenaient de vieux arguments : la concurrence économique, la malhonnêteté des proscrits, nouveaux Stavisky, leur collusion avec la gauche, les syndicats et la franc-maçonnerie qui leur procuraient de nombreux avantages au détriment des nationaux. Le Front populaire et son chef, Léon Blum, lui-même juif, furent accusés de s'être mis littéralement aux ordres des nouveaux venus.

La nationalité des juifs allemands venus en France permettait d'utiliser la vieille argumentation antigermanique, mais aussi d'actualiser celle-ci. Les souvenirs de la Grande Guerre, les inquiétudes engendrées par la politique d'Hitler, les défauts de personnalité traditionnellement attribués aux Allemands rendaient suspect tout ce qui venait d'outre-Rhin. Ainsi, L'Action Française et ses amis soutenaient que les réfugiés demeuraient avant tout des patriotes germaniques qui, jamais, n'éprouveraient de reconnaissance pour la France ; ils admiraient Hitler et espionnaient pour son compte en espérant regagner sa faveur. Les autres extrémistes estimaient que, si les exilés voulaient rentrer chez eux, c'était grâce à un conflit franco-allemand déclenché par leurs intrigues, « la plus effroyable des guerres où les Français se battraient pour le compte d'Israël »[1]. En septembre 1938, quand la paix fut difficilement sauvée à la conférence de Munich, les extrémistes accusèrent les juifs d'avoir poussé de toutes leurs forces à la guerre, « au nom de la mystique anti-hitlérienne »[2].

LES ACCUSATIONS CONTRE LES JUIFS EN 1933

Pour tout Français un peu clairvoyant, il apparaît que les forces judéo-maçonniques qui dirigent actuellement notre pays entretiennent savamment l'indignation et l'hostilité à l'égard du dictateur Hitler...

Le youpin chassé d'Allemagne prépare avec le youtre de France une prochaine guerre contre le « monstre Hitler », et ils se placent naturellement sous la bienveillante protection de l'armée française, certainement digne de rôles plus nobles.

La « prochaine dernière » ne sera pas une guerre de défense nationale contre le Germain envahisseur – comme beaucoup de naïfs pourraient le croire – mais le Poilu de France ira se faire tuer, pour défendre la précieuse peau de quelques orientaux haineux, par des hommes qui ont su se débarrasser de cette vermine, mais qui l'ont malheureusement rejetée sur un pays qu'ils considèrent comme suffisamment gangrené pour ne plus pouvoir émettre la moindre protestation.

Les hitlériens ont-ils entièrement tort ?

Maurice Herbley, *La Libre Parole*, 1ᵉʳ-30 août 1933.

---

1. Jacques Ditte, *l'Ami du Peuple*, 20 novembre 1933.
2. *Gringoire*, 10 novembre 1938.

TRACT DISTRIBUÉ À PARIS EN 1938

FRANÇAISE, fais-toi respecter. **Si le gros Juif** t'ennuie.... n'hésites pas d'appeler à l'aide et **donnes-lui la correction qu'il mérite !**

FRANÇAIS ! ne te rends pas complice des voleurs espagnols et de leurs protecteurs **les Juifs !**

FRANÇAIS ! te peux partir tranquille en guerre.., pendant que tu seras dans les tranchées, le bon Juif s'occupera de ta Femme et de tes Filles ! **Ta famille augmentera !....**

FRANÇAIS ! la Juiverie veut la guerre Quand tu seras dans les tranchées, tu compteras les Juifs autour de toi.... **Et tu comprendras enfin pour qui tu te bats !....**

(Archives de la Préfecture de Police de Paris. 442. 37022 B, tous droits réservés).

Les antisémites prétendaient aussi que les réfugiés exagéraient probablement la gravité des sévices qu'ils disaient avoir endurés dans leur pays. Robert Brasillach leur reprochait « d'édifier en France un vaste mur des lamentations »[1]. Le journaliste Clément Vautel les soupçonnait de se proclamer « victimes du régime hitlérien tout simplement parce qu'ils ne l'aiment pas »[2]. Et si les brimades nazies se révélaient réelles, étaient-elles vraiment imméritées ? La *Revue internationale des sociétés secrètes* tranchait : « c'est un peu dur, mais ce n'est pas volé »[3]. Céline concluait brutalement : « Ils ont dû drôlement les chercher les persécutions »[4].

Les ennemis des juifs préconisaient des solutions radicales : fermeture des frontières, refoulement des étrangers, dénaturalisation des autres et peut-être dénationalisation des israélites français, établissement d'un statut excluant cette minorité de la fonction publique et des activités culturelles.

2.2. Les autres victimes de l'impérialisme allemand

On pouvait penser que leur double qualité d'Allemands et de juifs aliénait aux réfugiés de 1933 de nombreuses sympathies. En allait-il de même pour d'autres exilés dépourvus d'une spécificité israélite et professant parfois une évidente francophilie ?

2.2.1. Les Sarrois

La Sarre, soumise depuis la fin de la Grande Guerre à une administration internationale, vota, par le plébiscite du 13 janvier 1935, en faveur d'un retour à l'Allemagne. Aussitôt quelque 6 000 à 7 000 Sarrois, qui avaient pris parti pour la France ou qui militaient à gauche, demandèrent l'asile à la grande démocratie voisine, par crainte de la vengeance des nazis.

Une petite minorité de ces nouveaux arrivants, pourvus de ressources, reçut l'autorisation de se déplacer librement en France. La grande majorité, ne possédant aucun moyen de subsistance, fut accueillie à Forbach, puis dirigée vers le Sud-Ouest. Cette installation au plus loin de la province d'origine était destinée à éviter les incidents de frontière et à gêner la transmission des renseignements par les espions qui peut-être se cachaient parmi les réfugiés. Cette méfiance officielle ne fut pas partagée au départ par les partis de gauche et les responsables catholiques. Ceux-ci, émus par le récit des brimades hitlériennes et le triste spectacle de l'exil, affichèrent une vive sympathie pour les réfugiés et organisèrent des collectes à leur profit. A Toulouse, le premier convoi fut acclamé par la foule massée devant la gare.

L'hébergement, en grande partie improvisé, se révéla hétéroclite et souvent défectueux : des casernes et des usines désaffectées, des hôtels, des appartements, des baraquements sordides furent indistinctement utilisés. Tout travail régulier était interdit aux Sarrois car, selon la thèse officielle, ils étaient les hôtes provisoires de la France et ils seraient bientôt pris en charge par la SDN. Celle-ci tardant à s'occuper de ce problème, les réfugiés apparurent vite comme un fardeau onéreux. Certains préfets appréhendaient les réactions de leurs administrés, mécontents de ce que des étrangers oisifs fussent nour-

---

1. Robert BRASILLACH, *Notre avant-guerre*, réédition, Plon, Paris, 1968, pages 118 et 121.

2. Clément VAUTEL, *le Journal*, 9 septembre 1933.

3. *Revue internationale des sociétés secrètes*, 1er septembre 1933, page 566.

4. CÉLINE, *Bagatelles pour un massacre*, Denoël, Paris, 1937, page 72.

ris aux frais du contribuable. La crainte que des espions et des communistes ne figurassent parmi les Sarrois enleva à ceux-ci d'autres sympathies.

Aussi les autorités encouragèrent-elles les Sarrois à regagner volontairement leur patrie, ce que certains, déçus, avaient déjà fait, ou à s'installer dans un pays neuf. Les centres d'hébergement furent fermés le 1er septembre 1935 et les personnes restant en France reçurent le droit de travailler. Le gouvernement du Front Populaire créa un Office des réfugiés sarrois, présidé par le social-démocrate Max Braun. Mais, d'une manière générale, les Sarrois furent assimilés aux autres réfugiés venus d'Allemagne. Ces personnes, dont beaucoup étaient connues pour leur francophilie, furent vite oubliées et noyées dans la masse des exilés.

2.2.2. Les Autrichiens

En mars 1938, l'Allemagne réalisa l'*Anschluss*, l'annexion de l'Autriche, ce qui entraîna l'afflux en France de 6 000 à 8 000 ressortissants de l'ancien État absorbé par le Reich. Parmi ces réfugiés figuraient des juifs, des militants de gauche, des monarchistes rassemblés autour du prétendant au trône Otto de Habsbourg, des intellectuels comme les écrivains Franz Werfel, Sonia Morgenstern, Joseph Roth, Alfred Polgar, Roda-Roda.

L'aspect répétitif de l'immigration politique et la multitude des soucis accablant les Français firent que les nouveaux réfugiés attirèrent peu l'attention. Ce furent les personnalités religieuses qui accordèrent l'appui le plus durable à ceux qui refusaient l'*Anschluss*. Le Secours aux Autrichiens, fondé dès mars 1938 sous le patronage du cardinal Verdier et du baron Guy de Rothschild, était animé par François Mauriac, Claude Bourdet, Mgr Chaptal, Jean de Pange, Robert d'Harcourt et bénéficiait de l'aide du Consistoire israélite. A Lyon, le Comité de secours aux chrétiens réfugiés d'Allemagne et d'Autriche était placé sous la présidence du cardinal Gerlier et du pasteur Roland de Pury, et animé par un jésuite, le père Pierre Chaillet, bon connaisseur du monde germanique, auteur d'un livre paru en 1939, *L'Autriche souffrante*, dans lequel il exhortait la France à accueillir les réfugiés autrichiens. Les évêques de Toulouse, Lille et Nice, NN. SS. Saliège, Liénart, Rémond, se dévouaient aussi pour les exilés.

Les intellectuels formèrent la Ligue pour l'Autriche intellectuelle qui organisa des soirées culturelles, musicales ou poétiques. Des réunions politiques eurent également lieu comme, en avril 1938, une manifestation d'hommage à l'Autriche disparue ou, en juin 1938, l'inhumation au Père-Lachaise du dirigeant socialiste Otto Bauer dont l'éloge funèbre fut prononcé par Léon Blum.

2.2.3. Les Tchécoslovaques

La Tchécoslovaquie devint à son tour la victime de l'Allemagne qui, entre la fin de 1938 et le début de 1939, annexa les territoires frontaliers des pays tchèques, puis envahit l'ensemble de la région transformée en protectorat de Bohême-Moravie, tandis qu'était créé un État slovaque vassal du Reich.

Les Tchécoslovaques déjà installés en France condamnèrent généralement l'Allemagne. L'ambassadeur Stefan Osusky refusa de remettre les établissements diplomatiques aux représentants de Berlin et fonda un Comité central d'action en France, embryon de résistance à l'emprise germanique.

L'arrivée des réfugiés fuyant le pouvoir nazi suscita quelques initiatives comme le lancement d'une souscription par le journal *le Temps* et la mise en place d'un Comité d'accueil dirigé par le cardinal Verdier, le pasteur Boegner et le grand rabbin Levi. Mais l'aide aux Tchécoslovaques n'entraîna pas un grand mouvement d'opinion.

Les réfugiés, de leur côté, étaient très divisés en fonction de clivages nationaux et politiques. Tchèques et Slovaques gardaient leurs préventions anciennes. Modérés, socialistes, communistes se méfiaient les uns des autres. Même parmi les fidèles de Moscou, l'unanimité ne régna plus après la signature du pacte germano-soviétique en août 1939 : Arthur London, loyal à l'égard du parti, accepta l'accord, tandis que Vlado Clementis ne cachait pas son hostilité.

Si Sarrois, Autrichiens et Tchécoslovaques restèrent peu nombreux et attirèrent relativement peu l'attention, les réfugiés espagnols affluèrent massivement au début de 1939 et suscitèrent de nombreuses réactions.

2.3. Le déferlement des réfugiés espagnols en 1939

Depuis la fin de la Grande Guerre, la France avait reçu des réfugiés espagnols, opposants au dictateur Primo de Rivera, monarchistes hostiles à la République, Catalans et Asturiens chassés par les troubles de 1934. Mais les effectifs étaient restés modestes. A partir de 1936, la guerre civile entraîna l'exil de groupes plus importants fuyant les combats. A la fin de 1937, la France hébergeait quelque 50 000 réfugiés, Basques en majorité. En 1938 déferla une vague de 20 000 Aragonais et Catalans. Les gouvernements français, de droite comme de gauche, installaient les nouveaux arrivants loin de la frontière, puis s'appliquaient à les rapatrier dès que possible. La masse humaine qui entra en France au début de 1939, après le succès de l'offensive franquiste en Catalogne, modifia l'échelle du problème.

2.3.1. L'exode de février 1939

Depuis 1937 certains hauts fonctionnaires et diplomates français avaient informé le gouvernement de Paris qu'en cas de victoire des nationalistes espagnols, un exode massif des vaincus républicains vers la France se produirait vraisemblablement. Dans le courant de janvier 1939 cette prédiction prit corps à la suite de l'offensive victorieuse des franquistes en Catalogne. La presse réactionnaire se révoltait déjà à l'idée que la France fût condamnée à recevoir de nouveaux réfugiés. Or le gouvernement présidé par le radical Édouard Daladier, bien qu'il fût informé de la possibilité d'un mouvement de grande ampleur, ne prépara aucune structure d'accueil. Les 26 et 27 janvier 1939, deux conférences interministérielles successives décidèrent que la frontière resterait fermée. Plus tard, en mars 1939, le ministre de l'Intérieur, le radical Albert Sarraut, présentera à l'Assemblée nationale une laborieuse justification : selon lui, l'aménagement de lieux d'accueil avant que la bataille ne fût terminée eût signifié que la France prévoyait la défaite des républicains, hypothèse constituant une insulte au courage de ceux-ci. En outre, ajoutait le ministre, « on m'eût dit que je prévoyais la débâcle catalane, que je contribuais à la préparer en la prévoyant »[1]. En vérité, le gouvernement voulait éviter tout nouvel afflux de réfugiés, surtout des républicains espagnols dont les engagements politiques effrayaient la droite et dont le nombre imposerait de lourdes dépenses. Le gouvernement aurait préféré que fût constituée, sur le territoire espagnol lui-même, une zone

---

1. *Journal Officiel*, Débats de la Chambre, 14 mars 1939.

neutre dans laquelle les vaincus se seraient rassemblés et où ils eussent été ravitaillés par la France et l'Angleterre.

Mais la ruée désespérée d'une foule de civils effrayée par l'avancée des nationalistes et battue par les intempéries de l'hiver émut le gouvernement et l'opinion. Le 28 janvier 1939, la frontière fut ouverte aux femmes, aux enfants, aux vieillards, aux malades. Des soldats républicains, talonnés par les franquistes, refluaient aussi vers la France. Certains franchissaient clandestinement les Pyrénées par des sentiers de montagne ; d'autres se massaient le long des routes conduisant vers la France. Il parut impensable de laisser mitrailler ces hommes. Aussi, le 6 février, le gouvernement se résigna-t-il à permettre également l'entrée des militaires, désarmés.

En quelques semaines, ce furent environ 500 000 personnes qui franchirent la frontière, dont 200 000 soldats. Cet exode massif que le ministre de l'Intérieur Albert Sarraut compara à un « mascaret humain » se révélait dramatique. Le défilé d'une population « affolée, affamée, harassée »[1] constituait un « tableau poignant »[2] ; « visions dantesques, un effroyable chaos de douleurs »[3]. Des blessés cheminaient péniblement, d'autres étaient transportés par leurs camarades. Une partie des soldats s'inquiétaient pour leur famille demeurée en Espagne. Dans la confusion du reflux, des conjoints s'étaient trouvés séparés, des parents avaient perdu leurs enfants. La France n'avait jamais reçu, en si peu de temps, une telle masse de personnes déplacées, désemparées, dépourvues de ressources, inquiétantes aussi pour une partie de l'opinion.

2.3.2. Que faire d'un demi-million d'Espagnols ?

Rien n'étant prévu pour l'accueil des Espagnols, il fallut improviser. Albert Sarraut avoua plus tard que son objectif prioritaire, « mon obsession », dira-t-il, était la sécurité nationale[4]. Aussi les rescapés de l'Espagne républicaine ne bénéficièrent-ils pas du statut de réfugiés politiques. Un décret-loi du 12 novembre 1938 permettait d'interner et de soumettre à une surveillance permanente les étrangers jugés dangereux en raison de leurs antécédents judiciaires ou politiques. Les Espagnols furent rangés dans cette catégorie. Le contrôle des nouveaux venus et la discipline qui leur fut imposée se révélèrent stricts. Les représentants de l'ordre, surtout les subalternes, ne montrèrent souvent brutaux, méprisants, soupçonneux, notamment quand ils confisquaient les armes des miliciens au passage de la frontière. Un gendarme accueillit Antoine Miro avec ces paroles :

> « Ici vous êtes en France. Vous êtes chez nous. Vous ne pouvez ni voler, ni tuer, ni arborer des galons acquis en faisant la révolution »[5].

L'hébergement s'organisa dans la confusion. La majorité des civils, ainsi que 14 000 miliciens et hommes valides, furent dirigés vers des centres de regroupement aménagés dans soixante-dix sept départements à l'initiative des autorités locales ou en accord avec des associations d'aide aux réfugiés. Les bâtiments les plus divers, casernes, colonies de vacances, usines et couvents désaffectés, maisons inhabitées, baraquements,

---

1. *L'Œuvre*, 28 janvier 1939.
2. *Le Progrès de Lyon*, 29 janvier 1939.
3. *L'Ordre*, 30 janvier 1939.
4. *Journal Officiel*, Débats du Sénat, 31 mars 1939, page 379.
5. Antoine Miro, *L'exilé. Souvenirs d'un républicain espagnol*, Galilée, Paris, 1976, page 134.

furent utilisés, réquisitionnés ou prêtés par leurs propriétaires. Le confort, l'hygiène, la nourriture laissaient parfois à désirer dans ces logements de fortune. Dans certains cas, les réfugiés, glacés par le froid de l'hiver, furent réduits à brûler portes, volets, rampes d'escaliers. En revanche, les malades et les blessés graves qui purent trouver une place dans les hôpitaux furent correctement soignés.

La plus grande partie des militaires, y compris des blessés, et certains civils furent parqués dans des camps d'internement, ce qui permettait de rassembler et de surveiller facilement une grande masse de personnes. Les premiers camps furent tous installés à la mi-février 1939 dans les Pyrénées orientales, à proximité de la frontière : Argelès, Saint-Cyprien, Barcarès, Arles-sur-Tech, Prats-de-Mollo. A la fin du mois de mars, de nouveaux camps, plus petits, furent aménagés dans d'autres départements : Agde dans l'Hérault, Bram dans l'Aude, le Vernet dans l'Ariège, Septfonds dans le Tarn-et-Garonne, Gurs dans les Basses-Pyrénées, ce dernier ouvert le 5 avril 1939. D'autres petits camps spécialisés furent établis, à Rivesaltes pour les femmes, à Villeneuve-de-la-Rivière pour les mécaniciens, à la forteresse de Collioure et à Rieucros respectivement pour les hommes et les femmes ayant encouru des sanctions disciplinaires.

Un témoin, André Carmaux, donna une fidèle description des camps :

> « Définition générale : un camp est un morceau de sol français entouré de barbelés français. Caractéristiques individuelles : Saint-Cyprien, Argelès et Le Barcarès sont bâtis sur des plages labourées huit jours sur dix par la tramontane ; Agde, Bram et surtout Gurs sont bâtis sur boue. A Saint-Cyprien et Argelès, il n'y a de baraques qu'à l'entrée du camp ; à l'intérieur, les réfugiés ont creusé des trous dans le sable et édifié par-dessus des huttes en utilisant manteaux, planches, couvertures, roseaux, tôles, branches et bidons »[1].

Les hôtes des camps ne pouvaient s'abriter efficacement contre le froid, le vent et la pluie. Ils étaient mal nourris et mal soignés. Les conditions d'hygiène se révélaient déplorables. L'eau de boisson provenant de sources et de puits fut vite polluée par la présence de ces milliers de personnes et parfois par les cadavres enterrés à même le sable. Colites, dysenteries et typhoïdes se multiplièrent ; l'impossibilité de se laver favorisa les parasites et la gale ; les intempéries accrurent les infections de la gorge et des poumons ; le type d'alimentation entraîna l'apparition du scorbut. Le camp d'Argelès sembla à un journaliste un « champ d'immondices »[2]. L'écrivain Louis Guilloux confia à son journal : « L'horreur du spectacle dépasse toute écriture »[3].

La surveillance, assurée par des gardes mobiles, des hommes de troupe, des spahis, des tirailleurs sénégalais, demeura sévère. Les activités politiques et la lecture des journaux de gauche étaient interdits, les relations avec l'extérieur limitées au maximum, le courrier discrètement ouvert, les punitions fréquentes. A Argelès des nids de mitrailleuses furent installés au centre du camp. Bram était dominé par un mirador et entouré d'un chemin de ronde parcouru par des cavaliers.

Les réfugiés essayèrent de s'organiser dans leur détresse. Ceux qui avaient conservé un peu d'argent firent procéder à des achats en dehors des camps. Certains partageaient généreusement leurs maigres biens, d'autres les gardaient pour eux. Beaucoup, pour se

---

1. André CARMAUX, L'action se passe en France, les Volontaires, juillet 1939.
2. Jacques MANGIN, l'Œuvre, 15 février 1939.
3. Louis GUILLOUX, la Tribune des Peuples, décembre 1953.

chauffer, arrachèrent des piquets de clôture, des ceps de vigne, des arbres, ce qui leur valut une réputation de vandales. Quelques-uns parvinrent à s'évader. Rares furent les rébellions. Les militants politiques et les intellectuels furent souvent désignés par les autres internés pour assurer une sorte de direction collective responsable de la préparation et de la distribution des repas, du contrôle de l'hygiène, de l'organisation des activités culturelles. Une vie intellectuelle et artistique se développa en effet dans les camps. Une petite revue publiée à Argelès affirmait :

> « Le travail constructif réalisé par la République espagnole pendant huit années dans le domaine de l'Instruction publique a été totalement anéanti par le gouvernement de Burgos... Ce sont eux l'anti-culture. Ils ne sont pas l'Espagne. C'est nous qui sommes l'Espagne »[1].

Ceux qui détenaient un peu de savoir proposèrent à leurs camarades des cours d'alphabétisation, de langues, de mathématiques, d'hygiène. Des expositions montées dans un recoin de baraque présentèrent des dessins, des calligraphies, des sculptures sur bois ou sur savon. Des chorales se formèrent ; celle du Vernet compta soixante-dix voix. Des poèmes furent composés, de caractère généralement intimiste et lyrique, privilégiant des thèmes comme la mort ou les sentiments. Une « presse des sables » vit le jour, malgré les difficultés matérielles ; il s'agissait de modestes et minces bulletins, parfois dactylographiés, plus souvent manuscrits, ce qui limitait la diffusion dans le meilleur des cas à quelques dizaines d'exemplaires.

Hors des camps, la vie culturelle put se développer plus facilement. Les écrivains espagnols s'exilèrent souvent en Amérique latine pour d'évidentes raisons de parenté linguistique. Cependant la revue *Voz de Madrid*, créée à Paris par le gouvernement républicain, défendait les idéaux du régime défunt grâce à la plume ou au pinceau d'artistes éminents, Antonio Machado, José Bergamín, Ramón Sender, Pablo Neruda, Pablo Picasso. Peintres, sculpteurs, musiciens, qui n'avaient pas besoin de communiquer par le truchement de la langue, demeurèrent plus nombreux en France et rejoignirent leurs aînés déjà installés de ce côté des Pyrénées, Pablo Picasso, Joan Miró, Julio Gonzalez. Beaucoup, comme le violoncelliste Pablo Casals, refusèrent de rentrer en Espagne tant que Franco se trouverait au pouvoir.

Or le gouvernement français souhaitait organiser un rapatriement rapide des réfugiés pour dissiper les craintes que leur présence éveillait à droite et réduire les dépenses, de l'ordre de 200 millions par mois, que leur entretien imposait. Aussi les autorités multiplièrent-elles les invitations au départ, parfois les pressions. Des contacts furent pris avec le Mexique, le Chili, le République dominicaine qui acceptèrent de recevoir quelques milliers de personnes. Ce fut cependant vers l'Espagne que la plus grande partie se dirigea, de sorte qu'à la fin de 1939 restaient en France environ 150 000 Espagnols sur les 500 000 entrés au début de l'année. Les effectifs des camps baissèrent donc régulièrement.

---

1. *Boletin de los estudiantes*, 17 avril 1939.

145

Camp de concentration	Mi-février 1939	Mi-juin 1939	Fin juillet 1939
Argelès	100 000	5 000	–
St. Cyprien	80 000	16 000	5 016
Barcarès		55 000	36 129
Agde		25 000	16 701
Bram		13 332	sd
Gurs		14 100	10 995
Le Vernet		14 640	8 624
Septfonds		15 600	6 677
Camps divers	95 000	4 260	1 194
Total général	275 000	162 932	95 336

D'après Javier RUBIO, La politique française d'accueil. Les camps d'internement, in *Exils et migrations. Italiens et Espagnols en France. 1938-1946*, l'Harmattan, Paris, 1994, page 129.

Le gouvernement décida d'utiliser la force de travail que représentaient les Espagnols demeurant en France. Pour éviter les plaintes des syndicats ouvriers, toujours prompts à dénoncer la concurrence, les réfugiés furent orientés de préférence vers l'agriculture, bien qu'ils fussent plus souvent des spécialistes du secteur industriel.

2.3.3. Les réactions de l'opinion française

L'afflux des personnes déplacées venant d'Espagne suscita en France de violentes polémiques.

Au début, le triste exode éveilla une vive compassion. Diverses personnalités dont le cardinal Verdier, archevêque de Paris, Léon Jouhaux, secrétaire général de la CGT, les intellectuels Henri Bergson, François Mauriac, Jacques Maritain, Paul Valéry, Jean Perrin proclamèrent que « la France doit accepter l'honneur de soulager l'épouvantable misère des populations espagnoles refoulées vers ses frontières ». De nombreuses offres de service, des dons en argent ou en nature furent enregistrés, surtout dans les régions votant à gauche ou comportant de forts noyaux d'immigrés espagnols déjà installés.

Cependant, assez vite, la réserve puis l'hostilité apparurent. Les Français habitant à proximité des camps s'inquiétaient de ce voisinage jugé dangereux : les réfugiés étaient accusés d'amener des maladies, de professer des idées révolutionnaires, de concurrencer les nationaux, de commettre d'innombrables déprédations et larcins. A Mazères, dans l'Ariège, les machines d'une usine abritant des Espagnols furent entourées de fil de fer barbelé « pour les préserver des miliciens »[1]. Les collectivités locales qui recevaient la

1. Archives départementales de l'Ariège, 5 M 171.

charge de préparer un centre d'hébergement considéraient rarement cette mission comme un devoir humanitaire, mais plutôt comme une source de difficultés financières et administratives. Les mesures de surveillance militaire autour des camps étaient généralement approuvées par les habitants proches, car les nouveaux venus étaient entourés d'une sombre réputation d'assassins, de violeurs, de pilleurs de couvents.

La droite, dans l'ensemble, essayait de justifier et d'accentuer la méfiance qu'éprouvait une partie des Français. Les conservateurs louaient le dévouement exemplaire de leurs concitoyens, mais certifiaient que les bonnes volontés étaient découragées par les exigences, la paresse, l'ingratitude, les injures, les déprédations volontaires imputables aux réfugiés. Ceux-ci étaient présentés comme les pires révolutionnaires, « la lie de l'anarchie mondiale »[1], « une armée marxiste en déroute »[2] qui, après avoir mis l'Espagne à sac et massacré les honnêtes gens, se préparait à recommencer en France. Aussi fallait-il le plus rapidement possible renvoyer ces sinistres hôtes chez eux ou en URSS, leur véritable patrie.

COMITÉ D'ACCUEIL

— Vous ne vous ennuierez pas ici. Nous avons aussi des femmes, des enfants et des carmélites.

Phil, *Je suis Partout,* 20 janvier 1939.

1. *Gringoire*, 9 janvier 1939.
2. *L'Émancipation nationale*, 10 février 1939.

AU CAMP D'ARGELES

— Ce qu'on s'embête !... Voilà trois mois qu'on n'a pas
brûlé d'églises ni empalé de curés !...
— Oui, on perd la main !

Roger Roy, *Gringoire,* 6 avril 1939.

La gauche, les démocrates-chrétiens, les associations humanitaires et les nombreux comités d'aide célébraient au contraire le courage et la noblesse des soldats républicains. La vraie France, s'exclama Albert Bayet, « s'ouvre fraternelle... et s'incline devant les glorieux vaincus[1] ». Les progressistes dénoncèrent avec indignation la vie que leurs protégés menaient dans les camps, la discipline jugée inhumaine, les brimades, les provocations, les bastonnades considérées comme innombrables. Les réfugiés vivaient un véritable martyre. « Notre pays s'est couvert de honte[2] ». La gauche accusait la droite de caricaturer des héros qui avaient lutté pour la liberté et empêché que le fascisme ne

1. *La Lumière*, 10 février 1939.
2. *Le Populaire*, 14 février 1939.

s'étendît jusqu'en France. Les chrétiens étaient certes gênés qu'une partie des républicains affichât des sentiments anticléricaux, mais pensaient qu'il s'agissait d'une minorité et que, de toutes façons, la charité commandait de secourir même un adversaire. Les communistes espéraient que les républicains rentreraient rapidement en Espagne pour reprendre le combat contre Franco. Quand la victoire de ce dernier fut totale, les révolutionnaires se rallièrent aux autres partis de gauche qui s'opposaient à tout rapatriement, demandaient la suppression immédiate des camps et l'utilisation des Espagnols selon leurs compétences, dans l'agriculture, l'industrie, l'armée, l'université : ces hommes pouvaient utilement contribuer à la production économique, à la défense, à la vie culturelle de la France.

Ainsi, en 1939, ce pays, en ne refoulant pas les Espagnols, accomplit son devoir d'humanité, mais il y fut plus ou moins contraint et s'acquitta souvent de cette tâche à contrecœur.

Il se réfugie en France... confiant en sa renommée
Et il trouve ceux-là... qui l'attendent.

SIA, 23 février 1939.

LA GAUCHE ET LES RÉFUGIÉS ESPAGNOLS EN 1939

Extraits de l'appel lancé par la Conférence nationale d'aide aux réfugiés espagnols, réunie à Paris, les 10 et 11 juin 1939.

... Continuer, six mois après leur entrée en France, à maintenir parqués derrière des fils de fer barbelés, dans des conditions matérielles inconnues dans notre pays depuis des siècles, ceux qui ont tant mérité notre reconnaissance devient un scandale intolérable : la Conférence est sûre d'interpréter la volonté populaire, la suppression des camps de concentration.

La Conférence nationale affirme que cette situation ne peut être réglée que par l'intégration dans la production nationale des travailleurs espagnols réfugiés : la situation économique du pays, les nécessités présentes de la production pour la défense nationale, la dénatalité, le besoin de main-d'œuvre qualifiée, le nombre relativement si peu considérable des ouvriers espagnols réfugiés par rapport au grand nombre de travailleurs français rendent ce problème véritablement soluble et possible : l'utilisation maximum de la main-d'œuvre des camps à la fois dans l'intérêt de la situation économique du pays et dans le respect des droits des travailleurs de France, de la législation sociale, des lois françaises.

Le dépeuplement des campagnes, la nécessité d'une main-d'œuvre agricole compétente et nombreuse, la sous-production de toute une série de produits de la terre nécessaires à l'économie française et à la défense nationale, imposent l'utilisation de ces nombreux et rudes paysans de Catalogne, d'Aragon, dont le travail dans les campagnes serait si profitable à notre agriculture.

La Conférence nationale considère, par suite, qu'il faut obtenir la suppression des camps qui sont une honte et qui, par les conditions inhumaines imposées aux réfugiés, s'apparentent au régime universellement condamné des camps de concentration en Allemagne hitlérienne : en particulier, la suppression de Boghar et Boghari en Algérie, dont les conditions climatiques sont insupportables et où les morts se comptent par centaines, s'impose immédiatement et sans délai.

En attendant, le retour des réfugiés à la vie normale, la reconstitution de leurs foyers, leur mise au travail, la Conférence nationale demande qu'il soit mis fin aux misères des camps, que soient améliorées, dans de notables proportions, les conditions d'habitation, de nourriture, de salubrité, toute la vie matérielle et morale, que soit mis un terme à la répression abominable, aux châtiments corporels qui s'y exercent, en un mot que l'on ne considère plus les réfugiés comme des condamnés ou des prisonniers, mais comme des hommes qui ont droit à toute notre reconnaissance et à notre sollicitude. Et ceci d'autant plus que leur situation peut être améliorée sans grever le budget de l'État et conformément à l'intérêt de la France et les fonds dont dispose le Comité intergouvernemental pour assurer les frais de voyage des Espagnols et volontaires internationaux vers les pays d'accueil.

Considérant que les volontaires internationaux ont bien mérité de la France en luttant avec abnégation pour la défense de la frontière des Pyrénées, de la sécurité et de l'indépendance françaises, la Conférence demande la libération de tous les volontaires et l'intégration dans l'économie nationale de ceux ayant habité la France avant leur départ, bien souvent mariés à des Françaises, pères d'enfants français et qui aujourd'hui, sont prêts à défendre la France contre les menaces de l'extérieur...

L'Humanité, 21 juin 1939.

3. Les étrangers en politique dans les années 30 : espoirs et déceptions

La victoire du Front populaire en 1936 suscita un vaste mouvement d'adhésion chez les immigrés qui attendaient beaucoup de l'arrivée de la gauche au pouvoir. Mais les nouveaux dirigeants déçurent la confiance qui leur était accordée. Dans le même temps, l'aggravation des tensions internationales et la hantise de la guerre poussèrent l'opinion à exiger un strict contrôle des étrangers dont, en définitive, les conditions de séjour devinrent moins favorables.

3.1. Des espoirs avortés au temps du Front populaire

La gauche accéda au pouvoir en 1936 dans une conjoncture défavorable aux étrangers. En effet, la crise économique, l'arrivée sans cesse renouvelée de réfugiés, l'insécurité politique dont les hôtes de la France étaient rendus responsables stimulaient la xénophobie. Le gouvernement saurait-il calmer les passions ?

3.1.1. Les étrangers dans le Front populaire

Le grand élan populaire de 1936 fit sortir les immigrés de leur habituelle réserve politique. Influencés par l'exemple des travailleurs français, stimulés par l'espoir d'obtenir la satisfaction de leurs revendications, encouragés par l'absence de répression policière ou patronale, ils participèrent, beaucoup plus nombreux que d'ordinaire, aux manifestations, aux défilés, aux grèves. Les observateurs notaient dans les cortèges la présence d'immigrés nullement intimidés. Le syndicaliste Ernesto Caporali put s'exclamer dans le quotidien de la CGT : « Bravo les travailleurs immigrés[1] ». Quelques mois plus tard il confirma : « Les ouvriers étrangers n'ont pas été remorqués. Bien souvent... ils ont été à la pointe du combat[2] ». De fait, il semble bien que, dans les grandes exploitations agricoles de la Brie, le mouvement fut mené par des salariés polonais jusque-là peu politisés. Dans l'industrie, d'autres exemples du même genre furent observés. Lorsque toute une branche employant de nombreux immigrés se trouvait paralysée, ainsi dans les houillères du Nord, il fallait bien admettre que la main-d'œuvre non française participait unanimement à la grève, sans chercher à la briser. Certes, les timides ou les conservateurs restaient chez eux, mais les autres rejoignaient les Français, participaient aux meetings, exprimaient leurs revendications, leurs espoirs, leur satisfaction dans ce grand élan et ce défoulement collectif qui déferla sur le monde du travail durant l'été de 1936. L'écrivain progressiste Jean Fréville retraça, dans son roman *Pain de brique*, l'histoire d'une grève animée par un communiste polonais et évoqua en ces termes la joie exubérante des ouvriers nord-africains :

> « Comme une volée d'écoliers échappés de leurs classes, ouvriers et ouvrières se répandirent à travers l'usine. Ils se sentaient délivrés de l'autorité patronale, libérés de l'inexorable discipline qui les avait abêtis. Et, pareils à des oiseaux longtemps enfermés dans des cages obscures, ils étaient aveuglés par la lumière. (...)

1. Ernesto Caporali, *le Peuple*, 25 juin 1936.
2. Ernesto Caporali, *le Peuple*, 6 décembre 1936.

Dans le tumulte et la mêlée, chacun, selon son tempérament, sa race ou ses rancœurs, laissait éclater son enthousiasme ou sa haine. Les plus terribles étaient les Arabes. Ils paraissaient atteints d'épilepsie, bondissaient comme des chats furieux et, lancés dans une fantasia sauvage, poussaient des cris suraigus. Leur félicité se déchargeait en imprécations, ils frappaient à coups de pied les lourds chariots de fer, se vengeaient des souffrances endurées, les insultaient dans leur dialecte guttural, prenant le ciel à témoin des injustices subies, dans une révolte de bêtes de somme. Ils tapaient...

– *Hataille ben hataille... In aldi alhouff... Voued el haram... El mordej...* Fils de chienne... Sois maudit jusque dans ta troisième génération...[1]. »

L'occupation des entreprises et les initiatives prises en commun sur place par les ouvriers de toutes nationalités apprirent aux uns et aux autres à mieux se connaître. Un sentiment nouveau de fraternité apparut spontanément. Ainsi, un ouvrier algérien, Tahar Acherchour, tué en novembre 1936 par son patron qui essayait de pénétrer de force dans son usine occupée, eut des funérailles grandioses, suivies par des milliers de travailleurs parisiens ; une telle participation eût été inconcevable avant la période des grèves.

Les fascistes italiens crurent à une dérive révolutionnaire de leurs compatriotes et s'en inquiétèrent. Stanislas Kara, consul général de Pologne à Paris et chargé par son gouvernement de superviser les questions migratoires, s'imagina que le Parti communiste cherchait à prendre le contrôle des émigrés polonais et essaya de contrecarrer ce projet.

L'extrême droite française releva aussi la participation des immigrés aux événements de l'été 1936 et la dramatisa. François Hulot crut pouvoir affirmer, dans *l'Ami du Peuple*, que « le rôle des éléments étrangers dans la paralysie des usines de Paris et de province est nettement établi » ; il avait vu « des milliers et des milliers d'agents provocateurs venant d'Espagne, d'Allemagne, de Suisse et de Russie » haranguer les ouvriers et lancer les grèves[2]. Le raciste Georges Ollivier concluait : « Je n'ai jamais senti, comme en juillet 1936, combien le métèque était roi en France »[3].

Même si les extrémistes exagéraient à l'évidence, ils n'avaient pas tort de relever l'attitude nouvelle des immigrés, plus sûrs de leurs droits et osant affirmer leurs opinions au grand jour. Les syndicats virent affluer les adhérents et la CGT réunifiée se flatta d'être passée de 50 000 cotisants étrangers au début de 1936 à 400 000 en 1937, dont une moitié d'Italiens et un quart de Polonais. Un représentant de cette dernière nationalité, Walter Zabczyk, devint même en 1936 secrétaire du syndicat confédéré des mineurs du Nord. Les organisations de gauche et surtout le Parti communiste attirèrent aussi de nombreux immigrés. Chez les Italiens, un nouveau mouvement, l'Union Populaire Italienne (UPI), fondée en mars 1937, située dans la mouvance communiste, mais ayant vocation à rassembler tous les antifascistes, annonça qu'il avait recueilli 40 000 adhésions. Des nationalistes noirs, dont Kouyaté, se rapprochèrent des socialistes français, admirent qu'il existait des hommes généreux en métropole et que ceux-ci pouvaient éviter à l'Afrique de sombrer sous le joug fasciste comme l'Éthiopie. Les noirs les plus politisés entretinrent des contacts suivis avec la Gauche prolétarienne de Marceau Pivert et la Ligue des droits de l'homme. Du côté algérien, Messali Hadj, principal dirigeant de l'Étoile nord-africaine, adhéra au Front populaire dès août 1934, fit activement participer ses amis aux occupations d'usines et amena 6 000 d'entre eux à défiler à Paris le

---

1. Jean FRÉVILLE, *Pain de brique*, Flammarion, Paris, 1937, page 123.

2. François HULOT, *l'Ami du Peuple*, 6 juin 1936.

3. Georges OLLIVIER, *Revue internationale des sociétés secrètes*, 1ᵉʳ avril 1938.

14 juillet 1936. L'Étoile nord-africaine ayant été dissoute par le gouvernement en janvier 1937, Messali fonda le Parti du peuple algérien (PPA) le 11 mars suivant et adhéra au Rassemblement colonial qui, avec les nationalistes noirs et indochinois, voulait pousser le gouvernement à entreprendre des réformes dans l'empire.

Les espoirs étaient-ils justifiés ?

3.1.2. La pusillanimité de la gauche victorieuse

Dès le 13 mai 1936, le socialiste Marius Moutet, bientôt nommé ministre des Colonies dans le gouvernement Blum, avait annoncé, au cours d'une réunion organisée par la CGT, que les futurs dirigeants de gauche préserveraient le droit d'asile et élaboreraient une politique de l'immigration.

De fait, la majorité élue en 1936 exprima sa sympathie aux ouvriers étrangers. La SFIO manifesta sa bonne volonté en créant une Commission d'étude de la main-d'œuvre étrangère. Le gouvernement prit une série de décisions favorables aux immigrés. Diverses dispositions administratives facilitèrent le séjour des apatrides et des réfugiés originaires d'Allemagne. Le décret du 14 octobre 1936 accorda plus de liberté aux étrangers désirant changer de domicile. Le renouvellement des cartes d'identité devint plus libéral. Les rapatriements autoritaires furent suspendus. Les frontières s'ouvrirent à nouveau aux familles étrangères souhaitant rejoindre l'un des leurs, installé en France. Les expulsions se raréfièrent et frappèrent seulement, selon les termes de la circulaire du ministre de l'Intérieur du 27 juillet 1936, les individus coupables de « manquements très graves aux réserves qui s'imposent à tout étranger recevant l'hospitalité de notre pays ». En somme, le Front populaire fit régner un climat nouveau et s'attacha à humaniser les relations entre les pouvoirs publics et les étrangers.

Pourtant, le changement d'état d'esprit et l'adoption de quelques mesures isolées réparant des injustices anciennes n'équivalaient pas à une grande politique de l'immigration. Il était révélateur que le gouvernement ne comportât pas un ministère ou un secrétariat d'État chargé de cette question. En fait, le programme du Front populaire ne faisait aucune allusion à la situation des étrangers. Les syndicalistes eux-mêmes ne se défaisaient pas de la méfiance que leur inspirait les concurrents venus d'autres pays. Certains membres de la CGT, inquiets de voir les étrangers adhérer nombreux à la confédération, protestèrent contre « cette intrusion des étrangers dans le mouvement syndical français »[1]. Aux nouveaux adhérents, il fut d'ailleurs interdit de constituer des sections menant une vie autonome. Les communistes ne mirent pas non plus la défense des immigrés au premier plan de leurs préoccupations. Quant au gouvernement Blum, assailli par de nombreuses difficultés, il ne fit pas de l'immigration un souci prioritaire et il légiféra avant tout pour satisfaire des travailleurs français pressés d'obtenir des avantages et indifférents, voire hostiles, aux revendications de leurs camarades non nationaux.

Dès lors, le gouvernement ne chercha guère à surveiller l'application des quelques mesures favorables qu'il avait prises, application parfois sabotée par des fonctionnaires subalternes. Plus significatif, en plusieurs domaines, la politique de rigueur menée au cours des années précédentes par la droite fut poursuivie. Non seulement les autorités n'abrogèrent pas la loi du 10 août 1932 protégeant la main-d'œuvre française, mais elle l'appliquèrent avec persévérance. Une taxe nouvelle fut même perçue sur les patrons qui

---

1. *Le Peuple*, 25 juin 1936.

embauchaient un étranger. Le passage des ouvriers agricoles dans l'industrie fut pour-chassé de manière inflexible. En matière politique, le gouvernement fit également preuve de sévérité. Des expulsions frappèrent ceux qui s'immiscaient trop activement dans les débats français. Le chef nationaliste Messali Hadj fut arrêté en août 1937, cela à la satis-faction du PCF qui le traitait de fasciste ou de trotskiste, et il ne retrouva la liberté que deux ans plus tard.

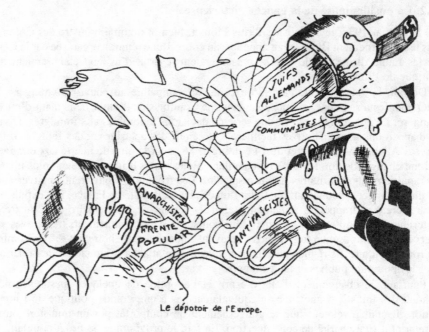

Gringoire, 18 septembre 1936.

Aussi beaucoup d'étrangers affichèrent-ils leur déception. Le Hongrois Paul Loffler constata que le Front populaire ne lui avait rien apporté : « Ce n'était pas fait pour les étrangers, mais pour améliorer la situation des Français »[1]. Ernesto Caporali observa que les immigrés étaient traités en parents pauvres et que, pour eux, l'union de la gauche avait représenté « la plus amère des désillusions »[2]. Plus tard, au cours d'un débat à l'Assemblée nationale, le 8 juin 1939, le ministre Marius Moutet reconnut que le gou-vernement de 1936 s'était montré peu pressé de définir une politique de l'immigration.

Or l'extrême droite, bravant l'évidence, attaqua violemment le Front populaire et l'accusa d'avoir consacré le règne des étrangers. L'offensive visait d'abord Léon Blum, député de Narbonne et président du Conseil, juif et socialiste, incapable donc de prétendre à la qualité de Français et inapte à comprendre le pays qu'il administrait. Le célèbre romancier Maurice Bedel, lauréat du Prix Goncourt, stigmatisa longuement le chef du

---

1. Paul LOFFLER, *Journal de Paris d'un exilé*, Subervie, Rodez, 1974, page 163.
2. Ernesto CAPORALI, *le Peuple*, 15 avril 1938.

gouvernement, « venu d'une race errante », « arrivé au pouvoir du gentil pays de France par les ruelles de Jérusalem, les traverses de Bulgarie, l'étape d'Alsace et le détour de Narbonne » ; ce parcours complexe faisait que « M. le président du Conseil se sentait incommodé d'être le chef d'un peuple étranger à sa chair »[1]. Jean-Pierre Maxence prétendait que Blum « par toutes ses fibres représente l'étranger »[2]. Le nouveau maître de la France se voyait reprocher son « gouvernement de ghetto »[3] : il avait appelé ses coreligionnaires vivant dans d'autres pays et leur avait donné toutes les places revenant aux Français. Les extrémistes, méprisant les statistiques qui ne montraient aucune augmentation anormale des naturalisations en 1936 et 1937, assuraient que Blum avait fortement stimulé l'immigration et octroyé massivement la nationalité française aux nouveaux venus, il « fabriquait des Français avec de la lie italienne, de la moisissure russe et de la gadoue allemande »[4]. A court terme, les nouveaux citoyens devenaient de fidèles électeurs de gauche ; à long terme, ils introduisaient l'esprit cosmopolite en France et préparaient une révolution marxiste (v. dessin p. 154).

3.1.3. La vaine campagne pour un statut juridique des étrangers

La xénophobie mâtinée d'antisémitisme qui s'était développée avant même le Front populaire et renforcée ensuite, la répression administrative et l'exploitation patronale dont les étrangers étaient victimes désolaient certains hommes de gauche, ainsi que les démocrates-chrétiens, des démographes, des économistes persuadés que la France avait besoin des immigrés. Pour mettre fin aux injustices et coordonner les efforts, tous voulaient que fût adopté un statut légal définissant la condition des étrangers.

Dès 1935, les partis de gauche, la CGT, de nombreuses associations humanitaires, la Jeune République formèrent le Centre de liaison des comités pour le statut des immigrés. Celui-ci, par des conférences, des démarches auprès des hommes politiques, la publication du journal *Fraternité*, essaya de faire aboutir son projet. Les partisans du statut ne demandaient pas l'octroi de droits politiques aux étrangers ni même, en général, l'abrogation de la loi du 10 août 1932. Mais ils souhaitaient aligner les immigrés sur les Français en matière de droits sociaux et d'exercice des libertés, permettre le passage d'une profession à l'autre sans entrave, garantir solennellement le droit d'asile, rendre l'expulsion plus rare et en confier la responsabilité non à l'administration mais à un tribunal civil qui entendrait la défense de l'intéressé, accélérer les naturalisations et supprimer les délais d'attente différant l'accès aux fonctions publiques, créer une structure unique, office ou ministère, chargée de gérer les questions relatives à l'immigration.

Cette structure gouvernementale unique apparut enfin, en janvier 1938, à la fin du Front populaire, dans le quatrième gouvernement Chautemps, sous la forme d'un sous-secrétariat d'État chargé des services de l'immigration et des étrangers. Ce fut l'avocat Philippe Serre, chrétien membre de la Jeune République, député de la Meurthe-et-Moselle, qui fut placé à ce poste nouveau. Parmi ses conseillers figuraient Édouard Dolléans, Pierre Racine et Georges Mauco, auteur en 1932 d'une thèse pionnière intitulée *Les Étrangers en France, leur rôle dans l'activité économique*. Serre, soucieux de ren-

---

1. Maurice BEDEL, *Bengali*, les Œuvres françaises, Paris, 1937, page 108.
2. Jean-Pierre MAXENCE, *Histoire de dix ans*, Gallimard, Paris, 1939, page 361.
3. *L'Action Française*, 20 juin 1937.
4. Maurice BEDEL, *Bengali*, op. cit. page 56.

forcer le contrôle de l'État, voulait confier à celui-ci les tâches de recrutement exercées jusqu'alors par la Société générale d'immigration. Une série de commissions spécialisées coordonneraient l'action gouvernementale, notamment en direction des réfugiés politiques. Une sévère sélection professionnelle, sanitaire et morale devait favoriser l'immigration jugée utile, celle des ouvriers et des agriculteurs, et freiner l'entrée des commerçants et des membres des professions libérales. Les étrangers considérés comme indispensables à l'économie française et assimilables recevraient des droits de plus en plus larges qui les conduiraient jusqu'à la naturalisation.

Ainsi les projets de Philippe Serre alliaient une certaine générosité, une volonté de remplacer l'arbitraire administratif par des règles juridiques précises et le sens de l'État, une volonté de contrôle s'incarnant entre autres dans une sélection rigoureuse des immigrants. Mais les ministères concernés, Affaires étrangères, Intérieur, Travail, craignant d'être dessaisis de leurs attributions traditionnelles, combattirent le plan Serre. Plus encore le sous-secrétaire d'État manqua de temps car, deux mois seulement après son entrée en fonction, le gouvernement fut renversé.

Les propositions présentées par Philippe Serre en 1938 constituaient le premier plan global et cohérent essayant de définir une politique de l'immigration. Mais ce plan resta pour l'essentiel à l'état de projet. Bien que certaines de ses dispositions apparussent peu libérales, il laissa des regrets aux amis des étrangers.

3.2. Les étrangers et les attentats politiques

La xénophobie des années 30 fut largement nourrie par une série de crimes et d'attentats politiques impliquant des étrangers. Ces désordres atteignirent leur point culminant en 1937.

3.2.1. Les régicides de 1932 et 1934

En l'espace de deux ans, deux chefs d'État, le président Paul Doumer et le roi Alexandre de Yougoslavie, ainsi que le ministre des Affaires étrangères Louis Barthou, furent assassinés sur le territoire français par des étrangers.

Le 6 mai 1932, l'avant-veille du deuxième tour des élections législatives, le président de la République française Paul Doumer, venu visiter une exposition-vente de livres, fut abattu de quatre balles de révolver tirées sur lui à bout portant. Le président expira quelques heures plus tard. L'écrivain Claude Farrère avait été gravement blessé en essayant de protéger Doumer. L'assassin, le Russe Paul Gorguloff, donnait des signes de déséquilibre mental.

La première réaction de nombreux Français fut de s'en prendre aux étrangers et plus particulièrement aux Russes. Les rapports de police chargés d'analyser l'état d'esprit des populations étaient éloquents :

> « Où l'opinion est unanime, c'est sur la nécessité de plus en plus démontrée de débarrasser le pays, et spécialement Paris et sa banlieue, des trop nombreux étrangers, absolument indésirables, dangereux pour la sécurité publique, qui sont devenus un véritable fléau »[1].

Que Gorguloff présentât des symptômes de folie ne gênait pas la plupart des observateurs. La droite voyait généralement en lui un agent bolchevik et les communistes un comploteur armé par le gouvernement français pour préparer l'opinion à une guerre

---

1. Rapport du 6 mai 1932, Archives de la Préfecture de Police de Paris, 257/301 079.

contre l'URSS. Les Russes blancs étaient jugés complices de cette machination et, dans plusieurs entreprises, les cellules communistes firent circuler des pétitions demandant le congédiement des ouvriers appartenant à cette nationalité. La condamnation à mort et l'exécution de l'assassin, en juillet 1932, furent massivement approuvée par les Français.

Deux ans plus tard, un nouvel attentat spectaculaire endeuilla la France. Le 9 octobre 1934, le roi Alexandre Ier de Yougoslavie entamait un voyage officiel en France. Accueilli à Marseille par Louis Barthou, ministre des Affaires étrangères, le souverain remontait la Canebière en automobile découverte quand un individu, jusque-là confondu dans la foule, fendit le service d'ordre fort léger, sauta sur le marchepied de la voiture et abattit le roi ainsi que le ministre à coups de revolver. L'assassin, un nationaliste croate oustachi, fut tué à coups de sabre par un officier français présent dans le cortège.

L'opinion évoqua aussitôt la mort de Doumer et réagit comme en 1932. Le grand public stigmatisait l'insécurité causée par les étrangers. Les milieux politiques pensaient que les événements de Marseille cachaient un obscur complot, maçonnique pour l'extrême droite, fasciste pour la gauche.

3.2.2. Les attentats de 1937

En 1937, après deux années de calme relatif, une série étonnante de meurtres, d'enlèvements, de règlements de comptes, d'explosions, vint mettre à nouveau les étrangers en vedette. De cette rare accumulation de méfaits se détachèrent cinq affaires qui produisirent un effet particulièrement marquant.

Ce furent d'abord deux assassinats politiques qui frappèrent l'opinion. Le 25 janvier 1937, Dimitri Navachine, économiste soviétique aux activités assez mystérieuses, fut poignardé à mort au cours d'une promenade dans le bois de Boulogne. Le 9 juin 1937, Carlo Rosselli, antifasciste italien, animateur du mouvement *Giustizia e Liberta*, ainsi que son frère Sabatino, furent retrouvés tués à coups de revolver et de poignard, à Bagnoles-de-l'Orne. Le caractère politique de ces meurtres ne fit de doute pour personne, bien que la police se révélât incapable de démasquer les coupables.

Ce fut seulement au début de 1938 que les responsabilités d'un mouvement terroriste, La Cagoule, furent mises en évidence dans ces affaires, ainsi que dans le troisième attentat de 1937, l'explosion de bombes, le 11 septembre, dans les locaux des syndicats patronaux à Paris, explosion qui entraîna la mort de deux agents. L'opinion décréta sans hésiter que des Français n'avaient pu commettre un acte aussi violent et que des envoyés de l'étranger, anarchistes, communistes ou fascistes, voulaient créer un climat de panique dans le pays.

Les discussions se poursuivaient lorsque, dans la nuit du 18 au 19 septembre 1937, un commando d'Espagnols franquistes, venus discrètement dans des automobiles banalisées, essaya de s'emparer d'un sous-marin républicain en réparation dans le port de Brest. Les assaillants, repoussés par l'équipage, prirent le chemin du retour mais furent interceptés près de Bordeaux avec leur chef, le commandant Troncoso, gouverneur d'Irun. Pour une fois l'affaire apparaissait limpide, ce qui permit à la gauche de s'indigner des agissements franquistes et gêna fort la droite amie des nationalistes.

L'émotion causée par le terrorisme étranger était encore à son comble quand, le 22 septembre 1937, disparut le général Miller, chef des anciens soldats russes blancs depuis 1930, date à laquelle son prédécesseur, le général Koutiepov, avait été lui-même mystérieusement enlevé. Aucun de ces deux soldats ne fut jamais retrouvé et l'opinion incrimina généralement les services secrets soviétiques.

Aux attentats politiques s'ajoutèrent des faits divers. Le plus spectaculaire de ceux-ci fut l'affaire Weidmann, un Allemand dont la cruauté, l'amoralité et les nombreux crimes crapuleux impressionnèrent vivement l'opinion à la fin de 1937.

Cette étonnante accumulation de méfaits, surtout entre le 11 et le 22 septembre 1937, exaspéra les Français. « En voilà assez », titre de *La République* le 24 septembre traduisait parfaitement le sentiment général. L'épithète « indésirable », utilisée depuis longtemps pour qualifier les étrangers, devint d'un emploi banal et consacré. L'idée se répandit que l'immigration menaçait la France dans son existence même. La droite vitupérait contre les étrangers avec une colère particulièrement vive. Mais la gauche se laissa emporter par un égal nationalisme. En septembre 1937, le Parti communiste lui-même, par la bouche de son secrétaire général Maurice Thorez, reprit à son compte le vieux slogan « la France aux Français » et ajouta : « À la porte les espions ! À la porte les provocateurs au meurtre ! À la porte les assassins ! »[1]. Les communistes précisaient que leur condamnation visait le terrorisme fasciste, mais l'opinion retint surtout que les rouges se convertissaient au nationalisme. En vérité, droite et gauche ne désignaient pas les mêmes coupables. Pour les conservateurs, la France était victime d'un complot ourdi par les anarchistes, les antifascistes, les républicains espagnols et surtout les agents soviétiques. L'URSS était en effet désignée comme le maître d'œuvre de ce qu'Armand Lanoux appelait « un vaste essai de décomposition du monde occidental »[2]. En revanche, la gauche discernait derrière les attentats un complot fasciste dont les trois chefs d'orchestre étaient Hitler, Mussolini et Franco, unis pour déclencher une guerre civile en France, puis abattre la République et la démocratie.

LA DROITE ET LES ATTENTATS DE 1937
Plus que jamais, la France aux Français

Dans nos précédents articles sur le rapt du général Miller, nous avons démontré comment Paris, malgré sa police et sa sûreté nationale est littéralement envahi par une racaille dangereuse, véritable armée du crime, qui n'attend qu'une occasion pour descendre dans la rue et prêter main-forte aux communistes.

Nous avons vu, à l'occasion du rapt et de l'assassinat du général Miller comment cette lie de toutes les nations, cette tourbe refoulée de ses pays d'origine déferle sur Paris et s'y installe avec arrogance, avec la morgue des vainqueurs en pays conquis !

Nous avons vu, au cours de longues soirées passées en observation, des bouges de Ménilmontant aux cabarets suspects de Montparnasse, nous avons vu des bandes organisées, quartier par quartier, avec leur centre de rassemblement, en un mot toute une organisation de guerre civile, fonctionnant en toute tranquillité, tout comme si elle avait reçu la consécration de la légalité !

Nous avons vu de près cette concentration conjuguée des forces communistes et anarchistes – deux thèses qui se heurtent violemment puisque l'anarchisme est individualiste et que le Parti communiste est collectiviste – nous avons vu ces forces malfaisantes se rapprocher, s'unir, se confondre pour tenter le suprême assaut contre la France !

Et Moscou conduit le bal !

F. VILLANOVA, *Le National*, 23 octobre 1937.

---

1. *L'Humanité*, 29 septembre 1937.
2. Armand LANOUX, *la Liberté*, 18 septembre 1937.

Toutes les tendances se retrouvaient pour demander une réaction énergique contre les agitateurs étrangers. Le démocrate-chrétien Georges Bidault voulait « terroriser les terroristes »[1]. Le gouvernement essaya de répondre à cette attente.

3.2.3. Les mesures de rigueur de 1938

La formation du gouvernement Daladier, le 10 avril 1938, mit un terme à ce qu'on avait pu appeler « l'esprit du Front populaire ». Le changement de cap en direction de la droite se traduisit très nettement dans le domaine de l'immigration. Le radical Albert Sarraut, énergique ministre de l'Intérieur, inspira de nombreux décrets qui visaient avant tout à surveiller les étrangers et à réprimer leurs agissements. Cette politique, précisa le ministre dans une circulaire du 14 avril 1938 « correspond au vœu légitime de l'opinion publique et du Parlement ».

Dès le 2 mai 1938, des décrets organisèrent la chasse aux clandestins et alourdirent les peines qui les concernaient. Les préfets des départements frontaliers reçurent le droit de prononcer des expulsions sans en référer au ministre de l'Intérieur. Les verdicts sanctionnant les délits relatifs aux conditions de séjour en France ne pouvaient plus être assortis des circonstances atténuantes ou du sursis. Le décret du 14 mai 1938 réduisit la liberté de déplacement des travailleurs immigrés. Le décret du 17 juin 1938 renforça le contrôle sanitaire aux frontières. Les décrets du 12 novembre 1938 accentuèrent la rigueur : meilleure surveillance des commerçants étrangers par la création d'une carte d'identité spéciale, alourdissement des peines frappant les expulsés récalcitrants, nécessité de posséder un permis de séjour de plus d'un an pour se marier en France, interdiction faite aux naturalisés de voter pendant cinq ans à partir de l'obtention de la nationalité. Le décret du 12 avril 1939 soumit la création des associations étrangères à l'autorisation préalable du ministre de l'Intérieur. En outre, le gouvernement débloqua des crédits considérables pour renforcer, en hommes et en matériel, la police des étrangers et les services de contre-espionnage.

Albert Sarraut exhorta les autorités locales à appliquer les nouvelles dispositions avec diligence et zèle. Il fut entendu et les étrangers vécurent désormais dans un sentiment d'insécurité qu'ils avaient en partie oublié depuis 1936. Les Français approuvaient généralement la sévérité dont faisait preuve le gouvernement, d'autant que de nouveaux attentats venaient régulièrement rappeler l'existence du péril étranger. Le plus spectaculaire de ces attentats fut, le 7 novembre 1939 l'assassinat d'un diplomate allemand en poste à Paris, von Rath, par Herschel Grynspan, réfugié juif d'origine polonaise ayant vécu en Allemagne et voulant se venger du gouvernement nazi. Hitler prit prétexte de ce crime pour déclencher le pogrome de la « Nuit de cristal ».

Les milieux les plus politisés se démarquèrent cependant de la majorité des citoyens favorables à la politique de Daladier. L'extrême droite, pour sa part, trouvait la sévérité insuffisante. En revanche, une partie de la gauche qui, au moment des attentats de 1937, avait réclamé une politique de fermeté, fit volte-face et condamna vigoureusement les décrets de 1938, vus comme des instruments d'oppression indignes d'une démocratie. Les juristes de gauche contestèrent même la légalité des textes, notamment l'impossibilité faite aux tribunaux d'accorder aux prévenus étrangers les circonstances atténuantes ou le sursis. Il semblait, observaient certains progressistes, que la condition d'étranger

---

1. Georges BIDAULT, *Terroriser les terroristes,* l'Aube, 24 septembre 1937.

devenait presque en soi un délit. L'approche de la guerre ne pouvait pas dissiper ce diagnostic.

3.3. Les étrangers et la guerre

Durant les derniers mois de la paix et le début de la Deuxième Guerre mondiale, les étrangers attirèrent une nouvelle fois l'attention car, selon les points de vue, ils pouvaient représenter soit une menace pour la sécurité nationale, soit un renfort en qualité de soldats ou de travailleurs.

3.3.1. La fausse alerte de septembre 1938

En septembre 1938, au plus fort de la crise tchécoslovaque, les Français redoutèrent l'éclatement d'une guerre contre l'Allemagne, d'autant plus que le gouvernement décida une mobilisation partielle.

Au cours de la crise, de nombreuses associations étrangères comprenant des Allemands, des Sarrois, des Autrichiens, des juifs, se déclarèrent prêtes à se battre aux côtés de la France en cas de conflit. L'Union populaire italienne demanda l'autorisation de lever une légion combattante. Mais d'autres immigrés furent accusés d'avoir adopté des attitudes antifrançaises. Des Italiens se seraient montrés revêtus de la chemise noire fasciste. Des Polonais, dont le gouvernement avait profité du dépeçage de la Tchécoslovaquie pour s'emparer de la région de Teschen, auraient arboré des brassards à croix gammée, crié « *Heil Hitler* », ricané au passage des appelés français. Mais il est difficile de vérifier l'authenticité de ces accusations qui semblaient plutôt relever de la rumeur.

En fait, les Français, attachés à la paix, éprouvaient une antipathie instinctive pour les étrangers jugés trop proches des dictateurs fauteurs de guerre, notamment les Italiens et les Polonais, ces derniers venus en partie de Westphalie allemande et bénéficiaires des malheurs de la Tchécoslovaquie. Les nationaux se montraient aussi choqués de devoir partir au front, tandis que les immigrés resteraient à l'abri, à l'arrière, travailleraient, s'assureraient des profits, s'empareraient peut-être des biens appartenant aux absents. Les préoccupations politiques, voire raciales, apparaissaient aussi bien présentes : les Allemands et particulièrement les juifs, étaient soupçonnés de vouloir une guerre qui leur permettrait de rentrer chez eux en vainqueurs. Les offres d'aide militaire faites par certaines associations étrangères accréditaient cette interprétation. Mais ceux qui se taisaient étaient considérés comme des lâches. Comme quoi il était difficile aux étrangers d'adopter un comportement qui satisfît leurs hôtes.

3.3.2. Les ultimes précautions

Les affaires d'espionnage qui éclataient régulièrement et mettaient surtout en cause des agents allemands renforçaient la hantise de la guerre. Selon le colonel Paillole, l'un des chefs des services secrets français, 35 espions du Reich furent arrêtés en 1935, 153 en 1937, 274 en 1938 et 300 dans le premier semestre de 1939[1]. La littérature et le cinéma s'emparèrent du sujet. Des écrivains comme Pierre Nord, Charles Robert-Dumas, Paul Allard devinrent les spécialistes des hommes de l'ombre et évoquèrent leurs agissements dans de nombreux livres. A la veille de la guerre, la gauche, qui d'ordinaire raillait la

---

1. Paul PAILLOLE, *Services spéciaux (1935-1945)*, Laffont, Paris, 1975, page 110.

fièvre obsidionale de la droite, devint encore plus inquiète que cette dernière, car elle constata que l'espionnage nazi étendait ses sinistres réseaux sur la France. L'expression « cinquième colonne » qui désignait les agents spéciaux entra dans l'usage courant.

Le gouvernement, qui partageait les inquiétudes des Français, prit, par la voie réglementaire, toute une série de précautions. Ainsi le ministre de l'Intérieur, Albert Sarraut, demanda à la police de surveiller d'encore plus près les agissements politiques des étrangers et d'analyser leur état d'esprit, notamment leurs réactions probables en cas de guerre. Ceux qui habitaient à moins d'un kilomètre d'un ouvrage militaire furent inscrits sur le carnet B, registre des suspects. La vigilance inflexible dont le gouvernement entendait faire preuve fut manifeste à l'occasion de la grève générale du 30 novembre 1938. Les autorités, les préfets, les employeurs multiplièrent auprès des immigrés les mises en garde s'apparentant parfois à de l'intimidation. De la sorte, les travailleurs étrangers, rendus craintifs, restèrent souvent à leur poste et contribuèrent à l'échec du mouvement. Beaucoup de ceux qui, malgré tout, avaient participé à la grève furent licenciés et expulsés de France.

L'ombre de la guerre sembla s'étendre directement sur le pays avec le décret du 29 juin 1938 qui institua la peine de mort pour les délits d'espionnage et le décret du 12 avril 1939 qui définit les obligations militaires des étrangers : les apatrides et les bénéficiaires du droit d'asile étaient assimilés aux Français et pouvaient faire l'objet de toutes les réquisitions imposées aux citoyens ; les autres allogènes étaient autorisés à s'engager dans l'armée française dès le temps de paix. Le décret du 19 avril 1939 permit aux administrations de remplacer leurs employés qui seraient mobilisés par des étrangers engagés à titre précaire. Après la signature du pacte germano-soviétique du 23 août 1939 s'ouvrit la chasse aux communistes étrangers ; chez les Italiens furent arrêtés Palmiro Togliatti, Luigi Longo, Mario Montagnana.

3.3.3. La « Drôle de guerre » ou la « sale guerre » des étrangers

Bien avant la publication du décret permettant aux étrangers de s'engager dans l'armée française et plus encore en septembre 1939, au moment de l'entrée en guerre, de nombreux allogènes, individuellement ou par l'intermédiaire de leurs associations, manifestèrent leur volonté de servir la France. Des comités, comme les Étrangers volontaires pour la défense de la France, recueillirent les signatures de ceux qui voulaient s'engager. D'autres groupements ouvrirent des souscriptions pour offrir une escadrille d'avions à leur deuxième patrie. L'Union populaire italienne condamna les revendications territoriales de Mussolini.

Au total, au cours des deux premiers mois de la guerre, le nombre des candidatures à un engagement volontaire monta à 75 600. Sans doute ce chiffre se serait-il révélé plus important si le gouvernement avait montré plus d'empressement à accueillir les représentants des deux principales nationalités présentes dans le pays, les Italiens et les Polonais.

Les garibaldiens, groupés derrière Sante Garibaldi, et les antifascistes du *Comitato Nazionale Italiano* s'étaient entendus pour constituer une légion transalpine d'au moins 100 000 hommes, opérant au sein de l'armée française. Mais Mussolini, consulté par le gouvernement de Paris, s'opposa à l'enrôlement des garibaldiens, ceux-ci étant réputés antifascistes. La France n'osa pas froisser le Duce qui, pour l'heure, se tenait dans la

« non-belligérance ». Finalement les Italiens furent seulement autorisés à s'engager dans la Légion étrangère, ce que firent 7 000 d'entre eux.

Quant aux Polonais, la France préférait de beaucoup les employer dans les industries extractives où ils paraissaient plus à même de rendre des services. Cependant, la Pologne ayant été précipitée dans la guerre par l'attaque allemande, le gouvernement de Paris accepta le 9 septembre 1939 que fût constituée une division polonaise en France, recrutée parmi les immigrés. Dans les faits, ce corps fut formé, mais les autorités françaises chargées de recenser les hommes aptes au service les renvoyèrent souvent dans leurs entreprises comme « travailleurs encadrés ». Des unités tchèque et slovaque furent constituées sur le modèle de la division polonaise.

Restait le cas, beaucoup plus complexe, des réfugiés espagnols, allemands, autrichiens. En général, les responsables français voyaient moins en eux des antifascistes, susceptibles d'être engagés contre l'Allemagne nazie, que des communistes dont les idées révolutionnaires représentaient un grave danger. En principe, quatre possibilités étaient offertes à ces hommes : quitter la France, s'engager dans l'armée, travailler comme prestataires ou être internés. Dès le printemps 1939, la Défense nationale avait mis au travail d'anciens miliciens espagnols, groupés en compagnies de 250 hommes, encadrés militairement. Au moment de la mobilisation, 20 000 volontaires effectuaient ainsi des tâches relevant en général du génie militaire. L'entrée en guerre accéléra la mise au travail des Espagnols : au 25 avril 1940, quelque 55 000 d'entre eux étaient organisés en compagnies de prestataires, 40 000 autres avaient été placés dans l'industrie et l'agriculture, 6 000 s'étaient engagés dans les armées, 3 000 inaptes ou communistes hostiles à la « guerre impérialiste » restaient internés. A ces effectifs devaient s'adjoindre, dans un deuxième temps, environ 46 000 réfugiés allemands, autrichiens et apatrides, ce qui aurait porté le nombre des prestataires à plus de 100 000 dans l'été de 1940, mais l'offensive de mai-juin 1940 empêcha que ce projet aboutît.

Quant à l'engagement des antifascistes allemands et autrichiens dans l'armée les chefs militaires s'y montraient très hostiles car ces hommes restaient les ressortissants d'un pays en guerre avec la France et ils étaient soupçonnés de conserver un très fort attachement pour l'Allemagne, ce qui pouvait les conduire à trahir. Le gouvernement décida donc de n'accepter que les engagements individuels dans la Légion étrangère, mais, là encore, les autorités militaires multiplièrent les obstacles pour freiner cette incorporation.

En définitive, au début de mai 1940, plus de 100 000 étrangers apportaient leur renfort à l'armée française : 49 000 à la Légion étrangère, 47 000 dans les unités polonaises, 9 000 dans les unités tchécoslovaques. C'était un appoint non négligeable, mais très inférieur à ce qu'il aurait pu être si les autorités françaises n'avaient découragé un grand nombre de bonnes volontés. En tout cas, les contingents étrangers se battirent courageusement, à Narvik, en Lorraine, en Champagne, dans le Nord ; ils subirent de lourdes pertes avant d'être entraînés dans la débâcle.

La désillusion inspirée par la France fut aussi dramatiquement renforcée par l'internement des ressortissants du Reich, y compris les Autrichiens, dans des camps, lors de l'entrée en guerre. Réfugiés, juifs, nazis, indistinctement mêlés, furent d'abord rassemblés dans des lieux pouvant accueillir des foules considérables, ainsi, à Paris, le Vélodrome d'hiver, les stades de Colombes et de Roland-Garros, où ils attendirent parfois plusieurs jours. Ils furent ensuite dirigés vers des camps d'internement, une centaine au total, dont certains avaient reçu des réfugiés espagnols au début de 1939. Ces camps existaient sur tout le territoire, ainsi à Ambleteuse dans le Pas-de-Calais, Antibes dans les Alpes-Maritimes, La Braconne en Charente, Chambaron dans l'Isère, Gurs dans les Basses-Pyrénées, Les Milles dans les Bouches-du Rhône, Rieucros dans la Lozère, Le Vernet dans l'Ariège...

LE CAMP DU VERNET

Le camp du Vernet avait une superficie de cinquante hectares.

La première impression était celle d'un fouillis de barbelés qui entouraient le camp de trois rangs serrés et partaient en diverses directions, avec des tranchées parallèles.

La terre était aride ; pierreuse et poussiéreuse quand il faisait sec, et si boueuse qu'on s'y enfonçait jusqu'aux chevilles dès qu'il pleuvait, semée de mottes gelées pendant les grands froids. (...)

Les baraquements étaient construits en planches, couverts d'une sorte de papier goudronné. Chaque baraque contenait deux cents hommes. Elles avaient trente mètres de long sur cinq de large et leurs mobiliers consistaient en deux plates-formes superposés courant le long des murs et laissant un passage étroit au milieu. (...)

Les planches étaient recouvertes d'une mince couche de paille et la paille était l'unique mobilier transportable de notre baraque. C'était en fait une grange. Il n'y avait pas de fenêtres, mais une ouverture rectangulaire découpée dans le mur de planches servait de lucarne. Il n'y eut pas de poêle pendant l'hiver 1939, pas de lumière, et pas de couvertures. Le camp n'avait pas de réfectoire, il n'y avait pas une seule table et pas un seul tabouret dans les baraques ; il n'y avait pas d'assiettes, de cuillères ou de fourchettes pour manger, pas de savon pour se laver ; une partie des internés avait les moyens d'en acheter, l'autre était réduite au niveau de l'âge de pierre.

La nourriture consistait principalement en une ration quotidienne de trois cents grammes de pain. En plus, il y avait une tasse de café noir non sucré le matin ou une écuelle de « soupe » à midi et le soir. J'ai mis « soupe » entre guillemets ; c'était un liquide pâle, sans corps gras, avec seulement quelques vagues pois chiches, lentilles ou vermicelles. Le nombre de grains variait entre trente et cinquante. Il y avait aussi soixante-quinze grammes de bœuf bouilli dans la soupe de midi, mais d'une si mauvaise qualité que seuls les affamés pouvaient la manger.

Le travail durait en hiver de huit heures à onze heures et de une heure à quatre heures ; les heures de travail étaient réduites par la lumière et par l'infériorité physique des hommes sous-alimentés. Le taux des malades était toujours au-dessus de 25 pour 100 dans toutes les baraques, quoique les simulateurs fussent sévèrement punis.

Les hommes construisaient une route et étaient occupés à de nombreux travaux nécessaires à l'entretien du vaste camp. Ils n'étaient pas payés et le camp ne fournissait pas de vêtements de travail. Comme la majorité des prisonniers ne possédait que ce qu'ils portaient sur eux, (ils avaient depuis longtemps vendu leur dernière chemise de rechange ou leurs derniers sous-vêtements pour un paquet de cigarettes) ils travaillaient vêtus en haillons et pratiquement sans souliers, par 20 ° de froid ; ils dormaient sans couvertures dans leurs granges même quand les crachats gelaient par terre.

Quatre fois par jour, il y avait un appel qui durait une demi-heure ou une heure. Et, pendant ce temps, il fallait rester immobile dans le froid. La plus légère incartade était punie d'un coup de poing ou de nerf de bœuf par les gardes mobiles. Les délits plus graves étaient punis d'un minimum de huit jours d'emprisonnement dont les premières vingt-quatre heures se passaient sans boire, ni manger, et les trois jours suivants, au pain et à l'eau seulement.

Arthur KOESTLER, *La Lie de la terre*, 1941, réédition le Livre de Poche, Paris, 1971, page 134 (copyright Calmann-Lévy).

Les conditions de vie dans les camps se révélèrent extrêmement dures. En fait, tout avait été improvisé dans des lieux détournés de leur destination originelle : anciennes usines comme à Athis et aux Milles, hangars à Vierzon, colonie de vacances à Ambleteuse, écoles, prisons ou cinémas désaffectés. Le camp de Meslay-du-Maine n'était qu'un terrain boueux, parsemé de vieilles tentes et entouré de barbelés. La plupart des travaux d'aménagement furent effectués par les internés eux-mêmes après leur arrivée et le résultat en fut généralement médiocre : absence presque totale de chauffage, rareté des infirmeries et, quand elle existaient, insuffisance de l'équipement, précarité de l'hygiène, omniprésence de l'humidité. Les détenus souffraient d'autant plus cruellement du froid que beaucoup, croyant être convoqués pour une brève vérification d'identité, ne s'étaient pas munis de vêtements chauds et de couvertures. Les conditions de détention, très variables, dépendaient aussi de la personnalité de l'officier commandant chaque camp. Certains essayaient de pallier les carences de l'hébergement ; d'autres, réactionnaires ou antisémites, multipliaient les brimades à l'égard des internés, notamment les juifs. Ces malheureux payèrent un lourd tribut à la maladie physique ou psychique ; quelques-uns, dépressifs, furent conduits au suicide. Arthur Koestler dans *La Lie de la terre* (v. encadré p. 163) et d'autres écrivains décriront l'horreur de cette détention et leur amertume d'antifascistes emprisonnés par la démocratie française.

À partir de février 1940, des commissions dites de « criblage » essayèrent de remédier à l'arbitraire des internements décidés en septembre 1939. Pouvaient être libérées les personnes naturalisées françaises ou ayant un fils dans l'armée française. Les réfugiés bénéficiaires du droit d'asile et âgés de moins de 40 ans choisissaient entre un engagement à la Légion étrangère ou un statut de prestataire. Les individus jugés dangereux restaient internés, tels les nazis ou les communistes qui refusaient, selon les consignes du parti allemand en exil, de participer à la guerre impérialiste. Ces hommes furent rejoints par nombre de ressortissants du Reich en mai 1940, à la suite de l'offensive allemande qui entraîna une nouvelle vague d'arrestations. De même, en juin 1940, l'entrée en guerre de l'Italie amena l'internement de milliers de Transalpins qui, le plus souvent, ne représentaient aucun danger, car les fascistes s'étaient mis à l'abri depuis longtemps.

Après l'effondrement de la République, il appartint au régime de Vichy de reprendre la question de la population étrangère.

CHAPITRE VI

LES ÉTRANGERS PENDANT LA DEUXIÈME GUERRE MONDIALE : DRAMES ET HÉROÏSMES 1940-1945

La période de la Deuxième Guerre mondiale exposa les étrangers de France à des épreuves particulièrement douloureuses, astreinte au travail forcé, enfermement dans des camps, déportation des juifs. Ceux que l'abandon des principes républicains et la violation des droits de l'homme indignaient s'engagèrent dans la Résistance et apportèrent un concours précieux à la libération de leur patrie d'adoption.

1. Les étrangers sous le joug

Qu'ils fussent dans la zone occupée ou dans la zone libre, elle-même privée de son semblant d'indépendance en novembre 1942, les étrangers traversèrent, durant la Deuxième Guerre mondiale, des épreuves souvent plus lourdes que celles des Français.

1.1. L'exploitation des travailleurs étrangers

Les perturbations économiques dues à la guerre et la souveraineté réduite dont jouissait le régime de Vichy rendirent plus précaire la condition des travailleurs étrangers.

1.1.1. Les exigences des Allemands dans la zone occupée

Dans les premiers temps de l'occupation, un important chômage se développa dans la zone nord, ce qui conduisit les autorités françaises à mettre en application la loi du 10 août 1932 permettant d'établir des quotas de main-d'œuvre étrangère par branche économique ou par région. Les Allemands répliquèrent à ces dispositions en apportant leur aide aux ressortissants des États qui étaient leurs alliés : Italiens, Russes, Slovaques, Hon-

165

grois. En faveur de ceux-ci, les occupants demandèrent aux employeurs français soit une embauche prioritaire, soit une amélioration des quotas. Cependant, le soutien allemand n'apparaissait jamais systématique et général. Ainsi, dans le bassin houiller du Nord-Pas-de-Calais, les autorités du Reich ne témoignèrent aucune sympathie particulière aux mineurs italiens, peut-être parce que ces derniers étaient réputés perméables aux idées communistes.

Par la suite, le problème de l'emploi se résorba d'autant mieux dans la zone occupée que les Allemands voulurent une main-d'œuvre travaillant pour eux, à la fois sur place et dans le Reich. Dès l'été 1940, ils firent procéder au recensement des chômeurs étrangers, notamment les Italiens, les Slovaques, les Russes blancs, les Ukrainiens, les Polonais, les Yougoslaves, afin d'envoyer ceux-ci au-delà du Rhin. Les recruteurs allemands qui promettaient aux chômeurs un emploi stable et bien rémunéré obtinrent au début un certain succès auprès d'hommes qu'assaillaient des difficultés de toutes sortes. En effet, à l'automne de 1940, les effectifs des enrôlés volontaires atteignirent peut-être 17 000 pour les Polonais et 7 000 pour les Italiens. A ces chiffres, il faut ajouter les réquisitions de main-d'œuvre faites par les maîtres de l'heure dans les régions annexées de l'Est. Mais, à partir de 1942, le retournement de conjoncture rendant la victoire de l'Allemagne moins assurée, à quoi s'ajoutaient les dangers des bombardements alliés sur les villes du Reich et les mauvais traitements infligés à certains travailleurs, réduisirent fortement les départs volontaires. Les besoins de l'Allemagne en main-d'œuvre se faisant alors de plus en plus criants, il semble que les responsables nazis essayèrent de recruter plus ou moins discrètement dans la zone libre. Ainsi, au début de 1942, les autorités françaises de Marseille dénoncèrent le fonctionnement d'une agence clandestine de recrutement, dirigée par un ingénieur de la Kriegsmarine, agence qui avait embauché des Espagnols, des Russes, ainsi que des Français.

Les occupants s'intéressèrent aussi à la situation des étrangers qui travaillaient pour eux en France même. Aussi demandèrent-ils en 1941 à l'administration française et obtinrent de celle-ci que les étrangers fussent munis d'une carte d'identité spéciale. Grâce à ce document les travailleurs pouvaient exercer un autre emploi à la fin de leur contrat.

1.1.2. Les Groupements de travailleurs étrangers dans la zone libre

Dans la zone libre, la situation des étrangers en surnombre au sein de l'économie nationale fut réglée par la loi du 27 septembre 1940 créant les Groupements de travailleurs étrangers (GTE). Ces nouvelles structures concernaient les hommes valides de 18 à 55 ans. Les autorités de Vichy rassemblèrent dans les GTE une bonne part des anciens prestataires, notamment les Espagnols, ainsi que des soldats démobilisés des armées polonaise, tchécoslovaque, belge. En janvier 1941, les Groupements auraient compté quelque 48 000 hommes.

La réquisition des travailleurs dans les GTE n'était pas systématique. En effet, les étrangers qui justifiaient de moyens d'existence et qui n'étaient pas considérés comme dangereux au point de vue politique demeuraient hors du champ d'application de la loi. En revanche, l'embrigadement dans les Groupements permettait de mieux surveiller les individus jugés suspects, comme les anciens brigadistes espagnols, et de les éloigner des villes où ils avaient souvent reflué lors de la débâcle.

Les membres des GTE furent affectés à l'agriculture, aux mines, aux chantiers de travaux publics, à certaines usines. Les plus politisés, ainsi que les « faux » légionnaires, engagés pour la durée de la guerre et non pour les cinq ans traditionnels, furent envoyés en

Afrique du Nord où ils subirent un régime très dur jusqu'au printemps 1943. Ceux qui demeurèrent en France bénéficièrent parfois d'une meilleure situation quand, tout en demeurant administrativement membres des GTE, ils furent placés individuellement dans une entreprise et perçurent un salaire de droit commun. Mais tous n'eurent pas cette chance.

1.1.3. Les travailleurs étrangers dans la collaboration franco-allemande

Pour satisfaire leurs besoins grandissants en main-d'œuvre, les Allemands demandèrent à leur partenaire français de puiser parmi les coloniaux. Le Reich manifestait peu d'intérêt pour les Indochinois et s'intéressait bien plutôt aux Nord-Africains. Environ la moitié des 20 000 Algériens et Marocains amenés en France au début de la guerre avaient regagné leur pays. Aussi, au milieu de 1941, les Allemands demandèrent-ils que de nouveaux contingents de travailleurs maghrébins fussent acheminés jusqu'en métropole. L'accord signé prévoyait l'arrivée de 13 000 Algériens, mais seuls 7 500 d'entre eux traversèrent la Méditerranée avant que le débarquement allié de novembre 1942 n'interrompît les relations entre les deux rives. Un nombre indéterminé de Nord-Africains fut dirigé directement vers l'Allemagne ; d'autres furent mis au service de l'organisation Todt qui s'activait à la fortification du littoral atlantique.

L'insuffisance du recrutement colonial amena les occupants à se tourner dès 1941 vers les GTE, réservoir de main-d'œuvre déjà constitué. L'effectif des étrangers affectés à l'organisation Todt passa ainsi de 11 000 en 1941 à 37 000 en 1942. Mais l'Allemagne voulait encore plus de bras et Pierre Laval, craignant des réquisitions forcées de Français, imagina en juin 1942 un procédé qu'il jugeait ingénieux : La Relève, permettant le retour d'un prisonnier de guerre pour l'envoi de trois travailleurs chez le vainqueur. En septembre 1942, La Relève qui ne donnait pas les résultats escomptés fut élargie aux étrangers. Une ordonnance de Vichy, promulguée à la demande du Reich le 16 octobre 1943, alla encore plus loin : le texte prévoyait le recensement de tous les Italiens de France, âgés de 16 à 50 ans pour les hommes et de 18 à 40 ans pour les femmes, afin de les incorporer dans le Service du travail obligatoire. Il était prévu qu'un tiers de l'effectif resterait en France dans les entreprises travaillant pour les Allemands et que les deux autres tiers seraient transférés outre-Rhin. Nouvelle étape, le 9 février 1944, une circulaire du ministère français du Travail pria les préfets de fournir aux autorités d'occupation le plus grand nombre possible de travailleurs étrangers.

Une collaboration aussi résolue s'était incarnée dès 1940 dans le domaine politique.

1.2. Vichy et la politique d'exclusion des étrangers

La Révolution nationale, idéologie officielle du régime de Vichy, qui fut définie à partir de juillet 1940 se fondait sur la volonté de résurrection d'une France mythique, épurée de tous ceux qui compromettaient son unité et sa pureté. Les étrangers et les juifs figuraient au premier rang de ces catégories jugées délétères. En fait, la politique xénophobe et raciste qu'institua le gouvernement de Vichy donna une existence légale aux idées agitées par l'extrême droite avant 1939.

1.2.1. La répudiation des principes républicains

La conception traditionnelle de l'homme, telle que l'avait forgé en France l'héritage chrétien et l'idéalisme républicain, était de type universaliste et affirmait l'unité du genre humain. Cette culture fut critiquée et rejetée par les idéologues du Vichy qui s'ingénièrent à diviser l'humanité en groupes plus ou moins doués, plus ou moins sains, plus ou moins purs, donc plus ou moins désirables au sein de la société française.

Pour briser les anciens concepts égalitaristes légués par la République et diffuser les idées nouvelles, les autorités de Vichy créèrent des institutions qui prétendaient élaborer les principes intellectuels de l'exclusion. Telle était la mission confiée à l'Institut d'anthropo-sociologie, dirigé par Claude Vacher de Lapouge, fils du théoricien raciste, et à l'Institut d'étude des questions juives et ethnoraciales, présidé par Georges Montandon, professeur d'ethnologie et « expert » apprécié des nazis. Louis Darquier de Pellepoix animait l'Union française pour la défense de la race qui s'adressait au grand public. Un enseignement d'histoire du judaïsme, assuré par Henri Labroue, agrégé d'histoire, fut mis en place à la Sorbonne. Des revues spécialisées, des conférences, des causeries radiophoniques firent mieux connaître les idées chères aux nouveaux maîtres du pays. Parmi ceux-ci se distinguaient Vacher de Lapouge, Montandon, Darquier de Pellepoix, ainsi que le docteur René Martial. Ce dernier, depuis des années, dénonçait les dangers d'une immigration inorganisée, laissant s'opérer des métissages hasardeux :

> « Toutes les races ne peuvent pas s'accorder, tous les sangs ne peuvent pas se mélanger et toutes les sèves ne sont pas compatibles »[1].
>
> « Le métissage profite davantage à la race la moins belle, la moins intelligente, la moins cultivée, la moins forte ; il déprécie, au contraire, celle des deux races qui est supérieure »[2].

Pour Martial, il fallait soigneusement choisir les étrangers introduits en France en utilisant les lois de Mendel et les groupements sanguins qui, selon lui, offraient des critères scientifiques de sélection. Il concluait que les seuls peuples « compatibles » avec les Français étaient les Belges, les Hollandais, les Suisses, les Tchéoslovaques, les Polonais, les Italiens et les Berbères. Georges Mauco, lui aussi fustigeait « les tendances politiques égalitaires des gouvernements » de la IIIᵉ République, tendances qui avaient empêché « d'assurer la protection ethnique du pays »[3]. Mauco s'en prenait aux réfugiés politiques, particulièrement aux Russes, aux Arméniens et aux juifs, considérés comme trop différents des Français, porteurs de névroses héréditaires ou présentant de graves troubles de comportement dus aux persécutions qu'ils avaient subies.

Dans les faits, la volonté d'exclusion conduisit le gouvernement de Vichy à violer l'un des principes fondamentaux du droit libéral, celui de la non-rétroactivité des lois. Dès le 22 juillet 1940 furent prises des dispositions pour réviser les naturalisations accordées depuis la loi du 10 août 1927, qui avait assoupli les conditions d'accès à la nationalité française. Cette remise en cause d'une décision légale jusque-là considérée comme définitive, sauf dans les cas d'atteinte à la sûreté de l'État, illustrait la méfiance qu'inspiraient les naturalisés, suspectés de rester étrangers dans leur cœur et de manquer de loyauté à l'égard de leur nouvelle patrie. Quelque 500 000 dossiers furent examinés jusqu'en juin 1944. En définitive, la nationalité française fut retirée à 15 154

---

1. Dr René MARTIAL, *Vie et Constance des races*, Mercure de France, Paris, 1939, page 245.

2. Dr René MARTIAL, *Race, Hérédité, Folie. Étude d'anthropo-sociologie appliquée à l'immigration*, Mercure de France, Paris, 1938, page 135.

3. L'ethnie française, janvier 1943, cité par Patrick Weil dans Racisme et discrimination dans la politique française de l'immigration, *20ᵉ siècle*, juillet-septembre 1995.

naturalisés, soit 3 % du total. Plus de 6 000 juifs figuraient parmi les personnes ainsi sanctionnées.

Professeurs de patriotisme

— Pourquoi avez-vous tué ce militant national ?
— ... Barce que z'édaid un maufais Vranzais...

Dessin de Ralph SOUPAULT dans *Je Suis Partout*.

Certains naturalisés maintenus dans la nationalité française furent cependant exposés aux conséquences, néfastes pour eux, de la loi du 17 juillet 1940 qui visait à épurer l'administration. Désormais, toute personne née d'un père étranger perdait le droit d'accéder aux emplois publics ou, si elle occupait déjà l'un de ceux-ci, risquait d'être relevée de ses fonctions par décret ministériel. Des exceptions étaient seulement prévues pour les anciens combattants étrangers ayant servi dans les unités françaises en 1914 et en 1939, ainsi qu'en faveur de leurs descendants directs. De même, des lois concernant la médecine et le barreau réservèrent l'accès de ces professions aux seuls Français fils d'un père français.

Le droit d'asile, élément constitutif de la doctrine républicaine, fut lui aussi bafoué. L'article 19 de la convention d'armistice signé avec le vainqueur prévoyait que seraient livrés à l'Allemagne les réfugiés que celle-ci désignerait. Quelque 800 personnes furent ainsi remises aux nazis, dont d'anciens soldats de la Légion étrangère, le jeune Herschel Grynspan qui avait assassiné un diplomate allemand à Paris en 1938, des personnalités politiques comme le communiste Franz Dahlem et les anciens ministres socialistes Rudolf Hilferding qui se suicida dans les locaux de la Gestapo et Rudolf Breitscheid qui mourut en déportation en 1943. De même, des dirigeants espagnols républicains réfugiés en France furent arrêtés par les Allemands, sans que les autorités françaises intervinssent, livrés aux franquistes et fusillés par ceux-ci. Ce fut le sort de Lluis Companys, président du gouvernement autonome catalan, appréhendé en Bretagne en septembre 1940 et exécuté à Montjuic un mois plus tard. D'autres hommes politiques de gauche subirent le même traitement, notamment Julian Zugazagoita, Juan Peiro Belis, Francisco Cruz Salido. Le socialiste Francisco Largo Caballero, arrêté en février 1943, fut interné à Orianienburg.

La France aussi possédait des camps de concentration, moins sinistres certes que ceux d'Allemagne, mais n'en imposant pas moins des conditions de détention extrêmement dures.

1.2.2. Les camps français

La IIIᵉ République finissante avait déjà ouvert des camps en 1939 pour les réfugiés espagnols, puis pour les ressortissants des nations ennemies, lors de l'entrée en guerre. S'il existait ainsi une continuité entre Vichy et le régime précédent, les motifs d'internement furent élargis à partir de l'été 1940 et les droits de l'homme violés bien plus gravement.

Les autorités de Vichy prirent de nombreuses décisions allant dans le sens de la rigueur. Dès le 7 juillet 1940, une circulaire précisa que les Allemands non réclamés par le gouvernement de Berlin devraient être maintenus dans les camps. La direction de ceux-ci fut transférée du ministère de la Guerre à celui de l'Intérieur par la loi du 17 novembre 1940. Les pouvoirs des préfets se trouvèrent renforcés, notamment par la loi du 4 octobre 1940 qui permettait à ces fonctionnaires, en vertu de leurs pouvoirs discrétionnaires, d'interner les juifs étrangers, cela dans les deux zones et sans avoir à justifier de telles décisions. Il s'agissait bien là d'une violation caractérisée des droits de la personne. Le 25 juin 1941, l'amiral Darlan enleva à beaucoup de détenus tout espoir d'élargissement en spécifiant « qu'aucun étranger de race israélite ne sera désormais libéré des centres d'hébergement ou d'internement si, avant le 10 mai 1940, il n'était domicilié en France ». Darlan concluait en affirmant sa volonté d'empêcher les juifs étrangers de « s'intégrer à la collectivité nationale ».

En octobre 1940, le gouvernement de Vichy définit la fonction des six principaux camps pour étrangers : Le Vernet d'Ariège était « répressif », Gurs « semi-répressif », Bram, Argelès et Saint-Cyprien « centres d'hébergement », les Milles réservé aux personnes en instance d'émigration. Bientôt d'autres affectations apparurent : Rieucros et Agde reçurent des étrangers et des Français communistes, Noé et Récébédou se spécialisèrent dans l'accueil des malades et des vieillards, Rivesaltes s'ouvrit aux familles accompagnées de jeunes enfants. D'autres camps hébergèrent plus particulièrement des femmes et des enfants, des Tziganes, des résistants. En octobre 1940, des juifs du pays de Bade et du Palatinat, au nombre de 6 538, dont 2 500 âgés de plus de 60 ans, victimes d'une vaste rafle, furent acheminés à Gurs où ils restèrent jusqu'à leur déportation à Auschwitz en avril 1942. En zone nord, une première rafle de juifs étrangers eut lieu le 14 mai 1941, à la demande des Allemands, et aboutit à l'arrestation de 3 747 personnes, surtout des Polonais, qui furent dirigées vers les camps de Pithiviers et de Beaune-la-Rolande.

Les camps de rassemblement pour étrangers

BS : Blois-Silo
VO : Villenalard
VN : Villerbon
GC : Grand Champs

○ Camps créés à l'hiver et au printemps 1939
pour les réfugiés de la guerre d'Espagne
(sauf Rieucros destiné aux «agitateurs»
étrangers «indésirables»)

● Camps ouverts entre septembre 1939 et mai 1940
pour les «ressortissants ennemis»

D'après Anne Grynberg,
Les camps de la honte, La Découverte, 1991.

L'évaluation du nombre des détenus se révèle délicate, faute de statistiques complètes et sûres. Les fluctuations brutales compliquent les calculs. Ainsi, Gurs ne comptait plus que 3 594 prisonniers dans l'été 1940, les autres ayant été libérés ou envoyés dans les GTE ; mais d'octobre à décembre 1940, le camp enregistra de nombreuses entrées qui portèrent ses effectifs à 17 000 à la fin de l'année. Il semble que, durant l'été de 1940, les camps de la zone sud retenaient près de 40 000 personnes. Les effectifs augmentèrent ensuite et atteignirent peut-être 50 000 à la fin de 1940. En 1941, on dénombrait encore 40 000 détenus dont 5 000 enfants. Les nationalités apparaissaient étonnamment mélangées : on en compta jusqu'à 54 à Gurs. Les deux tiers environ des prisonniers étaient juifs.

Les instructions qui interdisaient aux gardiens de faire preuve de brutalité furent généralement respectées. Mais les conditions de détention, notamment en matière d'alimentation et d'hygiène, restèrent déplorables. Les baraques étaient surpeuplées, peu ou pas chauffées, les installations sanitaires insuffisantes, la nourriture extrêmement frugale. À Gurs, la sous-alimentation et le défaut de soins favorisèrent la diffusion de la dysenterie, la typhoïde, la gastro-entérite, les œdèmes de carence, la vermine. Durant le rigoureux hiver 1940-1941, on enregistra dans ce camp jusqu'à 30 décès par jour ; 800 des 6 538 juifs badois arrivés en octobre 1940 moururent.

Les mesures d'exclusion et la détention dans les camps ne concernaient pas seulement les juifs, même si ces derniers fournissaient presque toujours les principaux contingents de victimes. En revanche, sinistre monopole, les rafles et les déportations frappèrent exclusivement les israélites.

1.2.3. Les rafles et les déportations de juifs étrangers

Les rafles marquèrent une étape capitale dans la violation des droits de l'homme : des milliers de personnes furent arrêtées non pour ce qu'elles avaient fait, mais pour ce qu'elles étaient. La majorité d'entre elles mourut pour la même raison.

Les premières rafles eurent lieu dans la zone occupée au cours de l'année 1941. Le 14 mai 1941, la préfecture de police de Paris convoqua 6 494 juifs polonais, tchécoslovaques et ex-autrichiens ; 3 747 d'entre eux, soit 58 %, se présentèrent, en pensant généralement se soumettre à une simple vérification d'identité. En fait, ces personnes durent remettre leurs papiers aux autorités, puis furent acheminées vers les camps de Pithiviers et de Beaune-la-Rolande, cela pour la plus grande satisfaction de la presse collaborationniste qui dénonçait la malhonnêteté des israélites. La deuxième rafle répondait à la volonté des Allemands de détenir des otages à exécuter en riposte aux attentats visant les armées du Reich. Aussi, entre le 20 et le 23 août 1941, la *Feldgendarmerie* aidée par la police parisienne appréhenda-t-elle dans les rues, au hasard, 4 232 juifs, français et étrangers, qui furent rassemblés dans le nouveau camp de Drancy. Le 12 décembre 1941, les mêmes forces répressives arrêtèrent 743 juifs français et 300 étrangers, en représailles aux actes de résistance attribués à leurs coreligionnaires ; ces personnes furent internées au camp de Royallieu, près de Compiègne.

Dans la deuxième moitié de 1941, la Solution finale, projet d'anéantissement global de la population juive, fut progressivement organisée en Europe de l'Est, puis coordonnée à la conférence de Vannsee le 20 janvier 1942. Le plan d'extermination s'étendait à la France et fit l'objet de nombreuses discussions entre les Allemands, Theodor Danneker, représentant de l'Office central de sécurité du Reich, le général Oberg, chef de la SS en France, son adjoint le colonel Knochen, et les Français Pierre Laval, René Bousquet, secrétaire général de la police de Vichy, le délégué de ce dernier en zone occupée, Jean Leguay. Au départ, les nazis prévoyaient la déportation de 100 000 juifs de France, pris dans les deux zones. Mais les occupants, se rendant compte qu'ils ne trouveraient pas les moyens de transport nécessaires, retinrent finalement le chiffre de 40 000 à arrêter dans les trois mois. Les hommes de Vichy ne contestèrent jamais le principe des rafles et de la déportation, ni les effectifs concernés. Au contraire, les Français voyaient là une bonne occasion de débarrasser le pays des étrangers, ces « déchets expédiés par les Allemands eux-mêmes », selon l'expression de Laval. Les juifs de nationalité française semblaient bénéficier d'une préférence, mais celle-ci devait être fortement relativisée car le gouvernement de Vichy avait élaboré sa propre législation antisémite, n'avait pas protesté contre la déportation de Français arrêtés en zone occupée et mettait en place une procédure de dénaturalisation permettant de ranger les personnes déchues parmi les victimes. D'ailleurs, au début de 1942, les dirigeants de Vichy administrèrent la preuve de leur bonne volonté en matière de collaboration : Bousquet accepta que les rafles dans la zone occupée fussent effectuées par la police française. Laval proposa que, dans la zone libre, les enfants de moins de 16 ans, non réclamés par les Allemands, fussent livrés en même temps que leurs parents.

Après la conclusion de l'accord, les opérations furent promptement menées. La grande rafle de Paris, dite du Vel'd'Hiv', du nom du Vélodrome d'Hiver où se trouvèrent parquées une bonne partie des victimes, fut prévue pour les 16 et 17 juillet 1942. Les forces de l'ordre, épaulées par des membres du collaborationniste Parti populaire français de Jacques Doriot, furent divisées en 900 équipes d'arrestation. L'objectif était d'appréhender 28 000 juifs étrangers ou apatrides à partir de listes établies par la Préfecture de Police. Mais certains policiers et des résistants israélites ayant eu vent de la rafle qui se préparait avertirent tous ceux qu'ils purent atteindre. Aussi le total des arrestations s'arrêta-t-il à 12 884, dont 5 802 femmes et 4 051 enfants. Une partie de ces malheureux fut conduite à Drancy. Les autres, au nombre de 7 500, se retrouvèrent entassés au Vélodrome d'Hiver où rien n'avait été préparé pour les accueillir. Après la grande rafle parisienne, des opérations analogues furent montées dans toute la zone occupée contre les juifs étrangers. Beaucoup d'entre eux essayèrent de fuir vers la zone libre ; ceux qui furent interceptés par la Gestapo rejoignirent leurs coreligionnaires déjà arrêtés.

Entre le 26 et le 28 août 1942, Pierre Laval, tenant ses promesses, organisa ses propres rafles, principalement dans les camps d'internement et les Groupements de travailleurs étrangers de la zone libre. Un total de 6 584 juifs non français fut transféré dans la zone nord. De même qu'à Paris, le bilan de la chasse à l'homme n'avait pas atteint l'effectif prévu ici, 12 000 ou 13 000 personnes, car certains fonctionnaires locaux et la radio de Londres avaient diffusé des mises en garde.

De la fin de 1942 à 1944, les rafles se poursuivirent. Après l'entrée des Allemands dans la zone sud, le 11 novembre 1942, les opérations furent effectuées par la Gestapo ou par la police française avec l'aide des mouvements collaborationnistes, parfois par l'ensemble de ces forces répressives agissant de concert. Les distinctions entre les catégories de victimes s'effacèrent désormais : les juifs français étaient arrêtés comme les étrangers, les enfants comme les adultes. Ainsi, 44 enfants du foyer d'Izieu tombèrent aux mains des bourreaux le 6 avril 1944 ; le 22 avril, ce furent 19 fillettes juives, âgées de 4 à 13 ans, réfugiées à l'orphelinat de Saint-Mandé. Cependant, encore une fois, les résultats ne satisfirent pas les Allemands car des juifs, bénéficiant de diverses protections, passaient entre les mailles du filet. De plus, les autorités de Vichy, soumises à la pression des Églises et d'une opinion de plus en plus choquée par les rafles, collaboraient d'une manière moins résolue.

Les rafles ne constituaient que la première étape sur le chemin de la déportation. Seules échappaient à celle-ci des catégories peu nombreuses, comme les demi-juifs et

---

LE VEL' D'HIV' APRÈS LA RAFLE
L'après-midi du 16 juillet 1942

Le Vél d'Hiv. La vaste enceinte grouille de haut en bas. Avant d'y pénétrer, nous voyons à l'extérieur dans une courette un pompier distribuer de l'eau à des enfants, au bout d'un tuyau d'incendie qui s'alimente dans la rue. Il n'y a donc pas d'eau à l'intérieur. Dès l'entrée, de nombreux ballots épars, des hardes enveloppées dans des édredons ficelés, des valises, des sacs de tous genres. Interrogés, les gendarmes répondent : objets perdus. Nous pénétrons sur la piste centrale par le tunnel. Spectacle. Une foule énorme dans des tribunes où les fauteuils paraissent tous occupés. A l'examen, on constate des milliers de gens assis, occupant avec leurs ballots et valises les fauteuils autour d'eux. Sur le terre-plein central, des enfants courent et semblent jouer, pourchassés par des gendarmes qui ont l'ordre de les faire remonter dans les gradins. De temps en temps, des jeunes gens apportent des baquets d'eau et tous s'y précipitent pour remplir leurs quarts, leurs casseroles ou de simples boîtes de conserve. Sur la piste, à droite en sortant du tunnel, des brancards sont posés où geignent des femmes et des enfants étendus. Dans une petite enceinte à gauche, la Croix-Rouge a installé une ambulance où s'affairent des infirmières et les deux médecins. On a l'impression qu'il n'y a que des enfants et des malades. Pour cet ensemble on n'a amené qu'une cinquantaine de brancards et matelas. [...]

Une femme, devenue folle, est liée sur un brancard ; une autre a cherché à tuer son enfant avec une bouteille. Un autre enfant fut amené, les veines du poignet presque sectionnées par sa mère.

Récit d'André BAUR, président de l'UGIF (Union générale des Israélites en France), cité par André KASPI, *Les Juifs pendant l'occupation*, le Seuil, Paris, 1991.

---

les conjoints d'Aryens, lesquels étaient mis au travail à Aurigny et dans les camps du nord de la France, généralement sous l'autorité de l'organisation Todt. Les autres étaient rassemblés dans des camps de transit : Pithiviers, Beaune-la-Rolande, Royallieu, Vittel et surtout Drancy d'où partirent 67 000 des 76 000 juifs déportés de France. Dans ces camps, les conditions de vie se révélaient très dures, que l'administration fût assurée par les Français comme à Pithiviers et Beaune-la-Rolande, par les Allemands comme à Royallieu, ou par la collaboration des deux autorités à Drancy. L'hygiène apparaissait déplorable, l'alimentation si insuffisante que 40 personnes moururent de faim à Drancy entre août et décembre 1941, les brutalités étaient quotidiennes. Les lieux de détention français constituaient l'antichambre des camps d'extermination situés à l'est de l'Europe, vers où furent dirigés périodiquement des convois composés généralement d'un millier de personnes. Le premier convoi partit le 27 mars 1942 et le dernier le 17 août 1944, une semaine seulement avant la capitulation des troupes allemandes de Paris. Les premiers déportés furent des adultes étrangers ; les enfants suivirent dans l'été 1942, les juifs français à partir de 1943.

La plupart des déportés pensaient être dirigés sur des camps de travail et non vers une mort quasiment inimaginable dans la mesure où elle était planifiée, cyniquement et méthodiquement organisée par les nazis. Une macabre comptabilité peut être dressée : (voir tableau page suivante) parmi ces personnes, 6 012 avaient moins de 12 ans et 8 687 plus de 60 ans. Les deux tiers étaient étrangers. Seules 2 500 survécurent. Au total près du quart des juifs vivant en France en 1940 furent déportés.

Effectifs des déportés de France

1942	42 655
1943	17 041
1944	16 025
Total	75 721

1.3. Au secours des étrangers

Au milieu des épreuves qui s'abattaient sur eux, les étrangers, et plus particulièrement ceux d'entre eux qui étaient juifs, trouvèrent quelques aides. Celles-ci se révélèrent insuffisantes pour sauver l'ensemble des personnes exposées au danger, mais n'en furent pas moins décisives dans certains cas.

1.3.1. Les juifs dans la zone d'occupation italienne

En novembre 1942, quand la zone sud fut envahie, les Italiens étendirent leur occupation sur plusieurs départements du Sud-Est, les Alpes-Maritimes, le Var, les Basses-Alpes, les Hautes-Alpes, la Savoie, la Haute-Savoie, l'Isère, la Corse. La population juive de cette région, estimée à environ 20 000 personnes avant la guerre, avait doublé ou triplé à la suite de l'afflux de juifs belges, hollandais ou résidant jusque-là dans la zone occupée. Ils se sentaient plus en sécurité dans le Sud et espéraient souvent quitter la France en s'embarquant dans un port de la Méditerranée. Ainsi, la Côte d'Azur qui, en outre, offrait de vastes possibilités de logement dans son important parc hôtelier, avait accueilli les principaux contingents de juifs.

Ce fut dans les Alpes-Maritimes que les orientations de la politique italienne se manifestèrent le plus clairement. Le préfet, Marcel Ribière, voulait éloigner de son département un nombre indéterminé de juifs et soumettre les étrangers qui resteraient à la législation antisémite de Vichy dans toute sa rigueur. Les autorités italiennes d'occupation s'y opposèrent fermement et affirmèrent leur volonté de décider seules du sort des juifs vivant dans la zone. Dès lors les israélites se trouvèrent placés sous une efficace protection des Transalpins qui menacèrent même d'arrêter les policiers français si ces derniers appliquaient les ordres du préfet. Des centres d'accueil et des comités d'aide aux réfugiés s'ouvrirent. Ceux dont les papiers étaient en règle furent assignés à résidence, dans des conditions confortables, à Saint-Martin-Vésubie, Vence, Barcelonnette, Megève, Saint-Gervais, Combloux.

Cette attitude bienveillante, qui scandalisait les Allemands et le gouvernement de Vichy, reflétait bien les dispositions du fascisme italien qui avait découvert très tardivement l'antisémitisme, à la veille de la guerre, et, en la matière n'avait pas égalé la sauvagerie nazie. De plus, Mussolini tenait à marquer son indépendance à l'égard de son puissant allié. Ces dispositions favorables furent remarquablement exploitées, sur place, dans le Sud-Est, par un riche banquier juif italien, Angelo Donati, intelligent, actif, très bien introduit dans les milieux diplomatiques et militaires de son pays. Donati devint pour ses coreligionnaires un porte-parole et un défenseur aussi efficace que respecté. Avec l'aide d'un capucin, le père Marie-Benoit, il organisa même un vaste plan de transfert des juifs de la zone italienne vers l'Italie, puis l'Afrique du Nord, afin de mettre ces milliers de vies à l'abri, pour le cas où les Allemands décideraient d'occuper toute la France. Ce fut précisément cet événement, précipité par l'effondrement italien de septembre 1943, qui empêcha Donati de mettre son projet à l'œuvre. Dès lors, la Gestapo, libre d'agir, put procéder à de vastes rafles.

1.3.2. L'opinion publique : de l'indifférence à la sympathie

La Révolution nationale grâce à laquelle Pétain prétendait régénérer la France faisait figurer les étrangers et les juifs parmi les principaux responsables de la débâcle de 1940. Aussi l'exclusion de ces éléments jugés nocifs constituait-elle, pour les nouveaux dirigeants, la préface du redressement. La confiance que les Français, profondément traumatisés, accordaient spontanément au maréchal les détourna au début de toute protestation contre le discours officiel xénophobe, la législation bafouant les droits de l'homme et l'internement des étrangers dans des camps. En outre, le poids des soucis quotidiens, la recherche du ravitaillement, l'inquiétude inspirée par le sort des prisonniers de guerre monopolisaient l'attention et ne faisaient pas paraître le sort des étrangers comme prioritaire. Cependant, mise à part une petite minorité de collaborationnistes exaltés, l'opinion ne se laissa pas emporter par une vague de xénophobie et d'antisémitisme militants. Les particuliers qui, ici ou là, accusaient les étrangers de se livrer à des trafics louches et au marché noir réprouvaient généralement la violence.

En fait, en 1940-1941, ce fut l'indifférence qui forma le sentiment dominant. La presse clandestine elle-même mentionnait rarement les mesures dont les immigrés juifs étaient victimes et, quand elle le faisait, elle présentait la persécution comme un résultat direct de la pression allemande. Les prises de position ouvertement antiracistes demeurèrent avant 1942 exceptionnelles et émanèrent de feuilles à diffusion limitée comme *l'Université Libre*, qui ne ronéotypait pas plus de 1 000 exemplaires, ou, tiré à 5 000 exemplaires, le premier *Cahier du Témoignage chrétien* qui, sous la plume du père Fessard, condamnait « ces camps de concentration remplis de juifs laissés dans un abandon qui défie toute humanité »[1] . Mais, à la grande majorité des nationaux, y compris beaucoup de philosémites, aux juifs français eux-mêmes qui, depuis longtemps, se montraient réservés à l'égard de leurs coreligionnaires immigrés, l'internement de ces derniers ne paraissait pas blâmable. Les protestations étaient jugées dangereuses car elles risquaient d'entraîner des mesures de rétorsion contre les Français jusque-là privilégiés.

Mais l'aggravation de la politique antisémite, l'obligation du port de l'étoile jaune en zone occupée et surtout les grandes rafles de 1942 entraînèrent une mutation profonde dans l'esprit public. Les Français prirent conscience de la complicité de Vichy et des Allemands et ils furent fortement impressionnés par le caractère tragique de ce que vivaient les juifs. L'arrestation de femmes, d'enfants, de vieillards seulement coupables d'être israélites, les scènes déchirantes que suscitait la séparation des familles, le spectacle horrible des convois de déportés firent se lever les protestations. Le consistoire central, jusque-là modéré, fustigea « une barbarie que l'histoire a rarement égalée ». Le 22 juillet 1942, les cardinaux et archevêques de la zone occupée firent savoir à Pétain qu'ils condamnaient la violation « des droits imprescriptibles de la personne humaine ». Le 19 août 1942, le cardinal Gerlier, archevêque de Lyon et primat des Gaules, alerté

---

1. « France prends garde de perdre ton âme », novembre 1941.

par le rabbin Jacob Kaplan, s'associa à la démarche des prélats du Nord dans une lettre adressée au maréchal. Le 20 août, le pasteur Boegner, président de la Fédération protestante, écrivit lui aussi au chef de l'État pour fustiger la livraison à l'Allemagne d'étrangers, juifs ou chrétiens, procédé qui infligeait à la France une grave « défaite morale ». Mgr Saliège, archevêque de Toulouse, diffusa le 23 août une lettre pastorale qui déplorait la violation des principes chrétiens et concluait :

> « Les Juifs sont des hommes, les Juives sont des femmes. Les étrangers sont des hommes, les étrangères sont des femmes. Tout n'est pas permis contre eux (...) Ils font partie du genre humain ; ils sont nos frères comme tant d'autres ».

LA POSITION DE JACQUES HELBRONNER, PRÉSIDENT DU CONSISTOIRE CENTRAL, D'APRÈS L'ABBÉ GLASBERG

(...) je me borne à signaler un entretien à l'archevêché de Lyon. Avec le P. Chaillet, nous avons fait une démarche auprès de Gerlier pour lui demander de protester contre l'internement des Juifs étrangers dans les différents camps tels que Gurs, Rivesaltes, etc. Le cardinal nous a demandé de réfléchir et nous a fait revenir deux jours après. Il nous a déclaré : « Voyez-vous, comme vous êtes légers ! J'ai justement chez moi un représentant du judaïsme français qui me demande de ne pas faire cette démarche ! » Introduits au salon, nous trouvâmes M. Helbronner dont il est question. Je ne voudrais pas dire du mal des absents, puisque M. Helbronner est mort dans un camp de concentration, mais il nous dit : « Vous avez tort, vous ne comprenez pas que si nous soulevons cette question, demain on pourra prendre des mesures analogues à l'encontre des "Israélites français" (selon son expression). Il ne faut pas que le cardinal intervienne en faveur d'étrangers, cela ne peut qu'aggraver la situation. » Les bras m'en sont tombés, nous sommes partis Chaillet et moi.

Églises et Chrétiens dans la Deuxième Guerre mondiale, Presses universitaires de Lyon, 1978, page 203.

Les jours suivants, le cardinal Gerlier, Mgr Théas de Montauban et Mgr Delay de Marseille exprimèrent des sentiments voisins. Edouard Herriot, président de la dernière Assemblée nationale de la IIIe République, et Jules Jeanneney, président du Sénat, firent connaître la réaction d'« horreur » qu'ils éprouvaient. Les journaux de la Résistance, jusque-là discrets, firent écho à toutes ces protestations et traitèrent dès lors largement le thème de la déportation. Mais la sympathie nouvelle qu'éveillaient les victimes du racisme ne se limita pas aux personnalités religieuses et politiques. De simples particuliers dirent leur émotion dans des lettres adressées aux préfets ou à Pétain. Certains policiers avertirent des personnes menacées d'arrestation. Des Français proposèrent de cacher des étrangers. Ainsi la protestation déboucha sur l'aide active.

1.3.3. Se cacher et partir.

Les expériences et les parcours individuels des étrangers qui échappèrent temporairement ou définitivement aux menaces pesant sur eux furent d'une extrême diversité. Cependant, quelques règles générales s'imposaient : il fallait vivre dans l'ombre, aller de cachette en cachette ou s'installer à demeure dans un abri sûr, si possible quitter la France, et pour tout cela trouver des aides.

Des chrétiens français, qui n'étaient pas visés par Vichy ou les Allemands, se dévouèrent pour les étrangers et les juifs. Les rédacteurs des *Cahiers du Témoignage chrétien* notamment le père Chaillet, jésuite, et le pasteur Roland de Pury, ne se contentèrent pas de dénoncer verbalement le racisme ; ils entreprirent aussi des actions clandestines de sauvetage. L'ordre des Pères de Sion en fit autant. A Toulouse, Mgr Saliège couvrit son adjoint, Mgr Courrèges d'Ustou qui plaçait des enfants juifs dans des établissements catholiques. À Nice, Mgr Rémond mit en place à l'évêché un réseau qui se vouait à la même activité. Un jésuite, le père Roger Braun, sauva des centaines de vies. L'abbé Alexandre Glasberg, issu d'une famille juive ukrainienne, vicaire de la paroisse Saint Alban à Lyon, fut antipétainiste dès 1940 et accorda aussitôt sa protection aux réfugiés politiques allemands dont le Reich exigeait la livraison ; l'expérience qu'il acquit alors dans la fabrication des faux papiers, l'aménagement de cachettes et l'organisation de filières d'évasion lui servit beaucoup quand il déploya son activité en faveur des juifs en 1942.

Les protestants, qui gardaient le souvenir des persécutions endurées jadis par eux-mêmes, se sentaient proches des personnes pourchassées. Les Cévennes offrirent à ces malheureux un asile généreux. Dans la seule petite commune de Chambon-sur-Lignon, le pasteur André Trocmé et son épouse Magda accueillirent pour des séjours de durée variable quelque 2 500 personnes, Espagnols républicains, Allemands antinazis et surtout juifs de toutes nationalités. Les réformés créèrent dès la fin de 1939 le Comité inter-mouvement auprès des évacués (CIMADE) qui apporta d'abord son aide aux détenus des camps de la zone sud, puis cacha des fugitifs et les achemina vers la Suisse.

Les juifs reçurent naturellement le secours de leurs propres organisations, le Comité d'aide aux réfugiés (CAR), replié d'abord à Marseille, puis à Montpellier, l'Organisation de secours aux enfants (OSE) qui, jusqu'en 1942, fit passer des milliers de jeunes de la zone occupée à la zone libre et obtint que beaucoup d'autres sortissent des camps, la Société pour le développement du travail (ORT) qui dispensait un enseignement profes-sionnel, les Éclaireurs israélites de France (EIF), la HICEM (HIAS-JCA Émigration Association), organisme juif d'émigration qui put faire sortir de France 6 449 personnes entre 1940 et 1942.

Les étrangers furent aussi secourus par des particuliers que les persécutions cho-quaient, hommes de gauche, fonctionnaires, élus, militants politiques fidèles à l'idéal républicain ou conservateurs poussés à l'action par leurs conscience. Typique apparais-sait l'engagement de Jean Deffaugt, ancien combattant dévoué à Pétain, nommé maire d'Annemasse par le régime de Vichy, mais amené par son patriotisme et ses sentiments de catholique pratiquant à apporter un concours précieux aux victimes dont il facilita le passage en Suisse. À Marseille, la comtesse Pastré, dans son château de Montredon, hébergeait en permanence une quarantaine de personnes, écrivains, peintres, musiciens, comme le compositeur italien Vittorio Rieti, la pianiste Clara Haskil, le violoncelliste catalan Pablo Casals, le peintre tchèque Rudolf Kundera, le metteur en scène russe Boris Kochno.

Ceux qui offraient leur concours aux fugitifs devaient d'une manière ou d'une autre violer la légalité et ce choix ne se révélait pas facile pour tous. Le responsable politique et le fonctionnaire délivraient de faux papiers, l'ecclésiastique signait de pseudo-attesta-tions de baptême, telle personne transformait sa maison en relais ou en cachette perma-nente, telle autre se muait en convoyeur ou en passeur. Beaucoup payèrent le prix fort, torture, déportation, exécution, pour le risque qu'ils avaient accepté de prendre.

L'importance de l'enjeu humanitaire amenait beaucoup d'individus et d'organisations à oublier leurs anciens choix partisans, leur rivalité ou leurs divergences pour travailler ensemble. Dès la fin de 1940, un réseau d'aide aux hôtes des camps, baptisé Comité de Nîmes, du nom de la ville où se trouvait son siège, rassembla de nombreux organismes philanthropiques aux appartenances diverses comme l'Action catholique, les Quakers, l'*American Joint Distribution Committee*, les Amitiés chrétiennes, l'Aumônerie générale israélite, la CAR, le CIMADE, la Croix-Rouge, la Fédération des sociétés juives de France, la Fédération protestante de France, la HICEM, l'OSE, le *Young Men Christian Association*, etc... Autre exemple d'entente, l'évêque de Nice, Mgr Rémond, agit en union étroite avec le juif syrien Moussa Abadi, nommé responsable de l'enseignement libre diocésain et pourvu d'un bureau à l'évêché. L'abbé Glasberg s'entendit avec Nina Gourfinkel, représentante du Congrès juif mondial. La filière suisse du mouvement protestant CIMADE fut organisée à la fin de 1942 par Geneviève Pittet avec l'aide du pasteur Chapal d'Annecy et de l'abbé Folliet, aumônier de la Jeunesse ouvrière chrétienne. Le « Service André », réseau animé par Joseph Bass, comprenait entre autres le père de Parceval, dominicain, le père Brémond, jésuite, le père Marie-Benoit, capucin, les pasteurs Lemaire et Heyze, les rabbins Salzer et Hirschler, le banquier Donati, les avocats Lasalavie, Murzi et Acquatella. On pourrait ainsi énumérer de nombreux réseaux rassemblant des catholiques, des protestants, des juifs, des incroyants, des hommes et des femmes de toutes opinions, de toutes générations et de toutes professions.

Certaines régions frontalières qui offraient l'espoir d'un asile sûr en terre étrangère attirèrent particulièrement les réfugiés. Ainsi, de nombreuses filières aboutissaient dans les départements limitrophes de la Suisse. Ce pays accueillait les personnes répondant à certaines conditions : femmes enceintes, enfants de moins de 16 ans, individus ayant de la famille dans le pays ou âgés de plus de 65 ans. Cette réglementation entraîna dans la deuxième moitié de 1942 l'admission de 8 146 réfugiés et le refoulement de 1 056 autres ; en 1943, les chiffres furent respectivement de 13 452 et 3 343. Quant au franchissement clandestin de la frontière suisse, il nécessitait l'aide de passeurs, de cheminots, parfois de gendarmes et de douaniers. Les Allemands punissaient sévèrement ces intermédiaires : l'abbé Jolivet, curé de Collonges-sous-Salève, fut fusillé ; l'abbé Rosay, curé de Douvaine, mourut en déportation à Bergen-Belsen. Le passage en Espagne se révélait encore plus difficile en raison de l'obstacle des Pyrénées et du régime franquiste qui éprouvait des sympathies pour l'Axe. Cependant, là aussi, s'établirent des filières. Les plus heureux des fugitifs, parfois après un séjour dans les geôles espagnoles, pouvaient repartir pour l'Afrique du Nord, l'Amérique, la Palestine. C'était aussi l'espoir de s'embarquer vers de lointaines destinations qui attirait les étrangers à Marseille. Là s'installa dès 1940 Varian Fry, représentant d'un important réseau d'acheminement vers les États-Unis, l'*Emergency Rescue Committee*, qui put faire partir plusieurs centaines d'intellectuels, notamment Heinrich et Golo Mann, Lion Feuchtwanger, Franz Werfel, Anna Seghers. Les dominicains de Marseille organisèrent le départ d'Ernst-Erich Noth vers l'Espagne, puis le Portugal.

Si l'on s'en tient aux personnes d'origine juive, ce furent probablement 20 000 d'entre elles qui parvinrent à quitter la France.

2. L'engagement des étrangers : de la collaboration à la Résistance

Les étrangers, comme les Français, se partagèrent entre attentistes, collaborateurs et résistants. Il n'est pas possible, en l'état actuel des connaissances, de chiffrer avec précision l'importance respective de chaque groupe. L'analyse se révèle d'autant plus complexe que les degrés et les motivations de l'engagement, ainsi que les types d'action, furent extrêmement divers.

2.1. Les étrangers dans la Collaboration

Une petite minorité d'étrangers se rallia aux occupants dès 1940. Cet engagement demeure assez peu connu. On sait, par exemple, que les Allemands s'adjoignirent des Russes blancs répartis en équipes de « physionomistes » chargés de repérer les juifs dans les lieux publics. Mais on ignore les effectifs et le détail des activités de ces individus.

Des renseignements plus fournis existent en ce qui concerne la Phalange espagnole. Les dirigeants de ce mouvement franquiste espéraient rallier 50 000 de leurs compatriotes en France et durent se contenter de 750 au début de 1941. Il apparaît bien ainsi que le militantisme dans les organisations extrémistes concernait de petites minorités.

L'Italie pouvait compter sur ses ressortissants adhérant au fascisme. Mais ces derniers étaient très peu nombreux : beaucoup d'entre eux, surtout parmi les principaux responsables, avaient regagné la péninsule au début de la guerre. Entre octobre 1940 et août 1943, plus de 70 000 autres retours furent enregistrés, principalement en 1940 et 1941, retours de personnes ayant perdu leur emploi ou craignant les réactions des Français. Ceux-ci, en effet, éprouvaient généralement de la rancune et du mépris contre un pays ennemi, entré sans gloire dans le camp des vainqueurs. Les Français accusaient encore les Italiens, paysans et commerçants, de s'enrichir grâce au marché noir ou de séduire les filles, en l'absence des hommes retenus en Allemagne dans les camps de prisonniers. Aussi la grande majorité des immigrés, consciente de cette animosité, se tenait-elle dans une prudente réserve.

Cependant, les *fasci* rouvrirent leurs portes et apportèrent leur concours à l'action des consulats. Les activités politiques se développèrent surtout en 1942. Les militants les plus résolus dénoncèrent des résistants. Pour mieux traquer les antifascistes, les services officiels transalpins échangèrent des renseignements avec la police française et les compagnies minières du Nord. À Nice, les partisans du retour du Comté à l'Italie se rassemblèrent dans les *Gruppi d'Azione Nizzarda* (GAN), présidés par le général de la Milice Ezio Garibaldi et forts d'environ 300 membres. Les GAN publièrent le journal *Il Nizzardo* et multiplièrent les prises de position irrédentistes. Cependant, la masse immigrée ne suivit pas : quand les troupes italiennes vinrent occuper Nice, le 12 novembre 1942, seuls 400 à 500 Transalpins, sur les quelque 40 000 ou 50 000 vivant dans l'agglomération, manifestèrent leur satisfaction au passage des soldats.

Les Allemands obtinrent le ralliement de quelques nationalistes nord-africains qui espéraient profiter de l'écrasement de la métropole en 1940 pour libérer leur pays. Mais le Reich, prudent, ne promit pas formellement l'indépendance afin de ne pas inquiéter Vichy et ses amis, Mussolini et Franco, possédant des colonies en Afrique. Cependant une collaboration étroite se noua entre le vainqueur et certains Maghrébins, bien que les principaux dirigeants, tels Habib Bourguiba et Messali Hadj, eussent repoussé les offres de ralliement. Larabi Fodil n'éprouva aucune réticence et appela à la lutte armée contre les Français avec l'appui des nazis. Quelques dissidents du Parti du peuple algérien (PPA) de Messali qui, depuis le printemps 1939, étaient en contact avec les services secrets allemands formèrent le Comité d'action révolutionnaire nord-africain (CARNA). Leur chef de file, Abderrahmane Yassine, prit la tête d'un Centre de propagande arabe qui s'aligna sur les théories nazies. Un autre ancien du PPA, Mohamed el Maadi, se soumit aussi servilement aux Allemands qui lui permirent de publier le journal *Er Rachid*. Avec l'aide de Bonny et Lafont, chefs de la « Gestapo française », el Maadi constitua même une petite unité de combat, la Brigade nord-africaine, forte de 250 hommes, recrutés surtout dans le milieu, brigade qui lutta contre les résistants, puis fut incorporée dans la Milice en avril 1944. Également issu du PPA, Si Djilani Amar Khider, proche de Marcel Déat, forma l'Union des travailleurs nord-africains qui défendit les intérêts de la main-d'œuvre maghrébine travaillant sur les chantiers Todt le long de l'Atlantique.

2.2. *L'engagement des étrangers dans la Résistance*

La mémoire collective, peu soucieuse d'exactitude historique, a souvent majoré le rôle des résistants français et oublié l'action des résistants étrangers, bien que l'engagement de ces derniers se fût souvent révélé précoce et décisif.

2.2.1. Les motivations des étrangers

L'entrée des étrangers dans la Résistance dépendit d'un faisceau très varié de facteurs idéologiques ou psychologiques. L'engagement put être également favorisé par le déroulement de la guerre, par des événements inattendus ou des rencontres fortuites amenant à la clandestinité des individus qui y semblaient *a priori* peu préparés.

La conscience politique des étrangers, conscience plus ou moins formulée, ancrée dans le passé ou réveillée par les expériences récentes, exerçait une influence souvent décisive. Beaucoup de réfugiés gardaient l'image idéalisée d'une France auréolée par 1789, terre de démocratie et de liberté, chargée d'une mission universelle, pour l'heure écrasée par la barbarie nazie et trahie par le régime collaborateur de Vichy. Des étrangers dont le pays d'origine se trouvait aussi sous la botte allemande associaient tout naturellement leur patrie et la France mythique qu'ils admiraient. Il leur semblait juste de se lever contre l'ennemi commun pour restaurer les valeurs que celui-ci bafouait.

Les étrangers les plus engagés à gauche, aguerris par les combats auxquels ils avaient participé dans les années précédant la guerre, faisaient preuve d'une maturité politique et d'une aptitude à la lutte particulièrement vives. Les militants, les antifascistes actifs, les révolutionnaires appliquaient déjà avant 1939 les règles élémentaires de prudence qui permettaient d'échapper à la surveillance exercée par la police française, parfois par les patrons ou les consuls des pays d'origine. Ainsi, l'usage des pseudonymes, les déplacements discrets de cachette en cachette, la diffusion de consignes non écrites ou de journaux clandestins constituaient un bon entraînement pour les futurs résistants. Les anciens des Brigades internationales, qui s'étaient battus en Espagne, apparaissaient particulièrement bien préparés. Ils savaient manier les armes, utiliser et rénover le matériel pris à l'ennemi, fabriquer des bombes, pratiquer la guérilla, résoudre les nombreux problèmes pratiques qui se posaient dans les maquis.

Chassés de leur pays par des régimes dictatoriaux, battus en Espagne par Franco, traumatisés par la défaite de la France, beaucoup d'étrangers étaient passés par une longue série d'épreuves et de frustrations. Ils ne voulaient plus plier devant le totalitarisme. Ils reçurent le renfort d'hommes et de femmes, juifs et non-juifs, que les mesures d'exclusion, les lois raciales, les décisions répressives visaient. Ces personnes, niées dans leur identité, suspectes *a priori*, menacées dans leur liberté et dans leur vie, obligées de fuir devant les polices allemande ou française se trouvèrent quasiment poussées dans la clandestinité. De là, le passage à la Résistance devenait naturel. La livraison par Vichy de militants, à leurs gouvernements respectifs, la déportation de 7 288 anciens prestataires militaires espagnols à Mauthausen où plus de la moitié périrent, la condamnation à mort de mineurs polonais ayant participé à la grève des houillères du Nord-Pas-de-Calais en mai-juin 1941, la persécution quotidienne des juifs, tous ces faits, parmi beaucoup d'autres, illustraient la sauvagerie des maîtres de l'heure et poussaient à la révolte, voire à l'idée de représailles justifiées. Ainsi, à l'occasion du premier anniversaire de la rafle du Vel'd'Hiv, le 16 juillet 1943, l'Union juive pour la Résistance et l'Entraide (UJRE) lança un appel aux coreligionnaires des victimes : « Vengez tous nos frères torturés et assassinés, vengez le sang innocent ».

Beaucoup d'étrangers inscrivaient leur combat dans la perspective nationale qui leur était propre. En luttant contre le fascisme en France, ils songeaient aussi à l'avenir et espéraient détruire les dictatures régnant dans leurs pays. Les Italiens voulaient renverser Mussolini et restaurer la démocratie à Rome. L'intellectuel Silvio Trentin, réfugié à Toulouse, s'appliqua avec d'autres à constituer un front antifasciste dès l'automne 1941. Ce fut aussi en 1941 que des patriotes polonais, groupés autour de leur ancien consul à Lille, Aleksander Kawalkowski, replié à Lyon, fondèrent l'Organisation polonaise de lutte pour l'indépendance (POWN). Une partie des Autrichiens voulaient aussi ressusciter leur pays. Les réfugiés allemands cherchaient à abattre le IIIᵉ Reich ; certains d'entre eux, représentant toutes les tendances politiques, formèrent en France, à l'automne 1943, le Comité de l'Allemagne libre pour l'Ouest (CALPO). Une majorité d'Espagnols regardaient au-delà des Pyrénées et souhaitaient ardemment renverser le franquisme. En août 1944, *l'Union nacional española* (UNE), sentant la victoire proche, lança un appel à l'insurrection :

> « Il est urgent d'en finir avec Franco et sa Phalange et cela avant la prochaine victoire des nations unies pour que l'Espagne occupe avec une pleine souveraineté la place de dignité et de respect qui lui revient parmi les nations libres ».

Les étrangers se trouvèrent aussi poussés vers la Résistance par le jeu de circonstances diverses. Ainsi, les Cévennes, terre traditionnelle de refuge, accueillaient de nombreuses personnes menacées. La présence de ce groupe offrait aux maquis un vivier tout trouvé où ils puisèrent largement. Il arrivait que l'entrée dans la clandestinité s'effectuât en marge des références idéologiques. Ainsi, quand la Relève et le Service du travail obligatoire furent mis en place par Vichy et firent planer la menace d'envois autoritaires en Allemagne, beaucoup de jeunes rejoignirent les maquis pour échapper à ces contraintes. Des Italiens, soumis à la conscription dans leur pays, prirent le même chemin. D'autres Transalpins de la IVᵉ Armée, ne parvenant pas à rentrer chez eux en septembre 1943 et ne voulant pas être emprisonnés par les Allemands, en firent autant.

La diversité des motivations conduisant les étrangers à la Résistance contribuait à faire de celle-ci un ensemble très fractionné, une sorte d'archipel aux contours variés.

2.2.2. L'archipel de la Résistance étrangère

La Résistance étrangère apparaissait d'abord hétérogène par le large éventail de nationalités représentées. Certains réseaux ou groupes, comme le POWN polonais, rassemblaient seulement des combattants originaires d'un même pays. D'autres s'ouvraient largement et offraient une image bigarrée. Ainsi, dans le Sud-Ouest, la 35ᵉ brigade FTP-

MOI Marcel Langer, du nom de son fondateur, ouvrier communiste polonais exécuté en 1943, associait des paysans italiens dans le Lot-et-Garonne, des mineurs polonais dans le Tarn, des républicains espagnols dans l'Ariège, le Gers, les Hautes-Pyrénées, des Allemands dans le Tarn-et-Garonne, des juifs étrangers à Toulouse, des Roumains, des Yougoslaves et même des Français. Parmi la centaine de morts enregistrés au sein de la Résistance communiste étrangère à Lyon et Grenoble figuraient 32 % de Polonais juifs et 8 % de Polonais non juifs, 19 % d'Italiens, 6 % de juifs hongrois et roumains, 6 % d'Espagnols, 2 % d'Arméniens, 1 % d'Allemands, 26 % de Français.

La diversité revêtait aussi une dimension politique. En fait, plus que de diversité, il s'agissait souvent d'antagonismes. La Résistance polonaise comprenait à la fois des groupes d'officiers qui n'avaient pas gagné l'Angleterre, le POWN fort de 8 000 membres en 1944 à majorité ouvrière, les communistes du Comité polonais de libération nationale (PKWN) qui se flattaient d'être les seuls authentiques résistants. Chez les Espagnols se distinguaient les socialistes, les communistes, les anarchistes, eux-mêmes séparés en de nombreuses tendances hostiles les unes aux autres ; en décembre 1943, les libertaires se séparèrent en « politiques » favorables à la Résistance et « apolitiques » considérant la guerre comme un conflit strictement capitaliste et conseillant aux militants de se cacher parmi les civils.

Les fractures idéologiques opposant les résistants et l'importance des objectifs nationaux poursuivis par les étrangers expliquaient que ceux-ci fussent très attachés à l'autonomie de décision. Quand, vers la fin de la guerre, la perspective de la victoire se précisa et qu'apparut la possibilité d'agir directement dans les pays d'origine pour y abattre les tyrans, les immigrés se montrèrent souvent plus soucieux encore de préserver leur indépendance. Certaines organisations immigrées qui s'intégrèrent dans les Forces françaises de l'intérieur (FFI) demandèrent à conserver un commandement autonome.

Cependant, une dynamique unitaire finit par prévaloir dans certains cas. Dès l'invasion de l'URSS par la Wehrmacht en 1941, les Tchécoslovaques communistes et non communistes se rassemblèrent dans un Comité de la Résistance tchécoslovaque en France présidé par F.X. Fiedler. Après les rencontres organisées entre Italiens à Toulouse par Silvio Trentin, les socialistes, les communistes et les membres de Justice et Liberté constituèrent le Comité d'action pour l'union du peuple italien, qui annonçait le Pacte d'unité d'action signé à Lyon en 1943. En 1942, les communistes espagnols et quelques représentants des autres partis formèrent une Union nationale espagnole (UNE). A l'initiative d'Isaac Schneersohn, les juifs immigrés et autochtones se rencontrèrent dans le Centre de documentation juive contemporaine créé clandestinement à Grenoble en avril 1943. Puis le Comité général de défense, regroupant les organisations juives immigrées, s'entendit avec le Consistoire pour fonder le Conseil représentatif des Juifs de France.

La date d'entrée dans la Résistance constituait un autre facteur de diversité. Certains groupes s'organisèrent dès 1940, notamment à proximité des camps pour aider aux évasions, puis près des frontières pour faciliter les sorties hors de France. Ce fut dans l'été 1940 que se mit en place le réseau d'espionnage F2 comprenant des agents français sous commandement polonais. En revanche, les appareils communistes, en relation avec Moscou, ne s'engagèrent qu'en juin 1941, après l'attaque allemande contre l'URSS ; avant cette date, les consignes étaient de fustiger la « guerre impérialiste » et de ne pas agir contre l'occupant. Mais dès qu'ils participèrent à la Résistance, les communistes jouèrent au sein de celle-ci un rôle éminent.

2.2.3. La Résistance communiste étrangère : les FTP-MOI

La Résistance communiste revêtit une importance et une efficacité particulières. Elle fut rejointe par beaucoup d'étrangers qui pensaient ainsi se fondre dans le mouvement le plus résolument hostile au fascisme.

Pourtant les amis de Moscou ne basculèrent pas dans la lutte armée contre l'occupant au lendemain de la débâcle. Le Parti communiste français avait, dès l'entre-deux-guerres, groupé ses militants non français au sein de la Main-d'œuvre étrangère (MOE), rebaptisée en 1932 Main-d'œuvre immigrée (MOI) et divisée en « groupes de langue ». Après la défaite de 1940, la MOI, désorganisée, privée de nombreux adhérents, coupée de la direction du PCF, dut attendre le mois d'octobre pour se reconstituer. Elle renoua le contact avec le parti et fut dès lors animée par un triumvirat comprenant Louis Gronowski, Jacques Kaminski et Arthur London. Ces derniers reçurent notamment la mission, remplie jusqu'à l'été 1941, de faciliter le retour des communistes dans leurs pays respectifs, pour qu'ils y préparent d'éventuelles insurrections. En France même, les mots d'ordre qui prévalaient étaient la condamnation de la guerre impérialiste et la solidarité avec la classe ouvrière autochtone.

La stratégie communiste devint offensive après l'attaque allemande contre l'URSS en juin 1941. En juillet 1941 fut créée dans la région parisienne une Organisation spéciale (OS) de combat englobant les étrangers anciens combattants de la guerre d'Espagne, commandés par Conrado Miret-Must, ex-officier de l'armée républicaine. L'OS-MOI de la région parisienne, forte d'une soixantaine d'hommes, se dota de groupes de jeunes, particulièrement affectés aux actions armées, sous les ordres d'un juif roumain, Boris Holban. En février 1942, suivant les consignes de Moscou qui demandait une intensification de la lutte armée, le PCF supprima l'OS et la remplaça par les Francs-Tireurs et Partisans (FTP). En avril, tous les immigrés durent s'aligner et s'intégrer dans les FTP-MOI, dirigés par Holban. A Lyon, le groupe FTP-MOI, nommé Carmagnole, se constitua dans l'été 1942 et commença à agir à l'automne. A Toulouse, la 35e brigade Marcel Langer se mit en place dans le second semestre de 1942. Le groupe Liberté de Grenoble apparut au printemps 1943 et accomplit sa première action le 7 juillet 1943 en attaquant une biscuiterie travaillant pour l'ennemi. A partir de l'été 1943, Les FTP-MOI formèrent des maquis et développèrent une stratégie d'alliance en passant des accords avec les organisations concurrentes ou en créant des fronts nationaux à direction communiste. Ainsi l'action résistante put se diffuser sur une échelle de plus en plus vaste.

2.3. L'action de la Résistance étrangère

Les étrangers accomplirent une œuvre importante au sein de la Résistance en recourant à des types de lutte divers.

2.3.1. Résistants des villes et résistants des champs

Il se révèle parfois artificiel de distinguer l'action menée dans les villes et celle qui était conduite dans les campagnes. Ainsi, la propagande, la publication de journaux et de tracts s'adressaient à tout individu, où qu'il résidât. De même, l'action sociale prenait en charge, en tout lieu, les familles persécutées. La Maison d'accueil chrétienne pour enfants (MACE), fondée en 1941 par le Tchécoslovaque Josef Fisera, s'installa d'abord à Vence, dans les locaux alors inutilisés de l'école Freinet, puis se replia en 1943 dans la Creuse, au château du Theil, près de Saint-Aignan. La recherche de renseignements couvrait la totalité du territoire. Les filières d'évasion comportaient des chaînes de cachettes, dans les villes, les villages ou les fermes isolées. Le réseau d'évasion franco-espagnol, organisé par le libertaire espagnol Francisco Ponzan Vidal au sein du groupe Pat O'Leary, acheminait les fugitifs à travers les chemins des Pyrénées, mais possédait aussi à Toulouse une officine perfectionnée permettant d'établir une large gamme de faux papiers.

Cependant, certains types de lutte relevaient d'un cadre spécifique. Ainsi la guérilla urbaine, particulièrement privilégiée par les FTP-MOI, reposait sur une vaste palette de pratiques : attentats visant les troupes d'occupation, les membres de la Milice, les collaborateurs, ces attentats étant effectués dans la rue, dans les casernements, les restaurants, les cinémas fréquentés par les ennemis ; destruction des entreprises travaillant pour le Reich et des moyens de communication, dépôts ferroviaires, lignes téléphoniques, véhicules automobiles.

Les résistants accomplirent aussi des actions caractéristiques en milieu rural. Dans le Sud-Ouest, les FTP-MOI exercèrent des représailles contre les exploitants affichant leur sympathie pour la Milice ; des récoltes et du matériel agricole furent détruits, mais ces pratiques qui choquaient jusqu'à certains partisans issus des campagnes et imprégnés de morale paysanne furent vite abandonnées. Ce fut naturellement dans les régions isolées, surtout les montagnes et les forêts, que s'établirent les maquis. Là, les hommes expérimentés, souvent anciens de la guerre d'Espagne, formaient les jeunes recrues et lançaient des opérations contre les détachements ennemis et les voies de communication.

2.3.2. Le Travail allemand (TA)

Une bonne partie des actions étaient communes aux étrangers et aux Français. Il existait cependant des formes d'intervention propres aux immigrés, tel le Travail allemand ou anti-allemand (TA).

Le TA fut mis en place dans l'été 1941 au sein de la MOI, mais il jouit en fait d'une grande autonomie. À sa tête se trouvèrent placés trois hommes, le Tchécoslovaque Arthur London, l'Allemand Otto Niebergall et l'Autrichien Lange. La condition nécessaire pour faire partie de cette organisation était une connaissance parfaite de la langue allemande, ce qui conduisit à recruter d'abord des ressortissants du Reich et des Autrichiens, mais aussi des Tchèques, des Hongrois, des Roumains germanophones.

Le TA visait plusieurs objectifs. Le travail consistait d'abord à diffuser une propagande anti-hitlérienne dans l'armée allemande, afin de démoraliser et de désagréger celle-ci. Cette mission importante était généralement confiée à des jeunes femmes qui, dans cette circonstance, remplissaient une fonction autre que celle d'agent de liaison pour laquelle elles étaient souvent spécialisées. Des Allemandes, qui se faisaient passer pour des Françaises possédant bien la langue de Goethe, abordaient des soldats de la Wehrmacht, originaires du Reich ou incorporés de force, comme les Alsaciens, les Autrichiens, les Polonais. A ces hommes elles remettaient des tracts et des journaux antinazis ; elles les incitaient à déserter et à rejoindre les maquis. D'autres membres du TA jetaient ces mêmes publications par-dessus les murs des casernes ou les dissimulaient dans des colis adressés aux prisonniers de guerre français qui se chargeaient de la diffusion en Allemagne même. Certains agents du TA, munis de faux papiers faisant d'eux des Alsaciens, des Russes blancs, voire des Libanais, se faisaient engager comme interprètes de la Wehrmacht ou comme employés dans les services de l'armée, poste, hôpitaux, restaurants, garages. Là, ils répandaient les journaux de la Résistance et recueillaient des renseignements. Ainsi, à Toulouse, Gerhard Leo, devenu interprète de la *Kommandantur,* communiquait à ses camarades les horaires des trains allemands dont le déraillement pouvait ainsi être programmé. A Lyon, Dora Schaul signalait les transferts d'unités.

Le danger de telles entreprises se révélait extrême. Le soldat allemand à qui un tract était remis était susceptible de dénoncer son informatrice et de la faire arrêter à la rencontre suivante ; il se confiait parfois à un camarade qui déclenchait la riposte répressive. L'arrestation entraînait le plus souvent torture et exécution. De 1941 à 1944, une centaine de membres du TA périrent ainsi.

2.3.3. La répression

La Résistance étrangère subit des coups très rudes. Les Allemands se montraient très vigilants. Ainsi, en 1941-1942, la Gestapo, pour lutter contre les seuls clandestins autrichiens, fit venir à Paris une équipe de spécialistes de Vienne, possédant les dossiers des militants antifascistes déjà connus en Autriche avant la guerre. Cependant, les occupants trouvèrent leurs auxiliaires principaux dans la police et l'administration françaises, ainsi que dans la Milice. Les services de Vichy déployèrent une action résolue qui permit longtemps aux Allemands de réduire leurs interventions directes dans la répression.

On ne saurait énumérer toutes les victimes. Morts sous la torture, fusillés ou décapités, décédés en déportation, tués au combat au cours d'une opération de commando, les étrangers payèrent un lourd tribut. Pour se limiter aux seuls résistants espagnols, il apparaît que plusieurs de leurs chefs principaux disparurent : Conrado Miret-Must, chef de l'OS-MOI, arrêté, mourut des suites des tortures qui lui furent infligées ; son successeur Buitrago fut assassiné par la Gestapo. Joaquin Olaso, autre haut responsable, arrêté, parla sous la torture, fut déporté et, rongé par le remord, se suicida. José Miret-Must, frère de Conrado, appréhendé en 1942 fut déporté à Mauthausen où un SS l'acheva en 1944. En 1941, l'anarchisme espagnol fut neutralisé après l'arrestation de ses dirigeants à Montauban et leur condamnation à de lourdes peines de prison par la Section spéciale du Tribunal militaire. En 1942, ce fut au tour des communistes espagnols d'être décimés. Au cours de cette seule année, les résistants nés au-delà des Pyrénées firent l'objet de 911 arrestations, 610 internements, 1429 perquisitions.

À Paris, les groupes FTP étant tombés les uns après les autres, seuls restaient opérationnels les FTP-MOI qui, du milieu de 1942 à la fin de 1943, accomplirent l'essentiel de la résistance armée communiste dans la capitale. Mais les Renseignements généraux surveillaient les combattants immigrés et, en juillet 1943, effectuèrent plusieurs dizaines d'arrestations dans leurs rangs. Ce fut en ce moment difficile, où de nouvelles rafles risquaient de survenir, que la direction des FTP demanda aux étrangers parisiens de redoubler d'activité. En effet, le Parti communiste menait alors de délicates négociations avec le général de Gaulle et, pour obtenir à ses côtés une importante représentation politique, devait prouver qu'il occupait dans le combat clandestin une place essentielle. Les FTP-MOI de la capitale, bien entraînés et efficaces, apparaissaient les mieux placés pour apporter cette démonstration. Mais, dans les circonstances présentes, ceux qui restaient libres, rendus fragiles par l'arrestation de leurs camarades, filés peut-être par la police, se trouvaient exposés aux plus grands dangers. Les maintenir au combat revenait quasiment à les sacrifier pour les besoins d'une politique. Leur chef, Boris Holban, refusa d'assumer une telle responsabilité ; aussi fut-il relevé de ses fonctions et remplacé par l'Arménien Missak Manouchian. Celui-ci, conformément aux instructions reçues, intensifia les opérations et parvint même, le 28 septembre 1943, à assassiner Julius Ritter, principal collaborateur du gauleiter Saückel, chargé de l'envoi des travailleurs français en Allemagne. Le 16 novembre, la police, qui avait accru les mesures de surveillance, parvint à arrêter 68 militants FTP-MOI. Les malheureux furent déférés devant un tribunal militaire allemand et 23 d'entre eux, condamnés à mort, furent fusillés au Mont Valérien le 21 février 1944. Une affiche rouge, apposée sur les murs de France, dénonçait « l'Arménien chef de bande » Manouchian et son « armée du crime ». Holban, rétabli dans son commandement, put seulement constater que l'organisation MOI de Paris était pratiquement anéantie.

Malgré la sévérité de la répression, les résistants étrangers accomplirent une œuvre très importante. A Paris, au cours du deuxième semestre 1942, les FTP-MOI effectuèrent 70 opérations dont 23 sabotages, 26 attaques de locaux allemands et 16 attentats contre des militaires de l'armée d'occupation. Dans le premier semestre 1943, le nombre des opérations passa à 92 dont 14 sabotages, 34 attaques de locaux et 43 attentats contre des militaires. Le groupe Carmagnole de Lyon totalisa 240 actions de février 1943 à août 1944, soit 13 actions par mois. Le groupe Liberté de Grenoble aligna 173 actions de septembre 1943 à août 1944, soit 14 actions par mois. La 35ᵉ brigade Marcel Langer de Toulouse put revendiquer 820 actions dont l'exécution du chef de la Gestapo d'Agen, du procureur Lespinasses, de l'abbé Sorel, du général Philippon.

C'est dire que les étrangers apportèrent un précieux concours à la victoire finale.

3. Les étrangers et la libération de la France

Les étrangers tinrent une place notable dans les combats de la Libération. Avant même que la victoire ne fût acquise, les débats reprirent au sein de l'immigration et de l'opinion française.

3.1. Les étrangers dans les combats de la Libération

Les étrangers se battirent aux côtés des Français à la fois dans les rangs de la Résistance intérieure et dans les armées formées hors de la métropole.

3.1.1. Les résistants étrangers de l'intérieur dans les combats de la Libération

Les immigrés représentaient au sein de la Résistance intérieure une force qui, dans certains cas, se révélait très importante. Ainsi, en Provence, ils formaient environ le quart des effectifs dans les maquis, avec une prédominance des Italiens. Dans le Sud-Ouest, c'étaient les Espagnols qui tenaient le premier rang. Des anarchistes qui, en 1939, avaient fui leur pays tombé sous le pouvoir de Franco constituèrent le bataillon *Libertad* qui lutta aux côtés des forces françaises non communistes. Aussitôt après la libération de Paris, l'ancien chef FTP-MOI de la capitale, Boris Holban, parvint à mettre sur pied un régiment entièrement composé d'immigrés, le 51/22 qui, en raison de la désorganisation du moment ou de la méfiance des autorités, ne fut cependant pas envoyé au front.

Sur le terrain, les résistants étrangers jouèrent un rôle souvent décisif. Les FTP-MOI se distinguèrent dans les insurrections de plusieurs villes, notamment à Paris et à Villeurbanne. Dans le Sud-Ouest, les guérilleros espagnols prirent une part active à la libération de plusieurs dizaines de communes, notamment Prades, Céret, Perpignan dans les Pyrénées Orientales, Rodez dans l'Aveyron, Albi, Carmaux, Castres dans le Tarn ; dans l'Ariège, les Espagnols libérèrent seuls Foix et participèrent à la fin d'août 1944 aux combats de Prayols et Castelnau-Durban.

Dans certains cas, les étrangers effectuèrent des opérations purement nationales. Ainsi, dans le Nord, les Italiens arrêtèrent le consul de Lille et occupèrent les locaux du consulat. Puis ils s'emparèrent de deux camps situés dans la forêt de Raismes où les Allemands avaient enfermé des prisonniers de guerre transalpins.

3.1.2. L'épopée de la 13ᵉ demi-brigade de la Légion étrangère

Les étrangers venus d'outre-mer jouèrent un rôle tout aussi important dans la bataille finale. Parmi les corps qui s'illustrèrent avec le plus de vaillance, la 13ᵉ demi-brigade de la Légion étrangère (13ᵉ DBLE) acquit une réputation éclatante. Cette unité, formée en 1940, avait été envoyée en Norvège et s'était bien battue à Narvik. Ramenée en France en juin 1940 et menacée d'encerclement par les Allemands, elle fut embarquée pour l'Angleterre. Là, le commandant de la 13ᵉ DBLE, le lieutenant-colonel Magrin-Vernerey, dit Monclar, et son adjoint, le capitaine Kœnig, ainsi que 900 hommes se rallièrent au général de Gaulle.

Ce petit corps devint le fer de lance des Forces française libres. Il suivit de Gaulle en 1940 dans l'expédition de Dakar et les opérations d'Afrique équatoriale française. Au début de 1941, il se battit brillamment en Erythrée et participa à la prise de la base italienne de Massaouah. Puis, de mai à juillet 1941, la 13ᵉ DBLE se trouva placée au premier rang dans les combats de Syrie et reçut le renfort de 1 200 légionnaires jusque-là fidèles à Vichy. Elle fut ensuite envoyée en Libye et se couvrit de gloire en tenant tête à Rommel lors de la bataille de Bir-Hakeim en mai-juin 1942. En septembre 1942, la 13ᵉ demi-brigade participa à la bataille d'El-Alamein, puis en mai 1943 à l'assaut lancé contre la Tunisie. Intégrée à la 1ᵉʳᵉ division blindée, commandée par le général de Lattre de Tassigny, la demi-brigade prit part à la campagne d'Italie de décembre 1943 à juin 1944. Elle débarqua en Provence dans la nuit du 14 au 15 août 1944, poursuivit le combat en Alsace et termina la guerre sur le Danube.

Au total, la 13ᵉ DBLE perdit le tiers de son effectif moyen. Parmi les morts figurait un prince georgien, le lieutenant-colonel Dimitri Amilakvari, ancien saint-cyrien, parfait type de l'officier à titre étranger.

3.1.3. Les autres unités étrangères

La Légion étrangère s'était trouvée divisée après l'armistice de 1940 : tandis que la 13ᵉ DBLE se joignait à la France libre, les unités regroupées en Algérie et au Maroc restaient fidèles au gouvernement de Vichy. Le débarquement allié de novembre 1942 en Afrique du Nord, puis la campagne de Tunisie, entre décembre 1942 et mai 1943, entraînèrent le retour de l'armée d'Afrique dans le combat et la réunification de la Légion. Les généraux Giraud et Juin lancèrent dans la bataille 6 500 soldats étrangers, dont 30 % d'Espagnols ayant souvent acquis une précieuse expérience durant la guerre civile. Ces hommes se comportèrent vaillamment et subirent de lourdes pertes. Intégrés dans la division blindée commandée par le général de Lattre, ils se battirent à Belfort à l'automne 1944, puis à Montbéliard, Colmar, Strasbourg. Ayant traversé le Rhin, ils prirent Stuttgart, Lindau, Bregenz, et atteignirent l'Autriche. Mais la sévérité des pertes et le maintien des légionnaires sous les drapeaux au-delà de la date normale de leur libération engendrèrent une profonde lassitude des hommes à partir de la fin de 1943.

Les armées de la Libération comprenaient d'autres soldats étrangers. Ainsi, dans la Deuxième division blindée du général Leclerc, figurait le Régiment de marche du Tchad qui comptait de nombreux étrangers, dont des Espagnols. Ce furent ces hommes, sous les ordres du capitaine Dronne, qui entrèrent à Paris au matin du 24 août 1944 et constituèrent les premières unités « françaises » venant prêter main-forte aux FFI de la capitale. D'autres unités, composées d'Italiens et d'Espagnols, s'illustrèrent en Provence, dans les Alpes, dans le Sud-Ouest, en Normandie. Des groupements d'infanterie polonais suivirent la Première armée en Allemagne. Les *tabors* ou bataillons marocains et les tirailleurs algériens participèrent aux combats d'Italie sous le commandement du général Juin, puis, débarqués en Provence, ils prirent une part essentielle dans la libération de Marseille.

3.2. Les étrangers face à l'opinion française de la Libération

Dans les heures qui suivirent la Libération, les résistants étrangers furent acclamés comme leurs camarades français. Les photographies prises lors des défilés de la victoire montrent des combattants immigrés de toutes origines applaudis à l'égal des nationaux. La presse, surtout celle de gauche, soulignait le concours apporté par ces hommes et exprimait des sentiments de reconnaissance.

Cependant, l'opinion française ne s'arrêtait pas aux seuls résistants et, considérant les communautés immigrées dans leur globalité, exprimait à l'égard de celles-ci des avis partagés. Deux exemples peuvent illustrer la diversité des jugements en fonction des nationalités. Les Espagnols étaient vus comme de courageux combattants de l'antifascisme qui avaient tout naturellement continué dans la Résistance la lutte entamée dès 1936 contre Franco. Une parenté était même établie entre l'Espagne et la France où, pensait-on, Hitler avait installé de force deux régimes à sa dévotion. La sympathie à l'égard des ressortissants d'outre-Pyrénées croissait d'autant plus que la presse rappelait le mauvais accueil réservé aux réfugiés de 1939, évoquait le zèle répressif de Vichy et des Allemands à leur égard, constatait que le pouvoir franquiste était solide et interdisait tout espoir de retour à ses opposants.

À l'inverse, les Italiens inspiraient de l'hostilité, un certain mépris ou, dans le meilleur des cas, de l'indifférence. D'un point de vue juridique, la dénonciation par le gouvernement Badoglio, en octobre 1943, de l'armistice franco-italien du 24 juin 1940 avait rétabli l'état de guerre entre les deux pays. Le gouvernement de Paris affichait peu de considération pour la résistance italienne au fascisme et traitait le pays voisin en ennemi vaincu auquel on pourrait peut-être arracher des territoires, comme le Val d'Aoste. Les Français, pour leur part, n'oubliaient pas la tardive déclaration de guerre de Mussolini à la France en 1940, le « coup de poignard dans le dos ». Tous ces facteurs ternissaient l'image des Italiens. De plus, l'absence de résistance armée contre la Marche sur Rome du Duce en 1922 et le maintien de celui-ci au pouvoir durant vingt ans accréditaient l'idée d'une adhésion collective des Transalpins au fascisme. La gauche réfutait cette interprétation : « tous les Italiens ne sont pas des fascistes », s'écriait *Le Populaire* socialiste[1]. Mais la masse, soutenue par les modérés, ne semblait guère croire à une telle affirmation.

---

1. *Le Populaire*, 19 octobre 1944.

Ce fut dans les Alpes-Maritimes que se développa au sens strict une véritable italophobie. Dans cette région, les Italiens, déjà avant 1939, étaient considérés comme des concurrents sur le marché de l'emploi, des agitateurs politiques et les ressortissants d'un pays qui voulait annexer le Comté de Nice. À cela s'ajoutaient les souvenirs de la déclaration de guerre de 1940 et de l'occupation transalpine de 1942-1943, ainsi que de la réactivation de l'irrédentisme durant cette période. Aussi les Italiens inspiraient-ils fréquemment rancune et mépris : chez ces « matamores », observait le journal *Combat,* « le verbe est parfois plus haut que le courage »[1]. La gauche niçoise, et notamment le Parti communiste, ne niait pas l'existence de résistants transalpins, mais insistait davantage sur l'attentisme de beaucoup d'immigrés et sur la vengeance qu'il fallait tirer des fascistes. Des mesures législatives de contrôle étaient exigées. De février à juin 1945, quelque 200 attentats à l'explosif furent commis sur la Côte d'Azur contre des magasins exploités par des Italiens ou des naturalisés ayant adopté depuis 1940 une attitude jugée anti-française.

Les Italiens qui se sentaient mal à l'aise en France pouvaient regagner librement leur pays. Tous les étrangers ne disposaient pas d'une telle issue.

3.3. *Les étrangers entre le retour et la poursuite de l'exil*

Une partie des étrangers pouvaient rentrer dans leur pays, soit que celui-ci fût désormais régi par une démocratie à l'occidentale, soit qu'il possédât un régime à direction communiste avec lequel les immigrés se sentaient en accord.

En revanche un nombre important d'étrangers se trouvaient dans l'obligation, plus ou moins marquée, de demeurer en France. Certains Allemands et Autrichiens préféraient l'exil plutôt que de se retrouver dans leur pays ravagé, peut-être mal dénazifié et occupé par les vainqueurs. Certes, en France des organisations comme le Front national autrichien, rassemblant les anciens résistants antifascistes, et les Amis de l'Autriche encourageaient les retours. Mais les autorités de Vienne elles-mêmes se montraient réticentes : elles redoutaient que les rapatriés, chefs politiques importants, intellectuels, ne prissent une place importante dans la vie publique et ne mécontentassent ainsi les nostalgiques du IIIe Reich dont quelques partis espéraient le soutien. Dans certains cas, la rapatriement pouvait se révéler réellement dangereux. Ainsi, les Polonais qui suivaient leur gouvernement de Londres, et non le Comité de Lublin inféodé à Moscou, craignaient d'être maltraités par le nouveau pouvoir. Pour les Espagnols antifranquistes, la persécution constituait une certitude s'ils franchissaient la frontière. Les plus résolus d'entre eux espéraient réussir une reconquête dans la foulée de la libération de la France. En octobre 1944, l'*Union nacional española* (UNE), à sensibilité communiste, essaya d'entrer en force sur le territoire espagnol en passant par le Val d'Aran, mais les guérilleros furent repoussés et il devint dès lors évident que leur exil se prolongerait.

Quel pouvait être l'avenir politique des étrangers restant en France ? Le Parti communiste apparaissait incontestablement comme le porte-parole le plus influent des immigrés et possédait ainsi certaines des clefs du futur. En fait, le PCF visait deux objectifs. En premier lieu, il souhaitait étendre son pouvoir et contrôler un maximum de positions. Les étrangers représentaient un des maillons de ce réseau rouge en formation. Aussi, dès avril 1944, le parti réanima-t-il le Comité d'action et de défense des immigrés (CADI),

---

1. *Combat*, 8 octobre 1944.

fondé à l'époque du Front populaire pour défendre le projet de statut des étrangers. Le PCF qui dirigeait le CADI espérait fédérer toutes les organisations d'immigrés autour de ce comité et s'assurer de cette manière la maîtrise de l'ensemble. En second lieu, le Parti communiste voulait que fussent octroyés aux étrangers des avantages qui accéléreraient leur intégration dans la société française. Voilà pourquoi le CADI reçut la mission de faire connaître les services rendus à la France par ses enfants d'adoption, services qui, en échange, appelaient la définition d'un statut équitable, la jouissance de droits réels, la fin de l'arbitraire policier. Mais le Parti communiste de la Libération, qui se situait dans une perspective nationale alors nouvelle pour lui, n'entendait favoriser aucun particularisme chez les étrangers. Les droits que ces derniers devaient obtenir, en raison de leur participation à la Résistance, étaient destinés à accélérer l'assimilation. La survivance d'organisations immigrées distinctes faisait l'objet d'un désaveu, car, de la sorte, l'unification nationale voulue par le PCF pouvait être freinée. Le parti donna lui-même l'exemple en mettant à l'écart la MOI qui avait pourtant joué un rôle éclatant dans la Résistance. Une telle initiative risquait d'effacer la mémoire des combats auxquels les étrangers avaient participé et de stimuler l'apparition du mythe d'une Résistance seulement française.

CHAPITRE VII

LA REPRISE DE L'IMMIGRATION : 1945-1974

Bien qu'une politique migratoire eût été définie dès le lendemain de la guerre, il fallut attendre le milieu des années 1950 pour que les entrées d'étrangers reprissent sur une grande échelle. L'expérience de l'entre-deux-guerres ne servit pas et le phénomène, peu maîtrisé, souleva de nombreuses difficultés.

1. Les conditions d'une nouvelle politique migratoire en 1945

Au sortir de la guerre, l'immigration semblait une nouvelle fois s'imposer pour reconstruire la France affaiblie sur le plan humain et matériel. Plusieurs solutions s'offraient aux hommes chargés d'opérer les choix politiques.

1.1. Les effets de la Deuxième Guerre mondiale

Le deuxième conflit mondial entraîna des pertes militaires moins lourdes que celles de 1914-1918 et une mortalité civile plus importante.

1.1.1. Le bilan démographique

En 1945, la France avait perdu environ 320 000 militaires et résistants, morts au combat depuis 1939, décédés dans les camps de prisonniers, fusillés par les Allemands. A ce chiffre il fallait ajouter quelque 270 000 décès de civils dont 80 000 juifs déportés, 70 000 victimes des bombardements, 60 000 tués lors des opérations terrestres.

Les 600 000 morts pour faits de guerre ne figuraient pas seuls dans le passif démographique de la période 1939-1945. L'excédent des décès naturels sur les naissances représentait un total de 680 000 individus. L'émigration se situait dans une fourchette de 300 000 à 500 000, selon que l'on incluait les Français restés en Allemagne et surtout les étrangers entrés sur le territoire national à la veille de la guerre, tels les Espagnols antifranquistes, et repartis ensuite chez eux.

Quel que fut le chiffre retenu, la guerre se solda pour la France par une diminution d'environ 1 700 000 habitants.

1.1.2. Les facteurs naturels

La mortalité des civils augmenta nettement, mais pas dans les proportions catastrophiques que certains redoutaient. Le taux de mortalité passa en effet de 15,3 ‰ en 1939 à 18 ‰ en 1940, chiffre record pour la période. Le taux diminua ensuite et la moyenne pour les années 1940 à 1945 s'établit à 16,8. La surmortalité infantile priva la France de 54 000 jeunes. Les vieillards furent aussi particulièrement atteints par la sous-alimentation, l'insuffisance du chauffage, le manque de produits pharmaceutiques. Si les médecins ne purent juguler l'augmentation des pneumonies, des maladies de cœur, des hémorragies cérébrales, ils freinèrent mieux la diffusion des maladies infectieuses. Les pénuries de tabac et d'alcool réduisirent la mortalité liée à une consommation excessive de ces produits.

L'entrée en guerre provoqua une chute du nombre des mariages : le taux de nuptialité passa de 12,3 ‰ en 1939 à 8,6 ‰ en 1940. Le taux moyen stagna à 11 entre 1940 et 1944. Il se redressa brutalement l'année de la victoire et atteignit 19,8. Au total, la guerre causa un déficit de près de 300 000 mariages, par comparaison avec les chiffres moyens d'avant 1939. Cependant, ce bilan devait être nuancé en raison de l'arrivée concomitante des classes creuses, nées de 1915 à 1919, à l'âge de l'hymen.

Le phénomène important du temps de guerre fut que la natalité, contrairement aux prévisions, se releva régulièrement à partir de 1942 pour atteindre en 1945 un taux de 16,3 ‰ contre 14,7 en 1939.

Cependant, globalement et malgré le relèvement du taux de natalité, la pyramide des âges de 1946 présentait à sa base de nouvelles classes creuses s'ajoutant à celles de la Grande Guerre. Le vieillissement s'accentuait : la part des personnes de plus de 60 ans passait de 14,9 % en 1936 à 16 dix % ans plus tard. Le déséquilibre des sexes s'aggravait, de 93 hommes pour 100 femmes en 1936 à 91 en 1946.

Même si la population française apparaissait moins bouleversée par la Deuxième Guerre que par la première, elle était affaiblie. Or une importante œuvre de relèvement économique s'imposait dans l'immédiat.

1.1.3. Les pertes matérielles

La France de 1945 était un pays ravagé. Les combats, les sabotages, les bombardements préparatoires au débarquement avaient affecté tout le territoire.

Les infrastructures avaient particulièrement souffert. Quelque 9 000 ponts étaient détruits, ainsi que 115 grandes gares, 4 900 kilomètres de voies ferrées, 14 500 locomotives sur 17 500, environ 80 % des quais portuaires, les deux tiers des cargos et des pétroliers, 91 000 usines et ateliers, 550 000 maisons. Les lignes téléphoniques et les lignes de transport d'électricité étaient coupées. L'extraction du charbon était tombée de 67 à 40 millions de tonnes. Au total la production industrielle se trouvait à 40 % de son niveau de 1939.

L'agriculture manquait d'hommes, de machines, d'engrais. Les rendements s'effondraient. De plus, en raison de mauvaises conditions climatiques, la récolte de blé chuta à 42 millions de quintaux en 1945, au lieu du double en 1939. Le rationnement s'étendait à la plupart des produits et la recherche du ravitaillement mobilisait une bonne part des énergies.

Les privations entraînaient une moindre résistance à la fatigue et aux intempéries, une perte de poids de 7 à 8 kilos chez 70 % des hommes et 55 % des femmes, une nervosité plus vive. C'était à cette population épuisée physiquement et moralement, vieillie, divisée par les haines héritées des années d'occupation et de collaboration que s'imposait la mission de relever les ruines. À l'évidence, elle ne pouvait y faire face, seule.

1.2. Le débat entre démographes et économistes

Dès le lendemain de la Libération, les principaux responsables politiques comprirent la nécessité de faire entrer en France les hommes qui lui manquaient. Le général de Gaulle lui-même, chef du Gouvernement provisoire, déclara, le 3 mars 1945, dans un discours prononcé devant l'Assemblée consultative, qu'il fallait élaborer un grand plan pour « introduire au cours des prochaines années, avec méthode et intelligence, de bons éléments d'immigration dans la collectivité française ». Trois structures gouvernementales furent chargées de réfléchir à cette importante question : le secrétariat général de la Famille et de la Population, créé le 4 avril 1945, rattaché au ministère de la Santé publique, dirigé par le démographe Alfred Sauvy ; le Haut comité consultatif de la Population et de la Famille, créé le 12 avril 1945, rattaché au secrétariat général du gouvernement, animé par le géographe Georges Mauco ; le comité interministériel de la Population et de la Famille réunissant le chef du gouvernement et les ministres concernés.

Un débat s'engagea alors sur l'importance et l'organisation pratique d'une immigration reconnue comme nécessaire. Les démographes rassemblés à l'Institut d'études démographiques (INED) autour d'Alfred Sauvy et Pierre Vincent s'attachèrent à évaluer la capacité d'absorption de la main-d'œuvre par la France, dans le cas où celle-ci pourrait assurer le plein emploi. Dans une telle situation, ils estimaient qu'il fallait introduire 1 450 000 adultes. Les spécialistes de l'INED ajoutaient que les calculs ne devaient pas seulement se fonder sur les besoins économiques du pays, mais aussi sur la nécessité démographique d'assurer le remplacement des générations. La poursuite de ce second objectif aboutissait à une immigration beaucoup plus ample faisant entrer sur le territoire national de 5 à 14 millions d'individus, selon le mode de calcul choisi.

Les économistes qui travaillaient au sein du Commissariat au Plan, créé en 1946 et dirigé par Jean Monnet, se préoccupaient seulement d'assurer la production et ne s'intéressaient pas à la question du peuplement. Certains techniciens pensaient même que les progrès de la productivité pourraient éviter le recours à l'immigration, perspective qui satisfaisait les syndicalistes toujours hantés par la crainte de se heurter à la concurrence des étrangers sur le marché de l'emploi. Aussi les économistes limitaient-ils les besoins d'ouvriers immigrés à une fourchette comprise entre 1 et 1,5 millions, chiffre qui coïncidait avec la première évaluation des démographes.

Quel que fût l'effectif retenu, les spécialistes tenaient à ce que l'immigration fît l'objet d'un contrôle attentif. Alfred Sauvy, Robert Debré et surtout Georges Mauco, reprenant des études effectuées dans l'entre-deux-guerres, demandaient d'abord une sélection ethnique. Ainsi Mauco et le Haut comité de la population élaborèrent un projet de ventilation des immigrants par origine nationale : 50 % de Nordiques tels que les Belges, les Suisses, les Néerlandais, les Allemands, 30 % de Méditerranéens européens comme les Italiens, les Espagnols, les Portugais recrutés essentiellement dans le nord de leurs pays respectifs, 20 % de Slaves et 10 % de divers choisis en fonction de « l'intérêt exceptionnel » que revêtirait leur venue en France. Les autres spécialistes, sans se livrer à une étude aussi précise, soulignaient que la France devait introduire, avec prudence, des individus liés à elle par des affinités culturelles et politiques, ce qui semblait écarter les Nord-Africains, les Allemands, les ressortissants de pays soumis à des dictatures. Tous ajoutaient qu'il fallait privilégier l'immigration d'éléments jeunes, en bonne santé, exerçant les professions les plus utiles à l'économie nationale. Mauco insistait sur l'importance d'un fort contrôle de l'État portant sur les conditions d'entrée et de séjour, le logement, le travail. Sauvy privilégiait les mesures permettant l'installation durable des étrangers, notamment la délivrance d'une carte à validité permanente donnant accès à l'ensemble de la législation sociale française.

1.3. Les grands choix politiques de la Libération

Il revenait aux politiques de prendre des décisions à la lumière des propositions faites par les démographes et les économistes. Deux hommes surtout inspirèrent les choix effectués en 1945 : le gaulliste Alexandre Parodi, ministre du Travail, et le socialiste Adrien Tixier, ministre de l'Intérieur. Ces responsables, tout en maintenant l'autorité de l'État, repoussèrent les projets à l'esprit trop autoritaire, rappelant Vichy et semblant oublier les valeurs républicaines. Cependant les communistes, dont les vues étaient notamment exprimées par le Comité d'action et de défense des immigrés (CADI), critiquèrent l'orientation, à leur yeux trop peu libérale, prise par le gouvernement en 1945.

Les deux textes principaux organisant la politique d'immigration furent l'ordonnance du 19 octobre 1945 définissant le Code de la nationalité française et l'ordonnance du 2 novembre 1945 fixant les conditions d'entrée et de séjour des étrangers et créant l'Office nationale d'immigration (ONI). Le ministère de la Population, créé en décembre 1945 et rebaptisé en janvier 1946 ministère de la Santé publique et de la Population, recevait en théorie la haute main sur les questions migratoires et démographiques. Le ministère prenait l'avis du Comité consultatif de la Population et de la Famille et il réunissait la Commission interministérielle de l'Immigration où étaient représentées toutes les administrations intéressées. Mais ces dernières n'entendaient justement pas se laisser dessaisir de leurs responsabilités. D'ailleurs, le ministère du Travail restait maître de l'attribution ou non d'un visa, nécessaire pour introduire un travailleur étranger. Le ministère des Finances, chargé de la ventilation des crédits, exerçait de ce fait une influence également importante. Aussi le rôle de coordination reconnu au ministère de la Population se révéla-t-il difficile à tenir et les conflits éclatant au sein de la Commission interministérielle ne furent pas toujours aplanis.

Ces conflits se prolongeaient à l'Office national d'immigration. Celui-ci était un organe d'exécution de la politique définie par les pouvoirs publics. Il remplaçait les associations patronales comme la Société générale d'immigration qui, avant 1939, recrutaient les travailleurs étrangers. L'ONI, animé par un conseil d'administration de 24 membres comprenant des représentants des syndicats patronaux et ouvriers, ainsi que des fonctionnaires, procédait au recrutement, à la sélection professionnelle et médicale des immigrés. Mais ces derniers n'obtenaient une carte de séjour que si le ministère du Travail leur délivrait un contrat de travail avant l'entrée en France. Ce ministère apparaissait de la sorte comme le véritable maître des introductions. Il prenait ses décisions principalement en fonction de la conjoncture économique et se heurtait ainsi au ministère de la Population qui se montrait plus sensible aux considérations démographiques. C'était souvent à l'ONI que les deux logiques différentes, défendues par les ministères, s'affrontaient.

Cependant, diverses décisions montraient qu'en dépit du rôle éminent confié dans la pratique au ministère du Travail, les préoccupations démographiques n'étaient pas entièrement sacrifiées à une volonté de contrôle politique ou économique. La ventilation par nationalités sélectionnées en fonction de critères ethnico-culturels n'avait pas été retenue. Tout étranger, quelle que fût son origine, recevait une carte de travail et une carte de séjour. Cette dernière pouvait être temporaire (valable un an), ordinaire (valable trois ans) ou privilégiée (valide dix ans). Le titre de dix ans, attribué aux personnes âgées de moins de 35 ans au moment de leur entrée en France et ayant résidé dans ce pays de manière ininterrompue pendant au moins trois ans, était renouvelable de plein droit et constituait une étape vers la naturalisation. Les démarches pour l'obtention de celle-ci étaient facilitées. Les allocations familiales furent réservées aux enfants déclarés français à leur naissance, ce qui pouvait encourager l'augmentation du nombre de citoyens légaux et l'installation définitive en France. La volonté de permettre l'installation permanente se traduisit encore par l'adoption de mesures favorisant l'immigration familiale.

2. Les grands rythmes de l'immigration de 1945 à 1974

De la Libération à l'arrêt de l'immigration décidé en 1974 se succédèrent deux grandes phases : la première, de 1945 à 1955, fut marquée par une stagnation des entrées ; les vingt années suivantes, de 1955 à 1974, virent au contraire un spectaculaire essor des arrivées d'étrangers en France.

2.1. Dix ans de stagnation (1945-1955)

De 1945 à 1955, l'immigration évolua très en deçà des prévisions faites par les démographes et les économistes.

2.1.1. Des conditions défavorables

Les pertes humaines et les destructions matérielles subies par la France durant la Deuxième Guerre mondiale, la prise de conscience du problème démographique qui se posait au pays représentaient autant de facteurs apparemment favorables à une reprise de l'immigration. Celle-ci semblait également nécessaire car, depuis 1939, beaucoup d'étrangers avaient regagné leur patrie. Après la Libération, à l'appel des gouvernements des pays de l'Est, de nouveaux contingents demandèrent leur rapatriement, ainsi 72 000 Polonais, 7 000 Arméniens, quelques milliers de Russes et d'autres ressortissants des démocraties populaires. Les 750 000 prisonniers de guerre allemands amenés en France en 1945 furent progressivement libérés ; ils étaient 631 000 en janvier 1947, 301 000 en janvier 1948 et 1 900 en décembre 1948 ; certains décidèrent de rester comme travailleurs libres sous contrat.

Pourtant, jusqu'au milieu des années 1950, le mouvement migratoire ne reprit pas son ampleur ancienne. Le premier obstacle auquel il se heurta fut la lenteur du redémarrage économique de la France. La persistance de l'inflation, les pénuries de produits alimentaires, la rareté des logements, tous ces facteurs négatifs décourageaient la venue des émigrants, et particulièrement des familles. En 1952 encore, la politique de contrôle des prix et de déflation entreprise par le gouvernement d'Antoine Pinay freina l'expansion naissante et, réduisant les besoins de main-d'œuvre, ralentit l'immigration. Des pays plus stables et prospères comme les États-Unis, le Canada, l'Australie, la Suisse, se révélaient autrement attractifs.

L'introduction des étrangers se trouvait encore contrariée par une grande lourdeur administrative. En effet, l'employeur qui souhaitait embaucher un étranger devait adresser une demande à la Direction départementale du travail. Cet organisme, s'il ne trouvait pas de main-d'œuvre française équivalente sur place, transmettait la demande au ministère du Travail, lequel donnait son accord, à condition qu'il n'existât pas, sur le plan national, de travailleurs français pouvant remplir cet emploi. Dès lors, après de longues vérifications, l'ONI pouvait établir le contrat, mais encore en respectant certaines règles. Ainsi, sauf dérogation, les personnes âgées de plus de 40 ans dans l'industrie et de plus de 45 ans dans l'agriculture ne pouvaient être recrutées. Une visite médicale et un examen d'aptitude professionnelle étaient obligatoires. L'introduction d'Allemands était interdite dans la Moselle, le Haut-Rhin et le Bas-Rhin, celle des Italiens dans les Alpes-Maritimes. Les patrons qui, en général, avaient la faculté de demander l'embauche d'une personne de leur connaissance par contrat nominatif, perdaient ce droit dans le cas des Italiens engagés seulement par contrat anonyme dans les Bouches-du-Rhône, le Var, l'Hérault, l'Isère, la Savoie et la Haute-Savoie. L'étranger devait posséder une carte de séjour, valable un, trois ou dix ans, et une carte de travail, valide un ou trois ans, pour une seule profession et un seul département, renouvelable à condition que l'intéressé n'exerçât pas de concurrence au détriment des nationaux. Un décret du 13 août 1947 imposa la possession d'une carte d'exploitant agricole. En outre, un décret du 26 novembre 1949, confirmant un texte du 12 novembre 1938, obligea les commerçants et artisans étrangers à posséder une carte, délivrée après enquête des services préfectoraux. Il est certain que la complexité des démarches stimula les passages illégaux de la frontière et l'ONI avoua au début de 1948 que la moitié des Italiens placés par ses soins étaient en fait des travailleurs clandestins régularisés.

En vérité, l'action de l'Office national d'immigration se révélait en partie inefficace. À la lourdeur des procédures d'introduction s'ajoutaient les débats internes de l'institution entre les ministères concernés, entre les démographes et les économistes, entre certains fonctionnaires favorables à l'immigration et les syndicalistes ouvriers soucieux de freiner celle-ci pour réduire la concurrence. Dans l'espoir de remédier à ces difficultés, les pouvoirs publics modifièrent le fonctionnement de l'ONI par le décret du 20 septembre 1948. Les syndicalistes étaient désormais écartés du conseil d'administration réduit à sept membres, dont un président et six représentants des ministères intéressés. La vocation de l'Office à organiser une immigration non seulement à but économique, mais aussi à caractère démographique, était affirmée. Cependant, la rivalité entre le ministère de la Santé publique et de la Population, favorable à l'option démographique, et le ministère du Travail, sensible surtout aux intérêts immédiats de l'économie, ne cessa pas.

Enfin, l'opinion restait réservée face au phénomène de l'immigration. Les Français qui prenaient conscience de l'insuffisance de la population nationale préféraient reconstituer celle-ci par une reprise de la natalité plus que par un recours à l'immigration. Beaucoup n'avaient pas oublié leurs réflexes xénophobes des années 30 ou, marqués par les occupations allemande et italienne durant la guerre, se méfiaient de tout étranger. Les prisonniers mis au travail en France soulevèrent, surtout au début, une vive antipathie. Les travailleurs nationaux étaient hantés par la peur du chômage et de la concurrence. Les syndicats faisaient chorus. Or ces organisations étaient alors très influentes et comptaient de nombreux adhérents. Ambroise Croizat, ministre du Travail jusqu'en mai 1947, était issu de la CGT. Les syndicats furent présents à la tête de l'ONI jusqu'à la réforme de 1948. Ils accusaient le patronat d'introduire un nombre excessif de travailleurs pour engorger le marché de l'emploi. Les communistes se méfiaient particulièrement des Allemands et des personnes déplacées originaires d'Europe de l'Est, soupçonnées d'avoir nourri des sympathies nazies et trahi leur patrie.

Dans ces conditions, l'immigration demeura longtemps un phénomène marginal.

2.1.2. La faiblesse de l'immigration

Au lendemain de la guerre, le gouvernement français décida d'arrêter l'immigration des Allemands. La majorité des prisonniers de guerre restés de ce côté du Rhin regagnèrent leur pays. Mais les besoins de main-d'œuvre conduisirent les pouvoirs publics, dès mars 1947, à proposer aux prisonniers encore présents de se transformer en travailleurs libres. Malgré les réticences du Parti communiste, des réfugiés et des personnes déplacées furent introduits en surplus.

Ces mesures, pour significatives qu'elles fussent, n'offraient pas à la France les travailleurs nombreux dont elle avait besoin. Pour atteindre cet objectif, l'ONI se tourna surtout vers l'Italie à l'égard de laquelle les réserves d'ordre politique apparaissaient moins vives. Un premier accord, signé le 22 février 1946, prévoyait la venue de 20 000 hommes ; à la fin de l'année, seuls 3 000 d'entre eux étaient arrivés. Aussi un nouvel accord fut-il conclu le 26 novembre 1946 sur la base de 200 000 entrées en 1947 ; seules 51 000 furent comptabilisées. Les deux pays signèrent donc une troisième convention le 21 mars 1951. De cette date à 1955, quelque 78 000 Transalpins franchirent la frontière française.

Malgré la médiocrité des résultats, l'Italie, qui fournit 71,5 % des entrées de travailleurs permanents entre 1946 et 1955, devint la principale source de recrutement. Dans le même temps, l'immigration algérienne se développa fortement. La hausse du taux de natalité et la faiblesse des possibilités d'emploi sur l'autre rive de la Méditerranée, à quoi s'ajoutait la liberté de circulation existant en direction de la métropole depuis la loi du 20 septembre 1947, expliquaient l'ampleur du mouvement. Le solde migratoire concernant les Algériens, 155 000 personnes de 1950 à 1955, dépassait le chiffre des travailleurs d'autres origines, 111 000 pour la même période.

Immigration de travailleurs 1950-1955 (en milliers)

	Entrées O.N.I. (Travailleurs permanents)			*Travailleurs algériens*		
	Total	dont Italiens		Arrivées	Départs	Balance
		effectifs	%			
	11	6	55	89	65	24
1950	21	16	76	143	88	55
1951	33	28	85	149	134	15
1952	15	11	73	134	123	12
1953	12	9	75	159	134	25
1954	19	14	74	194	170	24
1955						
	111	84	76	868	714	155

D'après Georges Tapinos, *L'Immigration étrangère en France*, Travaux et documents de l'INED, PUF, Paris, 1975.

Les chiffres des recensements traduisirent bien l'importance secondaire du phéno-mène migratoire. En 1946, la France comptait 1 744 000 immigrés, soit 4,4 % de la popu-lation totale. En 1954, l'effectif était seulement passé à 1 765 000, mais, en raison de la reprise de la natalité autochtone et de l'importance des naturalisations, le pourcentage était descendu à 4,1 %. En contraste avec la stagnation des chiffres globaux, les équilibres internes de la population immigrée se modifièrent sensiblement entre 1946 et 1954. La part des Européens baissa de 89 % à 79 %. L'importance des Nordiques, surtout les Polo-nais, déclina, tandis que celle des Méridionaux, Italiens, Espagnols, se maintenait ou augmentait. Les Maghrébins amorcèrent leur longue ascension statistique. Ainsi com-mença à se dessiner la place de plus en plus prépondérante prise par les Méditerranéens dans la population étrangère.

Population étrangère recensée selon la nationalité
(effectifs en milliers et, entre parenthèses, pourcentages)

	1946	1954
Étrangers dont	1 744 (100)	1 765 (100)
Européens	1 547 (89)	1 397 (79)
Belges	153 (9)	107 (6)
Espagnols	302 (17)	289 (16)
Italiens	451 (26)	508 (29)
Polonais	423 (24)	269 (15)
Portugais	22 (1)	20 (1)
Africains	54 (3)	230 (13)
Algériens		212 (12)
Marocains		11 (1)

D'après l'INSEE.

2.1.3. Les étrangers dans l'économie

Les recensements illustrèrent aussi la stagnation de la population active étrangère. En 1946, celle-ci comprenait 1 046 000 individus, soit 5,1 % des actifs. En 1954, les chiffres étaient respectivement de 949 000 et 5 %. Là encore, l'immigration se trouvait en deçà de son niveau d'avant-guerre.

Les travailleurs étrangers se dirigeaient surtout vers le secteur secondaire, le bâtiment et les travaux publics, la sidérurgie et la métallurgie de transformation, ainsi que vers l'agriculture.

Répartition professionnelle des travailleurs permanents introduits de 1946 à 1955 (en %)

Agriculture	30
Mines	14,5
Sidérurgie et métallurgie de transformation	9,5
Bâtiment	20,5
Divers	25,5

D'après l'ONI

À l'introduction de travailleurs permanents s'ajoutait une immigration de saisonniers agricoles. Les Belges, nationalité la plus nombreuse dans cette activité jusqu'en 1950, furent ensuite dépassés par les Italiens. De 1950 à 1955, près de 30 000 saisonniers, en moyenne, étaient introduits annuellement, chiffre supérieur à celui des entrées des permanents. Près de 80 % de ces hommes étaient des betteraviers.

2.2. Les vingt glorieuses de l'immigration (1955-1974)

Le revirement de conjoncture qui s'opéra au milieu des années 50 s'accompagna d'un spectaculaire essor de l'immigration et de profondes mutations dans la répartition des nationalités.

2.2.1. Les besoins de main-d'œuvre

Au milieu des années 50, la France entra dans une phase d'expansion économique à peine hachée par quelques ralentissements passagers. En 1953-1954, la production industrielle dépassa de 25 % le niveau record atteint en 1929. Le produit intérieur brut passa de 361 milliards de francs en 1962 à 1 280 millions en 1974. La mise en exploitation de ressources énergétiques nouvelles, les grands travaux d'équipement, la construction de logements, la sidérurgie, la chimie, les industries de consommation, comme l'automobile et les appareils électro-ménagers, qui devinrent un des fondements de la croissance, offrirent de nombreux emplois.

Or, la population active française se révélait insuffisante. En effet, sur le marché du travail se présentaient alors les classes creuses, c'est-à-dire les individus venus au monde en période de basse natalité. De plus, l'allongement de la durée des études retardait l'entrée de nombreux jeunes dans la vie active. La guerre d'Algérie, entre 1954 et 1962, exerçait le même effet par suite de l'envoi du contingent au combat dès 1956 et de la prolongation du service militaire. En 1956, quelque 500 000 hommes se trouvaient immobilisés de l'autre côté de la Méditerranée. A la fin de la guerre, en 1962, l'afflux massif des rapatriés ne fournit pas à l'économie nationale un renfort de main-d'œuvre : les nouveaux venus présentaient en effet un taux d'activité inférieur à celui des métropolitains et des qualifications généralement peu adaptées aux besoins. En particulier, l'arrivée des rapatriés rendait nécessaire la construction de nouveaux logements, mais les métiers du bâtiment ne figuraient pas parmi leurs spécialités.

Dans ces conditions, l'immigration apparut comme le seul moyen de fournir la main-d'œuvre qui faisait défaut. Le IIIᵉ Plan, couvrant les années 1958-1961, précisa que l'introduction de travailleurs étrangers ne devait plus être envisagée comme un « palliatif (...), mais comme un apport continu, indispensable à la réalisation des objectifs ». Dans les faits, le solde migratoire dépassa les prévisions du plan.

L'importance des besoins conduisit l'Office national d'immigration à diversifier les pays de recrutement, d'autant qu'en raison des progrès de l'économie transalpine, l'Italie, source principale depuis la Libération, envoyait moins de travailleurs. Aussi l'ONI signat-il des accords de main-d'œuvre en 1961 avec l'Espagne, en 1963 avec le Maroc, la Tunisie, le Portugal, en 1965 avec la Yougoslavie et la Turquie. Les déplacements de l'Algérie vers la France, laissés libres aux termes des accords d'Evian de mars 1962, furent réglementés à partir du 10 avril 1964. Des conventions furent également signées avec les pays d'Afrique noire à partir de 1963. L'arrivée de travailleurs de plus en plus nombreux entraîna un développement de l'immigration familiale, surtout à la fin de la période.

Dans la réalité, les autorités françaises firent longtemps preuve d'un grand laxisme et laissèrent les entrées, ainsi que l'embauche, s'effectuer selon les lois de l'offre et de la demande. En période de plein emploi, cette manière de procéder satisfaisait les responsables économiques. L'afflux d'étrangers, généralement pauvres et médiocrement qualifiés, peu exigeants en matière de salaires, de logement, de prestations sociales, permettait aux patrons de se passer très souvent des services de l'ONI. En 1960, certains hauts fonctionnaires en vinrent à se demander si l'existence de l'Office se justifiait encore. En effet, une proportion croissante des entrées se faisait de manière irrégulière ou clandestine, de sorte que l'ONI consacrait une part grandissante de son activité à régulariser la situation de travailleurs venus spontanément en France.

Taux de régularisation des travailleurs permanents par l'ONI
(en %)

1956	1957	1958	1959	1960	1961	1962	1963	1964	1965	1968
28	50	45	53	53	46	48	61	69	79	82

D'après l'ONI

Taux de régularisation des familles par l'ONI
(en %)

1966	1967	1968	1969	1970	1971	1972
85	85,7	88,9	80,3	89,8	91,7	87,2

D'après l'ONI

L'ONI se trouvait d'autant plus marginalisé que l'entrée des Algériens et des Africains noirs ne relevait pas de sa compétence. En outre, le traité de Rome avait prévu la libre circulation des ressortissants des États membres de la Communauté économique européenne. Même si la part des immigrés originaires de la CEE se réduisait, l'Office perdait, à terme, là encore de son importance.

À la longue, les pouvoirs publics essayèrent de rendre à l'État sa fonction de contrôle et de restaurer les pratiques prévues par les ordonnances de 1945. L'orientation générale de la politique d'immigration fut confiée à une instance nouvelle, la Direction de la Population et des Migrations, créée en 1966 au ministère des Affaires sociales. Cependant, avant même la mise en place de cette administration, les responsables avaient tenté de réguler l'arrivée des Algériens. En effet, l'accord du 10 avril 1964 prévoyait la fixation trimestrielle du contingent de nouveaux travailleurs algériens autorisés à venir en France ; ces hommes devaient être sélectionnés par l'Office national algérien de la main-d'œuvre auprès duquel étaient détachés des médecins français. Cette convention ayant été dénoncée dès 1965 par le gouvernement d'Alger, un nouvel accord fut signé le 27 décembre 1968. Le contingent des entrées annuelles était désormais de 35 000, avant d'être ramené à 25 000 pour 1972 et 1973. Les migrants, sélectionnés par l'Office algérien, disposaient de neuf mois pour trouver un emploi. La France pouvait mieux contrôler les nouveaux venus grâce à l'institution d'un certificat de résidence valable cinq ans et attribué à ceux qui trouvaient un emploi.

Parallèlement à la reprise en main de l'immigration algérienne, le ministère des Affaires sociales, par la circulaire du 29 juillet 1968, interdit la pratique de la régularisation des clandestins, sauf en faveur des employés de maison, des travailleurs qualifiés n'exerçant pas un métier dans lequel la concurrence se révélait vive, des Portugais dont l'afflux contrebalançait celui des Maghrébins. La volonté de faire du Portugal le principal pays de recrutement fut illustrée le 29 octobre 1971 par la signature d'un accord qui prévoyait un contingent de 65 000 entrées par an, alors que le chiffre était de 35 000 pour les Algériens.

Les efforts de contrôle de l'État furent suivis de quelques effets. Ainsi, le taux de régularisation baissa, de 82 % en 1968 à 68 % en 1969 et 61 % en 1970. Un nombre plus important d'employeurs s'adressa à l'ONI pour obtenir de la main-d'œuvre. Cependant, beaucoup de patrons préféraient encore se passer des services officiels pour répondre à des besoins urgents, ce qui contribuait à entretenir des courants clandestins.

Aussi des dispositions nouvelles, dites circulaire Marcellin-Fontanet, du nom des ministres de l'Intérieur et du Travail, furent-elles prises le 23 février 1972. Les régularisations restaient interdites, sauf exception rare. Les emplois disponibles se trouvaient réservés aux travailleurs français ou étrangers en situation régulière. L'employeur désireux d'embaucher devait s'adresser obligatoirement à l'Agence nationale pour l'emploi, organiser le voyage du futur salarié et s'assurer du logement correct de celui-ci. Les syndicats et les associations de défense des immigrés, peu sensibles à la dimension sociale de la circulaire, accusèrent celle-ci de renforcer le contrôle des ouvriers. Des manifestations d'hostilité à la circulaire Marcellin-Fontanet furent organisées ; des travailleurs en situation irrégulière entamèrent des grèves de la faim. En définitive, le gouvernement accepta de procéder à une série de 50 000 régularisations entre juin et octobre 1973. Il apparaissait ainsi que les flux d'immigration n'étaient toujours pas contrôlés à la veille de la crise économique de 1973-1974 qui entraîna une réorientation complète de la politique migratoire.

2.2.2. Les mutations structurelles de la population étrangère

Les recensements traduisirent le considérable accroissement de la population étrangère qui, en 1975, retrouva pratiquement son pourcentage de 1931.

Résultats des recensements généraux

Année	Population étrangère	% de la population totale
1954	1 765 000	4,1
1962	2 170 000	4,7
1968	2 621 000	5,3
1974	3 442 000	6,5

Encore fallait-il tenir compte du fait que les chiffres des recensements établis par l'INSEE sous-estimaient la réalité, car les clandestins évitaient de se manifester auprès des agents recenseurs. Le ministère de l'Intérieur livrait pour sa part des estimations nettement supérieures, par exemple 4 100 000 étrangers en 1975. Mais ces derniers chiffres étaient trop élevés car ils prenaient en compte les titres de séjour en cours de validité, sans déduire la totalité des décès, des départs et des naturalisations qui n'étaient pas toujours portés à la connaissance des services. Les effectifs réels se situaient entre les données de l'INSEE et celles du ministère de l'Intérieur.

LA VAGUE MIGRATOIRE VUE PAR *L'EXPRESS* EN 1964

Il n'y a plus de frontières ; elles ont craqué sous la pression d'une invasion pacifique : 2,5 millions d'étrangers vivent dorénavant en France. 34 000 entrés en 1962, mais 115 000 en 1963 et 140 000 prévus pour 1964. Désormais, à Paris, on parle italien, espagnol, arabe, portugais, etc. Pourtant, il y a deux ans, le marché du travail en France devait absorber l'arrivée de 700 000 rapatriés d'Afrique du Nord. Dans le même moment, la durée du service militaire était diminuée. Soit une masse considérable d'hommes et de femmes demandant un emploi.

Or tout cela n'a provoqué aucun à-coup ; les rapatriés ont trouvé du travail, les jeunes gens n'ont que l'embarras du choix en matière d'embauche, et le patronat déclarait il y a quelques jours : « Une politique active d'immigration de travailleurs étrangers est nécessaire. »

Cette masse de main-d'œuvre nouvelle est tout juste venue, en effet, boucher les trous. L'expansion accélérée que connaît la France depuis dix ans exige un nombre chaque jour plus grand de travailleurs.

L'Express, 25 juin 1964.

La vague migratoire subit certes des ralentissements passagers : ainsi en 1958-1959 après la stabilisation imposée par le plan Pinay-Rueff, en 1965 en raison des mesures de rigueur adoptées l'année précédente, en 1966-1968 à la suite d'un ralentissement conjoncturel de l'économie, en 1971-1972 en relation probable avec une baisse d'activité du bâtiment, gros utilisateur de main-d'œuvre étrangère. Mais les accidents ponctuels ne remirent pas en cause l'évolution ascendante générale. Entre 1946 et 1955, le solde migratoire s'établissait aux environs de 500 000 ; de 1956 à 1965, il monta à 1 116 000, soit une moyenne annuelle de près de 112 000 ; de 1966 à 1972, le solde atteignit 901 000, soit 129 000 par an en moyenne.

À l'intérieur du grand flot migratoire, la répartition par nationalité connut des mutations importantes. Les Italiens conservèrent une forte représentation en chiffres absolus : 508 000 en 1954, 629 000 en 1962, 463 000 en 1975. Mais ils furent beaucoup moins nombreux à venir en France en raison du développement économique du Nord de la péninsule, des essais de stabilisation des habitants du Sud et des salaires élevés offerts en Allemagne à ceux qui s'expatriaient encore. Ainsi, les Italiens qui formaient 82 % des entrées de travailleurs en 1956 tombèrent à 30 % en 1961 et 12 % en 1965. Parallèlement leur pourcentage au sein de la population étrangère recensée se réduisit de 29 % en 1954 à 13 % en 1974.

En revanche, l'immigration ibérique et maghrébine prit un grand essor. A partir de 1960, les entrées de travailleurs espagnols dépassèrent celles des Italiens ; l'année suivante, les Espagnols à eux seuls fournirent 51 % des entrées et, pour les saisonniers agricoles, ils passèrent de loin au premier rang dans les années 60, avec un taux record de 90 % en 1965. Aux recensements, les effectifs d'Espagnols augmentèrent de 289 000 en 1954 à 497 000 vingt ans plus tard. Un autre fait marquant des années 60 fut l'émergence de l'immigration des Portugais, poussés au départ par la pauvreté, l'autoritarisme du régime de Salazar, la volonté de ne pas participer aux guerres coloniales. L'accord de 1963 fixait au mouvement migratoire entre les deux pays un cadre juridique, en fait très restrictif du côté portugais, ce qui donna naissance à une forte émigration clandestine. Les résultats furent spectaculaires : les Portugais, au nombre de 20 000 en 1954, soit 1 % de la population étrangère, formaient vingt ans après la première communauté étrangère avec 760 000 personnes, soit 22 %.

L'immigration algérienne se révéla également massive. D'une année sur l'autre, les entrées s'effectuèrent de manière irrégulière, en raison des aléas de la conjoncture économique et des relations politiques complexes qu'entretenaient la France et son ancienne possession. Mais, globalement, le nombre des ressortissants de ce pays crut fortement, de 212 000 en 1954, soit 12 %, à 711 000 en 1974, soit 21 %, ce qui conférait aux Algériens la deuxième place parmi les nationalités étrangères. Ce fut également au début des années 60 que commença l'immigration africaine noire qui groupait environ 40 000 personnes en 1964.

Immigration de travailleurs

Année	Entrées de travailleurs permanents	Entrées d'Algériens
1956	65 000	79 000
1957	112 000	69 000
1958	83 000	42 000
1959	44 000	64 000
1960	49 000	72 000
1961	79 000	103 000
1962	113 000	180 000
1963	116 000	262 000
1964	154 000	269 000
1965	152 000	228 000
1966	131 000	221 000
1967	107 000	183 000
1968	93 000	197 000
1969	167 000	225 000
1970	174 000	306 000
1971	136 000	356 000
1972	98 000	343 000

Si, en 1974, on additionnait aux Italiens, aux Espagnols, aux Portugais et aux Algériens les 260 000 Marocains, passés au second rang des entrées depuis 1970 derrière les Portugais, les 140 000 Tunisiens, les 80 000 Yougoslaves et les 50 000 Turcs, les immigrés d'origine méditerranéenne représentaient près de 86 % du total des étrangers. Les Européens, toutes nationalités confondues, restaient majoritaires avec 61 %.

Population étrangère recensée selon la nationalité
(effectifs en milliers et, entre parenthèses, pourcentages)

Nationalités	1954	1962	1968	1975
total des étrangers	1 765 (100)	2 170 (100)	2 621 (100)	3 442 (100)
dont Européens	1 397 (79)	1 566 (72)	1 876 (72)	2 090 (61)
Belges	107 (6)	79 (4)	65 (3)	56 (2)
Espagnols	289 (16)	442 (20)	607 (23)	497 (15)
Italiens	508 (29)	629 (29)	572 (22)	463 (13)
Polonais	269 (15)	177 (8)	132 (5)	94 (3)
Portugais	20 (1)	50 (2)	296 (11)	759 (22)
Africains	230 (13)	428 (20)	652 (25)	1 192 (35)
Algériens	212 (12)	350 (16)	474 (18)	711 (21)
Marocains	11 (1)	33 (2)	94 (3)	260 (8)

D'après l'INSEE

2.2.3. La place des étrangers dans l'économie

Les étrangers passèrent de 950 000 actifs en 1954, soit 5 % de la population active totale, à 1 540 000 en 1974, soit 7,3 %. Peu nombreux, 5,8 %, apparaissaient les travailleurs permanents de l'agriculture qui fit de plus en plus appel aux saisonniers pour la riziculture, les betteraves et surtout les vendanges. De 1962 à 1972, la moyenne des entrées annuelles de saisonniers s'établit à 122 000.

En revanche, plus de 65 % des actifs étrangers comptabilisés en 1974 travaillaient dans le secteur secondaire, particulièrement dans la sidérurgie, la métallurgie de transformation, la chimie. Le bâtiment et les travaux publics, ainsi que les branches annexes, matériaux de construction, verre, étaient les principaux demandeurs de main-d'œuvre étrangère et, en 1974, concentraient plus du quart des actifs immigrés. Certains spécialistes estiment que les étrangers recrutés depuis 1945 ont construit en France la moitié des logements et 90 kilomètres d'autoroutes sur 100. Enfin, près de 30 % des étrangers travaillaient dans le secteur tertiaire.

La ventilation par nationalité en 1974 montrait que les Italiens, représentants d'une immigration ancienne, occupaient encore une place notable, mais qu'ils étaient généralement dépassés par les immigrés plus récents : Espagnols, Portugais, voire Algériens. Les Italiens conservaient seulement une légère suprématie par rapport à certaines de ces nationalités dans le bâtiment et le commerce, spécialités transalpines tradition-nelles. Les Espagnols occupaient de solides positions dans l'agriculture et le secteur tertiaire, surtout la domesticité où étaient recensées plus de 20 000 femmes. Les Por-tugais étaient présents dans toutes les activités, surtout dans l'industrie, le bâtiment où ils se situaient au premier rang avec 29,5 % de la main-d'œuvre étrangère, les services autres que marchands où ils tenaient également la première place grâce à quelque 30 000 emplois féminins, généralement domestiques. Les Algériens étaient présents dans le tertiaire et surtout l'industrie où ils dépassaient les Portugais, les Marocains dans l'agriculture, où ils formaient plus du quart des immigrés de ce secteur, se trou-vaient en pleine ascension.

La qualification des travailleurs étrangers restait médiocre. En 1974, la moitié d'entre eux appartenait à la catégorie des manœuvres et ouvriers spécialisés (OS). Les ouvriers qualifiés formaient 22 % du total. Les catégories groupant les cadres moyens ou supé-rieurs, les professions libérales, les patrons se situaient toutes entre 2 % et 3 %. Mais les diverses nationalités se distinguaient les unes des autres. Les Italiens, installés depuis de nombreuses années et souvent en voie d'intégration, connaissaient une ascension sociale qui se traduisait par des pourcentages élevés parmi les agriculteurs exploitants, les patrons de l'industrie et du commerce, les cadres. Les autres nationalités, venues depuis peu, rassemblaient les effectifs les plus importants dans les échelons inférieurs. Les Por-tugais et les Espagnols constituaient à eux seuls plus de 57 % du personnel de service, surtout grâce à l'importance de la domesticité féminine. Les Algériens formaient le quart de tous les manœuvres et OS. Une enquête de 1968, effectuée parmi les salariés algériens révéla que 53,6 % d'entre eux étaient des manœuvres, 33 % des OS, 11,3 % des ouvriers qualifiés.

Population étrangère active en 1975 par nationalité et secteur économique
(Chiffres absolus et pourcentages entre parenthèses)

	Espagnols	Italiens	Portugais	Algériens	Marocains	Turcs	Autres	Total
Agriculture Pêche	19 225 (21,5)	11 790 (13)	13 205 (14,8)	3 175 (3,5)	23 000 (25,6)	1 550 (1,7)	17 680 (19,8)	89 625 (5,8)
Industrie	60 480 (10,2)	74 425 (12,5)	129 075 (21,7)	132 925 (22,3)	63 835 (10,7)	16 810 (2,8)	117 500 (19,8)	595 050 (38,7)
BTP	47 205 (11,5)	57 430 (14)	120 410 (29,5)	96 710 (23,6)	33 920 (8,2)	9 700 (2,7)	42 915 (10,5)	408 290 (26,5)
Commerce	12 980 (14,1)	13 180 (14,3)	10 220 (11,1)	17 040 (18,6)	6 070 (6,6)	935 (1)	31 520 (34,3)	91 945 (6)
Services marchands	22 275 (13)	19 450 (11,3)	33 355 (19,5)	33 290 (19,3)	10 075 (6)	815 (0,4)	52 345 (30,5)	171 605 (11,2)
Autres services	34 085 (18,5)	15 475 (8,5)	41 460 (22,8)	25 435 (14)	9 000 (5)	720 (0,4)	56 010 (30,8)	182 185 (11,8)

Population active étrangère par catégorie socioprofessionnelle en 1975
(en pourcentages)

	Espagnols	Italiens	Portugais	Algériens	Autres	Total
Agriculteurs exploitants	14,7	36,4	1,4	0,5	47	0,9
Salariés agricoles	17,6	5,8	12	2,7	61,9	5,3
Patrons industrie et commerce	12,8	26,3	4,7	16	40,2	3
Prof. libérales						
Cadres supérieurs	4,6	6,7	1,7	2,3	84,7	2,4
Cadres moyens	9,8	14	5	7,5	63,7	2,5
Employés	12,3	14,5	12,7	17,8	42,7	5,2
Contremaîtres, OQ	14	16,8	23,6	16	29,6	22
Manœuvres, OS	8	7,6	22,3	24,8	37,2	49,6
Mineurs						
Marins-pêcheurs	2,8	14,1	3,1	17,2	62,8	1,3
Personnel de service	25,7	9	31,5	7,2	26,6	6,5
Artistes, clergé, armée	12,2	10,7	2,2	1,5	73,4	1,3

2.3. Les conséquences de la vague migratoire de l'après-guerre

L'afflux de plusieurs centaines de milliers de personnes, majoritairement jeunes, actives mais peu qualifiées, se dirigeant vers les régions où leur présence se révélait économiquement nécessaire, ne pouvait rester sans effet sur la démographie, le système de production, les densités humaines du pays d'accueil.

2.3.1. Immigration familiale et natalité

À la fin des années 60, l'immigration familiale, celle des épouses et des enfants mineurs à charge rejoignant un homme déjà installé en France, prit un essor de plus en plus marqué.

Entrées des travailleurs permanents et des familles (1966-1972)

Année	Travailleurs permanents	Familles	% Familles
1966	131 725	54 145	29
1967	107 833	54 479	33,6
1968	93 165	55 812	37,5
1969	167 802	57 333	25,3
1970	174 243	80 952	31,7
1971	136 004	81 496	37,5
1972	98 074	74 955	43,3

D'après Georges TAPINOS, op. cit.

Les recensements enregistrèrent ainsi la présence d'un nombre de plus en plus important de femmes étrangères dont la proportion doubla presque entre 1946 et 1975 et d'enfants dont l'effectif fut quasiment multiplié par quatre durant la même période. La population étrangère connut de la sorte un rajeunissement interne considérable.

Femmes et enfants recensés
(Chiffres absolus et pourcentages entre parenthèses)

Année	Total des étrangers	Dont femmes	Dont enfants de 9 à 14 ans
1954	1 765 000	682 000 (38,6)	244 000 (13,8)
1962	2 170 000	830 000 (38,2)	361 000 (16,6)
1968	2 621 000	1 029 000 (39,2)	563 000 (21,5)
1975	3 442 000	1 381 000 (40,1)	868 000 (25,2)

D'après les données INSEE.

Le rajeunissement de la communauté immigrée fit augmenter le nombre des naissances enregistrées en France. De 1946 à 1953 naquirent en moyenne chaque année 17 000 enfants ayant un parent étranger et 19 000 ayant deux parents étrangers. De 1963 à 1974, ces moyennes passèrent respectivement à 19 000 et 53 500. Ainsi, le poids des étrangers dans la natalité légitime atteignit les 10 % au début des années 70, au moment où chutait la natalité autochtone. Les nouveaux venus prirent d'autant plus le relais qu'ils étaient originaires de pays particulièrement féconds, notamment ceux du Maghreb, et que régressaient les effectifs des ressortissants européens à natalité déclinante.

L'ACCROISSEMENT DE LA POPULATION, ANALYSÉ PAR *L'EXPRESS* EN 1971

Georges Pompidou souligne avec fierté que la population française a dépassé 51 millions. Mais ce chiffre comprend 3 millions d'étrangers. Et les familles portugaises et algériennes sont plus fécondes que les familles françaises.

Chaque année, l'accroissement de la population est dû, pour moitié, à l'excédent des naissances sur les décès, pour l'autre moitié, aux entrées d'étrangers. Lesquelles entraînent, d'autre part, 100 000 naissances de plus par an. Or la population active représente, en France, moins de un habitant sur deux. Pourcentage insuffisant, pour faire vivre les enfants, les étudiants et les retraités, dont la proportion augmente, alors que celle des actifs diminue. Sans l'apport des immigrés, il faudrait abaisser, un jour ou l'autre, le niveau de vie des Français.

Pol ECHEVIN, *L'Express*, 24 mai 1971

2.3.2. L'immigration de masse et la « deuxième révolution industrielle »

Au lendemain de la Deuxième Guerre mondiale, la France recourut à une immigration de masse, peu qualifiée. Les nouveaux venus furent dirigés vers les emplois les moins appréciés par les Français et les immigrés arrivés depuis longtemps, les travaux de manœuvres dans les exploitations agricoles et les chantiers de construction, les tâches insalubres ou répétitives. Alors que la « deuxième révolution industrielle » atteignait son apogée avec la généralisation du travail à la chaîne, le recours à deux équipes d'ouvriers, puis à trois avec le système des « 3x3 » comportant une équipe de nuit, l'économie française put faire face aux besoins de main-d'œuvre grâce à l'importance des effectifs d'immigrés.

Les avantages de cette situation furent nombreux pour le patronat. En effet, l'importance des effectifs étrangers, notamment des clandestins, réduisait les droits dont pouvaient se prévaloir ces travailleurs et rendait leur utilisation très souple. Ils pouvaient être embauchés à salaire réduit et renvoyés facilement, à moins que, mécontents de leur condition, ils ne partissent d'eux-mêmes : dans les années 70, le taux de rotation des Maghrébins dans les industries chimiques et métallurgiques de Lyon était quatre fois supérieur à celui des Français. Autre avantage pour les entreprises, celles-ci en utilisant une main-d'œuvre docile, interchangeable, peu qualifiée, purent éviter une modernisation onéreuse et imposer une pression à la baisse sur les salaires. On est conduit à se demander si, dans ces conditions, l'immigration ne freinait pas l'innovation technologique. En fait, une grande diversité caractérisait les branches et les entreprises. Certains économistes estiment que les étrangers, en acceptant des conditions de travail médiocres et en allégeant ainsi la trésorerie des entreprises, permirent à celles-ci de se moderniser et de restructurer l'appareil de production.

2.3.3. La répartition spatiale des immigrés

Les immigrés furent longtemps appelés dans les campagnes pour combler les vides que laissait l'exode rural, dans les mines, sur les chantiers de construction des voies ferrées puis des autoroutes, sur les sites montagnards où étaient édifiées les centrales hydroélectriques. L'achèvement progressif de ces grands programmes et la réduction des besoins en main-d'œuvre rurale orientèrent ensuite les courants migratoires vers les villes qui offraient des emplois dans l'industrie et, de plus en plus, dans les services.

Ainsi, les principales destinations des étrangers, dans les années 60 et 70 (région parisienne, Provence-Côte d'Azur, région lyonnaise, Nord-Est, Nord-Pas-de-Calais) coïncidaient avec la France urbanisée et industrielle. Les campagnes conservaient dans certaines régions une présence étrangère résiduelle, reflet d'une immigration passée, dépourvue de dynamisme. Les régions de passage pouvaient également fixer des noyaux conséquents. Les densités traduisaient cette réalité : environ les trois quarts des étrangers résidaient à l'est d'une ligne allant du Havre à Marseille. À l'ouest de cette ligne, le nombre des immigrés augmenta certes, mais à un rythme beaucoup plus lent que dans l'autre partie du territoire ; c'est surtout le Sud-Ouest, l'Aquitaine, la région Midi-Pyrénées, le Languedoc-Roussillon qui reçurent les contingents les plus notables.

Répartition des nationalités par région

Régions	Naturalisés (1)	Étrangers	Algériens	Marocains	Tunisiens	Espagnols	Portugais	Italiens	Total Étrangers
Rég. Paris	3,2	11,7	246 220	81 855	56 660	126 880	318 535	82 215	1 156 095
Champ. Arden.	2,3	5,3	14 860	4 995	1 340	7 510	19 690	8 875	71 080
Picardie	2,0	4,4	8 960	6 870	1 250	6 450	25 035	4 815	73 980
Haute Norm. . .	1,0	2,8	10 205	3 280	1 530	2 990	12 065	2 930	43 975
Centre	1,2	4,5	9 440	8 055	2 120	11 835	47 520	3 290	97 500
Bass. Norm. . .	0,6	1,3	2 040	1 565	635	1 600	4 160	1 205	16 640
Bourgogne. . . .	1,8	5,7	9 270	8 795	2 125	9 625	32 810	13 485	89 940
Nord	2,8	5,2	59 170	20 640	2 675	9 220	24 585	29 125	204 810
Lorraine.	4,2	8,2	41 590	9 250	2 400	13 450	26 195	65 275	191 215
Alsace.	2,0	7,0	17 530	7 930	2 750	10 720	16 525	22 350	106 285
Franc. Comté.	2,1	7,0	16 315	7 600	1 290	5 430	16 610	10 260	73 980
Pays Loire. . . .	0,3	1,1	3 690	4 260	1 885	2 170	9 465	1 255	29 080
Bretagne.	0,2	0,6	1 440	2 310	530	1 615	4 485	815	15 155
Poitou Char.. .	0,7	1,5	1 760	1 740	370	2 715	10 675	1 275	22 965
Aquitaine.	2,5	4,5	6 220	8 260	875	41 365	32 760	11 945	114 080
Midi-Pyrén.. . .	4,0	5,5	13 900	8 270	2 045	41 700	26 865	19 395	123 750
Limousin.	0,8	2,6	1 585	1 230	360	2 245	11 035	885	19 530
Rhône-Alpes. .	3,1	9,3	128 420	20 310	25 780	56 615	69 505	93 795	444 640
Auvergne.	1,4	4,8	6 245	3 055	770	9 905	32 370	3 330	63 365
Lang. Rouss.. .	5,1	8,1	20 050	14 805	1 690	82 135	5 650	8 670	144 040
Prov. C. Azur .	6,2	8,5	90 875	20 805	29 165	49 980	11 855	69 025	313 260
France ent. (Corse incl.) . .	2,7	6,5	710 690	260 025	139 735	497 480	758 925	462 940	3 442 415

(1) Pourcentage par rapport à la population totale.

Sources : INSEE – Recensement de la population, 1975.

Répartition des nationalités dans les grandes villes

Agglomérations	Pop. totale	Étrangers	Algériens	Espagnols	Portugais	Italiens
Paris.	8 547 625	1 025 240	227 785	115 430	260 880	76 760
Lyon.	1 172 035	138 810	49 890	18 350	19 170	19 880
Marseille	1 074 390	85 580	39 535	8 135	2 005	13 425
Lille.	934 325	75 870	25 960	3 870	14 725	9 005
Bordeaux	611 650	31 390	3 910	13 025	6 455	1 260
Toulouse	507 785	36 325	6 565	11 600	5 450	3 600
Nantes	452 070	7 615	1 875	570	2 055	285
Nice	437 120	38 340	5 795	1 880	830	14 450
Grenoble	389 775	49 970	10 900	6 150	4 975	17 480
Rouen	389 855	15 250	3 125	770	5 495	1 355
Toulon	378 235	22 295	6 475	2 790	485	5 115
Strasbourg	365 075	30 910	3 680	4 510	4 900	4 695
Valenciennes	350 185	27 475	8 170	1 240	1 100	6 580
St-Etienne	338 090	37 795	17 085	2 600	4 120	6 405
Lens	328 055	22 170	5 195	345	705	3 010
Nancy	281 435	15 530	3 460	1 160	3 750	2 455
Le Havre	264 210	10 305	4 045	510	1 765	520
Grasse-Cannes-Antibes. . . .	257 940	29 745	4 800	3 175	1 895	9 170
Clermont-Ferrand	252 635	23 805	2 125	4 425	12 695	815

Sources : INSEE-RP, 1975.

Répartition des étrangers en France par région

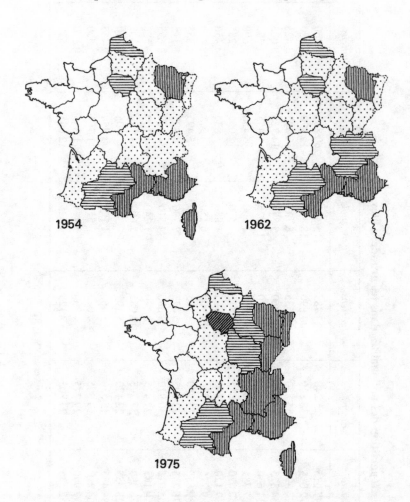

Source : Pierre GEORGE, *L'Immigration en France*, Colin, Paris, 1986

3. Vivre en France de 1945 À 1974

Les étrangers nouvellement arrivés en France se trouvèrent confrontés à des conditions de vie éprouvantes.

3.1. Les oubliés de la société de consommation

Frappant se révélait le contraste opposant les Français, qui découvraient les apparentes délices de la consommation, et les immigrés, dont la fréquente exploitation facilitait l'expansion économique du pays.

3.1.1. De dures conditions de travail

Selon une expression souvent utilisée, les immigrés venaient occuper les emplois dont les Français ne voulaient pas. Ces postes étaient délaissés car les salaires y restaient peu attractifs, ce qui était le cas dans le bâtiment et les travaux publics ; les conditions de travail y apparaissaient ingrates ou malsaines, notamment dans les mines, l'industrie chimique, la métallurgie de transformation. De la sorte, les nationaux, dont la formation professionnelle progressait, se détournaient de métiers mal payés, dangereux, socialement dévalorisés. Or, beaucoup d'entreprises embauchaient encore, en grand nombre, des manœuvres et des OS affectés à des tâches répétitives et parcellisées que les étrangers acceptaient.

Les patrons appréciaient d'autant plus la main-d'œuvre immigrée qu'ils parvenaient fréquemment à rémunérer celle-ci à des taux inférieurs à ceux, déjà modestes, que prévoyaient les règlements. Ces pratiques s'établissaient plus facilement dans les petites et moyennes entreprises que dans les grandes où les syndicats, davantage présents, veillaient à l'égalité des salaires. La plupart des techniques de sous-rémunération avaient été mises au point dans l'entre-deux-guerres : fixation des appointements en dessous du taux conventionnel, ce dernier étant ignoré du contractant étranger, classement du nouveau venu à un niveau inférieur à celui de sa qualification réelle, mise à l'essai indéfinie, donc paye médiocre, en raison d'une « inadaptation » de l'immigré au travail industriel, versement des heures supplémentaires sans majoration, parcimonie dans la distribution des primes, retards dans les promotions. De plus, les premiers salaires se trouvaient amoindris par les dettes que le migrant avait souvent contractées auprès de ses proches pour payer le passeur et les divers intermédiaires procurant un emploi, un lit, de faux papiers.

Pour les entreprises et le pays d'accueil, la venue, même clandestine, des immigrés se révélait de toute manière rentable car, outre la nécessité économique de leur présence, ils arrivaient adultes et formés, sans que la collectivité ait eu à assurer les coûts sociaux allant de la naissance à l'âge adulte. Les immigrés, au moins au début de leur séjour, étaient sans famille, ce qui dispensait de financer la construction de logements en grand nombre, de maternités, de crèches, d'écoles.

Beaucoup plus que leurs devanciers de l'entre-deux-guerres, les sociologues et les psychologues des années 1950 à 1970 interrogèrent les immigrés. Or ces derniers, dans leurs témoignages, minimisaient souvent leurs difficultés, pourtant bien réelles. En vérité, ces hommes, généralement originaires de pays peu développés dans lesquels ils avaient connu le chômage ou des rémunérations très basses, appréciaient d'avoir trouvé un emploi en France et de percevoir un salaire malgré tout supérieur à celui du pays natal. Habitués à travailler dur et souvent respectueux de l'autorité, ils se plaignaient peu. Seuls l'écoulement du temps, la comparaison avec la condition des Français et la prise de conscience de la misère dans laquelle étaient relégués les immigrés transformaient les comportements et finissaient par susciter des revendications.

3.1.2. La médiocrité du logement

Les conditions de logement faites aux immigrés se révélaient généralement médiocres, voire inacceptables.

De nombreux obstacles contrariaient les efforts de ceux qui cherchaient un toit. Les étrangers disposant de revenus suffisants pour accéder aux logements ordinaires étaient souvent repoussés par des propriétaires méfiants, craignant l'insolvabilité de tels locataires ou les réactions hostiles des voisins. L'attribution de logements sociaux était subordonnée à un séjour de dix ans en France et à la présence d'enfants. Autre restriction, seules 6,5 % des HLM étaient officiellement réservées aux étrangers. Cependant, la hausse des revenus des Français amena certains de ceux-ci, dès les années 60 et 70, à quitter des HLM pour des habitations de meilleure qualité, ce qui libéra des appartements et permit de dépasser le taux de présence étrangère initialement prévu. Quelques entreprises logeaient une partie de leurs salariés immigrés, mais le pourcentage en restait généralement très faible. Dans le bâtiment et les travaux publics, l'hébergement sur les chantiers apparaissait fréquent : les grandes entreprises fournissaient des baraques préfabriquées ou des caravanes, gratuitement ou moyennant une faible redevance ; les petites et moyennes entreprises, au mépris des règlements, laissaient les ouvriers édifier des baraquements avec des matériaux récupérés sur place ou les autorisaient à s'installer dans les sous-sols d'un immeuble en construction.

Une partie des autres étrangers devenaient la proie des « marchands de sommeil » qui entassaient des lits dans de pauvres « hôtels » ou dans des locaux non prévus pour l'habitation, anciennes usines, entrepôts, granges... où les conditions d'hygiène demeuraient très rudimentaires. Dans certains quartiers anciens ou périphériques, un processus

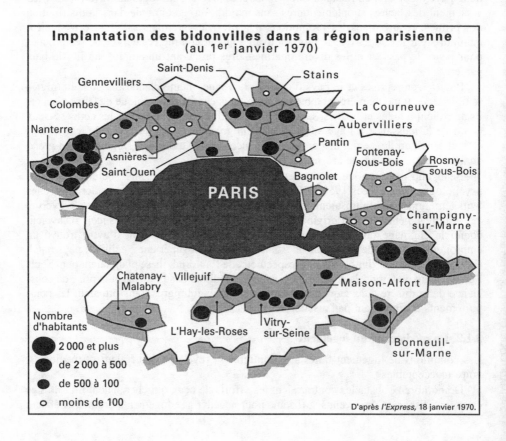

214

d'accaparement immobilier par les étrangers et de dégradation se déroulait de manière presque inexorable : les premiers immigrés choisissaient de tels quartiers car les loyers y étaient bas ; des compatriotes les rejoignaient bientôt ; cet afflux entraînait le départ des résidents français et la baisse du prix des immeubles ; ces derniers étaient rachetés à des prix avantageux par des logeurs souvent eux-mêmes étrangers qui transformaient prestement leurs nouveaux biens en meublés, aménageaient des dortoirs, édifiaient parfois des baraquements dans les jardinets des pavillons de banlieue.

Les plus infortunés édifiaient des cahutes de bidonvilles sur des terrains vagues, des zones humides, des bandes séparant les autoroutes ou les voies ferrées, d'anciennes décharges. La promiscuité, la boue, le bruit, la présence des rats, le risque d'incendie ou d'aphyxie caractérisaient ce sinistre habitat. En 1970, dans la seule région parisienne, quelque 46 000 étrangers vivaient dans 113 bidonvilles connus (v. carte p. 214).

LE BIDONVILLE DE « LA CAMPA » À LA COURNEUVE EN 1966

S'il existait une hiérarchie permettant de classer les différentes sortes de bidonvilles, celui que l'on découvre en arrivant chemin de Stains, se situerait au bas de l'échelle. Il n'y a pas de tracé de rue, on ne trouve qu'un seul point d'eau, rien n'est prévu pour l'évacuation des eaux polluées si ce n'est un semblant de canal qui constitue d'ailleurs un dangereux foyer d'infection. On peut voir quelques constructions en dur, mais la majorité des gens vivent dans des baraques accolées les unes aux autres et faites de matériaux disparates, et surtout dans des cars désaffectés et des roulottes posées sur des briques ou des morceaux de bois, car bien souvent les roues ont disparu. Dans ces roulottes, les familles s'entassent à 5 ou 6 personnes, parfois davantage.

Autrefois situé à Saint-Denis, ce bidonville a été transféré à la Courneuve en août 1961. À cette date, il comprenait 79 familles dont 44 espagnoles, une portugaise, 3 algériennes, 9 familles mixtes (Algérien-Française), 15 françaises et 8 familles.

Francette VIDAL, *Esprit*, avril 1966.

LE BIDONVILLE DU CHAÂBA À LYON

Vu du haut du remblai qui le surplombe ou bien lorsqu'on franchit la grande porte en bois de l'entrée principale, on se croirait dans une menuiserie. Des baraquements ont poussé côté jardin, en face de la maison. La grande allée centrale, à moitié cimentée, cahoteuse, sépare à présent deux gigantesques tas de tôles et de planches qui pendent et s'enfuient dans tous les sens. Au bout de l'allée, la guérite des WC semble bien isolée. La maison de béton d'origine, celle dans laquelle j'habite, ne parvient plus à émerger de cette géométrie désordonnée. Les baraquements s'agglutinent, s'agrippent les uns aux autres, tout autour d'elle. Un coup de vent brutal pourrait tout balayer d'une seule gifle. Cette masse informe s'harmonise parfaitement aux remblais qui l'encerclent.

Azouz BEGAG, *Le gone du Chaâba*, le Seuil, Paris, 1986, p. 11.

La gravité de la situation était régulièrement dénoncée par des enquêtes journalistiques et illustrée par des faits divers. L'un des plus tragiques, qui frappa particulièrement l'opinion, fut, dans la nuit du 1er janvier 1970, la mort par asphyxie de cinq Maliens qui habitaient un taudis d'Aubervilliers dépourvu d'eau, de gaz et d'électricité. Aussi les pouvoirs publics recherchèrent-ils des solutions. Le Fonds d'action sociale (FAS), créé en 1958 au bénéfice des Algériens vivant en métropole, fut étendu en 1964 à tous les travailleurs étrangers et s'occupa dès lors en priorité de l'amélioration du logement, bien que cette institution fût aussi chargée de la formation professionnelle, de l'apprentissage du français, du rattrapage scolaire des enfants. Des plans de suppression des bidonvilles furent préparés à partir de 1964. Les anciens hôtes des taudis reçurent des appartements dans des cités de transit, aménagées provisoirement pour servir de transition entre le logement insalubre et l'habitat normal. Des associations alimentées par des fonds publics, dont la plus importante était la Société nationale de construction de logements pour les travailleurs (Sonacotra), furent constituées pour bâtir des foyers généralement réservés aux célibataires.

Ces efforts, pour méritoires qu'ils fussent, ne se révélèrent pas suffisants. En 1973, dix ans après le lancement du premier plan de résorption des bidonvilles, ce type d'habitat n'avait pas encore disparu. Les cités de transit, construites en matériaux trop légers, se dégradaient rapidement. Les foyers n'étaient pas assez nombreux : en 1971, dans le Rhône, ils offraient 8 311 lits pour 80 000 travailleurs immigrés et le directeur du foyer de Lyon-Monplaisir se désolait d'enregistrer 60 départs par an et 120 demandes d'admission par mois. De plus, les règlements faisant régner une très sévère discipline dans les foyers étaient souvent mal supportés par les résidents.

3.1.3. Les conséquences sociales d'une transplantation mal préparée

Les difficiles conditions de vie faites aux immigrés, la médiocrité des logements, les emplois qu'ils occupaient, la faiblesse des rémunérations, en un mot la fréquente misère qui les accablait, tous ces facteurs entraînaient de profondes répercussions sur la santé et les comportements sociaux.

Les types d'emploi, dangereux, fatigants, malsains, réservés aux étrangers exposaient particulièrement ceux-ci aux accidents du travail et aux maladies professionnelles. Les nouveaux venus, peu familiarisés avec les cadences industrielles, mis trop rapidement au courant des gestes à effectuer, souvent incapables de lire les consignes de sécurité, devenaient les victimes de machines qu'ils ne savaient pas contrôler. Les maladies professionnelles étaient surtout nombreuses dans le bâtiment et les travaux publics, responsables des deux tiers de ce type d'affections.

Face à la maladie, professionnelle ou non, les étrangers apparaissaient particulièrement vulnérables car ils ignoraient fréquemment les règles de l'hygiène, ils vivaient dans des habitations inconfortables, mal aérées où l'entassement favorisait la contagion ; par esprit d'économie, ils s'imposaient des privations, notamment d'ordre alimentaire ; ils étaient souvent surpris par les rigueurs du climat septentrional. Des enquêtes effectuées chez les étudiants, milieu théoriquement favorisé par comparaison avec les ouvriers, montrèrent que les jeunes étrangers corrigeaient moins souvent que les Français leurs troubles visuels et étaient plus rarement vaccinés par le BCG, les injections anti-tétanos, anti-poliomyélite. Les clandestins, très nombreux, hésitaient à sortir de l'anonymat pour se faire soigner. Ceux qui bénéficiaient d'arrêts de travail officiels avaient tendance à reprendre leurs activités trop vite, pour retrouver des gains normaux.

Les jeunes immigrés, au moment de leur installation en France, amenaient peu de maladies en activité. Ils souffraient surtout de parasitoses d'origine tropicale, non contagieuses, comme la bilharziose, l'anguillulose, le paludisme. En revanche, la pathologie d'acquisition, rançon des dures conditions de vie en France, se révélait plus redoutable. Les affections microbiennes et virales se développaient avec force chez des individus fatigués, mal nourris, exposés aux refroidissements. La tuberculose exerçait des ravages particulièrement graves : en 1969, sur 4 964 entrées en sanatorium furent dénombrés 52 % de Nord-Africains et 20 % de noirs. Les problèmes d'inadaptation, le choc dû à l'installation en France, avec la remise en cause des valeurs et des comportements traditionnels, entraînaient des maux liés à l'anxiété comme les ulcères digestifs, une vaste gamme de troubles psychosomatiques et d'affections mentales, désordres se manifestant par des dépressions, des états hystériques ou hypocondriaques, des perturbations du sommeil et de la sexualité, des tentatives de suicide.

Il est habituel d'établir une relation entre les difficultés matérielles, la misère, la destruction des cadres moraux ou culturels et la délinquance. De fait, les chiffres bruts soulignaient l'importance des comportements délictueux chez les étrangers. Toutes les statistiques montraient que les pourcentages d'étrangers incriminés, arrêtés, détenus étaient largement supérieurs aux taux d'étrangers dans la population totale calculés d'après les recensements.

Population carcérale métropolitaine
structure selon la nationalité (au 1er janvier)

Année	Ensemble	Français	Étrangers	Étrangers (%)
1968	34 083	28 770	5 313	15,6
1969	33 427	28 614	4 813	15,4
1970	29 026	24 642	4 384	15,1
1971	29 549	25 297	4 252	14,4
1972	31 668	27 009	4 659	14,7
1973	30 306	25 904	4 402	14,5
1974	27 100	22 995	4 105	15,1

D'après Pierre TOURNIER et Philippe ROBERT, Migrations et Délinquances :
les étrangers dans les statistiques pénales, *Revue européenne des migrations internationales*, n° 3, 1989.

Les chiffres devaient cependant être nuancés. Les comparaisons faites ordinairement avec les Français se trouvaient faussées par l'existence de délits spécifiques commis par les étrangers, surtout les infractions aux règles de séjour et aux arrêtés d'expulsion, délits inaccessibles aux nationaux. De plus, les immigrés, particulièrement visibles par leur apparence et leur genre de vie, inspirant une fréquente méfiance, attiraient davantage l'attention des forces de l'ordre. Attentivement surveillés, plus souvent mis en détention provisoire et déférés au parquet, sachant malhabilement se défendre, ils étaient plus lourdement condamnés. D'autres facteurs propres aux immigrés aggravaient la délinquance tout en rendant peu significatives les comparaisons avec les Français : la prédominance de l'immigration masculine, le caractère fruste et l'ignorance de nombreux allogènes, les difficultés psychologiques diverses, l'échec scolaire, les discriminations, les efforts d'intégration déçus.

3.2. Des engagements timides

Réduits à occuper les emplois les plus ingrats, confinés dans une situation sociale inférieure, plongés dans une misère souvent insupportable, les immigrés ne choisissaient cependant pas le chemin de la révolte.

3.2.1 Les immigrés et la défense de leurs droits

Les travailleurs étrangers étaient, surtout au début de leur séjour, peu informés sur les droits dont ils pouvaient jouir. Même quand ils en prenaient conscience, ils hésitaient à revendiquer, par crainte d'être licenciés ou expulsés. La rotation rapide des ouvriers dans les entreprises retardait aussi l'association des nouveaux venus aux luttes menées par les Français. Les conflits ou contentieux internes, parfois anciens, entre groupes immigrés, chrétiens et non chrétiens, catholiques et orthodoxes, Serbes et Croates, Grecs et Turcs, parfois Espagnols et Portugais, entravaient encore l'action commune. D'une manière générale, les étrangers étaient peu politisés, surtout quand ils venaient de pays où subsistaient des régimes autoritaires, notamment ceux de Franco, Salazar, Tito. Beaucoup pensaient que l'inscription à un syndicat équivalait à un choix politique et à une intrusion dans les affaires françaises. Au demeurant, ils se sentaient peu concernés par celles-ci, d'autant que leurs proches collègues leur apparaissaient comme des privilégiés, très différents d'eux et n'inspirant pas toujours un sentiment de solidarité. Cette analyse était encouragée par la fréquente méfiance que les ouvriers nationaux éprouvaient à l'égard des immigrés, considérés comme des concurrents ou des jaunes trop dociles aux injonctions du patronat.

Cependant les syndicats s'intéressaient aux immigrés. La CGT réactiva les structures mises en place avant 1939 pour encadrer les travailleurs étrangers. La CFTC et FO se tournèrent particulièrement, au temps de la guerre froide, vers les personnes déplacées, originaires des démocraties populaires. La CFDT, née en 1964 d'une scission survenue dans la CFTC, organisa dès 1966 une Conférence nationale des travailleurs immigrés. Tous publièrent des journaux en langue étrangère. Mais l'action syndicale manquait d'efficacité. Les organisations ne pouvaient accorder un soutien trop visible aux immigrés, sous peine de choquer leurs adhérents français. Aussi préféraient-elles dénoncer dans le phénomène migratoire une manœuvre du pouvoir pour paupériser la classe ouvrière française et exigeaient-elles un strict contrôle des entrées. Autre faiblesse, les organisations marquées par le marxisme ne prenaient pas assez en compte la spécificité des nouveaux venus, souvent originaires de la campagne, dépourvus de qualification industrielle et d'expérience de la vie urbaine. La CGT par exemple considérait les Espagnols davantage comme des réfugiés politiques que comme des migrants économiques, dépolitisés par des années de dictature franquiste. En somme, les syndicats voyaient trop dans les immigrés des prolétaires nécessairement pourvus d'une « conscience de classe ». Cependant, avec le temps, les grandes confédérations modifièrent leur approche du problème, prirent mieux en compte les revendications propres aux immigrés, essayèrent de convaincre les Français que leurs intérêts étaient identiques à ceux de leurs hôtes.

Ces efforts restèrent en grande partie infructueux car moins de 10 % des immigrés adhéraient à un syndicat. Ceux qui franchissaient le pas obéissaient rarement à des motivations idéologiques. Ils espéraient bien plutôt obtenir quelques avantages pratiques ; ils choisissaient l'organisation regroupant déjà dans l'entreprise une majorité de compatriotes ou la plus représentative, supposée la plus efficace. Dans les syndicats, les étrangers tenaient rarement un rôle moteur, ce que d'ailleurs les dirigeants français ne souhaitaient pas. Ils écoutaient plus qu'ils ne parlaient, ils suivaient plus qu'ils ne décidaient.

Il arriva cependant que les travailleurs étrangers prissent la tête d'une grève classique. Ce fut le cas aux usines Pennaroya de Lyon où les mauvaises conditions de travail et de sécurité déclenchèrent un mouvement qui dura trente-deux jours à partir du 9 février 1972 ; aux usines Renault de Billancourt, la grève se prolongea trois semaines en janvier 1974. Mais ces actions restaient rares. Le type de protestation, inconnu de la tradition syndicale française, que les étrangers entreprirent en 1974 contre les nouvelles modalités d'attribution des cartes de séjour et de travail instituées par la circulaire Marcellin-Fontanet fut original. Redoutant l'expulsion, des immigrés entamèrent des grèves de la faim dans plusieurs villes comme Paris, Lyon, Valence, Perpignan, Lille. La CFDT, jeune syndicat plus réceptif à cette forme inédite de lutte, des gauchistes, des chrétiens apportèrent leur soutien, avant que les autres syndicats et les partis de gauche ne rejoignissent à leur tour les grévistes de la faim.

3.2.2. L'action politique

La timidité observée dans la défense des revendications sociales ou économiques des immigrés se retrouvait dans l'expression politique. En cette matière, on ne voit pas de manifestations unanimes ou permanentes. Cependant, certains groupes ne restaient pas inactifs, notamment les ressortissants de l'empire colonial français. De plus, ponctuellement, quelques événements majeurs, comme la crise de mai 1968, amenaient certains étrangers à abandonner leur réserve habituelle.

Les étudiants africains noirs constituaient un des milieux où s'exprimaient le plus visiblement des idées politiques. Des revues comme *Présence africaine* et des groupements comme la Fédération des étudiants d'Afrique noire en France (FEANF) fondée en 1950 exerçaient une forte influence sur les jeunes. Ceux-ci apparaissaient soucieux de ne pas perdre leurs racines au contact de la culture dominante française. Ils militaient généralement pour l'indépendance de leur pays et la FEANF accordait sa sympathie au FLN algérien dans sa lutte contre la France. Très influencés par le marxisme, ils fusionnaient celui-ci en un curieux amalgame juxtaposant un nationalisme noir vaguement romantique et un populisme tiers-mondiste typique de l'époque.

Beaucoup plus spectaculaire se révéla l'action des nationalistes algériens. Au lendemain de la Deuxième Guerre mondiale, l'homme qui dominait le mouvement indépendantiste était toujours Messali Hadj. Libéré en 1946, il ressuscita aussitôt son ancien Parti du peuple algérien sous le nom de Mouvement pour le triomphe des libertés démocratiques (MTLD), implanté des deux côtés de la Méditerranée. Le MTLD réclamait le départ des troupes françaises d'Algérie et la réunion d'une assemblée constituante. Il organisait de grandes manifestations et parvint à faire défiler à Paris 10 000 Algériens le 14 juillet 1951. Finalement le gouvernement français assigna Messali à résidence à Niort en mai 1952 et, le 5 novembre 1954, prononça la dissolution du MTLD qui se reconstitua sous le nom de Mouvement national algérien (MNA).

L'insurrection de novembre 1954, qui marqua le début de la guerre d'Algérie, ne fut pas le fait des messalistes, mais d'un groupe d'activistes dissidents qui formèrent le Front de libération nationale (FLN). Les jeunes du FLN reprochaient à Messali Hadj de se comporter en autocrate, de trop afficher son islamisme et de retarder le succès de la cause indépendantiste en préférant un hypothétique soulèvement des masses prolétariennes à l'action décidée d'un petit groupe révolutionnaire.

Malgré ces divergences, le FLN, jusqu'en avril 1955, rechercha la conciliation avec le MNA, organisation nationaliste de loin la plus influente en métropole avec ses 10 000 militants actifs et de nombreux sympathisants. Mais bientôt le FLN, minoritaire dans l'émigration et n'ayant rien à perdre, organisa sa propre Fédération de France et entreprit de s'imposer aux dépens de son rival. La lutte entre FLN et MNA pour le contrôle des immigrés se fit très violente et entraîna des règlements de comptes, des attentats, des mitraillages de cafés où se réunissaient les responsables du camp adverse. De 1956 à 1962, cette lutte causa en France 4 000 morts et 10 000 blessés.

Ce fut le FLN qui l'emporta. Pour ne pas laisser à celui-ci le monopole de la représentation des Algériens, le général de Gaulle libéra Messali en janvier 1959. Ce dernier se déclara d'accord avec la politique d'autodétermination et essaya de se poser en interlocuteur du gouvernement français, mais il était trop tard : les derniers amis du vieux chef furent exécutés par le FLN ou s'éloignèrent d'eux-mêmes. Le fondateur du mouvement nationaliste algérien mourut en France en 1974.

La Fédération de France du FLN, dirigée de 1957 à 1962 par un militant remarquable, Omar Boudaoud, installé à l'abri en Allemagne, était maîtresse du terrain, malgré la répression policière française. Pour garder son emprise sur les émigrés, la Fédération organisa une véritable contre-société. Elle percevait, de gré ou de force, un impôt proportionnel aux revenus des travailleurs : à la fin de la guerre, les cotisants étaient près de 150 000. Afin d'élever une barrière entre la société française et les travailleurs algériens, le FLN quadrillait les quartiers où vivaient ceux-ci, fixait les prix de location des chambres dans les hôtels pour immigrés, arbitrait les litiges, organisait une aide sociale et des secours aux prisonniers, entretenait le mythe du retour en promettant de distribuer aux exilés les terres des colons français, après l'indépendance. Le FLN contrôlait également un syndicat, l'Union générale des travailleurs algériens (UGTA) qui supplanta son rival messaliste l'Union syndicale des travailleurs algériens. L'UGTA, d'abord méfiante à l'égard de la CGT qu'elle accusait de ne pas dénoncer assez fort le colonialisme, se rapprocha ensuite de la confédération française et accepta que les immigrés adhérassent à cette dernière, sous la condition que la CGT ne s'ingérât pas dans les problèmes algériens. Après la guerre, l'UGTA fut remplacée par l'Amicale des travailleurs algériens qui dépendait étroitement du gouvernement d'Alger.

Les événements liés à la décolonisation affectaient des groupes nationaux particuliers. En revanche, la crise de mai-juin 1968 interpella d'une manière ou d'une autre la totalité des immigrés. La majorité de ceux-ci, peu politisés, comprirent mal le sens de l'agitation et s'inquiétèrent des perturbations possibles, licenciement, chômage technique, rupture des approvisionnements, récupération par les meneurs gauchistes. Les plus angoissés regagnèrent leur pays, surtout les Portugais dont quelque 10 000 seraient partis. Cependant, les jeunes Français qui se trouvaient à la pointe du mouvement recherchaient le contact avec les travailleurs étrangers, vus comme surexploités. Ces jeunes se rendaient dans les usines et les bidonvilles, ils pressaient les hôtes de ceux-ci de rejoindre la contestation. Le slogan « Travailleurs français et immigrés, tous unis » fut popularisé. Des organisations unitaires, plus ou moins durables, se créèrent : ainsi le Comité d'action des travailleurs étrangers, constitué à Censier dès le 14 mai, le Comité de liaison des organisations de travailleurs immigrés en France (CLOTIF), le Comité des trois continents ou Tricontinental, le Comité internations, le Comité du droit des étrangers, des comités étudiants d'action. Dans ce dernier milieu, le succès fut certain. L'une des figures emblématiques du mouvement de mai 1968 fut précisément un étudiant allemand de Nanterre, Daniel Cohn-Bendit. Plusieurs pavillons de la cité universitaire internationale furent occupés par leurs hôtes. Dans le monde ouvrier, l'onde de choc apparut plus diffuse, mais un nombre non négligeable d'ouvriers immigrés participèrent activement aux grèves et aux meetings, ce qui modifia l'image, offerte jusque-là, d'une masse passive.

Si les ressortissants de l'empire colonial et les étrangers emportés par le vent contestataire de 1968 s'intéressaient surtout à la conjoncture française, les réfugiés politiques regardaient plutôt vers leur pays d'origine.

3.2.3. Les réfugiés politiques entre installation et espoir de retour

Les décomptes officiels faisaient état de la présence en France de 418 000 réfugiés en 1954, soit 27,8 % de la population étrangère, et de 112 000 en 1969, soit 4,4 %. Cette considérable décrue s'expliquait par les départs, les décès et les naturalisations.

Les origines des exilés apparaissaient très diverses. Certains étaient installés en France depuis l'entre-deux-guerres, tels les Arméniens rescapés du génocide commis par les Turcs, les Russes chassés par la révolution bolchevique, les Espagnols antifranquistes. Après 1945, d'autres groupes se formèrent. En effet, la mise en place des démocraties populaires en Europe de l'Est entraîna le départ d'individus plus ou moins compromis avec les anciens régimes pronazis, notamment des Hongrois et des Slovaques. Ils furent rejoints par des patriotes et des démocrates anticommunistes, ainsi que par des intellectuels ayant parfois servi dans leurs débuts les nouveaux gouvernements prosoviétiques ; tel fut le cas de Polonais, de Tchécoslovaques, de Hongrois. Cette dernière communauté fut renforcée en 1956 par l'arrivée de quelque 12 000 personnes qui avaient soutenu la tentative de libéralisation dans leur pays et fuyaient la répression exercée par les troupes de Moscou. La France hébergeait aussi des dissidents Sud-Américains refusant les dictatures imposées à leur pays. En 1973 arrivèrent des Chiliens hostiles à la junte militaire : ces hommes n'étaient pas très nombreux, environ 2 000, mais la gauche française mobilisa largement l'opinion en leur faveur, car ils symbolisaient l'échec d'un président socialiste démocratiquement élu, Salvador Allende, face à un coup de force réactionnaire. Parmi les exilés figuraient aussi des intellectuels dont la vie était en danger, comme le communiste grec Iannis Xenakis, condamné à mort dans son pays, des écrivains soucieux d'échapper à la censure, tels l'Argentin Cortazar, les Espagnols Juan Goytisolo, Fernando Arrabal, Jorge Semprún.

Les raisons conduisant les réfugiés à choisir la France apparaissaient diverses : prestige de ce pays vu comme un symbole de la liberté ou d'un art de vivre raffiné, appartenance à une famille francophone, expérience d'un séjour antérieur comme pour le Hongrois François Fejtö, participation à la Résistance dans l'hexagone, hasard parfois. Après leur arrivée, les réfugiés étaient pris en charge par diverses institutions comme l'Office français pour les réfugiés et apatrides (OFPRA), créé en 1952 auprès du ministère des Affaires étrangères, le Service d'aide aux migrants, organisation non gouvernementale recevant des fonds publics, des groupements caritatifs, des associations confessionnelles ou nationales.

Contrairement aux immigrés économiques qui avaient choisi de s'établir en France pour une période plus ou moins longue, les réfugiés s'étaient trouvé contraints à l'exil par l'évolution politique de leur pays. Le retour constituait pour eux une aspiration très forte et ils étaient moins portés que d'autres à s'intégrer. Cependant, l'écoulement du temps, la pérennité des régimes qu'ils avaient fui, parfois un mariage mixte, amenaient certains à s'insérer plus profondément. Les autres continuaient à penser que leur séjour en France était provisoire. Ils étaient encouragés dans cette attitude par l'existence de structures politiques diverses qui entretenaient l'espoir du retour. Ainsi, le gouvernement espagnol en exil, présidé par José Giral, siégeait à Paris avec ses divers ministères, de même que le gouvernement basque et la Généralité de Catalogne. Les très nombreux partis et syndicats antifranquistes, divisés en de nombreuses tendances, se partageaient entre Paris et Toulouse. Dans la première de ces villes paraissaient 240 périodiques reflétant les diverses sensibilités de l'émigration politique espagnole et dans la deuxième, 90. Une nébuleuse d'associations, culturelles, professionnelles, caritatives, groupant anciens combattants de l'armée républicaine, internés, résistants, maintenaient vivant l'idéal de ceux qui avaient été battus en 1939. Des groupements d'intellectuels, des librairies et des maisons d'édition comme *Ruedo Iberico* s'attachaient à transmettre le patrimoine culturel interdit par le franquisme. Cette volonté affirmée de maintenir l'identité républicaine retarda l'intégration au moins jusqu'à l'approche des années 60.

Les réfugiés d'Europe de l'Est étaient soutenus par des organisations principalement américaines comme le *Free Europe Committee* ou l'Assemblée des nations captives d'Europe, ainsi que par des mouvements de jeunes qui promettaient une libération des pays placés sous le joug soviétique. Le Collège de l'Europe libre, installé dans le château de Robertsau, près de Strasbourg, financé à l'insu de ses élèves par la CIA, enseignait les cultures nationales et cherchait à éviter l'assimilation des jeunes originaires d'Europe centrale pour qu'ils puissent prendre des responsabilités chez eux, après le renversement des régimes communistes. L'hypothèse d'un tel événement semblait si prévisible que certains réfugiés échafaudaient des projets de rassemblement fédéral des nations libérées et s'impatientaient face à l'inaction des occidentaux.

Le désir de revoir le pays natal devint si fort qu'un nombre non négligeable de réfugiés tentèrent l'aventure du retour sans attendre le renversement du régime qu'ils avaient fui. Ce phénomène se développa particulièrement chez les Russes blancs. En vérité certains de ceux-ci, à commencer par le philosophe Nicolas Berdiae ou le métropolite Euloge, hier farouchement antisoviétiques, avaient modifié leur jugement depuis que Staline s'était allié aux puissances occidentales contre les nazis, avait appelé chez lui à l'union sacrée et semblait ménager les religieux. Des hommes qui vivaient de longue date dans un exil inconfortable et se sentaient déclassés entendaient l'appel de la mère-patrie et étaient fiers de voir figurer celle-ci parmi les grandes puissances. Le décret du Soviet suprême du 14 juin 1946 permettant à tous les Russes ayant quitté le territoire national depuis le 7 novembre 1917 d'obtenir la nationalité soviétique reçut un accueil très favorable et le nombre de ceux qui profitèrent de cette offre s'éleva peut-être à 11 000, soit le cinquième des émigrés russes recensés en France. Le gouvernement de Paris, poussé par la logique de la guerre froide, contraria le mouvement en cours, notamment en favorisant les naturalisations. Quant aux rapatriements, Moscou ne se pressa pas de les organiser et il semble que seules 2 000 personnes en profitèrent avant le début des années 50. Ceux qui restèrent en France se replièrent davantage sur eux-mêmes. Paris perdit une bonne part de son rôle de capitale de l'émigration russe, rôle joué avant 1939.

Une égale aspiration au retour régnait chez les Arméniens, professant depuis toujours un attachement sincère à leur patrie déchirée, rêvant de reconstituer une communauté nationale en réunifiant l'Arménie soviétique et l'Arménie turque. Staline, qui espérait opérer cette réunification à son profit, autorisa en décembre 1945 le rapatriement en masse. Quelque 7 000 Arméniens de France, appartenant surtout au milieu ouvrier, tentèrent l'aventure, en pensant accéder ainsi à une vie meilleure, tandis que la France ripostait en facilitant la naturalisation de ceux qui restaient. Les rapatriements s'arrêtèrent avec le début de la guerre froide en 1947 et aboutirent en fait à un échec. En effet, les rapatriés, amèrement déçus par les réalités de la vie dans le bloc soviétique, revinrent en grand nombre en France après 1956, non sans difficultés, et entraînèrent même avec eux un nouveau courant d'émigration en provenance de leur infortunée patrie.

3.3. Les grandes orientations de l'opinion dans l'après-guerre

L'importance croissante des sondages à partir des années 50 permit d'évaluer plus précisément l'orientation de l'opinion et montra que celle-ci n'avait pas fondamentalement changé par rapport aux années 20.

3.3.1. L'opinion moyenne

Les Français avaient connaissance du développement de l'immigration par leur expérience de tous les jours ou, s'ils habitaient des régions peu concernées, par la lecture de la presse quotidienne et des hebdomadaires qui, comme *Paris-Match*, consacrèrent de grandes enquêtes à la présence étrangère en France. Les journalistes ajoutaient souvent à la traditionnelle description de la cosmopolite Marseille une visite dans le quartier parisien de la Goutte d'Or.

Les premiers sondages réalisés au lendemain de la guerre montrèrent un fort refus de « laisser s'installer » des étrangers en France : 57 % des personnes sondées en 1947 et 63 % en 1949 exprimaient leur opposition. En janvier 1951, une vaste enquête menée auprès de 2 463 personnes permit de mieux cerner les contours de l'opinion[1]. Une très grande majorité, 93 %, considérait qu'il y avait « beaucoup d'étrangers » vivant en France, mais cette même majorité surestimait largement les chiffres : la moyenne des réponses donnait un effectif de 2 500 000 immigrés, alors que la France en comptait approximativement 1 800 000 à cette époque.

La moitié des personnes interrogées, exactement 50 %, admettaient que les étrangers rendaient des services, notamment en accomplissant les tâches pénibles dont les nationaux se détournaient. Mais 58 % ajoutaient que « les étrangers créent des difficultés » car, pensait-on, ce n'étaient pas les meilleurs éléments qui émigraient ; ils entretenaient l'agitation sociale et adoptaient des comportements moralement répréhensibles. Aussi, précisaient les sondés, fallait-il se montrer prudent dans l'octroi de la naturalisation et l'acceptation des mariages mixtes, accorder aux Français une priorité dans l'accès au logement, licencier d'abord les étrangers en cas de chômage. De la sympathie à l'hostilité, toute une gamme de sentiments s'exprimaient en fonction de la nationalité.

---

1. ALAIN GIRARD et JEAN STOETZEL, *Français et immigrés*, INED-PUF, Paris, 1953.

Nationalités	Rangs										
	1	*2*	*3*	*4*	*5*	*6*	*7*	*8*	*9*	*10*	*Total*
	%	%	%	%	%	%	%	%	%	%	%
Belges	46	30	13	5	2	2	1	1	0	0	100
Suisses	29	32	17	9	7	3	1	1	1	0	100
Hollandais	3	9	22	18	15	13	9	6	4	1	100
Italiens	7	10	16	15	12	10	8	8	8	6	100
Espagnols	7	7	12	14	14	11	11	10	10	4	100
Polonais	4	5	8	12	12	13	14	15	13	4	100
Roumains	0	1	3	7	13	18	20	20	14	4	100
Autrichiens	1	2	3	9	12	14	18	20	18	3	100
Nord-Africains	2	3	6	9	10	11	11	12	14	22	100
Allemands	1	1	2	3	3	5	5	8	18	54	100

D'après Alain GIRARD et Jean STOETZEL, *Français et immigrés*, op. cit.

Comme dans l'entre-deux-guerres, les Belges et les Suisses étaient appréciés en raison de leurs qualités et de la parenté linguistique. Ils étaient en outre jugés très adaptables, de même que les Italiens et les Espagnols, assez bien classés dans le tableau général. Les Allemands et les Autrichiens étaient massivement rejetés en cette période encore proche de la guerre. Les Nord-Africains inspiraient toujours de vives préventions. D'autres sondages montrèrent qu'en revanche les noirs, bien qu'ils fussent mal connus, bénéficiaient d'une sympathie beaucoup plus forte[1]. Cependant, quel que fût le jugement, 45 % des sondés de 1951 croyaient que « les étrangers vivant en France restent des étrangers », tandis que 36 % les estimaient aptes « à se fondre dans la collectivité nationale ».

D'une manière très nette, les jugements positifs portés sur une nationalité montaient dans les régions où celle-ci était le mieux représentée : les Belges dans le Nord, les Espagnols dans le Sud-Ouest, les Italiens dans le Sud-Est. Ainsi la fréquence des relations et la connaissance des groupes allogènes conduisaient à des appréciations favorables. Cependant, en toutes régions, certaines catégories restaient méfiantes : les personnes âgées, les femmes, les cultivateurs, les ouvriers redoutant la concurrence et le chômage.

Durant la période d'expansion, les Français continuèrent à penser que les étrangers rendaient des services économiques : 68 % des personnes sondées en 1971 partageaient cet avis[2]. Mais l'hospitalité restait conditionnelle : en 1966, au milieu des Trente Glorieuses, 54 % des Français se disaient persuadés que la limitation de l'immigration constituait le meilleur remède contre le chômage[3].

---

1. Cf. *Esprit*, avril 1966.
2. *Hommes et Migrations documents*, 15 mars 1971.
3. Sondage IFOP, octobre 1966.

3.3.2. Le poids du politique

Les choix idéologiques et l'évolution de la conjoncture politique générale influencèrent les jugements portés sur les étrangers. Ainsi, au temps de la guerre froide, si les réfugiés d'Europe de l'Est étaient soutenus par la droite et les organisations syndicales modérées, ils étaient vivement pris à partie par les communistes qui peignaient ces exilés comme des suppôts de la réaction, des agents de l'impérialisme américain, des alliés du patronat capitaliste.

Le début de la guerre d'Algérie en 1954 coïncida avec un réveil de l'extrême droite qui, compromise avec le régime de Vichy ou la collaboration, s'était montrée peu active depuis la Libération. Désormais, des revues discrètement racistes, telle *Défense de l'Occident* fondée en 1952 par Maurice Bardèche et Jean-Louis Tixier-Vignancour, ou violemment néo-nazies, comme *le Combattant européen* de René Binet, diffusèrent des idées d'exclusion. Binet dans son journal et ses livres, notamment *Théorie du racisme* ou *Contribution à une éthique raciste*, exigeait « l'épuration de la race française des éléments qui la souillent, les nègres, les juifs et les Mongols »[1] . Un autre extrémiste, Charles Luca, voulait forger un type d'homme nouveau, appuyé « sur les forces communautaires du Sang et du Sol »[2] . Le mouvement Jeune Nation, fondé en 1950 et animé par les frères Sidos, demandait « l'éviction totale des métèques, la révision des naturalisations et l'annulation des droits pour les étrangers indésirables »[3], cela pour sauver « la civilisation blanche européenne et française »[4] . Pierre Poujade, président de l'Union de défense des commerçants et artisans, stigmatisait « l'armée de métèques qui campent sur notre sol et qui, avant d'avoir souffert, parlent de nous dicter la loi »[5] . Quand la guerre d'Algérie fut déclenchée, ces mouvements, rejoints par des organisations nouvelles comme le Front national pour l'Algérie française de Jean-Marie Le Pen et du colonel Thomazo, le Front de l'Algérie française (FAF) qui compta jusqu'à 100 000 adhérents dont certains se regroupèrent en milices « contre-terroristes », le Front national français de Joseph Ortiz, le MP 13 de Robert Martel, le Mouvement pour l'instauration d'un ordre corporatif du Dr Bernard Lefebvre, se posèrent en défenseurs de l'Occident chrétien contre le marxisme et l'islamisme. Quelques militants de ces mouvements n'hésitaient pas à se lancer dans des opérations de commando contre-terroristes visant les Maghrébins. En juin 1959, six individus proches de Jeune Nation enlevèrent et torturèrent à mort un Tunisien à Châteauneuf-le Rouge, près de Marseille.

Ces comportements violents ne constituaient en fait que l'expression la plus outrée de l'hostilité inspirée par les Algériens à l'heure où la France s'enlisait dans une longue guerre liée à la décolonisation. L'image de l'immigré d'au-delà de la Méditerranée apparaissait déjà très négative, vu comme un primitif, violent, sournois, délinquant né, malade souvent. Avec l'éclatement de la guerre, le « Nord'af », suspecté de soutenir le FLN, apparut encore plus dangereux. Les surnoms dont il était affublé, « bicot », « crouillat », « melon », « fellouze », portaient une lourde charge péjorative. Les atrocités commises

---

1. Cité par JEAN PLUMYENE et RAYMOND LASIERRA, *Les Fascismes français, 1923-1963*, le Seuil, Paris, 1963, page 199.
2. Documents du premier congrès du Mouvement populaire français, 1959.
3. J. MALARDIER, *Mouvement Jeune Nation, carnet du militant*, Paris, s.d., page 4.
4. *Jeune Nation*, mai 1959.
5. PIERRE POUJADE, *J'ai choisi le combat*, Société générale des éditions et des publications, Saint-Céré, 1955, page 231, cité par ARIANE CHEBEL D'APPOLLONIA, *L'Extrême Droite en France de Maurras à Le Pen*, Complexe, Bruxelles, 1988.

par les fellaghas du FLN contre les soldats et les colons français, atrocités longuement relatées dans la grande presse, excitaient l'hostilité et atténuaient l'aversion qu'auraient pu inspirer les tortures opérées par l'armée contre les militants nationalistes algériens. La police métropolitaine faisait elle-même preuve de violence. À Paris, une force auxiliaire de musulmans, encadrée par des Français, était chargée de certaines actions spécialisées, rafles dans les bidonvilles, interrogatoires « musclés ». La répression prit une ampleur inégalée lors de la tragique manifestation du 17 octobre 1961 à Paris : des affrontements d'un rare vigueur opposèrent les forces de l'ordre et 30 000 à 50 000 Algériens défilant avec femmes et enfants à l'appel du FLN. La police arrêta environ 15 000 personnes, tua, selon le bilan officiel, moins de 10 manifestants, plusieurs centaines selon d'autres sources. En tout cas, des cadavres furent jetés à la Seine ; de nombreux blessés eurent le cuir chevelu fendu et les mains brisées.

Après 1962, la situation des Algériens changea peu. Leur engagement majoritaire en faveur de l'indépendance avait accrédité l'idée que la présence de ces hommes en France resterait temporaire et que l'essor de l'Algérie entraînerait un vaste mouvement de retour. Mais ce jeune pays avait plus besoin de cadres que de manœuvres, ce qu'étaient en grand nombre ses émigrés. Ces derniers, peu encouragés à se réinstaller dans leur patrie, assurés de bénéficier de la libre circulation prévue par les accords d'Evian de 1962, prirent donc la nationalité algérienne, tout en demeurant en France. Les immigrés se trouvèrent dès lors dans une situation ambiguë : indésirables dans leur pays qui voulait pourtant les contrôler, mal vus en France en leur qualité d'étrangers musulmans réputés peu assimilables et d'Algériens responsables d'une guerre coûteuse. Que leurs enfants nés en France fussent juridiquement citoyens de ce pays n'atténuait pas les rancœurs accumulées au cours des années de guerre.

Les Français refusaient d'admettre que l'Algérie ne pût offrir de travail à tous ses ressortissants et que l'avenir de ceux-ci, installés de longue date dans l'hexagone, faisant de plus en plus souvent venir leur famille, se situait dans le pays d'accueil. Le gouvernement de Paris suspendit la liberté de circulation dès 1964 et essaya d'endiguer l'immigration. Après les événements de mai 1968, auxquels les Algériens s'associèrent rarement, les autorités prononcèrent de nombreuses expulsions comme pour souligner le caractère temporaire et révocable de la présence de ces immigrés.

Situation plus grave, les Algériens se trouvèrent périodiquement victimes d'actes de violence relevant du racisme et attestant qu'ils inspiraient toujours une vive hostilité à une partie de l'opinion. Cette violence se développa en une véritable vague dans le deuxième semestre de 1973. Le 12 juin de cette année, le maire de Grasse fit asperger avec des lances à incendie un cortège d'immigrés manifestant pour obtenir une régularisation de leur situation administrative. Une partie des Grassois soutinrent la répression par le geste – de violentes bagarres eurent lieu dans les ruelles de la vieille ville – ou par des déclarations dénonçant l'invasion maghrébine et le danger que celle-ci représentait. Le plus tragique était à venir. Après qu'un dément algérien eut assassiné un chauffeur d'autobus marseillais le 25 août 1973, un flot de violences submergea le Midi. La presse de droite se déchaîna :

« Assez de voleurs algériens, de casseurs algériens, de fanfarons algériens, de proxénètes algériens, de syphillitiques algériens, de violeurs algériens, de fous algériens. Nous en avons assez de cette racaille venue d'outre-Méditerranée »[1].

---

1. G. DOMENECH, *le Méridional*, 26 août 1973.

Les jours suivants, des Nord-Africains furent agressés dans les rues de Marseille par des inconnus ; ces attaques firent cinq morts et de nombreux blessés. Des affiches et des graffitis anti-algériens s'étalèrent sur les murs de la cité. Malgré des appels au calme et les dénonciations du racisme que lancèrent les organisations humanitaires, la gauche et l'archevêque de Marseille, Mgr Etchegarray, une lourde atmosphère s'appesantit sur le Midi. Cette vague de violence conduisit le gouvernement algérien à suspendre officiellement l'émigration vers la France. Le 14 décembre 1973, un dernier attentat vint mettre un point final à la série d'actes sanglants : une bombe placée au consulat d'Algérie à Marseille fit quatre morts et douze blessés. Une organisation jusque-là inconnue, le Club Charles Martel, formé d'anciens membres de l'OAS, revendiqua cette opération.

Outre la guerre d'Algérie, le sentiment xénophobe fut renforcé par les événements de mai 1968. Grande était la tentation pour les dirigeants français, comme devant tout épisode incontrôlable, de dénoncer les menées étrangères. L'extrême droite, pour sa part, s'en prit aux étudiants non français et particulièrement à l'un des meneurs de la contestation, Daniel Cohn-Bendit, dont l'expulsion fut réclamée. Georges Marchais, craignant que le Parti communiste dont il était secrétaire général ne fût débordé par les gauchistes tel Cohn-Bendit, mit en cause cet « anarchiste allemand » et ses amis « en général fils de grands bourgeois »[1].

En revanche, ceux qui participèrent au mouvement de mai s'intéressèrent aux immigrés dont, parfois, ils découvrirent concrètement les difficultés en se rendant dans les bidonvilles et les usines. Dès lors, l'amélioration de la condition de ces travailleurs devint une revendication très présente. Emportés par le grand vent d'idéal de 1968, les jeunes gauchistes demandèrent l'abolition des frontières, l'attribution de la nationalité française à ces malheureux, avec le droit de vote. Dans leur quête d'épanouissement, les jeunes souhaitaient aussi que fût préservé « le droit à la différence » des immigrés et que leurs traditions culturelles nationales fussent respectées. Ainsi s'engagea un débat qui devait durer de longues années : les étrangers devaient-ils s'intégrer ou conserver leurs particularités ?

3.3.3. Les privilégiés de l'opinion

Certains étrangers bénéficiaient d'un accueil favorable, apparemment exempt d'arrière-pensées, parce que, appartenant à ces catégories sociales supérieures, ils jouissaient d'une aisance financière qui ne faisait pas d'eux des rivaux visibles sur le marché de l'emploi. D'autres devaient la sympathie qu'ils inspiraient à leur notoriété ou à l'exercice d'une activité qui impressionnait le public.

Les Américains se situaient nettement dans la première catégorie. Peu nombreux, 41 000 en 1954, 70 000 en 1962, 16 000 seulement en 1968 après le départ des militaires de l'OTAN, ils comprenaient plus de 80 % de techniciens, cadres supérieurs, officiers, membres des professions libérales. Le niveau socio-culturel de ces étrangers et le prestige grandissant de la civilisation américaine auprès de certains Français mettaient généralement ces hôtes à l'abri de la xénophobie. Il en allait de même pour le gotha international installé à Paris, pour les riches résidents anglais ou belges de la Côte d'Azur, pour les étudiants dans les villes universitaires.

---

1. GEORGES MARCHAIS, *l'Humanité*, 3 mai 1958.

Les artistes bénéficiaient aussi d'une image positive. Ils venaient toujours nombreux en France, attirés par la réputation de libéralisme intellectuel et esthétique de ce pays et recherchant la consécration qu'il pouvait leur accorder. L'écrivain espagnol Fernando Arrabal dira :

> « J'ai supposé que ni New York, ni Berlin, ni Londres ne pouvaient être comparés à ce que m'offraient Paris et l'avant-garde française »[1].

La déception se trouvait parfois au rendez-vous. Certains nouveaux venus n'obtenaient pas les contacts ou la gloire qu'ils recherchaient. Le Catalan Juan Goytisolo était agacé par les intellectuels français de gauche qui oubliaient la cause antifranquiste et préféraient soutenir le FLN. À l'époque de la guerre froide, il fallait compter avec la méfiance des pouvoirs publics qui retirèrent leur permis de séjour à des écrivains réputés communistes comme le Chilien Pablo Neruda ou le Brésilien Jorge Amado. Les étudiants, surtout ceux qui venaient du Tiers-Monde, connaissaient parfois des difficultés matérielles ou souffraient du choc culturel, comme le montrent divers témoignages littéraires, notamment *Un nègre à Paris* de Bernard Dadié[2], *Kocumbo, l'étudiant noir* d'Aké Loba[3], *Mirages de Paris* d'Ousmane Socé[4].

Cependant de nombreux étrangers ou enfants d'étrangers s'intégraient, accédaient à la notoriété et même pour certains d'entre eux à une popularité montrant qu'ils étaient acceptés sans restrictions. Très longue serait la liste de ces personnalités. Parmi beaucoup d'écrivains d'expression française, on peut citer l'Arménien Arthur Adamov, la Hongroise Christine Arnothy, l'Italien Armand Gatti, l'Irlandais Samuel Beckett, les Espagnols Michel del Castillo et José Luis de Villalonga, le Marocain Driss Chraïbi, le Roumain Émile Cioran, les Algériens Mohamed Dib et Mouloud Ferraoun, les Russes Romain Gary, Elsa Triolet, Zoe Oldenbourg, le Grec André Kedros, le Tchèque Manès Sperber. L'Académie Française s'ouvrit à plusieurs de ces écrivains, le Roumain Eugène Ionesco, le Belge Félicien Marceau, les Russes Joseph Kessel et Henri Troyat, Julien Green d'origine américaine. Parmi les poètes et romanciers noirs francophones se détachaient les Sénégalais Léopold Sedar Senghor, élu plus tard à l'Académie française, et Birago Diop, le Camerounais Mongo Beti, l'Ivoirien Bernard Dadié. De nombreux auteurs latino-américains majeurs séjournèrent longuement à Paris, ainsi Borges, Fuentes, Amado, Carpentier, Asturias, Paz, Garcia Marquez, Cortazar. Fuyant la société des États-Unis qu'ils jugeaient raciste, des écrivains noirs américains se fixèrent en France, ainsi James Baldwin, Chester Himes, William Gardner Smith, Richard Wright. Ce dernier, installé à Paris depuis 1947, connu par ses romans et son essai « tiers-mondiste », *Bandung, un milliard cinq cents millions d'hommes*, paru en traduction française dès 1955 avant l'édition américaine, exerçait une forte influence sur les Africains et les Antillais de la capitale.

Parmi les musiciens dits « sérieux » se distinguaient le violoniste et compositeur roumain Enesco, mort à Paris en 1955, le Hongrois Kosma, le Bulgare Boucourechliev. Deux Italiens, le sculpteur César et le dessinateur Albert Uderzo, créateur du plus français

---

1. Cité in *Le Paris des étrangers depuis 1945*, Publications de la Sorbonne, Paris, 1994, p. 68.
2. BERNARD DADIÉ, *Un Nègre à Paris*, Présence africaine, 1959.
3. AKÉ LOBA, *Kocumbo, l'Étudiant noir*, Flammarion, Paris, 1960.
4. OUSMANE SOCE, *Mirages de Paris*, Nouvelles éditions latines, Paris, 1962.

des héros de bande dessinée : Astérix le Gaulois, illustraient des formes diverses d'expression artistique. La France reçut aussi des cinéastes, comme l'Américain John Berry, le Suisse Jean-Luc Godard, le Polonais Roman Polanski, l'Italien Jean-Louis Bertucelli, le Béninois Paulin Vieyra. Plusieurs acteurs d'origine italienne s'illustrèrent, ainsi Lino Ventura, Michel Piccoli, Yves Montand qui commença dans la chanson, de même que d'autres artistes d'origine étrangère, Charles Aznavour, Serge Reggiani, Serge Gainsbourg. Ce fut également dans les variétés que les Belges Jacques Brel et Annie Cordy acquirent leur notoriété, de même que le Belge d'origine italienne Salvatore Adamo. De nombreux sportifs inspirèrent au public une sympathie parfois durable, par exemple le coureur algérien Mimoun, vainqueur du marathon aux Jeux Olympiques de 1956, le footballeur d'origine polonaise Raymond Kopa, parmi les Italiens le footballeur Piantoni qui s'illustra dans les matchs de coupe du monde en 1958, le cycliste René Vietto, les joueurs de rugby Claude et Walter Spanghero.

La France devait ainsi une partie de son rayonnement à des étrangers ou à des fils d'étrangers. Ce phénomène s'est poursuivi dans la période la plus récente.

CHAPITRE VIII

LES ÉTRANGERS, UNE POPULATION MALMENÉE PAR LA CRISE DEPUIS 1974

Depuis le milieu des années 70, la France subit une crise économique qui l'a conduite à modifier son appareil productif et à supprimer de nombreux emplois non qualifiés. Mais la logique des mouvements migratoires lancés avant la crise, certains besoins permanents de l'économie et la législation elle-même ont maintenu et même augmenté les effectifs des étrangers. Ceux-ci n'en sont pas moins secoués par la crise et ont dû, de gré ou de force, s'adapter à la nouvelle conjoncture.

1. Mouvements des personnes et stabilité des chiffres

Le recensement de 1975, effectué un an après l'arrêt officiel de l'immigration, indiqua que 3 442 000 étrangers se trouvaient alors en France. Le recensement de 1982 fit état de 3 680 000 étrangers et celui de 1990 de 3 580 000. D'après ces données, la période 1975-1982 fut donc caractérisée par un net ralentissement de l'immigration, puisque l'effectif des étrangers recensés augmenta seulement de 238 000, ce qui contrastait avec les rythmes d'accroissement enregistrés depuis 1954. La phase suivante, de 1982 à 1990, se singularisa même par une légère décrue des effectifs.

En fait, la réalité se révélait beaucoup plus complexe, comme l'attestaient les polémiques qui surgissaient périodiquement sur la fiabilité des chiffres. En effet, les données des recensements, communiquées par l'INSEE, étaient accusées de sous-évaluer les effectifs car tous les étrangers ne se déclaraient pas aux agents officiels. Quant aux statistiques établies par le ministère de l'Intérieur qui, tout au long des années 80, estima la population étrangère largement supérieure à 4 millions, elles pêchaient au contraire par excès en comptabilisant non des personnes physiques, mais des autorisations de séjour.

Une autre source de confusion résidait dans le vocabulaire, les mots « étranger » et « immigré » n'ayant pas le même sens pour les statisticiens, mais étant employés indifféremment dans l'usage courant. Pour apprécier les chiffres, il importe de distinguer précisément la signification des deux termes : les étrangers, qu'ils soient nés en France ou non, ne possèdent pas la nationalité de ce pays, mais y ont établi leur résidence permanente. En 1990, ces personnes étaient 3 580 000 et formaient 6,4 % de la population totale. Les immigrés, *stricto sensu*, sont nés hors de France et sont ensuite entrés dans ce pays ; certains sont restés étrangers, d'autres sont devenus français par naturalisation ou mariage. En 1990, quelque 4 130 000 personne se trouvaient dans cette situation et constituaient 7,3 % de la population totale. Les statisticiens prennent également en compte les personnes d'origine étrangère, c'est-à-dire nées en France d'un parent ou d'un grand-parent ayant immigré dans ce pays : en 1990, dix millions de personnes se trouvaient dans cette catégorie.

Français, étrangers et immigrés résidant en France métropolitaine

FRANÇAIS DE NAISSANCE ET FRANÇAIS PAR ACQUISITION NÉS EN FRANCE 1982 : 49 420 000 1990 : 51 760 000	**ENSEMBLE DES FRANÇAIS** **1982 : 50 590 000** **1990 : 53 050 000**

ENSEMBLE DES IMMIGRÉS
1982 : 4 020 000
1990 : 4 130 000

FRANÇAIS PAR ACQUISITION NÉS HORS DE FRANCE
1982 : 1 170 000
1990 : 1 290 000

ÉTRANGERS NÉS HORS DE FRANCE
1982 : 2 850 000
1990 : 2 840 000

ENSEMBLE DES ÉTRANGERS
1982 : 3 680 000
1990 : 3 580 000

ÉTRANGERS NÉS EN FRANCE
1982 : 830 000
1990 : 740 000

(D'après INSEE)

De même que les mots, les chiffres doivent être décryptés. Ils semblent témoigner d'une remarquable stabilité du nombre des étrangers, surtout depuis 1982. En vérité, malgré l'arrêt de l'immigration, un appréciable mouvement d'entrées s'est maintenu depuis 1974. En effet, entre 1975 et 1986, l'Office national d'immigration introduisit ou régularisa près de 830 000 étrangers, non compris les travailleurs algériens, soit 70 000 par an. Les deux tiers de ces personnes furent admises au titre du regroupement familial ; parmi les autres figuraient notamment des travailleurs salariés et des réfugiés. Les entrées ont encore augmenté jusqu'en 1992.

Immigration à caractère permanent

1990	1991	1992	1993	1994
115 796	123 413	135 372	116 161	82 770

Catégories d'entrants en 1993 et 1994

		1993	1994
Travailleurs salariés	UE	14 361	11 324
	PT	10 027	7 025
Actifs non salariés	UE	1 500	1 100
	PT	1 780	1 203
Réfugiés	UE	0	0
	PT	9 914	7 025
Membres de familles de réfugiés		2 098	1 276
Regroupement familial	UE	7 527	6 017
	PT	32 408	20 629
Membres de familles de Français	UE	600	802
	PT	24 332	16 034
Visiteurs	UE	2 000	2 128
	PT	5 034	5 160
Divers		4 580	3 046
Total		116 161	82 770

UE : Union européenne   PT : pays tiers

D'après André LEBON, *Situation de l'immigration et présence étrangère en France, 1993-1994*,
Ministère des Affaires sociales – la Documentation Française, Paris, 1994,
Migrations et nationalité en France en 1994, ibid., 1995.

La légère décrue enregistrée en 1993 s'est amplifiée en 1994 en raison des mutations économiques dues à la crise et de la restriction des possibilités de regroupement familial.

Si, au cours de chacune des dernières années, environ 100 000 étrangers entrèrent en France, un nombre à peu près équivalent devint annuellement français, ce qui explique la stabilité des chiffres. Ces acquisitions de nationalité résultent de naturalisations, de

L'immigration à caractère permanent de 1990 à 1994

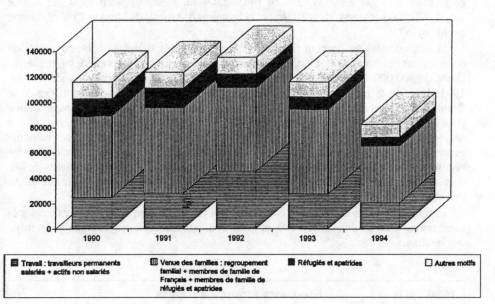

D'après André LEBON, op. cit.

réintégration pour les personnes nées dans une ancienne colonie devenue indépendante, du mariage avec un ressortissant français, d'une demande au bénéfice d'enfants d'étrangers nés en France et y résidant depuis cinq ans, de l'octroi automatique à des enfants nés en France et dont l'un des parents y est lui-même né, situation nommée « double droit du sol ».

Acquisition de la nationalité française

	1991	*1992*	*1993*	*1994*
Naturalisation	23 177	22 792	23 283	29 106
Réintégration	3 710	4 205	4 299	4 948
Effet collectif	12 558	12 349	13 157	15 395
Mariage	16 333	15 601	15 246	19 495
Durant la minorité	13 551	14 383	15 476	21 666
Nés en France de deux parents étrangers	23 500	23 700	22 500	33 255[1]
Double droit du sol	16 787	16 205	15 400	15 300
Autres	2 884	2 265	1 703	1 876
Total	112 500	111 500	111 064	141 041

1. Manifestation de volonté

D'après André LEBON, op. cit.

Ainsi, la proportion des Français par acquisition n'a cessé d'augmenter : 1 % de la population nationale en 1931, 2 % en 1945, 2,9 % en 1962, 3,1 % en 1990 soit à cette date 1 770 000 personnes dont 30 % sont originaires d'Afrique du Nord et 25 % d'Europe occidentale.

Les clandestins ne figurent naturellement pas dans les statistiques. Des évaluations diverses ont été présentées. Certains rapports parlementaires avancèrent des fourchettes allant de 300 000 à 500 000. Le Bureau international du travail s'arrêtait à 350 000 en 1991. Lors de la régularisation collective de 1981-1982, quelque 150 000 illégaux se firent connaître et 130 000 obtinrent des papiers. La présence de ces personnes a ainsi conduit les pouvoirs publics à organiser des opérations de régularisation plus ou moins amples en 1974-1975, 1977-1978, 1981-1982, 1991. D'après les renseignements recueillis en 1981, il apparut que, dans 68,4 % des cas, les clandestins étaient entrés régulièrement en France en qualité de touristes, 6,2 % étaient d'anciens étudiants, 5,7 % d'anciens saisonniers. Le franchissement illégal de la frontière ne comprenait que 4,9 % des cas.

Enfin, la population étrangère comprend des étudiants dont le séjour est théoriquement temporaire. Ils étaient 150 000 en 1984-1985 et représentaient 12 % de l'ensemble des étudiants.

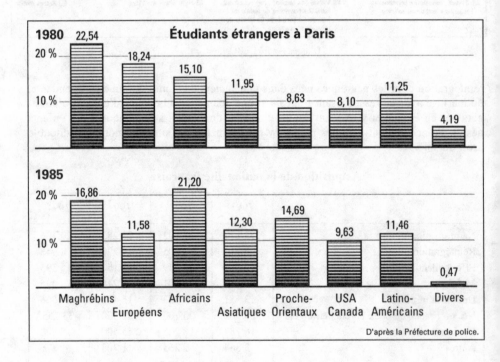

D'après la Préfecture de police.

Les études des étrangers en France (1990)

Disciplines	Moyenne des étrangers %
lettres/langues	22
grandes écoles	06,6
sciences	06,6
médecine	06,4
sciences humaines	05,5
enst technique	04,0
autres	48,9

D'après ONI 1991

Le gouvernement, craignant que la poursuite d'études en France ne constituât en fait un prétexte permettant à de jeunes étrangers de rechercher un emploi dans ce pays, essaya en 1980 d'instaurer une sélection pour évaluer le niveau des candidats à une inscription dans une université. L'opposition des étudiants français et leur réaction de solidarité avec ceux qui étaient visés par le projet amena à l'abandon de celui-ci. Depuis quelques années, certains étudiants étrangers hautement qualifiés et très recherchés sur le marché international après l'obtention de leur diplôme ont été autorisés à travailler en France. De même, les besoins en enseignants dans le second degré a conduit à l'embauche d'étrangers ; ces derniers, que leur nationalité empêche de présenter les concours de recrutement réservés aux nationaux, sont généralement maîtres auxiliaires.

2. Les mutations démographiques de la population étrangère

L'évolution démographique des pays d'origine, les mouvements migratoires amorcés avant la crise, le regroupement familial, les reconversions économiques, l'installation définitive des immigrés en France se trouvent à l'origine de nombreux changements.

2.1. L'évolution de la composition par nationalités

Le recul des Européens parmi les étrangers résidant en France se poursuit régulièrement. Les ressortissants des pays du Vieux Monde comprenaient 2 100 000 personnes en 1975, 1 800 000 en 1982, 1 460 000 en 1990. Les non-Européens, majoritaires pour la première fois en 1982 avec 52 % des étrangers, ont renforcé leurs positions en 1990 en atteignant 59 %. Les personnes originaires d'un pays extérieur à la CEE qui étaient 45 % en 1975 comptaient en 1990 pour 63 %.

Répartition des étrangers par continent d'origine en % en 1990

CEE	Autre Europe	Afrique	Asie	Amérique
36,5	4,1	45,4	11,8	2

L'Afrique constitue désormais, avant l'Europe, la première aire géographique de provenance des étrangers. Cette situation résulte d'une part du déclin de la fécondité chez les Européens, du départ de nombreux Italiens et Espagnols, d'autre part, chez les Africains, d'une fécondité plus élevée et des regroupements familiaux.

Les sept premières nationalités représentées en France constituent un groupe dont chaque membre rassemble plus de 200 000 personnes. À partir de la huitième place, seuil significatif, se classent des nationalités plus modestement représentées, avec moins de 60 000 personnes. Parmi les sept premiers, les Portugais, ressortissants d'un pays du Vieux Monde, se trouvent en tête, mais, malgré le renfort des Italiens et des Espagnols, les Européens forment seulement 43,8 % des sept premières nationalités immigrées, contre 56,2 % constitués par les Maghrébins et les Turcs.

Les sept premières nationalités en 1990

	Étrangers nés hors de France		Étrangers nés en France	Total
	Effectifs	Variation 1990/ 1982 (%)		
Portugais	504 604	−14	145 110	649 714
Algériens	473 384	− 9	140 823	614 207
Marocains	396 470	+20	176 182	573 252
Italiens	222 907	−20	29 852	252 759
Espagnols	190 126	−28	25 921	216 047
Tunisiens	135 512	+ 1	70 824	206 336
Turcs	146 675	+50	51 037	197 712

2.2. Femmes, mariages, naissances

La population étrangère a toujours été majoritairement masculine, en raison de la nature des emplois offerts jadis aux immigrés et des comportements psycho-sociaux traditionnels poussant les pays d'origine à favoriser le départ des hommes. Cette prépondérance masculine s'est maintenue au début des années 1990. Cependant, le développement de l'immigration familiale et l'apparition d'emplois féminins plus nombreux ont renforcé la place des femmes.

Les femmes dans la population étrangère (%)

1962	1968	1975	1982	1990
38,2	39,3	40,1	42,8	44,3

L'importance de la présence féminine varie selon la nationalité. Chez les ressortissants de pays européens, installés en France de longue date, les taux séparant les deux sexes se rapprochaient en 1975 ; en revanche, à cette date, les Algériennes, représentantes d'une immigration plus récente, comptaient seulement pour 32 % dans leur communauté nationale et on dénombrait 289 hommes pour 100 femmes chez les Turcs.

Place des femmes dans les sept premières communautés nationales
en pourcentage en 1982

Européennes		Non-Européennes	
Espagnoles	47,3	Turques	41,6
Portugaises	46,9	Marocaines	38,9
Italiennes	42,9	Algériennes	38,3
		Tunisiennes	38,1

La féminisation a été accompagnée par une augmentation des étrangers mariés, qu'ils aient été rejoints par un conjoint resté au pays ou qu'ils se soient unis en France. La première situation a singulièrement caractérisé les immigrés récents : en 1975, quelque 75 % des Algériens de 30 à 40 ans étaient mariés, mais seuls 24 % vivaient en couple sur le territoire français ; en 1982, pour une proportion de mariés du même ordre, le taux de vie en couple est passé à 52 % grâce au regroupement familial.

Alors que la tendance générale aux mariages entre Français se trouve à la baisse, le nombre des unions entre étrangers a été stable de 1984 à 1988, puis a augmenté. Cette tendance à la hausse se révèle encore plus nette pour les mariages mixtes.

La nuptialité étrangère de 1984 à 1991

	Deux conjoints étrangers		Mariage mixte	
1984	6 944 soit	2,5 %	21 465 soit	7,6 %
1985	6 505	2,5 %	21 417	8 %
1986	6 554	2,4 %	23 252	8,7 %
1987	6 215	2,3 %	21 320	8,1 %
1988	6 696	2,5 %	22 214	8,2 %
1989	7 959	2,8 %	26 209	9,4 %
1990	8 703	3 %	30 543	10,7 %
1991	8 947	3,2 %	32 944	11,8 %

D'après INSEE-État-civil

Parmi les mariages mixtes, la répartition par sexe des conjoints demeure stable : 59 à 60 % de ceux-ci sont des Françaises épousant un étranger. Quant à la nationalité des époux non français, les Portugais qui se classaient en tête jusqu'en 1987 ont été dépassés par les Marocains et les Algériens.

Le regroupement familial a provoqué, outre la féminisation, un important rajeunissement de la population étrangère, ce qui contraste avec le vieillissement des Français. Féminisation et rajeunissement stimulent la natalité.

Jeunes de moins de 25 ans (%)

	Population totale	Population étrangère
1962	38,1	28,7
1982	36,5	40,6

En chiffres absolus, les étrangers âgés de moins de 25 ans en 1982 étaient 1 493 040 dont 948 880 de moins de 15 ans. Les jeunes apparaissent surtout nombreux chez les immigrés les plus récemment arrivés en France.

Répartition des moins de 25 ans en 1982 (%)

Population totale	Français	Étrangers	Turcs	Marocains	Algériens	Tunisiens	Portugais	Espagnols	Italiens
36,5	36,2	40,6	56,5	50,3	47,7	47	46,1	27,5	20

La ventilation par lieu de naissance montre que la désignation des jeunes par des termes tels que « jeunes immigrés » ou « migrants de la deuxième génération » sont inappropriés, car la grande majorité des intéressés seront Français à 18 ans.

Pourcentage des jeunes étrangers nés en France (1982)

0 à 4 ans	87
5 à 9 ans	71
10 à 14 ans	53

La jeunesse de la population immigrée et sa féminisation ont puissamment contribué au maintien de la natalité en France. En 1988, près de 11 % des enfants nés en France étaient issus de deux parents étrangers ; en incluant les enfants de couples mixtes, le taux passait à 17 %.

Naissances selon le statut juridique des enfants

	Enfants légitimes		Enfants naturels de mère étrangère
	2 parents étr.	1 parent étr.	
1984	69 822	20 274	8 949
1985	67 037	20 460	9 470
1986	63 840	20 930	10 242
1987	58 796	20 807	10 273
1988	60 391	22 103	11 610
1989	58 880	22 208	12 225
1990	58 952	22 827	13 386
1991	57 323	24 196	14 064
1992	55 627	25 620	14 103

D'après INSEE-État-civil, André LEBON, op. cit.

Le recul des naissances d'enfants ayant deux parents étrangers se révèle moins fort que chez les couples français. La progression des naissances au sein des couples mixtes est à mettre en relation avec l'augmentation des mariages entre Français et étrangers. Dans le long terme, l'apport des naissances étrangères devrait s'émousser en raison de la baisse progressive de la fécondité chez les non-Françaises. En 1982, on relevait en moyenne 1,8 enfants chez les Françaises et 3,2 chez les étrangères ; en 1990, les chiffres ont chuté respectivement à 1,7 et 2,8. La baisse se confirme chez les Européennes et s'accélère chez les Maghrébines.

Nombre moyen d'enfants selon la nationalité de la mère

	1982	*1990*
Étrangères	3,2	2,8
Turques	5,2	3,7
Marocaines	5,2	3,5
Algériennes	4,3	3,2
Portugaises	2,2	1,9
Espagnoles	1,7	1,5
Italiennes	1,7	1,4

Le recul apparaît particulièrement spectaculaire chez les Algériennes qui mettaient au monde, en moyenne, près de 9 enfants en 1968 et sont passées à 3,2 en 1990, tandis que leurs compatriotes restées sur l'autre rive de la Méditerranée ont 5,4 enfants.

Malgré la décélération de la fécondité, l'apport des étrangers à la population française se révèle considérable. De 1946 à 1979, ils sont comptés dans l'accroissement de cette population pour 30 %, soit deux tiers au titre du solde migratoire et un tiers au titre du mouvement naturel. Depuis 1977, la population juridiquement française se trouve chaque année augmentée de plus de 100 000 personnes, anciens étrangers devenant français ou enfants ayant au moins un parent français et naissant porteurs de cette nationalité.

2.3. *Les changements dans la répartition géographique des étrangers*

Depuis la fin du XIXᵉ siècle, les étrangers formaient un croissant de fortes densités le long des frontières terrestres de la France et sur le littoral méditerranéen. La redistribution progressive à l'intérieur, dans les zones d'intense activité économique, n'avait pas modifié fondamentalement ce partage.

Cependant, une évolution très perceptible s'est amorcée depuis quelques années. Certes l'Ouest et le Centre, malgré quelques progrès localisés, restent de loin les moins concernés par l'immigration : en 1990, la Basse-Normandie compte 1,4 % d'étrangers, la Bretagne 1,6 %, le Poitou-Charentes 1,6 %, le Limousin 2,4 %. Dans ces régions rurales, la crise actuelle de l'agriculture n'ouvre guère de perspectives d'emploi pour les étrangers, sauf dans le cas d'implantation d'activités tertiaires. Aussi les trois quarts de la population étrangère se situent-ils à l'est d'une ligne Le Havre-Sète.

C'est dans ce dernier secteur qu'ont lieu les mutations les plus importantes. Les vieilles régions industrielles du Nord et de l'Est, frappées par la crise économique et les compressions de main-d'œuvre, ont perdu les fortes densités d'immigrés qu'elles avaient fixées jusqu'aux années 1960. Les cantons ruraux ont également vu partir nombre d'étrangers. De la sorte, le centre de gravité de la population immigrée s'est décalé des frontières vers un axe Paris-Lyon-Marseille. Les principaux foyers d'appel se situent désormais dans les villes de plus de 100 000 habitants ; ces dernières enregistrent des pourcentages avoisinant les 7 %, tandis que les communes rurales ont en moyenne 2 % d'étrangers. La principale concentration se trouve en Île-de-France où furent recensés 18 % des étrangers en 1946 et 38,5 % en 1990. Le prestige de Paris, son poids économique, la vaste gamme d'emplois qu'on y trouve, la mobilité sociale qu'on n'y espère expliquent cette hypertrophie.

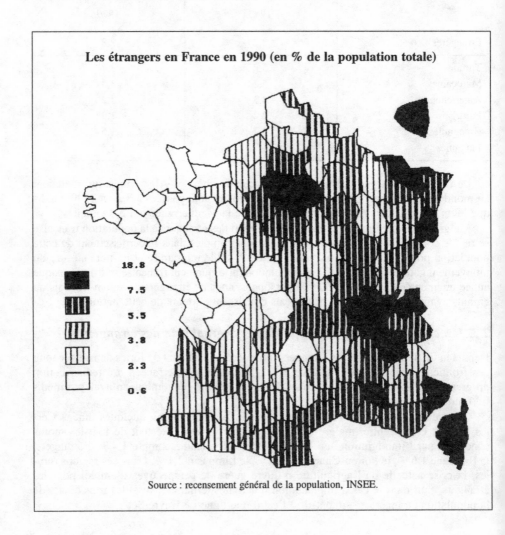

Les étrangers en France en 1990 (en % de la population totale)

18.8
7.5
5.5
3.8
2.3
0.6

Source : recensement général de la population, INSEE.

3. Les étrangers et l'économie de crise depuis 1975

Le développement de la crise économique et du chômage depuis le milieu des années 70, la modernisation des modes de production industrielle ont bouleversé le monde des salariés étrangers.

3.1. Les immigrés face à la crise de l'emploi

Au moment de l'arrêt de l'immigration, en 1974, les immigrés occupaient principalement des emplois exigeant une activité physique importante ; c'étaient des tâches d'exécution liées à une faible qualification professionnelle. Dans un premier temps, le chômage frappant surtout les jeunes et les femmes, groupes encore peu représentés chez les étrangers, ceux-ci furent relativement peu touchés : de 1974 à 1978, le chômage des étrangers passa de 40 000 personnes, soit 8 % des personnes sans travail, à 130 000, soit 10 %, alors que leur poids global dans l'emploi était estimé à 11,5 %. Les immigrés perdant leur activité appartenaient surtout au bâtiment et aux travaux publics (BTP), plus rarement à l'automobile ; les autres secteurs étaient moins affectés. Les observateurs de l'époque en conclurent que la présence de main-d'œuvre étrangère dans certaines activités épargnées par les compressions de personnel constituait une nécessité économique permanente, ce qui correspondait à une tendance à la fixation définitive des allogènes en France.

À partir de 1979-1980, la crise frappa beaucoup plus durement l'emploi des étrangers, surtout dans l'industrie et le BTP : dans ces secteurs, ils représentaient plus du tiers de la perte des emplois entre 1973 et 1982.

Les effectifs étrangers dans l'évolution de l'emploi 1973-1979-1982 (milliers)

	1973	*1979*	*1982*	*Variation 1979-1973*	*Variation 1982-1979*	*Variation 1982-1973*
INDUSTRIE ET B.T.P.						
Effectifs totaux	6 652	6 048	5 719	– 604	– 329	– 933
dont Étrangers	1 010	800	658	– 210	– 142	– 352
B.T.P.						
Effectifs totaux	1 312	1 107	1 076	– 205	– 31	– 236
dont étrangers	407	310	250	– 97	– 60	– 157
SERVICES						
Effectifs totaux	3 745	4 428	4 024			
dont Étrangers	216	261	250			
EMPLOI SALARIÉ TOTAL	10 397	10 477	9 743	+ 80	– 734	– 654
dont Étrangers	1 226	1 061	908	– 165	– 153	– 318

Évolution du taux de présence étrangère par grand secteur d'activité* (%)

	1973	*1976*	*1979*	*1982*	*1985*
Industrie	11,3	10,4	9,9	8,8	7,7
Bâtiment, Travaux publics	31,1	27,2	28,0	23,4	23,0
Services	5,8	5,3	5,9	6,2	6,1
Ensemble	11,8	10,4	10,1	9,2	8,3

* Dans les activités et les entreprises du champ de l'enquête – Ministère du travail.

D'après le Commissariat général au Plan, *Immigrations : le devoir d'insertion*,
Documentation française, Paris, 1988.

D'importants effectifs de travailleurs étrangers disparurent également dans l'agriculture, la production et la distribution de l'énergie. Alors qu'en 1972 entraient 87 000 vendangeurs étrangers, en qualité de saisonniers, le chiffre tomba à 18 000 en 1991. Ce renversement brutal s'expliquait par une réorganisation profonde de l'économie reposant sur le progrès de la robotisation et de la sous-traitance, donc de moindres besoins en main-d'œuvre, surtout dans les catégories peu qualifiées.

À partir de 1980, les étrangers ont payé un lourd tribut au chômage, important surtout chez les personnes entrées les dernières en France, les moins qualifiés, les jeunes, les femmes. En 1993, les immigrés, qui constituaient 5,8 % des salariés, rassemblaient 12 % des demandeurs d'emploi.

Demandeurs d'emplois étrangers

Année	*Chiffres absolus*	*%*
1984	304 347	11,9
1985	303 764	11,9
1986	308 571	11,5
1987	304 648	11,4
1988	309 163	11,7
1989	323 954	12,5
1990	335 059	12,8
1991	357 537	12,2
1992	368 695	12
1993	405 503	12

D'après André LEBON : op. cit.

Taux de chômage (au sens du BIT) par nationalité regroupée

Année	Ensemble des actifs	Français	Étrangers	dt UE	et pays tiers
1991	9,1	8,6	16,6	9,6	22,5
1992	10,1	9,5	18,6	9,7	25,7
1993	11,1	10,5	20,4	11,4	27,2
1994	12,4	11,6	24,5	13,1	32,6

D'après André LEBON, *op. cit.*

Les étrangers apparaissent plus vulnérables que les Français : dans l'enquête officielle Emploi de 1994, 1 Français actif sur 10 s'est déclaré au chômage et 1 étranger sur 4 . Les femmes étrangères sont davantage touchées : dans un taux de chômage moyen de 24,5 % en 1994, les hommes comptent pour 22,3 % et les femmes 28,4 %.

3.2. Le profil du salarié étranger

La population active étrangère s'est stabilisée depuis les années 90 aux alentours de 1 500 000 personnes. Le nombre des actifs occupés est légèrement supérieur à 1 200 000. Parmi ces derniers, les non-salariés dont les effectifs ont augmenté atteignent 10 % des actifs occupés.

Année	Actifs occupés	Salariés	Non-salariés
1991	1 252 038	1 131 276	120 762
	6,12*	5,66*	
1992	1 517 833	1 232 425	123 408
	6,11*	5,58*	
1993	1 541 485	1 226 278	125 300
	6,17*	5,58*	
1994	1 593 880	1 202 835	120 706
	6,34*	5,51*	

* % par rapport à l'effectif total Français + étrangers.

D'après l'INSEE. Enquêtes sur l'emploi. André LEBON, op-cit.

La place des femmes dans la population étrangère totale et, plus encore, parmi les actifs, croît régulièrement, en raison du regroupement familial, d'un moindre taux de retour dans les familles réunies, de l'arrivée de jeunes filles sur le marché de l'emploi et, parfois, d'une primo-immigration d'actives. Tandis que les effectifs de travailleurs masculins se sont réduits du fait de leur ancienneté en France et de leur vieillissement, ceux des femmes sont passés de 300 000 en 1975 à 489 000 en 1990. Cette augmentation apparaît d'autant plus notable que les femmes sont proportionnellement plus frappées que les hommes par le chômage.

Place des femmes dans la population étrangère (%)

	Population totale	*Population active*
1962	38,2	15,2
1968	39,3	16,5
1975	40,1	18,8
1982	42,8	23,7
1990	44,9	30,3

Le salarié étranger compte le plus souvent plusieurs années de séjour en France car, depuis 1974, l'immigration est théoriquement suspendue. Cependant, des entrées de travailleurs permanents sont encore enregistrées.

Entrées de travailleurs salariés permanents

1990	*1991*	*1992*	*1993*	*1994*
22 393	25 607	42 255	24 388	18 349

Les entrées restent certes moins importantes qu'avant 1974, période où elles s'élevaient chaque année à 100 000 ou 200 000. Elles révèlent cependant que la France ne peut totalement arrêter l'immigration. Si l'on met à part les ressortissants de la CEE et de quelques pays tiers qui sont dispensés de la demande d'autorisation préalable et le cas des « étrangers de haute qualification » également dispensés si leur rémunération mensuelle dépasse 22 000 francs, les besoins en main-d'œuvre non qualifiée n'ont pas disparu. En effet, les Français et les étrangers installés de longue date se détournent de plus en plus des travaux de force requérant peu de compétence technique, ainsi dans le forestage, le bâtiment, certains grands chantiers, ceux du TGV, du tunnel sous la Manche, des Jeux Olympiques de Savoie. Les nouveaux venus doivent souvent se contenter d'un travail précaire incluant des contrats à durée déterminée, des tâches intérimaires, un temps partiel, toutes formes d'organisation réputées « flexibles » et donc adaptées au temps de crise.

Dans le pire des cas, le travailleur nouvellement introduit est condamné à la clandestinité. Celle-ci repose sur l'existence de filières d'entrées illégales, la constitution d'ateliers camouflés, l'embauche par simple accord oral sur les chantiers, la discrétion obligée des clandestins qui savent ne disposer d'aucun recours. Ces dernières années, la multiplication des sous-traitances, empêchant de connaître précisément le donneur d'ordres, a également stimulé les pratiques irrégulières. La lutte contre les trafics de main-d'œuvre et l'emploi en marge de la loi progresse, mais se révèle encore très insuffisant.

D'une manière générale, la distribution des étrangers entre les diverses activités a fortement évolué. L'image des immigrés OS ou manœuvres dans le bâtiment et l'industrie automobile, où ils représentèrent jusqu'au quart des salariés, appartient de plus en plus au passé. Entre 1982 et 1990, ce sont 25,3 % des emplois occupés par les immigrés qui ont disparu dans l'agriculture, 24,9 % dans l'industrie, 10,6 % dans le BTP. Dans le même temps, les emplois dans les services marchands ont augmenté de 25,2 % et de

Le Monde, 13 novembre 1985.

SOIXANTE TURCS DANS UN ATELIER CLANDESTIN

Ils rêvaient de trouver du travail en France. Ils n'eurent droit qu'à une odyssée dérisoire entre un coin de Turquie et un pavillon de Rosny-sous-Bois (Seine-Saint-Denis). Un absurde aller et retour pour une soixantaine d'ouvriers turcs, victimes d'un brave compatriote négrier. Inculpé d'« infraction à la législation sur le travail et le séjour en France », M. T. K, comparaissait le 4 juillet devant le tribunal correctionnel de Bobigny.

De la Terre promise, ses victimes n'auront entrevu qu'une rue paisible de la banlieue nord et ce pavillon-atelier clandestin où s'organisa leur vie, toute leur vie : au rez-de-chaussée, les quatorze machines à coudre, les hommes au premier étage, les femmes sous les combles. Après dix à douze heures de travail, on n'a qu'à monter l'escalier pour se jeter sur un matelas mousse posé à même le sol.

Équipe de jour et équipe de nuit se relaient. Quarante *tee shirts* par jour et par personne, payés 2,50 francs pièce. L'affaire tourne. Jusqu'au 14 septembre 1983. La rumeur du voisinage a franchi la porte du commissariat. La police découvre l'atelier. Fin de l'exploitation. La petite communauté s'éparpille.

(...) Que faire ? Ils retournent en Turquie. Évanoui le rêve.

Et dommage pour la justice. Leur témoignage aurait permis de préciser dans quelles conditions M. K. partit recruter ces hommes de sa propre ethnie, celle des Tatares, spécialistes, paraît-il, du travail du cuir. Ils auraient pu raconter leur périple en autocar sous la conduite de convoyeurs dévoués à leur futur patron. Trois convois, à quelques mois d'intervalle. L'un est camouflé en groupe folklorique, instruments de musique à l'appui. Un concert est même prévu sur la Côte d'Azur. Il n'aura pas lieu. Un autre est composé de « touristes ». Tous, en pleine période de chasse à l'immigration sauvage (1983) ont obtenu leur visa au consulat de France avec une surprenante facilité.

Daniel SCHNEIDERMANN, *le Monde,* 6 juillet 1984.

12,6 % dans les services non marchands. En 1993, un étranger actif sur cinq travaille dans le bâtiment, un sur quatre dans l'industrie et un sur deux dans le tertiaire.

Quelque 80 % des étrangers restent des ouvriers, contre moins de la moitié chez les Français. La qualification de ceux qui ont conservé un emploi s'est améliorée, en raison de certains progrès accomplis dans la formation et du licenciement prioritaire des travailleurs les moins compétents.

Qualification des ouvriers étrangers

	1982	*1989*
Manœuvres	16,6	16,1
Ouvriers spécialisés	39,2	33,3
Ouvriers qualifiés	44,2	50,6

3.3. *La poussée du travail indépendant*

L'existence de travailleurs indépendants étrangers ne constitue pas une nouveauté : ils étaient même quatre fois plus nombreux en 1911 qu'en 1990 avec des taux respectifs de 20,4 % et 5,8 % de la population active étrangère. Après la Deuxième Guerre mondiale, l'importance du salariat réduisit cette forme d'activité. Mais, depuis le début des années 70, l'ascension a repris : de 1975 à 1982, le nombre des immigrés à leur compte augmenta de 26 %, puis de 47 % entre 1983 et 1987, pour atteindre le chiffre absolu de 133 000 personnes, soit 4,1 % des effectifs globaux des non-salariés. Les chiffres apparaîtraient encore plus importants s'il était possible de comptabiliser dans cette catégorie les Français par acquisition. On sait que, dans l'agglomération parisienne, 15,7 % des artisans, commerçants et entrepreneurs sont d'origine étrangère, naturalisée ou non.

Il paraît naturel d'établir un lien entre le déclenchement de la crise, accompagnée d'un important chômage dans les secteurs traditionnels d'emploi immigré, et le développement du travail indépendant. De fait, un bon nombre des nouveaux artisans, commerçants et entrepreneurs étrangers sont d'anciens salariés qu'un licenciement conduisit à tenter l'aventure d'une tâche autonome. Beaucoup valorisent à leur compte une compétence acquise comme salarié, par exemple dans le BTP. Plus des deux tiers des artisans étrangers font état d'une expérience professionnelle supérieure à cinq ans, tandis que moins de la moitié des artisans français mentionnent une situation analogue. Cependant, un nombre de plus en plus important d'étrangers accèdent au travail indépendant peu de temps après leur entrée en France, ce qui suggère que ce type d'activité ne constitue pas seulement le résultat du chômage ou d'un long processus d'insertion professionnelle en France. De fait, bien d'autres facteurs favorisent l'essor des professions non salariées : la loi du 17 juillet 1984 qui a dispensé les étrangers titulaires d'une carte de résident de posséder la carte spéciale de commerçant instituée en 1935 ; les aides publiques à la création de petites et moyennes entreprises ; une demande réelle sur le marché français qui offre une clientèle aux commerces de proximité ou aux artisans capables de rénover l'habitat ancien ; la prise de conscience par les étrangers que leur avenir se situait en France, ce qui n'exclut pas la survie de liens avec le pays d'origine sous la forme d'entraide familiale ou amicale, de prêts financiers, de fourniture de produits typiques.

La réussite est naturellement facilitée par le dynamisme personnel de l'entrepreneur, son niveau culturel, sa maîtrise de la langue du pays d'accueil.

Dans ces conditions, le phénomène s'est développé, surtout dans les villes où se trouvent 87 % des travailleurs indépendants étrangers. Le nombre des patrons étrangers dans l'industrie et le commerce est passé de 40 000 en 1968 à 60 000 en 1982 et 93 000 en 1990. Au cours du premier trimestre de 1989, plus de 20 % des fonds de commerce en vente à Paris et dans les départements limitrophes furent acquis par des Asiatiques et des Maghrébins ; le taux monta à 26,9 % dans la Seine-Saint-Denis. A Paris, 9,2 % des commerces de détail alimentaires sont contrôlés par des étrangers, 7,2 % à Lille, 6 % à Grenoble, 5,2 % à Marseille. Ainsi s'est fortifié « l'entreprenariat ethnique », activité s'appuyant sur des réseaux de solidarité ethnique en matière de financement, d'approvisionnement, de recrutement du personnel, parfois de clientèle quand celle-ci appartient à la même communauté que le chef d'entreprise.

Les indépendants étrangers sont majoritairement originaires de l'Europe du sud, avec une proportion grandissante de Maghrébins et d'Asiatiques. Très large apparaît la palette d'activités. Trois formes de commerce se développent : la boutique de proximité, surtout l'épicerie de quartier résidentiel ouverte jusqu'à quinze heures par jour, y compris les jours de fête ; le commerce de type communautaire tourné surtout vers la clientèle immigrée qui cherche un produit ou un service conforme à ses goûts, aliments chinois ou maghrébins, vêtements orientaux ; enfin, le commerce exotique s'adressant plutôt à une clientèle française souhaitant trouver une restauration ou des bibelots typiques. Il faut également mentionner d'autres formes de vente comme celle des forains ou des marchands à la sauvette, installés par exemple dans le métro parisien. Des sortes de spécialisations nationales s'individualisent. Ainsi, les Italiens, réputés depuis longtemps pour leurs talents d'artisans, se tournent désormais vers l'import-export ; les Portugais occupent de solides positions dans le nettoyage des immeubles et l'entretien des espaces verts ; les Maghrébins contrôlent de nombreux hôtels-cafés-restaurants, des épiceries, des officines de gardiennage et de coursiers rapides ; les Asiatiques, après s'être bien implantés dans la restauration, le commerce alimentaire et la confection, s'orientent de plus en plus vers la micro-informatique, les boutiques de souvenirs, les agences de voyage et de change, la conduite des taxis.

Même si une partie des entreprises étrangères périclite, le mouvement de création se révèle supérieur à celui des disparitions, ce qui semble témoigner de possibilités de succès supérieures à celles des entreprises françaises similaires. En tout cas, la réussite concrétise la volonté de promotion sociale qui se trouve le plus souvent à l'origine du projet migratoire.

CHAPITRE IX

LES RÉPONSES POLITIQUES AUX INQUIÉTUDES DE L'OPINION DEPUIS 1974

Étroite se révèle la corrélation entre opinion et politique : les citoyens attendent des partis et des gouvernants qu'ils répondent à leurs attentes. Dans une démocratie, les responsables ne peuvent se dispenser de satisfaire, au moins en partie, les vœux de leurs mandants. Mais la mission de ces responsables consiste également à jouer un rôle d'éducateurs et de défenseurs de certains principes. Dans le domaine de l'immigration, il est parfois difficile de concilier les deux exigences, réponse aux souhaits de l'opinion et fidélité aux traditions d'accueil de la République. Il en résulte des ambiguïtés et des contradictions dans les prises de position des partis et une gestion politique souvent sinueuse.

1. Les étrangers : envahisseurs ou futurs citoyens ?

L'immigration a toujours suscité dans l'opinion nationale des interrogations et des peurs, surtout en période de crise, comme c'est le cas depuis le milieu des années 70.

1.1. Une opinion inquiète

La montée du chômage, la visibilité de certains étrangers, les heurts de la vie quotidienne ont réveillé des préventions contre les immigrés, souvent exacerbé le sentiment de différence éprouvé par les Français et accrédité l'idée que le pays est envahi. Dans un hebdomadaire modéré, *Le Point*, le journaliste Claude Bonjean, après avoir noté que les Français surestimaient certainement les effectifs de leurs hôtes, observait en 1980 :

« Dans les HLM, dans les quartiers investis, la cohabitation met les nerfs à vif. Les odeurs d'huile et d'aromates incommodent, les cris des enfants dans les escaliers irritent (...) et les bandes de jeunes gens désœuvrés effraient »[1].

---

1. Claude BONJEAN, *Le Point*, 17 novembre 1980.

L'inquiétude a conduit les observateurs à prédire, voire à dénoncer comme un fait déjà accompli « la nouvelle invasion des barbares », titre d'un article de Michel Drancourt dans *Le Quotidien de Paris*[1]. L'économiste et démographe Alfred Sauvy, mort en 1990, aborda la même question dans ses derniers livres : il craignait que les faibles densités humaines régnant dans une France affaiblie par la dénatalité ne conduisissent inéluctablement les populations pauvres et prolifiques massées sur la rive sud de la Méditerranée à vouloir s'installer dans ce pays presque vide. D'autres démographes, des journalistes, des écrivains reprirent l'idée. Jean Raspail dans son roman *Le Camp des Saints*, œuvre à succès rééditée neuf fois entre 1973 et 1985[2], René Sédillot dans un autre livre d'anticipation, *La France de Babel-Welche*[3], Philippe Gautier dans *La Toussaint blanche*[4] narrèrent comment, dans un avenir point trop lointain, la France serait envahie ou colonisée par les affamés du Tiers-Monde. L'hebdomadaire de droite *Valeurs Actuelles*, dans un numéro de 1983, après avoir repris le thème de l'invasion et annoncé que les immigrés, compte tenu de leur dynamisme démographique, seraient 7 à 8 millions en 1993, puis 12 millions vers l'an 2 000, précisait que bientôt « 24 % de la population de souche serait étrangère » ; or « le drame commence quand le seuil de tolérance (10 à 12 %) est franchi »[5]. Après que Valéry Giscard d'Estaing, dans un article très remarqué du *Figaro-Magazine* du 21 septembre 1991, eut posé la question « Immigration ou invasion ? », 54 % des Français interrogés dans un sondage BVA assurèrent n'avoir « pas été choqué par l'emploi de ce terme »[6].

D'autres craintes ou soupçons, rappelant ceux de l'entre-deux-guerres, ont été exprimés. *Valeurs Actuelles* résuma ces alarmes dans le titre « Immigration : désastre social »[7]. Les étrangers étaient en effet accusés d'occuper des emplois au détriment des nationaux, d'imposer à la collectivité des dépenses considérables au titre des allocations de chômage, des aides au logement social, des prestations familiales, des frais d'hospitalisation et de scolarisation, des transferts de fonds vers le pays d'origine. Beaucoup de nationaux se demandaient encore si ces hôtes importuns vouaient quelque reconnaissance au pays qui les accueillait et s'ils étaient prêts à s'intégrer.

De nombreux sondages, effectués depuis le début des années 80, permirent de préciser la nature des craintes, des griefs et des exigences formulés dans le grand public[8]. Il importe peu à ce dernier que la notion de seuil de tolérance ne soit pas scientifique ; beaucoup croient qu'au-delà d'un certain pourcentage de présence étrangère dans la société française les affrontements deviennent quasi inéluctables. En décembre 1989, à la question « Selon vous, a-t-on atteint le seuil de tolérance en ce qui concerne l'immigration », 68 % des personnes interrogées répondaient oui. Dès lors, à la même

---

1. Michel DRANCOURT, *Le Quotidien de Paris*, 30 juin 1982.
2. Jean RASPAIL, *Le Camp des Saints*, Laffont, Paris, 1973.
3. René SEDILLOT, *La France de Babel-Welche*, Calmann-Lévy, Paris, 1983.
4. Philippe GAUTIER, *La Toussaint Blanche*, La Pensée universelle, Paris, 1981.
5. *Valeurs Actuelles*, 31 juillet 1983.
6. *Libération*, 23 septembre 1991.
7. *Valeurs Actuelles*, 31 juillet 1983.
8. Les principaux sondages utilisés dans le présent développement sont ceux de l'INED 1974, *Journal du Dimanche* SOFRES janvier 1981, *Paris-Match* BVA novembre 1989 et décembre 1989, *La Croix* SOFRES février 1988, *Nouvel Observateur* SOFRES 1989, *Figaro Magazine* SOFRES mai 1990, *Nouvel Observateur* SOFRES septembre 1990, *Figaro Magazine* SOFRES septembre 1991.

date, 74 % des Français, au lieu de 68 % en novembre 1985, pensaient que la France risquait de perdre son identité nationale si rien n'était entrepris pour juguler l'immigration. Les sondages permettaient de cerner en partie les origines du malaise.

Origines des difficultés de cohabitation (%)

	Novembre 1985	*Novembre 1989*
Sentiment d'insécurité	75	69
Différences de coutume	49	58
Différences de religion	23	57
Différences de langue	20	20
Couleur de peau	8	5
Concurrence sur le marché de l'emploi	45	32
Inutilité économique des étrangers	57	46

Il apparaissait de la sorte que les Français, sans oublier les doléances d'ordre économique, redoutaient surtout l'insécurité et attachaient une importance grandissante aux différences culturelles. C'était un tel constat qui aggravait le pessimisme de l'opinion sur les possibilités d'intégration : en mai 1990, 51 % des personnes interrogées estimaient que les immigrés faisaient peu ou pas d'efforts pour s'intégrer. De cette analyse se dégageait une conclusion logique :

	Novembre 1985	*Novembre 1989*
La plupart des immigrés seront intégrés	50 %	42 %
La plupart des immigrés ne seront pas intégrés	42 %	51 %

L'INTÉGRATION SELON *LE POINT* EN 1980

Retenus par les nécessités de l'économie, ou les aléas d'une réinsertion dans leur pays d'origine, nombre d'étrangers demeureront en France. Il faut le savoir et se préparer à l'avènement d'une société composée, avec les réfugiés, de minorités nombreuses. Contrairement aux États-Unis, la France n'admet pas sans réserve les particularismes. C'est sa nature. Elle attend des étrangers qu'ils s'assimilent. Nul doute qu'elle absorbera les Asiatiques, les Portugais et les Espagnols. Mais avec les Noirs et les Maghrébins, il n'en ira pas de même.

Une intégration exige plusieurs générations. Quatre dans le cas des Polonais, catholiques pourtant. La majorité des Algériens sont venus en France avant l'indépendance de leur pays en 1962. Beaucoup ont demandé à leur femme de les rejoindre. Ensemble, ils ont eu des fils et des filles. Les uns nés français, les autres souffrant, plutôt que jouissant, de la double nationalité, n'appartenant à aucune culture, ils ont, pour la plupart, raté leur entrée dans la collectivité nationale.

Claude BONJEAN, *Le Point*, 17 novembre 1980

Les capacités d'intégration devaient cependant être modulées selon l'origine des allogènes.

Personnes les moins aptes à s'intégrer
(novembre 1989)

Maghrébins	Noirs	Asiatiques	Européens
50	19	15	2

Quand les Français devaient donner leur avis sur les solutions propres à résoudre le problème des étrangers, ils exigeaient que des précautions fussent prises, mais ils se partageaient sur la nature et la sévérité de celle-ci. D'une manière générale, les partisans de la rigueur se recrutaient majoritairement chez les commerçants, les ouvriers, les agriculteurs, les personnes âgées, tandis que les cadres supérieurs, les membres des professions libérales, les employés se montraient plus tolérants. L'opinion se trouvait également liée aux choix politiques : en 1985, l'antipathie à l'égard des Arabes était avouée par 67,2 % des électeurs du Front national, 26,5 % de ceux du RPR, 23,1 % de ceux de l'UDF, 16,8 % de ceux du PS, 16,1 % de ceux du PCF[1]. Cependant, les choix apparaissaient hésitants ou fluctuants en fonction de la conjoncture, des décisions ou des déclarations récentes de tel ou tel homme politique. Le passage d'une personnalité à la télévision influençait nettement les idées exprimées peu après dans les sondages. Priés de nommer l'homme qui semblait proposer les meilleures solutions à la question des immigrés, les Français placèrent tour à tour en tête le socialiste François Mitterrand, le président de SOS Racisme Harlem Désir, le chef du Front national Jean-Marie Le Pen ; ce fut ce dernier qui enregistra le meilleur score en 1991.

Qui propose des solutions satisfaisantes au problème de l'immigration ?
(%)

Novembre 1985		Novembre 1989		Septembre 1990		Septembre 1991	
F. Mitterrand	20	J. M. Le Pen	17	H. Désir	19	J. M. Le Pen	22
J. M. Le Pen	15	H. Désir	15	F. Mitterrand	18	J. Chirac	11
J. Chirac	4	F. Mitterrand	14	J. M. Le Pen	14	F. Mitterrand	10
G. Marchais	4	J. Chirac	7	J. Chirac	6	H. Désir	7
		G. Marchais	3	G. Marchais	3	G. Marchais	1

Les Français ont souvent modulé leur jugement selon qu'ils avaient une approche théorique ou concrète des questions posées. Ainsi, en mai 1990, 48 % contre 38 % trouvaient normal que la pratique de la religion musulmane fût facilitée à ses fidèles. En novembre 1989, 67 % contre 29 % estimaient naturel que les musulmans pussent prier

---

1. *Le Point* IFOP, 29 avril 1985.

dans des mosquées ; le pourcentage d'avis favorables monta même à 71 % contre 22 % en mai 1990. Mais les personnes interrogées en novembre 1989 sur la construction de mosquées à proximité de chez elles donnaient une réponse négative à 50 % ; il ne restait que 42 % de réponses positives.

Quant aux solutions globales, les Français donnent rarement leur accord aux plus extrêmes d'entre elles. Ainsi, ils préfèrent de beaucoup empêcher l'entrée de nouveaux étrangers sur le territoire national que de renvoyer chez eux les résidents réguliers déjà présents ; seule l'expulsion des clandestins et des délinquants se révèle populaire et obtint jusqu'à 84 % d'approbations en novembre 1989.

Solution préconisée (% d'opinions)

	Novembre 1984	*Novembre 1985*	*Novembre 1989*	*Mai 1990*	*Septembre 1991*
Renvoyer les étrangers	25	25	20	16	20
Empêcher les entrées	68	67	67	68	52

De même, le thème de la préférence nationale, chère au Front national, ne réunit pas la majorité, même s'il recueille un écho favorable.

Priorité donnée aux Français sur les étrangers, en % (septembre 1991)

	Dans l'emploi	*Dans l'octroi des logements sociaux*	*Dans l'octroi des prestations sociales*
Oui	45	45	43
Non	51	52	52

Seuls 28 % des Français demandent en septembre 1991 que les enfants d'étrangers nés en France ne reçoivent plus automatiquement la nationalité française à 18 ans. Moins nombreux encore, 23 %, sont ceux qui souhaitent un réexamen des naturalisations accordées depuis dix ans. Les personnes interrogées se montrent seulement intransigeantes sur quelques précautions qui leur paraissent minimales : 88 % veulent que les nouveaux citoyens possèdent une connaissance acceptable de la langue française ; pour 83 %, les naturalisés doivent respecter les coutumes de leur nouvelle patrie à propos du mariage. Le refus le plus ferme et le plus constant qu'expriment les Français concerne l'octroi du droit de vote aux étrangers pour les élections locales.

Droit de vote aux élections locales (%)

	1974	*1981*	*1984*	*Février 1988*	*Novembre 1989*	*Mai 1990*	*Septembre 1990*	*Septembre 1991*
Non	70	60	74	60	75	52	72	74
Oui	–	–	21	32	20	42	22	21

Ainsi, les Français font état de leurs inquiétudes, se montrent sensibles aux différences culturelles et veulent préserver leurs droits politiques plus que leurs privilèges sociaux. Ils souhaitent être rassurés, mais ils semblent méfiants face aux solutions les plus radicales.

1.2. Les formes de racisme

En 1987, Michel Hannoun, député RPR de l'Isère, chargé par le gouvernement Chirac de rédiger un rapport sur *Le Racisme et les Discriminations en France* observait : « La France n'est pas raciste, mais il y a des racistes en France ». De fait, chaque année, la Commission nationale consultative des droits de l'homme dresse un bilan d'une part des menaces racistes sous la forme d'inscriptions, de tracts, d'injures, d'autre part des violences par agressions ou attentats.

	1990	*1991*	*1992*	*1993*	*1994*
Menaces racistes	–	317	111	134	166
Violences racistes	52	51	28	37	34

D'après *La Lutte contre le racisme et la xénophobie*, volume publié annuellement par la Documentation Française.

Ce bilan est établi à partir des affaires les plus spectaculaires portées à la connaissance de la police et de la justice. Il ne peut tenir compte des nombreuses expériences quotidiennes, réflexions désagréables, insultes, discriminations diverses auxquelles les victimes ne donnent pas de suite. Les statistiques, les témoignages des victimes, les sondages effectués dans la population montrent que le racisme ne constitue pas un phénomène marginal.

Le racisme, implicite ou affiché, se manifeste sous de multiples formes. Certains commerces, cafés, restaurants, boîtes de nuit refusent de laisser entrer les gens de couleur. En 1978, un cabaretier de Limoges avait apposé dans sa vitrine l'avis suivant : « Cet établissement est interdit aux personnes de nationalité algérienne par décision préfectorale »[1]. Il va sans dire que le préfet n'avait jamais pris une telle décision, tout à fait illégale. La police a relevé le cas de commerçants qui acceptent de servir les clients de couleur, mais en majorant les prix. Les Maghrébins, les noirs, les Asiatiques plus rarement sont parfois écartés des logements ou des emplois qu'ils briguent en raison de leur apparence ; le propriétaire ou le patron repoussent le candidat en disant que l'appartement ou la place ne sont plus libres, à moins qu'ils ne déclarent ouvertement préférer un Français blanc. En janvier 1995, le directeur général de l'Agence nationale pour l'emploi (ANPE) suscita une vive émotion en justifiant en ces termes le refus d'embaucher des caissières noires dans les hypermarchés :

« Malheureusement il y a des gens avec lesquels on a du mal à se sentir de plain-pied (...), les étrangers, et plus la couleur de la peau est foncée et plus on a du mal à se sentir de plain-pied »[2].

1. *Chronique du flagrant racisme*, MRAP-la Découverte, Paris, 1984.
2. Presse française, 14-15 janvier 1995.

Des enquêtes ont montré que, sous couvert de lutte contre les ghettos, des préfectures et des municipalités, des organismes HLM invoquent des quotas d'étrangers, dépourvus d'existence réglementaire, afin d'évincer des locataires jugés insolvables. Pour sa part, le maire modéré de Montfermeil refuse depuis 1985 d'inscrire dans les écoles de sa commune les enfants d'immigrés nouvellement arrivés ; en 1989, il priva de crédits deux établissements qui avaient refusé d'obtempérer. Cet élu fut imité par d'autres maires, notamment ceux de Beaucaire et d'Hautmont, et « compris » par son collègue communiste de Clichy-sous-Bois.

Au-delà d'actes qui essaient de conserver une apparence de respectabilité en invoquant des motifs d'opportunité, lutte contre les ghettos, satisfaction d'une clientèle ou d'un voisinage qu'on suppose incommodé par les étrangers trop visibles, il est des paroles et des initiatives ouvertement racistes. Ainsi, en 1984, un habitant de Vienne, exclu du Front National pour ses agissements, avait écrit sur un mur : « Les Arabes au four. Vive... » et suivait le dessin d'une croix gammée. La même année, trois jeunes gens qui avaient rossé un employé de l'ambassade d'Arabie saoudite à Paris, se justifièrent en ces termes : « Nous haïssons les noirs comme ils nous haïssent ». En 1987, la mère d'un jeune Niçois qui, avec cinq de ses camarades, avait battu à mort un ouvrier tunisien confia : « On n'aime pas les Arabes, comme tout le monde en France, mais on n'a jamais dit qu'il fallait les tuer »[1].

Les paroles peuvent déboucher sur des agressions. Celles-ci sont parfois commises par des groupuscules comme le Club Charles Martel qui, épisodiquement depuis le milieu des années 70, a revendiqué des attentats visant principalement des locaux algériens. En mai 1982, une Brigade de libération se flatta d'avoir incendié une automobile appartenant au responsable de la mosquée d'Avignon. En avril 1985, les dirigeants du Service action protection public, association dont les statuts avaient été déposés légalement à la préfecture des Alpes-Maritimes, furent arrêtés pour avoir, sous prétexte d'assainir les rues de Nice, molesté et dépouillé un Sénégalais, vendeur ambulant de colifichets. Moins agressifs, les Chevaliers de Roubaix se contentaient dans les années 70 de dénoncer à la police les Maghrébins soupçonnés de méfaits. Les lieux les plus fréquemment visés par les attentats sont les logements d'immigrés, dévastés par des incendies criminels, comme ce fut le cas dans un immeuble des Mureaux en janvier 1987, par des jets de grenades ou d'explosifs, ainsi que dans les foyers Sonacotra de Cannes en mai 1988, Cagnes-sur-Mer et Marseille en décembre 1988. Les mosquées sont également prises pour cibles, telles celles de Romans en mai 1982, Charvieu-Chavagneux dans l'Isère en août 1989, Rennes en mars 1990, Montigny-en-Ostrevent près de Douai en février 1991.

Les agressions contre les personnes se révèlent souvent tragiques. Le 23 juin 1982, le pire fut évité de justesse à Marseille, quand deux cents chauffeurs de taxi, surexcités, investirent la Cité Bellevue où un de leurs collègues avait été dévalisé par un Maghrébin ; les coups de feu qui claquèrent ce jour-là ne firent pas de victimes. L'exercice d'une fonction d'autorité n'interdit pas forcément les dérapages : en décembre 1985, un commissaire de police d'Annonay fut condamné pour avoir torturé un prévenu algérien au mois d'avril précédent. La mort vient trop souvent conclure l'agression raciste. Certains drames ont plus particulièrement frappé l'opinion : dans la nuit du 14 au 15 novembre 1983, l'assassinat d'un jeune Algérien dans le train Bordeaux-Vintimille par trois indi-

---

1. *Le Monde*, 2 août 1987.

vidus qui reprochaient à leur victime « un regard provocant » ; le 11 novembre 1984 à Châteaubriant le meurtre à coups de carabine de deux Turcs par un jeune nazi qui déclara à son procès :

> « Je voulais flinguer des bougnoules. Les Turcs et les Arabes, pour moi, c'est la même chose. En aucun cas je ne regrette ce que j'ai fait. La France a beau être une terre d'asile, ce n'est pas un dépotoir. J'estime que j'ai servi mon pays »[1].

Autres agressions qui se sont terminées par une mort d'homme, le 13 juillet 1994 à Paris la noyade d'un Malien par sept « hard rockers » qui voulaient « se payer un noir ou un Arabe » ; le 21 février 1995 à Marseille l'assassinat d'un jeune Comorien par des colleurs d'affiches du Front national ; le 1er mai 1995, lors d'une manifestation du même mouvement à Paris, la noyade d'un Marocain par un groupe de « skinheads ».

Les faits divers illustrent la violence du racisme, mais ils ne permettent pas de mesurer précisément la diffusion et la vitalité de celui-ci. Sur cette question, les sondages apportent des indications. Quand les Français sont invités à juger la force du racisme, une majorité constate que le phénomène progresse.

Réponses aux questions sur la montée du racisme (%)

	1985	*1989*	*1990*
Oui	62	72	73
Non	22	24	25

En 1994, d'après le sondage annexé au rapport de la Commission nationale consultative des droits de l'homme (CNCDH), 34 % des personnes interrogées estimaient que le racisme était « très répandu » et 55 % « plutôt répandu », ce qui faisait un total de 89 % d'observations confirmant la diffusion de ce type de comportement, à des degrés divers. Les Français sont également questionnés sur leur propre attitude et leurs réponses révèlent que la tentation raciste n'est pas confinée dans des cercles étroits. D'après les rapports de la CNCDH, 40 à 42 % des personnes s'avouent « plutôt ou un peu racistes ». Le volume de 1992 contenait une synthèse dressée à partir de l'ensemble des sondages effectués depuis 1990.

Racistes convaincus	21 %
Tentés par le racisme	34 %
Antiracistes convaincus	23 %
Antiracistes tièdes	9 %

Les sondages et les faits se rejoignent pour montrer que les principales victimes du racisme sont les Maghrébins. En 1991, d'après les enquêtes de la CNCDH 70 % des personnes jugeaient qu'il y avait trop d'Arabes en France ; près de la moitié des person-

---

1. *Le Monde*, 26 septembre 1985.

nes interrogées déclaraient éprouver de l'hostilité pour les Maghrébins. De fait, ces derniers, en 1994, furent victimes de 62 % des actes racistes officiellement enregistrés. Les autres étrangers inspirent nettement moins d'hostilité.

Taux d'antipathie et de sympathie en 1985 (%)

	Arabes	*Noirs d'Afrique*	*Asiatiques*	*Antillais*
Antipathie	20	6	6	4
Sympathie	20	33	27	31
Ni l'un ni l'autre	55	56	61	59

D'après sondage *Le Point* IFOP, avril 1985.

Réaction face à la situation suivante	*Non*	*Oui*	*Indifférent*
Avoir un gendre ou une belle-fille d'origine arabe	45	1	47
Voter pour un député d'origine arabe	31	1	59
Avoir un patron d'origine arabe	31	1	59
Avoir un gendre ou une belle-fille d'origine asiatique	25	2	67
Voter pour un député d'origine asiatique	21	2	68
Avoir un patron d'origine asiatique	13	2	77

D'après sondage *Le Point* IFOP, *op. cit.*

La crise, le chômage, les peurs, celles de l'invasion, de la délinquance, des maladies, l'ignorance alimentent généralement le racisme spontané. Mais ce phénomène, dans ses formes théorisées, connaît une mutation. Certes la thèse traditionnelle de l'inégalité des races et de leurs aptitudes n'a pas disparu. En 1970, le journaliste Jean Lacouture, ayant publié une enquête sur cette question, reçut une lettre d'un lecteur qui doutait que « les nègres ou les Berbères d'Afrique » fussent « des êtres humains complets » et s'opposait à « l'invasion de ces races d'hommes inférieurs », ainsi qu'à « un dangereux mélange avec la race supérieure des Blancs d'Europe qui ont mis sur pied toute la civilisation »[1]. Cependant de telles analyses sont en perte de vitesse, probablement sous l'effet de la condamnation morale des idéologies extrémistes depuis 1945, des mises en garde multipliées par les défenseurs des droits de l'homme et les responsables religieux, des réfutations présentées par les biologistes. Désormais, les racistes se fondent bien davantage sur les facteurs culturels et nationaux. Reprenant à leur compte l'idée du « droit à la différence » longtemps défendue par leurs adversaires, ils soutiennent que l'étranger garde sa spécificité et se révèle en définitive inassimilable. Ils reconnaissent à ce visiteur

---

1. *Le Monde*, 19-20 avril 1970.

le droit de garder sa différence, mais exigent le même droit pour les Français. Faute de quoi ces derniers subiraient un métissage qui leur ferait perdre leur identité. Ainsi cette analyse redonne tout son lustre au vieux slogan « la France aux Français ».

1.3. La lutte contre la xénophobie et le racisme

Des Français appartenant à des milieux et à des sensibilités idéologiques différents essayent d'élever des barrages contre la xénophobie et le racisme.

1.3.1. Le front antiraciste

Le combat antiraciste rassemble les organisations de défense des droits de l'homme comme le Mouvement contre le racisme et pour l'amitié entre les peuples (MRAP), la Ligue internationale contre le racisme et l'antisémitisme (LICRA), la Ligue des droits de l'homme (LDH), la CIMADE, SOS Racisme, des mouvements particulièrement tournés vers les étrangers comme le Groupe d'information et de soutien aux travailleurs immigrés (GISTI), France-Terre d'asile, ainsi que des partis et des syndicats. Ces acteurs, très présents sur le terrain, reçoivent le soutien de nombreux intellectuels, des Églises, des sociétés de pensée.

Les défenseurs des étrangers s'expriment d'abord par le discours, l'appel, la pétition. Ils sont convaincus que la parole généreuse ne constitue pas un moyen traditionnel et un peu vain permettant de mettre la conscience en paix, mais qu'il est utile de répliquer à des mots haineux par des mots nobles : à abandonner le terrain aux xénophobes et aux racistes, on laisse s'établir un climat délétère favorisant le déchaînement des passions primaires. Ainsi, en 1985, après le meurtre d'un jeune Marocain à Menton, les intellectuels Marek Halter et Bernard-Henri Lévy observèrent :

> « Nous sommes convaincus qu'un crime raciste, quoi qu'on en dise, n'est jamais un phénomène parfaitement dément ni délirant ; qu'il s'ordonne à un air du temps, à un imaginaire commun de la société où il puise son assurance, sa légitimité, sa raison d'être et nous sommes convaincus, surtout, que cet air du temps se nourrit lui-même de toute une foule d'idées, de slogans ou de petites phrases »[1].

Aussi, certains trouvent-ils légitime de mettre leur notoriété au service d'une grande cause. Le 3 mai 1988, quatre lauréats du Prix Nobel, François Jacob, Jean-Marie Lehn, André Lwoff et Jean Dausset, lancèrent dans la presse un appel invitant l'opinion à rejeter « les idéologies d'exclusion et de mépris portant en elles la haine et donc le germe de la violence ». Les antiracistes s'attachent à rétablir la vérité. Ainsi Albert Lévy, secrétaire général du MRAP, rappelait en 1988 :

> « Les immigrés sont bien à tort rendus responsables de tous les maux. C'est le vieux principe du bouc émissaire »[2].

La vocation d'asile qui a valu à la France une bonne part de son prestige international est souvent mentionné, notamment par les dirigeants de la Ligue des droits de l'homme Madeleine Rebérioux, Yves Jouffa et Robert Verdier :

---

1. *Le Monde*, 28 mars 1985.
2. *Nice-Matin*, 6 octobre 1988.

« France, on t'appelait naguère terre d'asile. Et tu le fus pour Frédéric Chopin, pour Thomas Mann et pour Mario Soarès, pour les Chiliens, les Soviétiques et les Cambodgiens »[1].

La défense des valeurs humanistes devrait conduire à former, selon la formule lancée par les francs-maçons du Grand-Orient de France en juin 1990, un « Front républicain » contre la xénophobie. On ne saurait énumérer les personnalités qui devancèrent ou suivirent cette invitation. Dès le 21 novembre 1985, un groupe d'intellectuels dont Simone de Beauvoir, Pierre Boulez, Pierre Bourdieu, Patrice Chéreau, Gilles Deleuze, Marguerite Duras, André Glucksmann, Michel Leiris, Claude Mauriac, invoquèrent les principes républicains pour barrer la route « aux périls racistes ». Le 9 décembre 1991, d'autres personnalités, dont le cardinal Decourtray, le pasteur Stewart, le grand rabbin Sirat, Michel Barat, grand maître de la Grande Loge de France, Jacqueline de Romilly, de l'Académie française, demandèrent à leurs concitoyens d'appliquer aux étrangers « la tradition vivante (...) de la vraie fraternité ». Cette cause peut rassembler des hommes qui n'ont pas l'habitude de se rencontrer. Ainsi, le 21 février 1985, à Paris, un meeting antiraciste réunit les socialistes Georgina Dufoix et Bertrand Delanoë, le président des radicaux de gauche François Doubin, les centristes Jean-François Deniau et Dominique Baudis, le gaulliste Bernard Pons. Le 15 novembre 1985, les principales autorités catholiques, orthodoxes, protestantes, juives, musulmanes, maçonniques et les associations humanitaires lancèrent un « Appel commun à la fraternité qui, pour la première fois, faisait voisiner sur un même document la signature des évêques catholiques et des dirigeants de la franc-maçonnerie.

La société française est confrontée à un problème d'accueil de populations étrangères et de communautés culturelles et religieuses.

Des mœurs, des cultures, des croyances de diverses origines souhaitent s'affirmer et coexister dans le concert national, sans perdre de leur spécificité.

Une partie du corps social national réagit par des réflexes de peur et d'intolérance se traduisant soit par un rejet, soit par une exigence d'assimilation totale. Ces attitudes sont génératrices d'incompréhension, de haine et, trop souvent, de violence meurtrière.

L'effacement du souvenir des catastrophes suscitées par le nazisme et les difficultés sociales et économiques traversés par notre société ont libéré un discours qui a amplifié et banalisé le racisme.

Des idéologies extrémistes discriminatoires trouvent une emprise chaque jour plus grande dans notre pays.

Les organisations et associations humanitaires suivantes : Droit de l'homme et solidarité, Droit humain, Grande Loge de France, Grande Loge traditionnelle et symbolique, Grand Orient de France, Grande Loge féminine de France, Ligue des droits de l'homme (LDH), Ligue internationale contre le racisme et l'antisémitisme (LICRA), Mouvement contre le racisme et pour l'amitié entre les peuples (MRAP), se sont rassemblées pour faire face à cette évolution dangereuse et lancer un appel à toute la population.

Le Conseil permanent de l'épiscopat, le Conseil de la fédération protestante, le Comité inter-épiscopal orthodoxe, le Conseil supérieur rabbinique, la Grande Mosquée de Paris, qui avaient déjà fait en mars 1984 une « déclaration commune contre le racisme et pour le pluralisme de la société », ont jugé bon de s'associer à cet appel.

---

1. *Le Monde*, 25 janvier 1992.

Ils estiment que certaines manifestations d'intolérance dans la société française sont suffisamment graves pour que, par-delà leurs différences d'approche, ils unissent pour la première fois leurs voix et leurs efforts.

Ensemble, ils déclarent qu'il est urgent :

– d'affirmer le respect de l'autre ;

– de se solidariser avec les personnes et les minorités victimes de discrimination, leur reconnaître les mêmes droits à la justice, à la liberté et à l'égalité ;

– de vivre ensemble dans la tolérance des différences et l'enrichissement mutuel pour une société meilleure, de laquelle les immigrés ne sauraient être exclus.

Les défenseurs des étrangers écrivent également des livres pour démonter les thèses de leurs adversaires, par exemple *L'Immigration, une chance pour la France*, du centriste Bernard Stasi[1] ou *La Fin des immigrés*, de l'ancien maire socialiste de Dreux Françoise Gaspard et de Claude Servan-Schreiber[2]. Ces mêmes militants organisent encore de nombreuses manifestations, marches, réunions, pour protester contre le racisme et les crimes que celui-ci provoque. Le 21 janvier 1992, le thème de la défense des étrangers amena quelque 50 000 à 100 000 personnes à défiler à Paris entre la Bastille et la Nation.

1.3.2. Les chrétiens

Le racisme est ressenti par les chrétiens comme un défi à leur foi. Aussi, depuis une vingtaine d'années, ont-ils multiplié les déclarations et les initiatives en faveur des étrangers. Les évêques catholiques ont d'emblée placé le débat au niveau théologique pour montrer, comme le déclara Mgr Dalloz, archevêque de Besançon, le 17 mars 1985, que « le racisme est incompatible avec l'Évangile ». Dans une brochure intitulée *Un peuple en devenir*, publiée en janvier 1995, le Comité épiscopal des migrations reprit la même formule et ajouta : « L'accueil de l'étranger n'est pas matière à option (...). Vivre ensemble est inéluctable ». Les clercs rappellent que Dieu a voulu l'unité du genre humain et que le message du Christ, universel, s'adresse de manière égale à chacun. Le cardinal Lustiger, archevêque de Paris, a pu tirer cette conclusion, le 16 novembre 1984 : « Toute atteinte portée par le racisme (...) est une blessure à l'image du Créateur », ou encore, le 9 octobre 1994 : « Il n'y a pas d'étrangers dans l'Église ».

Les autorités catholiques ne prétendent pas apporter des solutions pratiques à la question de l'immigration et se bornent, par des formules très générales, mais fort remarquées, à rappeler que les étrangers resteront en France et doivent bénéficier de la solidarité nationale. Ainsi, le 15 décembre 1983, l'épiscopat déclara aux derniers venus : « Vous êtes en quelque sorte nos compatriotes ». Dans un texte publié le 10 mai 1985, l'épiscopat ajouta : « Les immigrés font partie de notre avenir ». Le 11 novembre 1990, les responsables catholiques réunis à Lourdes appelèrent à une « logique de compréhension » avec les musulmans. Le 31 mars 1991, Mgr Vilnet, évêque de Lille, invité à l'émission radiophonique le Grand Jury RTL-le Monde, plaida pour « une cohabitation maîtrisée » entre Français et immigrés. Mgr Herbulot, évêque d'Evry, reprit à son compte la formule « l'immigration est une chance pour la France » et considéra que nier les droits des étran-

---

1. Bernard STASI, *L'Immigration, une chance pour la France*, Laffont, Paris, 1984.
2. Françoise GASPARD et Claude SERVAN-SCHREIBER, *La Fin des immigrés*, le Seuil, Paris, 1984.

gers représentait « une atteinte mortelle à notre démocratie »[1]. Sur le terrain, des prêtres comme François Lefort à Nanterre et Christian Delorme à Vénissieux, s'engagèrent dans des actions de soutien. Le père Delorme fut ainsi l'un des principaux organisateurs de la Marche des beurs pour l'égalité, de Marseille à Paris, entre le 15 octobre et le 3 décembre 1983. Dès 1972-1973, de nombreuses églises accueillirent les étrangers grévistes de la faim qui luttaient contre la circulaire Fontanet-Marcellin. En 1993, les chrétiens manifestèrent de sérieuses réserves à l'encontre des « lois Pasqua » sur les étrangers.

Ces positions ont plusieurs fois valu à l'Église catholique d'essuyer les foudres du Front national. Après le message du 15 décembre 1983 disant que les étrangers étaient « en quelque sorte nos compatriotes », Roland Gaucher répliqua sur les ondes téléphoniques de « Radio Le Pen » que ce texte « scandaleux (...), attentat contre notre identité nationale », avait été rédigé par des évêques traités de « menteurs » et « excellences déboussolées »[2]. Ceux qui étaient visés par l'insulte refusèrent la polémique, mais ils réagirent quand le Front national, à l'occasion des élections européennes de 1984, lança le slogan : « Voter Le Pen, c'est voter Dieu ». Le cardinal Decourtray, archevêque de Lyon, Mgr Gaillot, évêque d'Évreux, parmi d'autres, réfutèrent cette affirmation émanant d'un parti jugé xénophobe. *La Croix* répliqua : « La mesure est dépassée lorsque Dieu est appelé à la rescousse de ces thèses racistes »[3]. En 1987, Mgr Delaporte, archevêque de Cambrai et président de la Commission épiscopale des migrations, ajouta que le Front national, par sa doctrine d'exclusion, constituait « la menace suprême pour l'identité nationale »[4]. Des initiatives interconfessionnelles s'attachèrent, de manière ouverte ou implicite, à répondre aux idées du Front national. Le 15 février 1985, les communautés catholique, protestante et juive de Belfort entamèrent un « jeûne de protestation spirituelle contre le racisme et pour l'amitié », après la tenue d'une réunion du parti de Jean-Marie Le Pen dans la ville. En septembre 1992, catholiques, protestants et orthodoxes lancèrent une « campagne œcuménique » pour défendre la place des étrangers en France. En mai 1995, après que Jean-Marie Le Pen eut obtenu aux élections présidentielles plus de 25 % des voix en Alsace, Mgr Brand, archevêque de Strasbourg, le grand rabbin Gutman, les pasteurs Hoeffel et Pfeiffer rappelèrent que l'enseignement des grandes religions se trouvait « en opposition absolue avec les conceptions racistes et d'exclusion ».

1.3.3. SOS Racisme

Dans la nébuleuse antiraciste, le mouvement SOS Racisme acquit une renommée exceptionnelle au cours des années 80. Cette organisation fut fondée à l'automne 1984 par des jeunes, notamment Harlem Désir, de père antillais et de mère alsacienne, Julien Dray qui devint député socialiste en 1988, des militants de l'Union des étudiants juifs de France. SOS Racisme bénéficia de plusieurs facteurs favorables : la sympathie active de personnalités du spectacle et de l'intelligentsia parisienne, son habileté à éviter le noyautage par les gauchistes et les communistes, le soutien de certains cercles socialistes et de François Mitterrand, le talent médiatique de son président Harlem Désir, apte à traduire les aspirations d'une partie des jeunes immigrés. Les dirigeants du nouveau mouvement

---

1. *La Croix*, 16 avril 1991.
2. *Le Monde*, 16 décembre 1983.
3. *La Croix*, 7 mars 1985.
4. Radio-Fréquence-Nord, 18 avril 1987.

popularisèrent des slogans comme « Touche pas à mon pote », inscrit sur un petit insigne en forme de main ouverte dont deux millions d'exemplaires auraient été vendus. Quelques 18 000 personnes adhérèrent à l'organisation antiraciste. Les relations avec le monde du spectacle et les subventions accordées par les gouvernements de gauche permirent à SOS Racisme d'organiser de grandes fêtes au cours desquelles alternaient musiques et brèves déclarations politiques. Ainsi, en juin 1985 se réunirent 300 000 personnes place de la Concorde, 100 000 place de la Bastille en juin 1986, près de 300 000 sur l'esplanade de Vincennes en juin 1988.

SOS Racisme, fondé autour de mots d'ordre généreux et rassembleurs, mais traditionnels, flétrissant l'exclusion, comprit rapidement qu'il fallait faire place dans ses structures aux jeunes issus de l'immigration et dans son discours à leurs revendications précises. Aussi les porte-parole du mouvement plaidèrent-ils pour une réforme libérale du Code de la nationalité, des possibilités de recours avant l'exécution des expulsions, la création d'une instance indépendante chargée d'enquêter sur les « bavures policières » dont les immigrés seraient victimes, l'octroi du droit de vote aux non-Français pour les élections locales, un effort financier important en faveur des zones d'éducation prioritaires et des logements sociaux, cela afin d'éviter la « ghettoïsation ». En décembre 1988, SOS Racisme adopta une Déclaration des droits des immigrés en Europe qui demandait, pour les étrangers résidents, des droits quasiment analogues à ceux des nationaux.

Les années 90 se révélent moins favorables à SOS Racisme, desservi par des divisions internes, par le déclin politique de ses amis socialistes, par l'apparition d'organisations concurrentes comme France Plus, présidée par Areski Dahmani, qui prend souvent le contre-pied de SOS Racisme en utilisant les mêmes moyens de présence dans les médias. En septembre 1992, Harlem Désir démissionna de la présidence de SOS Racisme. Il fut remplacé par un militant d'origine sénégalaise, Fodé Sylla, qui chercha à donner un deuxième souffle au mouvement.

SOS Racisme, mais aussi tout le monde de l'antiracisme, particulièrement dans ses composantes de gauche, se sont trouvés confrontés à un dilemme dès le milieu des années 80. Ces milieux militaient traditionnellement pour le « droit à la différence ». Ainsi, en 1985 les socialistes lancèrent le slogan « Vivons ensemble avec nos différences ». Le 9 novembre de cette même année, Michel Rocard déclara : « L'assimilation n'est pas un objectif réaliste ». Harlem Désir pensait que la France à venir serait « multiculturelle ». François Mitterrand voyait se dessiner une nation « plurielle ». Mais il apparut vite que le maintien des différences pouvait justifier celui des inégalités sociales et que l'extrême droite, s'emparant de l'idée, prouvait ainsi le caractère inassimilable des étrangers, et donc leur nécessaire exclusion. Dès lors, des socialistes, comme Jean Poperen et Jean-Pierre Chevènement, montrèrent que le discours en faveur du multiculturel aboutissait à enfermer les immigrés dans de véritables ghettos moraux et matériels. Au cours du colloque « Melting Potes » organisé par SOS Racisme à Paris, le 24 novembre 1985, le sociologue Pierre Bourdieu et le jésuite Jean-Louis Schlégel observèrent que les plaidoyers en faveur d'hypothétiques différences – beaucoup de jeunes Maghrébins ignoraient l'arabe, rappelèrent-ils – entretenaient les inégalités concrètes au détriment des immigrés en matière de statut, de revenus, de logement. Ces mises en garde portèrent. Le mot « assimilation » qui choquait les non-Français par ce qu'il impliquait de perte d'identité, fut écarté, mais les amis des étrangers, à commencer par SOS Racisme, insistèrent sur la nécessité de définir une politique d'« intégration ».

2. Les partis face à l'immigration

De l'extrême droite à la gauche, les positions adoptées par les diverses formations politiques sont inspirées par des choix d'ordre moral ou idéologique, parfois par la volonté de répondre aux souhaits présupposés des électeurs.

2.1. A l'extrême droite : une xénophobie sans honte

Le Front national, fondé en octobre 1972 par le rassemblement de plusieurs mouvements d'extrême droite, a acquis depuis les années 80 une audience grandissante et place aujourd'hui la question de l'immigration au centre de sa réflexion.

Pour le Front national, la présence étrangère constitue un véritable drame national. Les mots « invasion », « colonisation », « naufrage », « catastrophe » sont fréquemment utilisés pour décrire un phénomène qui conduit la France à la déchéance et à la mort. Ainsi, Jean-Marie Le Pen, président du parti, évaluant le nombre des envahisseurs à 8 ou 10 millions, a parlé d'un « torrent migratoire » et en a évoqué la terrible conséquence : « L'épuration ethnique, au détriment des Français de souche, est en cours dans notre pays »[1]. L'utilité démographique et économique des étrangers n'est pas véritablement reconnue. L'INSEE qui souligne les besoins en main-d'œuvre immigrée est accusée d'avancer « une affirmation aberrante et provocatrice »[2], car « chaque fois qu'un immigré entre en France, il prend le travail d'un Français »[3]. Le Front national soutient que les vraies raisons de l'immigration sont idéologiques : depuis des années, les partis au pouvoir ont favorisé l'entrée des étrangers, la droite par dédain pour la défense de l'identité nationale, la gauche par esprit internationaliste et pour acquérir de nouveaux électeurs en bradant la citoyenneté française. Les attaques pleuvent sur ceux qui se déclarent favorables aux nouveaux venus, hommes politiques de tout bord, responsables catholiques, intellectuels : « Déjà, à l'époque de Jeanne d'Arc, la Sorbonne et l'Église étaient aux côtés de l'étranger », s'écria Jean-Marie Le Pen[4].

La présence de la foule allogène, estime le Front national, entraîne de multiples inconvénients, et d'abord de lourdes dépenses. Le Front national assure en effet que la majorité des immigrés ne sont pas des travailleurs, mais des assistés sociaux touchant des prestations extrêmement supérieure aux cotisations versées : « la France est devenue la sécurité sociale de la planète entière », s'indigna Albert Peyron, député des Alpes-Maritimes[5]. Les amis de Jean-Marie Le Pen distribuent des bandes dessinées montrant quelques malheureux Français faisant la queue devant les guichets de la Sécurité sociale, guichets assiégés par des foules de Maghrébins et de noirs toujours reçus et servis avant les nationaux. Les étrangers sont également accusés d'accaparer les logements, de se regrouper dans des quartiers où les Français n'osent plus s'aventurer, d'envahir les écoles et d'abaisser le niveau des études, de faire régner une insécurité dramatique, entretenue par les « bandes ethniques composées majoritairement d'immigrés africains et maghrébins »[6]. Le Front national se montre persuadé que les étrangers constituent une

---

1. Club de la Presse-Europe I, 14 mars 1993.
2. *National-Hebdo*, 8 août 1991.
3. Jean-Marie LE PEN, journal télévisé de France 2, 1ᵉʳ juin 1994.
4. Convention nationale de Nice, Nice, 9 janvier 1988.
5. *Nice-Matin,* 12 avril 1988.
6. Bruno MÉGRET, 13 novembre 1990.

« cinquième colonne », vivier du terrorisme. Les hôtes considérés comme les plus dangereux sont les Nord-Africains porteurs d'une culture jugée incompatible avec celle de la France. Le mouvement nationaliste a mené des campagnes sur le thème « Non à l'islamisation de la France » et il s'oppose à la construction de mosquées. Ce sont donc la sécurité, l'indépendance et l'identité nationales que le Front National croit menacées par des immigrés définitivement murés dans leur différence.

La solution ne réside donc pas dans l'intégration, « impasse tragique », selon Jean-Marie Le Pen[1]. La vigoureuse réaction que le chef du parti appelle de ses vœux est souvent comparée à une nouvelle « Résistance » contre « l'occupation » étrangère. A cette fin le Front national préconise de nombreuses mesures dont les principales furent rassemblées au sein d'un programme en 50 points au mois de novembre 1991. Il faut fermer réellement les frontières, interdire le regroupement familial, limiter le droit d'asile, rapatrier trois millions de non-Européens en commençant par les délinquants et les chômeurs. Ceux qui resteront percevront moins d'allocations, recevront moins facilement la citoyenneté, ne pourront librement créer des associations et accéder à la propriété. Le cosmopolitisme sera banni de l'Éducation nationale par une révision des manuels et l'instauration de quotas d'immigrés dans les classes. Les lois « liberticides » de 1972 et 1990 réprimant le racisme seront abrogées. Une Garde nationale sera créée pour prévenir toute tentative de subversion par les immigrés. En tout domaine, les Français bénéficieront de la « préférence nationale » qui leur assurera le monopole ou la priorité en matière d'emploi, de logement, de prestations sociales.

Jean-Marie Le Pen pense qu'il existe des « races différentes » et il précise : « Je ne peux pas dire que les Bantous ont les mêmes aptitudes ethnologiques que les Californiens ». Aussi conclut-il que « les citoyens sont égaux en droits, pas les hommes »[2] . Le président du Front national souligne qu'il préfère ses concitoyens et veut préserver leurs intérêts. Bruno Mégret prédit que l'anarchie des migrations entraînera la « disparition des races humaines par métissage généralisé »[3] . Mais les dirigeants du Front répètent qu'ils ne sont ni xénophobes ni racistes :

> « Nous ne combattons pas l'immigré, l'étranger, nous combattons une politique d'immigration qui ferait de nous, les Français, des étrangers dans notre propre pays »[4].

En dehors du Front national, l'immigration fait aussi l'objet de débats nombreux et souvent âpres. La Nouvelle Droite, inspirée par le Groupement de recherche et d'études pour la civilisation européenne (GRECE) ou le Club de l'Horloge, a développé une idéologie élitiste, reposant sur une conception de l'histoire reliée au mythe aryen. Les penseurs de ce courant se disent antiracistes car ils veulent préserver les races en empêchant toute forme de métissage et de construction d'une société pluriculturelle. Aussi prônent-ils une politique de rapatriement des étrangers non-européens.

Le poids acquis par le Front national est tel que la plupart des organisations extrémistes se situent par rapport à son propre discours. Celui-ci est parfois repris tel quel, par exemple par la Fédération pour l'unité des réfugiés et rapatriés (FURR) fondée en

---

1. 4 décembre 1989.
2. Jean-Marie LE PEN, *Les Français d'abord*, Carrère-Lafon, Paris, 1984, page 168.
3. Colloque de Saint-Raphaël, 2 novembre 1991.
4. Jean-Marie LE PEN, *Les Français d'abord*, op. cit. page 103.

1982 par Joseph Ortiz. En revanche, certains dissidents du Front national reprochent à Jean-Marie Le Pen sa modération à des fins électoralistes et sa recherche de respectabilité. Ainsi le groupe Militant, actif au milieu des années 80, voulait assurer la sauvegarde biologique de la race blanche française par des moyens plus énergiques que ceux du mouvement lepeniste. Autre formation dissidente, le Parti des forces nouvelles (PFN) critiqua au milieu des années 70 jusqu'à sa disparition au milieu des années 80 les « demi-mesures » préconisées par le Front national. Les dirigeants du PFN exigeaient entre autres « le renvoi, contrairement à Le Pen, des immigrés de la deuxième génération dans lesquels se trouvent les éléments les plus criminogènes du pays »[1]. D'autres formations comme la Fédération d'action nationale et européenne (FANE) ou le Parti national français et européen (PNFE) se sont aussi démarqués du Front national en affichant ostensiblement leur racisme. Claude Cornilleau, chef du PFNE, conclut le congrès de 1991 de son parti en exaltant le « nationalisme racial » : « À bas la démocratie : À bas la société multiraciale : Vive le nationalisme blanc et européen : Vive la race blanche ! »[2].

Quant aux royalistes ils prennent plus ou moins leurs distances à l'égard du parti de Jean-Marie Le Pen. Après la publication en novembre 1991 des 50 mesures du Front national propres à résoudre le problème de l'immigration, Pierre Pujo, directeur de l'hebdomadaire maurrassien *Aspects de la France* approuva quelques points du programme comme la lutte contre l'esprit cosmopolite, mais estima injustifiée la défiance à l'égard des immigrés du Sud et se déclara favorable à la construction de mosquées permettant aux musulmans de conserver leurs traditions religieuses. La Nouvelle Action royaliste de Bertrand Renouvin, qui incarne la sensibilité de gauche dans le courant monarchiste et est radicalement hostile au Front national, estimait dès 1984 que « les immigrés peuvent être une chance pour notre pays »[3] et dénonça en 1991 « le caractère raciste » des 50 mesures[4].

2.2. Les divisions de la droite classique

Depuis 1974, la droite de gouvernement s'est trouvée enfermée dans un dilemme : d'une part, rester fidèle en matière d'immigration à des positions équilibrées alliant humanité de l'inspiration et rigueur de la gestion, d'autre part, ne pas laisser détourner par le Front national une partie de sa clientèle électorale inquiète de la présence étrangère. Il en est résulté un discours contradictoire et parfois ambigu, des surenchères verbales tendant à prouver que Jean-Marie Le Pen ne détenait pas le monopole de la fermeté, à quoi s'ajoutèrent des mises en garde contre une banalisation de thèses plus ou moins xénophobes. De la sorte, des divisions ont surgi au sein de la droite classique, divisions séparant ses deux principales composantes, RPR et UDF, mais aussi oppositions internes dans chaque parti voire, selon les moments, contradictions dans les affirmations d'un même homme politique.

Les modérés partent d'un constat alarmant qui ressemble souvent, au moins dans la forme, à celui des extrémistes : la France est « envahie ». *Le Figaro-Magazine* du 26 octobre 1985 demandait : « Serons-nous encore français dans trente ans ? » et annon-

---

1. Réponses d'un collectif du PFN, *le Monde*, 29 mars 1984.
2. *Le Monde*, 21 mars 1991.
3. *Le Monde*, 4 mars 1984.
4. *Royaliste*, décembre 1991.

çait l'apparition « d'enclaves étrangères dans l'hexagone », ainsi que des « troubles graves » vers 1995. Dans *le Figaro* quotidien, Catherine Delsol intitula un article : « Seuil de tolérance dépassé »[1] et Max Clos : « Immigration : le point de rupture »[2]. Les socialistes au pouvoir de 1981 à 1995 sont accusés d'avoir aggravé le mal en menant une politique incohérente faisant alterner le laxisme en 1981-1982, puis une sévérité tentant de répondre à l'exaspération des Français. Mais la situation se révèle presque désespérée, les verrous installés avant 1981 pour stopper l'entrée des étrangers ont sauté et, pour Max Clos, « nous sommes au bord de la guerre civile ».

Pour résoudre le problème, le RPR, comme d'ailleurs ses autres partenaires de droite et les socialistes, a généralement défendu un programme en trois volets : arrêter toute immigration nouvelle, favoriser les retours, encourager l'intégration de ceux qui resteront. Les mesures concrètes préconisées par le mouvement gaulliste se sont plus ou moins rattachées à ces trois orientations fondamentales. Ainsi, en mars 1990, Alain Juppé, alors secrétaire général du RPR, voulait réduire les entrées en renforçant la répression contre les clandestins et en réformant les modalités du regroupement familial, faciliter les départs en aidant au développement économique des pays d'origine, accélérer l'intégration en convainquant les immigrés de se plier aux usages français en matière de service militaire, d'acceptation de l'école laïque et de la monogamie. En juillet 1991, Charles Pasqua, dans une série de quatre propositions de loi et dans une lettre adressée à Edith Cresson, Premier ministre socialiste, suggérait une amélioration des contrôles administratifs et policiers, une réforme de la procédure du droit d'asile et du regroupement familial, l'instauration de quotas annuels d'entrées par nationalité et par profession. Mais les gaullistes, à partir d'inspirations communes, livraient des analyses de tonalité différente : Charles Pasqua trouvait absurde de prétendre que la France n'avait pas besoin d'immigrants ; Alain Juppé, s'abritant il est vrai derrière une formule déjà employée par François Mitterrand, estimait que « le seuil de tolérance est franchi »[3].

Jacques Chirac apparut sans doute comme le meilleur interprète des balancements du parti qu'il dirigeait. Il se refusa toujours à conclure des alliances électorales avec le Front national, il multiplia les professions de foi contre la xénophobie et les thèses extrémistes, comme en novembre 1985, quand il assura au roi du Maroc, en visite en France : « Je lutterai de toutes mes forces pour combattre ce racisme rampant si éloigné de notre génie et de notre culture ». Mais Jacques Chirac observa lui aussi, à plusieurs reprises, que le « seuil de tolérance » était dépassé et parla d'« invasion »[4]. Il remarqua : « S'il y avait moins d'immigrés, il y aurait moins de chômage (...), un moindre coût social »[5]. Il souleva une vive émotion lorsque, le 19 juin 1991, à Orléans, il se plaignit de « l'overdose » d'immigrés et évoqua « le bruit et l'odeur » que ceux-ci imposaient à leurs voisins.

Les centristes de l'UDF ont connu des débats internes encore plus vifs. Ce mouvement avait certes défini sa position officielle, notamment dans un document présenté en juin 1985 par Didier Bariani : fermeté des contrôles, remplacement des procédures d'acquisition automatique de la nationalité française par un acte volontaire, refus des rapatriements autoritaires, maintien de la carte de séjour de dix ans instituée en 1984,

---

1. Catherine DELSOL, *le Figaro*, 7 mars 1986.
2. Max CLOS, *le Figaro*, 17 juin 1991.
3. Alain JUPPÉ, Libre opinion dans *le Monde*, 21 mars 1990.
4. Club de la Presse-Europe I, 4 novembre 1983.
5. *Libération*, 30 octobre 1985.

organisation d'une « immigration à deux vitesses » distinguant entre les étrangers voulant s'assimiler et les autres appelés à rentrer chez eux.

Mais certains membres de l'UDF semblèrent méconnaître ce programme équilibré. Jean-Claude Gaudin, trouvant que Marseille ressemblait de plus en plus à Alger, affichait de vives inquiétudes : « Nous ne pouvons tolérer cette immigration, d'autant plus que les immigrés veulent préserver leur identité culturelle »[1]. François Dubanchet, sénateur UDF, stigmatisa, il est vrai avant la publication du programme centriste, « les jeunes délinquants au teint souvent assez bronzé »[2]. Alain Griotteray, membre du Parti républicain, a souvent exprimé son exaspération : « Va-t-on légaliser l'excision des petites filles et la faire rembourser par la Sécurité sociale », demanda-t-il, avant d'ajouter : « Cette population étrangère ne répond à aucun besoin »[3]. Dans son livre *Les Immigrés, le choc*, Alain Griotteray précisait :

> « Les Français n'ont pas de dette particulière à l'égard des immigrés présents sur leur sol. Il n'y a pas de dette économique vis-à-vis d'hommes qui sont venus parce qu'ils y trouvaient leur intérêt, qui ont reçu en échange de leur travail un salaire et qui ont certes participé au développement industriel de notre pays, mais qui n'étaient aucunement indispensables à la croissance, comme le montrent les exemples du Japon et de la Suède.
> « Nous n'avons pas non plus de dette morale : venus de leur plein gré, parfois illégalement, les immigrés n'ont jamais reçu que des cartes de séjour provisoires, non la promesse de pouvoir s'installer définitivement dans notre pays et d'y constituer ce qu'il faut objectivement appeler des colonies de peuplement »[4].

De même que Jacques Chirac avait suscité de nombreuses réactions en évoquant « l'odeur » des immigrés, Valéry Giscard d'Estaing, dans un article du *Figaro-Magazine* publié le 21 septembre 1991, éveilla une vive émotion en posant la question : « Immigration ou invasion ? » Le sénateur UDF Michel Poniatowski alla bien plus loin en déclarant :

> « Sur l'immigration, Le Pen a une position de bon sens qui rejoint la mienne. Je crois même que, dans les propositions, je vais plus loin que lui »[5].

De fait, l'ancien ministre de l'Intérieur voulait, entre autres, « réexaminer la situation des naturalisés, notamment par mariage, à partir de 1988 ». Après que, quelques mois plus tard, Michel Poniatowski eut comparé l'immigration à une « occupation », Alain Juppé tint à se démarquer de ceux qui disaient « n'importe quoi »[6].

D'autres centristes se montrèrent au contraire très ouverts, ainsi Bernard Stasi, Jacques Barrot, Pierre Méhaignerie, Charles Millon soucieux de défendre « les valeurs humanistes »[7], Raymond Barre qui dénonça « la confusion intellectuelle » avec laquelle

---

1. Radio-France Marseille, 14 octobre 1985.
2. Europe I, 27 janvier 1983.
3. *Le Monde*, 29 janvier 1985.
4. Alain GRIOTTERAY, *Les Immigrés, le choc*, Plon, Paris, 1985.
5. *Le Figaro*, 20 juin 1991.
6. *Paris-Match*, 24 octobre 1991.
7. *Le Monde*, 7 décembre 1989.

était abordée la question de l'immigration, rendit hommage aux étrangers « venus chez nous parce que nous avions besoin d'eux » et ajouta :

> « Ils ont contribué à notre prospérité ; aujourd'hui nous devons les traiter avec le respect qui s'impose à toutes les personnes humaines »[1].

Pour mettre un terme aux divergences, le RPR et l'UDF se réunirent en états généraux à Villepinte et définirent une plate-forme commune le Ier avril 1990. Les orateurs des deux partis condamnèrent les idées du Front national, repoussèrent l'attribution du droit de vote aux étrangers et adoptèrent un certain nombre de propositions, les unes traditionnelles comme le contrôle des frontières, la réduction du nombre des demandeurs d'asile, l'intégration par l'école, la lutte contre les « ghettos », d'autres plus délicates à mettre en œuvre comme la restriction du regroupement familial, la suppression de l'acquisition automatique de la nationalité, l'octroi aux seuls Français des avantages sociaux financés par l'État. Certains centristes refusèrent de souscrire à ce dernier point. En fait, même après l'adoption du programme de Villepinte, la droite resta divisée et fut loin de parler d'une seule voix en matière d'immigration.

2.3. Les ambiguïtés de la gauche

Les socialistes souscrivent aux trois principes qui, dans l'ensemble, ont inspiré la politique française depuis 1974 : limiter les entrées, favoriser les départs volontaires, stimuler l'intégration. Revenus de l'éloge des différences, ils admettent généralement avec Michel Rocard que, « pour la France, être multiraciale est une richesse, mais rester uniculturelle est une force »[2]. Les socialistes entendent pratiquer à l'égard des étrangers une générosité réfléchie. Ainsi, François Mitterrand, dès son élection à la présidence de la République en 1981, fit adopter une série de mesures libérales[3]. Même par la suite, quand la phase d'ouverture s'acheva, il veilla à ce que les contrôles et les démarches administratives imposées aux étrangers ne fussent pas trop contraignants. Le président de la République répéta plusieurs fois qu'il restait fidèle à la promesse, faite en 1981, d'octroyer le droit de vote aux immigrés. Il rappela également son attachement aux principes républicains et au droit d'asile, son horreur de la xénophobie et du racisme. Certaines organisations proches du Parti socialiste proposèrent des mesures audacieuses : ainsi, le Club Espaces 89 diffusa en octobre 1985 un document intitulé *Devenir Français* qui préconisait un élargissement des droits d'accès à la nationalité française, notamment au bénéfice des étrangers résidant dans ce pays depuis cinq ans et ne présentant pas de danger manifeste pour l'ordre public.

Cependant, les positions des socialistes ne furent pas toujours exemptes d'ambiguïtés ou de maladresses. Le souci de ne pas se couper d'une opinion inquiète face à la montée de l'immigration entraîna des remises en cause, notamment l'ajournement de l'octroi du droit de vote. Autre équivoque, le 27 octobre 1985, lors d'un débat télévisé entre Jacques Chirac et Laurent Fabius, Premier ministre, ce dernier se déclara d'accord avec son interlocuteur qui, pourtant, réclamait des contrôles draconiens et établissait un parallèle

---

1. Émission *Feux croisés,* Radio-France Lyon, 15 novembre 1985.
2. *Le Parisien,* 15 mars 1993.
3. Cf. infra.

appuyé entre immigration et délinquance. Le 5 décembre 1989, à l'émission « 7 sur 7 » de TF1, Michel Rocard, Premier ministre, rappela que la France restait une terre d'asile mais ne pouvait « héberger toute la misère du monde ». Cette formule surprit, puis fut généralement mise au compte du réalisme dont faisait preuve le responsable socialiste. En revanche, lorsque, dans un entretien télévisé le 10 décembre 1989, François Mitterrand déclara que « le seuil de tolérance a été atteint dès les années 70 », l'emploi de cette formule contestable et dépourvue de valeur scientifique choqua et fut comprise comme un dérapage verbal fâcheux ou une volonté délibérée de flatter l'opinion.

Enfin, pas plus que les modérés, les socialistes ne sont à l'abri des divergences ou des nuances d'analyse. Certaines personnalités, notamment Julien Dray et Bernard Tapie qui, avec le soutien apparent de François Mitterrand, se sont exprimés sur les questions migratoires et ont présenté des suggestions pour régler certains problèmes, comme celui de l'agitation dans les banlieues, ont parfois agacé les autres responsables socialistes, moins bien introduits à l'Elysée, et ont encouru le soupçon de démagogie. Pour sa part, Michel Rocard a présenté sa propre interprétation du droit de vote des étrangers, interprétation différente de celle du président de la République : en mars 1990, au congrès du Parti socialiste à Rennes, il considéra que ce droit « ne peut être conçu comme un préalable, mais comme la conséquence, à terme, d'une intégration réussie ».

Le Parti communiste fut rudement secoué au début des années 80 par les positions qu'il adopta à propos de la question immigrée. Parti ouvrier, internationaliste et anticolonialiste, le PCF ne pouvait qu'éprouver une sympathie de principe pour les travailleurs étrangers venus en France. Il invitait ces derniers et les Français à pratiquer une active solidarité car les deux groupes étaient victimes d'un même exploiteur, le capital. Les grandes entreprises étaient en effet accusées d'organiser la migration de populations pauvres et supposées dociles pour asseoir leur domination. Et les gouvernements facilitaient l'opération. Jean-Louis Roach observa en 1989 :

> « Les politiques suivies depuis 1974 en matière d'immigration sont discriminatoires. Hormis une courte période (1981-1982) où les mesures d'égalité et de respect ont été prises, depuis le début de la crise, la politique du bouc émissaire est appliquée aux immigrés »[1].

Aussi le PCF exhortait-il les immigrés à participer au combat mené par les Français contre le patronat et le pouvoir en place. Il déposa plusieurs propositions de loi tendant à doter les étrangers d'un statut démocratique leur garantissant l'égalité des revenus et des droits sociaux, la jouissance des libertés publiques, une représentation dans les organismes professionnels et syndicaux, l'amélioration des conditions de logement, l'alphabétisation.

Le droit de vote en faveur des étrangers ne figurait pas parmi les revendications du PCF car celui-ci, jusqu'au milieu des années 80, pensa que les hôtes de la France regagneraient leur patrie. Ainsi, d'après le parti, permettre aux étrangers de participer aux élections françaises aurait favorisé une intégration contraire aux intérêts de personnes devant garder des liens étroits avec leur pays d'origine. Mario Fornaciari précisait en 1984 :

---

1. Jean-Louis ROACH, *les Cahiers du Bolchevisme*, février 1989.

« S'opposant à toute mesure visant à une assimilation forcée, le PCF n'est pas favorable au droit de vote des immigrés. Au-delà des aspects juridiques et constitutionnels réels qu'il pose, le droit de vote comporte des devoirs, des implications qui peuvent contredire l'attachement que les immigrés conservent à leur pays »[1].

Mettant essentiellement l'accent sur l'amélioration concrète de la condition des immigrés, le PCF dénonçait vivement la réelle concentration de ces derniers dans les communes de la banlieue parisienne administrées par des communistes. Le parti se défendait de condamner ce qu'il appelait des « ghettos » d'étrangers au nom d'un hypothétique seuil de tolérance. En vérité, il s'inquiétait de la crise du logement en HLM et du manque de foyers que cet entassement engendrait, de l'alourdissement des charges d'aide sociale, des dépenses de santé et d'éducation qui devenaient insupportables pour les budgets communaux.

Ce fut dans ce contexte de mise en cause des ghettos qu'éclata l'affaire de Vitry-sur-Seine, en décembre 1980. Le 23 décembre, le maire modéré de Saint-Maur-des-Fossés avait dirigé vers un foyer de Vitry les 318 habitants maliens d'un foyer délabré situé sur sa commune. Le maire communiste de Vitry, Paul Mercieca, refusant ce transfert, intervint avec un bulldozer pour rendre inhabitable le bâtiment où s'installaient les Maliens. Cet événement entraîna une vive réprobation dans l'opinion. Le PCF et la CGT mis à part, l'ensemble des partis et des syndicats fustigèrent l'attaque du foyer qualifiée tour à tout d'acte « inique » ou « raciste ». Si Hamza Boubakeur, recteur de la mosquée de Paris, appela à « une prière solennelle imprécatoire contre la municipalité de Vitry ». Le PCF retourna les accusations : Georges Marchais, secrétaire général du parti, déclara qu'il approuvait « sans réserve la riposte de mon ami Paul Mercieca à l'agression raciste du maire giscardien de Saint-Maur »[2]. François Hilsum observa que la concentration des immigrés dans les mêmes communes aggravait le risque de heurts avec les Français ; de la sorte :

« les racistes sont ceux qui considèrent les immigrés comme du bétail que l'on parque, et non ceux qui refusent que les villes ouvrières soient transformées en ghettos »[3].

L'émotion n'était pas encore retombée quand, au début de février 1981, les élus communistes engagèrent d'autres actions spectaculaires. Robert Hue, maire de Montigny-lès-Cormeilles, dénonça à la vindicte populaire une famille marocaine, accusée de se livrer au trafic de la drogue, et fit manifester les militants de son parti devant le logement de ces personnes. A Villeurbanne, Dijon, Drancy, des élus communistes entamèrent aussi des campagnes de « guerre à la drogue ». La municipalité d'Ivry décida de limiter le nombre des enfants d'immigrés dans les colonies de vacances. Le maire de Dammarie-lès-Lys demanda qu'un foyer Sonacotra fût transformé en logements pour jeunes couples. Georges Marchais critiqua le « ghetto » asiatique du XIIIᵉ arrondissement à Paris où existaient des ateliers clandestins, « véritables bagnes »[4].

Les observateurs s'interrogèrent sur les motivations de ces campagnes qui n'étaient manifestement pas improvisées et visaient les immigrés. L'accusation de racisme ne fut

---

1. Mario FORNACIARI, *les Cahiers du Bolchévisme*, octobre 1984.
2. Georges MARCHAIS, *l'Humanité*, suppément du 9 janvier 1981.
3. FRANÇOIS HILSUM, *l'Humanité*, 29 décembre 1980.
4. Meeting du 10 février 1981.

généralement pas retenue. Les plus impartiaux reconnurent que l'entassement des étrangers dans les communes gérées par les communistes constituait une réalité et un fardeau pour les budgets. En définitive, il sembla que le PCF voulait, par des méthodes rudes et apparemment xénophobes, attirer l'attention sur des problèmes réels, mais aussi capter un électorat populaire confronté à ces problèmes, cela dans la perspective des élections présidentielle de 1981 et municipales de 1983.

Le PCF n'enraya pas la baisse de son audience électorale, mais les débats de 1980-1981 l'aidèrent à approfondir sa réflexion sur la question des immigrés. Il prit conscience que la majorité de ceux-ci resterait en France et il ne s'opposa plus à l'octroi du droit de vote. Il exigea l'arrêt de toute immigration nouvelle, officielle ou clandestine, ce qui impliquait notamment que le regroupement familial fût « maîtrisé et rigoureusement contrôlé »[1]. Il fallait aussi faciliter le départ des volontaires et garantir aux autres « les mêmes droits et les mêmes devoirs que les travailleurs français »[2].

Comment les vœux de l'opinion et des partis furent-ils pris en compte par les responsables politiques ?

3. Les sinuosités de la gestion politique depuis 1974

Depuis 1974, la politique de l'immigration a pris des orientations très différentes, voire contradictoires, en fonction de la conjoncture économique et de la majorité au pouvoir.

3.1. *Valéry Giscard d'Estaing : des bonnes intentions à la rigueur (1974-1981).*

L'élection de Valéry Giscard d'Estaing à la présidence de la République en mai 1974 coïncida schématiquement avec le début de la grande crise économique, ce qui entraîna une série de révisions dans la politique de l'immigration.

3.1.1. L'arrêt provisoire de l'immigration en juillet 1974

Georges Pompidou se trouvait encore à la tête de l'État quand, le 19 septembre 1973, l'Algérie décida de suspendre l'émigration vers la France, en justifiant cette décision par la vague d'attentats dont ses ressortissants avaient été victimes de ce côté de la Méditerranée. Le Premier ministre Pierre Messmer avait alors nommé un spécialiste des questions migratoires, André Postel-Vinay, à la direction générale de la Population et des Migrations, avec la mission de résoudre les problèmes soulevés par la décision de l'Algérie et d'examiner la condition des étrangers vivant en France.

Valéry Giscard d'Estaing, élu président, se montrait sensible à l'importance de la question migratoire et voulait prouver à la gauche sa volonté d'ouverture. Aussi nomma-t-il André Postel-Vinay secrétaire d'État à l'Immigration, ce qui ressuscitait une structure gouvernementale dont la dernière et brève existence remontait à 1938. Le nouveau secrétaire d'État était persuadé que la crise économique commençante serait profonde et durable ; selon lui, la dépression ne pourrait qu'être aggravée par la venue de nouveaux étrangers, venue d'autant plus prévisible que la population du Tiers-Monde connaissait un fort développement démographique. Aussi André Postel-Vinay préconisait-il un arrêt

---

1. Point de Presse de Francis Wurtz, 26 juin 1991.
2. Georges MARCHAIS, *l'Humanité-Dimanche* 2 mars 1984.

de l'immigration, cette pause devant également permettre d'améliorer le sort des étrangers déjà installés, surtout en matière de logement.

Le conseil des ministres du 3 juillet 1974 suivit la proposition du secrétaire d'État et décida de suspendre provisoirement l'immigration, y compris celle des familles voulant rejoindre un de leurs membres en France. Le principe d'un important programme de construction de logements fut aussi retenu. Mais André Postel-Vinay n'obtenant pas du Premier ministre Jacques Chirac les moyens financiers nécessaires, démissionna dès le 22 juillet 1974.

3.1.2. Des efforts d'organisation (juillet 1974-mars 1977)

Le secrétaire d'État démissionnaire fut remplacé par un ami du président, Paul Dijoud. Celui-ci, bénéficiant du soutien de Valéry Giscard d'Estaing, obtint des moyens pour organiser son administration et fut chargé de séduire l'électorat de gauche en conduisant une politique relativement libérale. Pour illustrer spectaculairement cette orientation, le président de la République invita inopinément à l'Élysée des éboueurs africains en décembre 1974.

Il fallait d'abord appliquer la décision de suspension de l'immigration. A cette fin, Paul Dijoud renforça la répression du travail clandestin et les contrôles aux frontières, si possible avec la collaboration des pays fournisseurs de main-d'œuvre. Des aides au rapatriement furent instituées. Cependant, des exceptions notables à la règle de la fermeture s'appliquèrent au bénéfice des demandeurs d'asile, des Indochinois, de certaines nationalités africaines, des conjoints de Français, des personnes hautement qualifiées. Paul Dijoud ne voulut pas s'opposer à l'immigration familiale, suspendue pourtant depuis le 3 juillet 1974. Il se montra réceptif au droit moral des familles à se réunir et aux campagnes menées sur ce thème par les associations de défense des étrangers. Aussi le regroupement familial fut-il à nouveau autorisé. Le secrétaire d'État parvint également à mettre au point un financement spécifique pour les logements réservés aux étrangers.

Le rassemblement des familles et l'amélioration des logements, ainsi que certaines simplifications administratives, allaient apparemment dans le sens d'une installation durable des étrangers. Pourtant le gouvernement restait fidèle à l'idée d'une immigration provisoire, conception qui se traduisait par l'aide au retour, la promotion des cultures d'origine, l'encouragement à la pratique de l'islam et donc le maintien de liens avec les pays d'où venaient les immigrés. Autre contradiction, le ministre de l'Intérieur, Michel Poniatowski, démentant l'orientation libérale choisie en 1974, réprimait sévèrement toute forme d'agitation, expulsait en nombre les contrevenants, signalait aux pays d'origine, Espagne, Portugal, Maroc, ceux de leurs ressortissants qui menaient des activités politiques et syndicales. Ce fut en fait une telle politique de sévérité qui prévalut à partir de 1977.

3.1.3. La rigueur (avril 1977-mai 1981)

En mars 1977, Paul Dijoud fut remplacé par Lionel Stoleru qui prit le titre de secrétaire d'État chargé des travailleurs manuels et immigrés. Ce changement d'homme correspondait à un virage politique. En effet, Valéry Giscard d'Estaing, constatant que l'ouverture libérale de la période précédente ne lui avait pas valu un surcroît de sympathie à gauche, voulait désormais satisfaire les attentes d'une partie de la droite et du grand public qui accusaient les immigrés d'aggraver le chômage. Le président de la République semblait croire, lui aussi, que le marché de l'emploi serait amélioré par une réduction du nombre des étrangers. Avec l'aide de son secrétaire d'État, il s'engagea personnellement dans la nouvelle politique de rigueur.

Dès le mois de septembre 1977, l'immigration familiale fut suspendue pour trois ans, mais l'ampleur des protestations et l'avis négatif rendu par le Conseil d'État conduisirent le gouvernement à autoriser à nouveau l'entrée des familles et à seulement leur interdire de travailler. Pour encourager les retours, une prime de 10 000 francs, vite baptisée « le million des immigrés », fut offerte aux salariés étrangers acceptant de rentrer dans leur pays.

Le résultat des incitations au départ se révélant négligeable, Valéry Giscard d'Estaing et Lionel Stoleru voulurent passer à une autre étape : le retour forcé de plusieurs centaines de milliers de personnes. Les Européens et les réfugiés politiques étaient exclus d'un tel dispositif, de sorte que les premiers visés étaient les Algériens. Le choix de ces derniers semblait d'autant plus logique au gouvernement qu'ils étaient nombreux, environ 800 000, peu appréciés de l'opinion, redoutés à droite pour leur militantisme politique ou syndical. Au cours des négociations qui s'engagèrent avec l'Algérie, Lionel Stoleru annonça qu'il souhaitait modifier le statut privilégié réservé aux ressortissants de l'ancienne colonie par les accords d'Évian et refouler 500 000 personnes, à raison de 100 000 par an. Parallèlement, le gouvernement français, pour imposer sa volonté, prépara deux projets de loi : l'un élargissait les catégories d'étrangers expulsables en y incluant notamment ceux dont l'autorisation de travail ne serait pas renouvelée ; l'autre visait précisément à favoriser le non-renouvellement des titres de travail et de séjour. Les deux textes se trouvaient ainsi liés et pourraient être appliqués aux Algériens.

Mais la mise au point des lois se heurta à des obstacles imprévus. Plusieurs administrations chargées des études préparatoires élevèrent des objections, le Conseil d'État donna un avis négatif, de nombreux parlementaires, les syndicats et les défenseurs des droits de l'homme s'enflammèrent. La légalité et plus encore l'équité des dispositions prévues étaient mises en cause. Le gouvernement était accusé de bafouer la tradition républicaine et de ternir l'image internationale de la France. Les représentants de l'opposition assurèrent que les dirigeants violaient la constitution, cédaient à la démagogie, encourageaient le racisme. Des réticences se manifestaient aussi dans la majorité, chez les centristes du CDS, sensibles à la défense des valeurs humanistes, et au RPR soupçonnant Valéry Giscard d'Estaing de brader l'héritage gaulliste s'incarnant dans les ordonnances de 1945 et des rapports de confiance avec les Africains. Les projets de loi constituaient « une atteinte légale aux droits de l'homme », dignostiqua l'écrivain marocain Tahar Ben Jelloun[1]. Le juriste Jacques Robert, évoquant les retours forcés, arrivait à la même conclusion : « Jeter après usage est une recommandation publicitaire. Ce n'est point une politique pour des hommes »[2].

Le Parlement obtint finalement le retrait des textes contestés dont demeura seulement la loi du 10 janvier 1980 ou loi Bonnet, du nom du ministre de l'Intérieur. Ces nouvelles dispositions renforçaient le contrôle du séjour et organisaient les expulsions, ainsi que la détention administrative des étrangers en infraction. De fait, le nombre des expulsions, souvent effectuées de manière expéditive, augmenta, mais la politique des retours forcés envisagée par le gouvernement n'avait pu être imposée. Cet épisode aida les amis des

---

1. Tahar BEN JELLOUN, *le Monde*, 27-28 mai 1979.
2. Jacques ROBERT, *le Monde*, 18 octobre 1979.

étrangers à prendre conscience du caractère durable de l'immigration et les convainquit souvent que ces exilés malheureux avaient le droit de garder leur spécificité culturelle.

3.2. *Les deux septennats de François Mitterrand :* *avancées et reculs (1981-1995)*

Avec François Mitterrand, les socialistes assumèrent la gestion des questions migratoires durant dix ans. Pendant les deux cohabitations, ils laissèrent place à la droite. Les dix années de gauche furent marquées par des orientations très différentes.

3.2.1. Le temps de la générosité (mai 1981-mars 1983)

Parmi les 110 propositions de son programme préparé pour l'élection présidentielle de 1981, François Mitterrand avait fait figurer des mesures favorables aux immigrés, notamment l'élimination des discriminations, l'égalité sociale, l'octroi du droit de vote pour les consultations municipales. Les étrangers qui avaient entendu ce message, fondaient de grands espoirs sur le nouveau gouvernement et, le soir du 10 mai 1981, après la victoire du candidat de gauche, vinrent nombreux manifester leur joie place de la Bastille. Les dirigeants socialistes, soucieux de rompre avec le passé récent et de marquer leur solidarité à l'égard du Tiers-Monde, voulurent répondre à ces espérances. Gaston Defferre, ministre de l'Intérieur, parlant des jeunes Maghrébins, déclara le 25 mai 1981 : « La France est leur pays ». François Autain, nommé secrétaire d'État aux Immigrés, annonça au conseil des ministres du 23 juillet 1981 qu'il voulait en terminer « avec une politique qui consistait le plus souvent à pérenniser l'arbitraire ». Nicole Questiaux, ministre de la Solidarité nationale, reçut la tutelle du secrétariat d'État, ce qui montrait que les immigrés étaient vus comme des éléments constitutifs de la société et non comme de simples travailleurs.

Le gouvernement s'attacha d'abord à prouver aux immigrés qu'ils étaient les bienvenus en France et que la politique de refoulement était désormais bannie. Aussi, dès le 29 mai 1981, Gaston Defferre interrompit-il les expulsions, sauf pour les cas graves. L'aide au retour qui, depuis son institution en 1977, avait attiré seulement 90 000 candidats, familles comprises, fut supprimée. La loi du 29 octobre 1981, remplaçant la loi Bonnet, précisa les conditions d'entrée et de séjour, interdit l'expulsion des étrangers nés en France ou arrivés avant l'âge de dix ans. L'administration perdit le droit d'invoquer une situation de chômage pour refuser le renouvellement d'un titre de travail. La loi de 1932 permettant de contingenter la main-d'œuvre fut abrogée. Le contentieux du séjour des étrangers fut transféré de l'administration aux tribunaux judiciaires considérés comme plus sensibles à la sauvegarde des libertés publiques. Une spectaculaire opération de régularisation des clandestins, symbolisant le nouveau climat de confiance, fut lancée avec l'aide des fonctionnaires compétents, des syndicats, des associations ; sur les 145 000 qui se firent connaître, 132 000 bénéficièrent de la mesure. Les étudiants étrangers, que la droite avant 1981 avait essayé de décourager, furent reçus en plus grand nombre dans les universités.

Les socialistes prirent ensuite une série de décisions libérales facilitant l'intégration. En septembre 1981, la création d'associations par les étrangers, soumise à autorisation préalable de l'administration depuis 1939, redevint libre. Une représentation fut offerte aux étrangers dans les organes gérant la Sécurité sociale, les HLM, les comités d'établissement des lycées et collèges, au FAS et à l'Association pour le développement des relations internationales (ADRI). La formation professionnelle fut améliorée. Les zones d'éducation prioritaires reçurent la mission de lutter contre l'échec scolaire. Grâce à un accord avec l'Algérie, les jeunes titulaires de la double nationalité obtinrent le droit d'effectuer leur service militaire dans l'un ou l'autre des deux pays, au choix.

Le bilan des mesures favorables aux étrangers apparaissait impressionnant. Cependant le droit de vote, qui suscitait l'hostilité de l'opinion et des réserves jusque dans la majorité de gauche, resta à l'état de promesse. Une fois l'opération de régularisation des clandestins achevée, la répression redevint vigoureuse pour calmer les inquiétudes des Français. Dès lors, Gaston Defferre contrôla les visites familiales et multiplia les expulsions.

3.2.2. Le retour à la vigilance (mars 1983-juillet 1984)

Avec l'enracinement de la crise, une partie de l'opinion se tournait vers les immigrés, rendus responsables des difficultés. Les sondages organisés sur le bilan de l'action gouvernementale montraient que la politique menée en faveur des étrangers figurait parmi les thèmes les moins populaires. Au printemps 1983, lors des élections municipales, l'immigration devint un des principaux sujets de débat entre la gauche et la droite. Maurice Arreckx, maire UDF de Toulon, s'exclama : « Nous refusons d'être la poubelle de l'Europe ». L'attention se focalisa particulièrement sur Dreux où la droite modérée avait accepté sur sa liste des candidats du Front national. Le plus représentatif de ceux-ci, Jean-Pierre Stirbois, auteur en 1982 d'une formule souvent citée, « Immigrés d'au-delà de la Méditerranée, retournez à vos gourbis », rencontrait un fort écho dans une ville comptant près de 25 % d'immigrés. Les idées développées par Stirbois : impossibilité d'assimiler des étrangers trop différents, volonté de leur signifier qu'ils n'étaient pas les maîtres en France, rapatriement forcé d'un bon nombre d'entre eux, notamment les chômeurs, les délinquants, les oisifs, rencontraient un accueil favorable bien au-delà de Dreux.

Le gouvernement socialiste, inquiet de cette évolution de l'opinion et décidé d'une manière générale à faire preuve de réalisme, durcit sa politique, tout en dénonçant la xénophobie et le racisme pour ne pas trop choquer les défenseurs des immigrés. Ce fut Georgina Dufoix qui, en mars 1983, reçut la mission d'appliquer la nouvelle orientation. Répondant aux questions d'un journaliste, elle définit son programme en ces termes :

> « Il doit être clair que la France ne peut plus ouvrir ses frontières à de nouveaux immigrants. Il ne s'agit pas là d'un durcissement, mais d'une évolution vers une politique d'équilibre qui comporte deux volets : d'une part, une meilleure insertion des immigrés installés chez nous, et qui ont des droits aussi bien que des devoirs envers la nation qui les a accueillis ; d'autre part, la fermeté, redisons-le, vis-à-vis des nouveaux candidats à l'immigration »[1].

Le gouvernement renforça les contrôles, activa la chasse aux clandestins, multiplia les vérifications d'identité. Comme les policiers s'intéressaient particulièrement aux personnes dont le physique révélait les origines étrangères, les amis des immigrés dirent que ceux-ci étaient exposés au « délit de faciès ». Grâce à la loi du 10 juin 1983, Gaston Defferre, ministre de l'Intérieur, put déférer devant les tribunaux, selon une procédure d'urgence, les étrangers en situation irrégulière et les faire reconduire immédiatement à

---

1. *Le Monde*, 3 août 1983.

la frontière ; la procédure d'appel en faveur des expulsés fut supprimée. L'immigration familiale devint plus difficile. L'incitation au départ volontaire, baptisée « aide à la réinsertion », fut ressuscitée en avril 1984.

Un certain nombre d'incidents montrèrent qu'un nouveau climat peu favorable aux étrangers régnait et que les socialistes pouvaient se laisser emporter par la méfiance. Ainsi, au début de 1983, le secrétariat d'État aux Immigrés avait fait imprimer à 2 200 000 exemplaires une plaquette intitulée *Vivre ensemble : Les immigrés parmi nous*, document qui réfutait les arguments xénophobes les plus courants. Mais la campagne des élections municipales ayant manifesté que les étrangers essuyaient de nombreuses critiques, le cabinet du Premier ministre Pierre Mauroy interdit la diffusion de la brochure jugée inopportune. Le même Pierre Mauroy, confronté en ce début de 1983 à une grève dure menée par des Marocains dans l'industrie automobile, imputa la responsabilité des troubles aux menées souterraines des intégristes chiites[1] ; le ministre du Travail, Jean Auroux, se déclara « contre la religion dans l'entreprise »[2] ; François Mitterrand approuva ces analyses. Charles Hernu, ministre de la Défense et maire de Villeurbanne, fut poursuivi par le tribunal administratif de Lyon pour avoir refusé de loger dans sa commune des familles d'origine étrangère dont la venue créait, selon lui, des « déséquilibres sociaux ». Le député socialiste Jean-Michel Bélorgey, dans un rapport consacré à la politique de l'immigration et rendu public le 4 juillet 1984, reconnut que les règles de droit concernant les étrangers étaient appliquées de manière confuse et que le gouvernement, donnant certes de bonnes directives, était « débordé sur le terrain ». Cette réalité parut si vraie au père François Lefort, chargé de mission officielle sur le logement des immigrés, qu'il démissionna avec éclat en septembre 1984, car, selon lui, les promesses ministérielles n'étaient pas tenues et les fonctionnaires sabotaient la politique de l'immigration.

Cependant les dirigeants socialistes satisfirent une vieille revendication des étrangers et de leurs amis. Le 3 décembre 1983, à l'issue d'une entrevue avec des marcheurs « beurs », François Mitterrand annonça à ceux-ci la création d'un titre unique de séjour valable dix ans et renouvelable de plein droit. Ce document représentait une conquête importante, car il mettait fin aux nombreuses démarches imposées jusque-là aux étrangers et surtout assurait ceux-ci de pouvoir rester en France, sans tracasseries administratives aussi longtemps qu'ils le voudraient. Georgina Dufoix mit rapidement en forme cette promesse qui rééquilibrait dans un sens positif la politique de rigueur qu'elle menait alors. Le 25 mai 1984, l'Assemblée nationale adopta à l'unanimité la création du titre unique de dix ans. Georgina Dufoix souligna que cette réforme constituait un « pas important vers l'insertion ». Jean Foyer, porte-parole du RPR, se rallia à cette analyse en observant que les Français résultaient d'un « mélange de populations » et que le mélange en cours devait être un jour consacré juridiquement.

3.2.3. La continuité et la prudence (1984-1995)

Les Premiers ministres socialistes qui succédèrent à Pierre Mauroy, Laurent Fabius de 1984 à 1986, puis, après la réélection de François Mitterrand en 1988, Michel Rocard, Edith Cresson, Pierre Bérégovoy adoptèrent tous, à quelques variantes près, une ligne

---

1. *Nord-Éclair*, 27 janvier 1983.
2. *L'Alsace*, 10 février 1983.

de conduite prudente, afin de n'être pas accusés de laxisme par une opinion de plus en plus inquiète et sensible aux thèses du Front national. Seules exceptions, quelques mesures libérales ponctuelles furent consenties et François Mitterrand reparla périodiquement de l'octroi du droit de vote aux étrangers, sans doute pour déconcerter ses adversaires et semer la division dans leurs rangs.

Tous les gouvernements affichèrent leur volonté de maîtriser les flux migratoires et de multiplier les contrôles pour débusquer les clandestins à l'égard desquels, s'exclama François Mitterrand le 1er décembre 1989, il fallait se montrer « intransigeant ». De fait, un nombre grandissant de personnes séjournant irrégulièrement fut appréhendé.

Interpellations de clandestins

1986	1987	1988	1989	1989	1991	1992	1993
2 831	5 754	7 217	10 668	11 426	12 124	12 359	12 837

D'après André LEBON, *Immigration et présence étrangère en France*,
rapport annuel, DPM, la Documentation Française.

Le 16 novembre 1988, Pierre Joxe exprima le sentiment de ses amis en déclarant à l'Assemblée nationale que « la France n'a pas les moyens de devenir un pays d'accueil de tous les déshérités des pays en voie de développement ». L'immigration familiale, soumise à de sévères conditions de ressources et de logement, baissa. La répression du travail clandestin fut renforcée. Le 10 mai 1990, Michel Rocard annonça qu'il voulait doubler le nombre des reconduites à la frontière. Le 8 juillet 1991, lors d'un entretien diffusé par TF1, Edith Cresson préconisa l'expulsion massive des clandestins par avions charters, ce qui choqua les défenseurs des immigrés. Des centres de détention administrative furent aménagés pour rassembler les étrangers en instance de départ.

La France restait une terre d'asile pour de nombreux réfugiés.

Nombre de réfugiés politiques

Origine géographique	1980	1984
Europe	85 985	59 266
Asie	47 571	86 737
Afrique	3 636	7 503
Amérique	5 616	10 065
Total	142 808	163 571

Mais la fermeture des frontières, décidée en 1974, avait conduit un effectif grandissant d'immigrants économiques à essayer de se camoufler en réfugiés politiques, d'autant qu'après dépôt d'une demande, ils bénéficiaient du droit à l'emploi et de prestations sociales. Ainsi le nombre des demandeurs était passé de 1 891 en 1974 à 22 285 en 1983 et 61 372 en 1989. L'Office français de protection des réfugiés et apatrides (OFPRA), croulant sous la masse des dossiers, mettait des années à traiter les cas, ce qui permettait au demandeur de s'installer avec sa famille et rendait l'expulsion de plus en plus difficile. Pour résoudre ce problème, le gouvernement supprima le droit au travail accordé à ceux qui sollicitaient le statut de réfugié et le remplaça par une modeste allocation. De plus, Michel Rocard donna à l'OFPRA des moyens pour travailler rapidement et repérer les fraudeurs qui préférèrent dès lors rester dans la clandestinité. Ainsi, le nombre des demandeurs baissa à 47 380 en 1991 et 27 564 en 1993, d'autant que le taux de rejet ne cessa d'augmenter jusqu'en 1991.

Taux de rejet des demandes d'asile politique

1980	1981	1982	1983	1984	1985	1986	1987	1988	1989	1990	1991	1992	1993
14,5	22	26	30	34,8	56,8	61,2	67,5	65,6	71,9	84,3	80,3	70,9	72,1

D'après André LEBON, op. cit.

Les défenseurs des réfugiés accusèrent bientôt l'OFPRA de prendre des décisions expéditives, baptisées « procédures TGV ». Ils firent connaître la situation difficile des « déboutés du droit d'asile », c'est-à-dire des personnes qui, victimes des lenteurs anciennes, avaient attendu une réponse durant des années, s'étaient installées, avaient souvent fondé une famille et en définitive recevaient une réponse négative. Les défenseurs s'alarmèrent aussi de la création de « zones internationales » dans les aéroports où les demandeurs étaient placés par la police, avant d'être refoulés sans avoir parfois déposé un dossier à l'OFPRA. Les associations de défense des étrangers soutinrent les grèves de la faim entamées par des déboutés, pressèrent le gouvernement de gauche de réagir et organisèrent en janvier 1992 à Paris une grande manifestation axée notamment sur la sauvegarde du droit d'asile. Cette mobilisation contraignit le gouvernement à régulariser la situation de plusieurs milliers de déboutés et à rendre moins sévère le filtrage des demandeurs d'asile dans les « zones d'attente » des aéroports.

C'était également par prudence et souci de ne pas mettre une nouvelle fois l'immigration au centre du débat politique que Michel Rocard et son ministre de l'Intérieur, Pierre Joxe, ne voulaient pas abroger la loi Pasqua du 9 septembre 1986, adoptée pendant la première cohabitation et réglant les conditions d'entrée et de séjour des étrangers[1]. Les socialistes se contentaient d'appliquer la loi Pasqua avec libéralisme. Mais la pression des associations, surtout SOS Racisme, qui surent en plus s'accorder l'appui de François Mitterrand, amena le gouvernement à réviser sa position. Le ministre de l'Intérieur ne souhaitait cependant pas revenir aux dispositions en vigueur avant 1986, dispositions qui lui paraissaient empêcher un contrôle efficace des clandestins. Aussi les lois Joxe du 2 août 1989 et du 10 janvier 1990 ne prirent-elles pas le contrepied systématique de la loi Pasqua. L'entrée resta subordonnée à la justification de moyens d'existence et le refus de visa put demeurer non motivé. En revanche, les préfets perdirent le droit de refuser un titre de séjour à un étranger ayant troublé l'ordre public, sauf « motif grave ». Certains étrangers, comme les conjoints de Français ou les parents d'enfants français, redevinrent bénéficiaires de plein droit de la carte de résident. Des garanties contre l'expulsion furent prévues et les catégories d'étrangers inexpulsables, définies en 1981, rétablies. Le gou-

1. Cf. infra.

vernement accepta aussi d'examiner avec bienveillance les cas des étrangers soumis à la « double peine », c'est-à-dire condamnés à la fois à une peine de prison et à une interdiction temporaire ou définitive du territoire français ; or certaines de ces personnes avaient toujours vécu en France et considéraient le bannissement comme un drame.

Ce fut encore avec mesure que certains des responsables socialistes essayèrent de régler l'affaire des foulards islamiques au collège de Creil, à l'automne 1989. Les militants de la laïcité s'étant mobilisés parce que trois collégiennes musulmanes refusaient d'ôter leur foulard en classe, le ministre de l'Éducation nationale, Lionel Jospin, fermement soutenu par le Premier ministre Michel Rocard, demanda l'avis du Conseil d'État et énonça des principes qui lui paraissaient équilibrés : hostilité aux manifestations ostentatoires d'appartenance religieuse, mais traitement cas par cas, dialogue avec les familles concernées et, face à l'éventuelle obstination de celles-ci, maintien des élèves à l'école. En effet, le ministre de l'Éducation nationale ne voulait pas d'une école qui pût exclure. À l'Assemblée nationale le 8 novembre 1989, Michel Rocard refusa que « le visage de la laïcité soit d'abord répressif ». Mais cette modération fut très mal accueillie au Front National, dans la droite classique où Alain Juppé stigmatisa « une très grande absence de courage » de la part de Lionel Jospin[1], dans plusieurs associations dont SOS Racisme et même par des personnalités socialistes comme Laurent Fabius, Jean-Pierre Chevènement, Jean Poperen qui observa : « Ce n'est pas en cédant à l'intégrisme qu'on le fait reculer »[2].

Les socialistes, qui s'étaient bornés à réagir à l'événement en de nombreux domaines et étaient souvent accusés d'inaction face au problème des immigrés, reprirent l'initiative à propos de l'intégration. S'éloignant des idées qu'ils avaient souvent professées jusqu'au début des années 1980, « droit à la différence », « société multiculturelle », ils admirent que ces notions étaient contraires aux traditions nationales. Le concept et le mot « intégration » leur devinrent familiers et cessèrent d'être pour eux synonymes d'une brutale assimilation. Le 2 décembre 1989, Michel Rocard souligna que la France ne pouvait se transformer en « une juxtaposition de communautés », car elle exigeait « l'adhésion à des valeurs communes ». Pour aider le gouvernement dans sa réflexion et proposer des mesures concrètes, Michel Rocard créa en décembre 1989 un Haut Conseil à l'intégration présidé par Marceau Long et un Secrétariat général à l'intégration confié à Hubert Prévot. En mars 1990, Pierre Joxe, ministre de l'Intérieur, nomma un Comité de réflexion sur l'islam en France (CORIF), chargé de conseiller le gouvernement et de favoriser l'émergence d'une religion musulmane qui ne prendrait plus son inspiration à l'étranger. Edith Cresson continua cette action en désignant un ministre des Affaires sociales et de l'Intégration, Jean-Louis Bianco, assisté d'un secrétaire d'État, Kofi Yamgnane, d'origine togolaise. Celui-ci déclara à plusieurs reprises qu'il fallait édifier « un islam aux couleurs de la France ».

Les nouvelles instances se mirent à l'œuvre et s'attachèrent d'abord à définir le concept d'intégration. Le Haut Conseil, dans son premier rapport, présenté en février 1991, précisa qu'il ne s'agissait pas d'une voie moyenne entre assimilation et insertion, mais d'un processus spécifique :

---

1. Grand Jury RTL-*Le Monde*, 5 novembre 1989.

2. *Lyon-Figaro*, 3 novembre 1989. Sur l'affaire des foulards, cf. infra.

« Sans nier les différences, en sachant les prendre en compte sans les exalter, c'est sur les ressemblances et les convergences qu'une politique d'intégration met l'accent dans l'égalité des droits et des obligations ».

Les immigrés étaient invités à participer à la vie active de la société, en acceptant les principes étayant celle-ci, la République laïque, l'État-nation, l'État de droit, qui garantissaient une véritable égalité. Des propositions pratiques furent formulées par les responsables de la politique d'intégration : refus des coutumes brimant les femmes, comme la polygamie, ou mutilant les enfants, telle l'excision des fillettes, obligation de faire le service militaire en France pour les jeunes jouissant de la double nationalité, réforme de l'enseignement des langues et cultures d'origine car « le français doit être la langue des enfants immigrés et la langue d'origine enseignée comme langue étrangère »[1]. Il apparut tout particulièrement que la réussite de l'intégration reposait sur une réduction des inégalités, ce qui impliquait d'améliorer le logement et d'éviter la naissance de ghettos, de supprimer toute discrimination sociale, de donner des moyens supplémentaires à l'école, surtout dans les zones d'éducation prioritaire. Les gouvernements, entendant ces appels, fournirent des efforts en matière de formation, de versement des prestations sociales, d'aides au logement. Mais les crédits apparurent généralement insuffisants.

Malgré les critiques, la gauche avait fini par élaborer une politique reposant sur une maîtrise des flux migratoires afin de stabiliser les effectifs des immigrés, une aide au retour volontaire, l'intégration. Edith Cresson résuma ce programme dans une formule lancée à la télévision, le 8 décembre 1991 : « Il faut une politique assez stricte de l'immigration pour avoir une politique généreuse de l'intégration ».

3.3. *La droite entre tradition d'accueil et sévérité (1986-1988, 1993-1995)*

Durant les deux périodes de cohabitation, en 1986-1988 et 1993-1995, le président de la République, le socialiste François Mitterrand, laissa l'intiative aux gouvernements dirigés par Jacques Chirac, puis Édouard Balladur. La politique alors menée par la droite fut partagée entre deux orientations.

3.3.1. Le dilemme de la droite

La droite voulait d'une part rester fidèle aux principes républicains et à la tradition d'accueil de la France. Ainsi, en juillet 1986, pendant la discussion de la loi devant régler les conditions d'entrée et de séjour des étrangers, Charles Pasqua, ministre de l'Intérieur, considéré comme le symbole de la régidité parla à plusieurs reprises de la France « terre d'accueil », « synthèse de ce grand brassage d'hommes venus de multiples origines », pays « qui ne saurait s'abandonner à la haine raciale », au point qu'il s'attira de vives critiques du Front national et que l'un des membres de ce parti, Jean-Pierre Stirbois, accusa les projets gouvernementaux de se distinguer de ceux de la gauche seulement par des nuances. Philippe Séguin, ministre des Affaires sociales, poursuivit avec un net esprit de continuité la politique de ses prédécesseurs socialistes. Claude Malhuret, secrétaire d'État aux Droits de l'homme, fit souvent preuve d'ouverture. Du reste, chaque fois que la droite s'écarta de la ligne humaniste, elle suscita chez les défenseurs des immigrés

---

1. Philippe MARCHAND, rapporteur socialiste de la Mission d'information de l'Assemblée nationale sur l'intégration, mai 1990.

une réaction si vive qu'elle dut atténuer la rigueur de ses projets. Ainsi, par conviction ou par raison, la droite ne pouvait conduire une politique xénophobe.

Mais, en sens inverse, l'électorat conservateur, formulant de nombreux griefs contre les immigrés, attendait des nouveaux dirigeants qu'ils prissent une direction opposée à celle de la gauche, jugée trop bienveillante à l'égard des non-citoyens. De plus, certains responsables modérés craignaient qu'en cas de déception, l'opinion ne se tournât encore plus vers le Front national.

3.3.2. La première cohabitation : sévérité et hésitations (1986-1988)

Pour répondre à l'attente de ses électeurs, le gouvernement Chirac prépara un projet de loi qui réglementait de manière très restrictive l'entrée et le séjour des étrangers. Aussitôt la gauche qui venait de quitter la direction des affaires et les associations de défense des droits de l'homme s'enflammèrent, multiplièrent les appels et les manifestations. Des Lyonnais entamèrent une grève de la faim et le père Delorme un « jeûne de solidarité ». Le cardinal Decourtray, archevêque de Lyon, le cheikh Abbas, recteur de la mosquée de Paris, et d'autres personnalités religieuses appuyèrent les protestations. Aussi le gouvernement recula-t-il et adoucit son texte. En définitive, la loi Pasqua du 9 septembre 1986 rendit plus strictes les conditions d'entrée, permit aux préfets de refuser un titre de séjour à un étranger ayant troublé l'ordre public et réduisit le nombre des catégories d'étrangers bénéficiant de plein droit de la carte de résident ; la procédure de reconduite à la frontière fut confiée à l'administration et l'expulsion en urgence absolue devint possible à l'encontre des étrangers considérés comme dangereux pour l'ordre public. En outre, la vague d'attentats terroristes qui déferla sur Paris en 1986 offrit au gouvernement une bonne raison pour rétablir les visas, sauf pour les ressortissants de la CEE.

Durant la discussion parlementaire, la gauche, tenant compte des atténuations apportées au projet de loi initial, critiqua moins les dispositions, auxquelles elle pouvait en partie souscrire, que l'état d'esprit présidant à l'application du texte. De fait, Charles Pasqua demanda à ses services de se montrer stricts. En octobre 1986, il fit expulser par charter 101 Maliens en situation irrégulière, cela à grand renfort de publicité, pour souligner la fermeté du gouvernement. Ce type d'initiative ne fut d'ailleurs pas renouvelé, sans doute en raison des critiques qu'elle souleva. Pourtant, en mai 1987, le ministre de l'Intérieur scandalisa encore les défenseurs des droits de l'homme en déclarant : « Un charter, c'est trop, disent certains, mais si demain je dois faire un train, je le ferai »[1].

La première cohabitation fut marquée par un autre grand débat portant sur la réforme du Code de la nationalité. Les sondages indiquaient qu'une majorité de Français désapprouvaient le fait qu'en vertu de la législation en vigueur un enfant né en France de parents étrangers pût acquérir la nationalité française automatiquement, parfois sans même le savoir. Le garde des Sceaux, Albin Chalandon, soucieux de résoudre ce problème, prépara une réforme. Le projet maintenait l'important article 23 du Code rendant français à la naissance tout enfant d'étranger dont l'un des parents serait lui-même né en France. En revanche, l'acquisition automatique de la nationalité était transformée en acte volontaire assorti d'un serment public devant un juge.

De nouvelles polémiques s'engagèrent alors, bien que la portée de la réforme fût surtout symbolique. Le Front national avait bien compris que le vrai changement eût été

---

1. *Libération*, 13 mai 1987.

la suppression de l'article 23 qui permettait aux enfants de devenir français. Le parti lepeniste critiquait donc la timidité du gouvernement, tandis que la gauche, les associations, les Églises se mobilisaient encore, cette fois pour la défense du « droit du sol ». La majorité elle-même hésitait : si le RPR suivait Jacques Chirac et Albin Chalandon qui voulaient modifier rapidement le Code, l'UDF se montrait réticente. Or, dans le même temps, se déroulait une forte contestation contre un projet de réforme universitaire dont les étudiants obtinrent finalement le retrait. Le Premier ministre redoutait que la modification du Code de la nationalité ne suscitât une agitation comparable, agitation d'autant plus fâcheuse qu'approchait l'élection présidentielle de 1988 à laquelle il voulait se présenter. Aussi, pour dépassionner le débat, Jacques Chirac demanda-t-il à une commission de sages réunie autour de Marceau Long, vice-président du Conseil d'État, de formuler des propositions. La commission procéda à des auditions télévisées de personnalités diverses qui soulignèrent la complexité du problème. Le rapport que remit Marceau Long en janvier 1988 formulait des suggestions équilibrées : accélération des procédures de naturalisation, surtout pour les francophones, renégociation des conventions bilatérales sur le service militaire et surtout remplacement de l'acquisition automatique de la nationalité par une simple déclaration, dès 16 ans, sans serment d'allégeance à la République. Mais les socialistes, revenus au pouvoir de 1988 à 1993, ne se préoccupèrent pas de donner vie à ces conclusions.

3.3.3. La deuxième cohabitation : les lois Pasqua (1993-1995)

Quand, avec le gouvernement Balladur, la droite revint au pouvoir en mars 1993, elle voulut légiférer le plus rapidement possible sur la question des immigrés, afin de satisfaire son électorat et de prendre de vitesse à la fois son aile extrémiste et les défenseurs des étrangers, toujours prompts à se mobiliser. Ce fut le ministre de l'Intérieur, Charles Pasqua, secondé par le garde des Sceaux, le centriste Pierre Méhaignerie, qui inspira l'essentiel de la nouvelle réglementation. Les dirigeants affichèrent de bonnes intentions, mirent en garde contre les dérives xénophobes, assurèrent que les réformes n'introduiraient pas de bouleversements, qu'elles s'inspireraient des conventions internationales signées par la France et, en matière de nationalité, des conclusions pondérées de la commission Marceau Long. Cependant, Charles Pasqua, fort de sa popularité montante, annonça qu'il voulait « tendre vers une immigration zéro »[1] et prépara de nombreuses mesures à cet effet.

La rapidité avec laquelle furent adoptées les nouvelles lois n'empêcha pas les remous politiques. La majorité ne fit pas preuve d'une réelle unanimité. À l'UDF, Philippe de Villiers, Alain Griotteray et quelques autres essayèrent de durcir les textes, tandis que Simone Veil ou Claude Malhuret tiraient dans l'autre sens. Le député RPR Alain Marsaud tenta en vain de faire passer un amendement qui aurait autorisé la police à contrôler une personne sur la seule présomption de sa qualité d'étranger et non en fonction de son comportement pouvant troubler l'ordre public. Le président de l'Office des migrations internationales, Pierre-Louis Rémy, en désaccord avec les textes en préparation, donna sa démission. Les associations et les Églises s'alarmèrent. Le 20 mai 1993, l'épiscopat catholique adressa un message de solidarité aux immigrés, particulièrement touchés par la crise économique : « de nouvelles dispositions légales vous concernant peuvent donner l'impression que l'on vous désigne comme la cause de tout ce qui ne va pas dans notre pays ». La gauche con-

---

1. *Le Monde*, 2 juin 1993.

damna fermement les nouvelles mesures que Michel Rocard jugea « peut-être électorale-
ment rentables », mais « techniquement inefficaces et socialement dangereuses »[1].
Beaucoup d'hommes de gauche accusèrent la majorité de s'inspirer des thèses du Front
national. Cependant ce dernier, par la voix de Jean-Yves Le Gallou, estima la réforme du
Code de la nationalité « insuffisante (...), nocive et scandaleuse »[2]. Jean-Marie Le Pen, pour
sa part, dénonça « la pusillanimité du gouvernement, son manque de caractère et, surtout,
son obstination à gérer l'héritage socialiste sans rompre clairement avec lui »[3].

En définitive, la loi du 22 juillet 1993 apporta des modifications majeures au Code
de la nationalité en élevant des obstacles à l'acquisition de celle-ci, notamment par la
réduction des voies d'accès au moyen du droit du sol. Désormais, les enfants nés en
France de parents étrangers nés aussi à l'étranger ne deviennent plus automatiquement
français, mais ils doivent en manifester la volonté entre 16 et 21 ans. La possibilité offerte
jadis aux parents étrangers de demander la nationalité française pour leurs enfants
mineurs nés en France est supprimée, car cette disposition entravait une éventuelle expulsion de la famille. Des étrangers perdant leur droit au séjour peuvent donc être reconduits
à la frontière avec leurs enfants mineurs mêmes nés et scolarisés en France. En outre,
un jeune majeur étranger n'a pas le droit d'acquérir la nationalité s'il a été condamné à
six mois de prison ferme. A partir du 1er janvier 1994, les enfants nés en France de personnes nées dans d'anciennes colonies françaises perdent le bénéfice du double droit du
sol : ils ne sont plus français à la naissance. Ce principe est maintenu pour les enfants
issus de parents nés en Algérie avant l'indépendance de ce pays, mais à la condition
qu'un de ces parents réside régulièrement en France depuis cinq ans. Le conjoint étranger
d'une personne française attend deux ans, au lieu de six mois auparavant, pour acquérir
la nationalité. Si ce conjoint étranger est dépourvu de papiers, il ne peut obtenir sa régularisation qu'à condition de repartir dans son pays pour y recevoir un visa à destination
de la France, démarche souvent compliquée et aléatoire.

Charles Pasqua prépara également une loi sur « la maîtrise de l'immigration, les conditions d'entrée, d'accueil et de séjour des étrangers ». Mais huit dispositions de ce texte
voté en juillet 1993 furent censurées le 13 août par le Conseil constitutionnel devant
lequel les parlementaires socialistes avaient déposé un recours. Le ministre de l'Intérieur
réagit vivement en rappelant que certains membres du Conseil étaient connus pour leurs
engagements de gauche et qu'ils se déterminaient en fonction de critères politiques :

> « Le Conseil constitutionnel n'est pas une instance infaillible. C'est le secret de Polichinelle
> de dire qu'il y a au Conseil constitutionnel des gens qui ont un engagement politique, tout le
> monde le sait, et que cet engagement politique majoritairement n'est pas celui qui correspond
> à la majorité d'aujourd'hui. (...). Nos propositions bénéficiaient d'un très large consensus (...).
> Le Conseil, en prenant sa décision, non pas en fonction des textes, mais en les interprétant,
> empêche le gouvernement d'appliquer sa politique. Les conséquences de ses décisions sont
> très mauvaises pour l'intérêt national »[4].

Cependant le gouvernement dut bien tenir compte des observations du Conseil constitutionnel. Dans sa nouvelle version, la loi du 24 août 1993 stipula que la délivrance

---

1. *Le Parisien*, 16 juin 1993.
2. *Le Monde*, 13 mai 1993.
3. *Le Méridional*, 30 août 1993.
4. Déclaration à l'Agence France-Presse, 15 août 1993.

d'une autorisation provisoire de séjour n'équivalait pas à la reconnaissance de la régularité de l'entrée. La possibilité d'obtention d'une carte de résident fut reconnue aux mêmes catégories que précédemment, les conjoints ou parents de Français, les conjoints ou enfants de résidents, les réfugiés et leur famille, mais, disposition nouvelle, sous réserve de la régularité de l'entrée et du séjour, ainsi que de l'absence de menace pour l'ordre public. En outre, des obstacles supplémentaires furent opposés à la délivrance d'un titre de séjour, notamment la vérification plus attentive de la réalité des mariages mixtes avant d'accorder la carte de résident au conjoint étranger après un an d'union et le refus d'attribuer la carte aux familles polygames. La carte de séjour de plein droit fut désormais délivrée aux enfants entrés en France avant l'âge de 6 ans et non plus dix ans comme auparavant. Ainsi le jeune entré après 6 ans devient expulsable, de même que certaines catégories d'étudiants et le conjoint d'un Français pendant la première année du mariage. Le regroupement familial qui alimentait un important mouvement d'entrées est freiné par diverses dispositions, entre autres l'obligation d'un séjour préalable de deux ans, au lieu d'un an auparavant, l'avis du maire sur les conditions de ressources et de logement du demandeur, la nécessité, sauf motif sérieux, de faire venir les enfants en une seule fois, l'interdiction du regroupement polygamique.

D'autres dispositions adoptées en 1993 ont renforcé les pouvoirs de la police. Celle-ci peut contrôler préventivement une personne quel que soit le comportement de l'intéressé. La loi oblige un étranger à présenter un titre de séjour à toute demande des officiers de police judiciaire.

Charles Pasqua s'était montré particulièrement irrité de ce que le Conseil constitutionnel eût censuré un article interdisant à un demandeur d'asile dont la requête aurait été refusée dans un autre pays européen de saisir l'OFPRA en France. Le ministre de l'Intérieur riposta en réclamant une révision de la constitution afin d'y intégrer les accords de Schengen. Le Premier ministre Édouard Balladur, soucieux de mener cette entreprise à son terme, et le président de la République François Mitterrand, attentif à la tradition d'accueil de la France, entamèrent alors des tractations serrées mais courtoises qui débouchèrent sur un texte de compromis, entériné par le congrès de Versailles le 19 novembre 1993. Désormais la France n'est plus dans l'obligation d'examiner la demande d'asile présentée par un étranger ayant transité dans un autre État de la Communauté. Mais un paragraphe, ajouté à la demande du président de la République, spécifie que la France garde le droit d'accueillir un réfugié débouté dans un pays signataire de la convention de Schengen.

Les lois de 1993 comportaient des aspects positifs : elles tiraient un trait sur le passé colonial de la France ; en demandant aux jeunes de manifester leur volonté de devenir Français, elles consacraient l'importance de l'autonomie individuelle ; elles rendaient certaines procédures plus transparentes et elles amélioraient la lutte contre les fraudes. Les juristes reconnurent généralement que chaque article, considéré en lui-même, ne violait pas la constitution ou les libertés fondamentales. Il était également exact de reconnaître qu'à plusieurs égards ces lois introduisaient dans le droit interne la teneur des accords internationaux signés par la France. Mais les craintes manifestées par les défenseurs des étrangers durant la préparation des textes n'étaient pas vaines. La volonté de contrôle apparaissait très présente dans les nouvelles dispositions. L'addition de celles-ci, la hantise de la fraude, la complexité d'un édifice juridique rendant possible des interprétations diverses facilitaient une politique répressive. En fait, les lois pouvaient être essentiellement jugées sur la manière dont l'administration les mettrait en vigueur.

La droite mit beaucoup de zèle à appliquer la nouvelle réglementation. Le nombre de contrôles, d'interpellations et de reconduite à la frontière augmenta. Par une convention signée avec la France, l'Algérie s'engagea à reprendre ses ressortissants dépourvus de passeport. La délivrance des visas chuta fortement, surtout pour les Maghrébins. Ainsi, en 1994, la France accorda 100 000 visas à des Algériens, au lieu de 800 000 en 1989.

Cette politique de fermeté multiplia les situations juridiquement complexes ou humainement douloureuses. Des adolescents nés et éduqués en France, connaissant seulement la langue de ce pays, furent expulsés avec leurs parents devenus irréguliers vers le pays d'origine de ceux-ci. Des conjoints de Français durent choisir entre la clandestinité en France ou le retour dans leur pays, alors que leur sécurité pouvait y être menacée, pour solliciter un hypothétique visa. Des étrangers ayant de faibles ressources et un logement médiocre ne purent obtenir la venue de leur famille. Des étrangers dont le visa ou le titre de séjour avait expiré ne purent obtenir leur régularisation, mais s'ils étaient parents d'enfants français, ils acquerraient un privilège les rendant inexpulsables ; cette situation inextricable dut être réglée par une circulaire ministérielle du 10 mai 1995 invitant les préfets à régulariser les personnes concernées. De nombreux Algériens dont la vie est menacée par la guerre civile qui désole leur pays n'obtiennent pas un asile en France.

De la sorte, s'il apparaît bien que la gauche et la droite sont d'accord sur les grands principes d'une politique d'immigration, fermeture des frontières, retour volontaire, intégration des personnes en séjour régulier, elles se partagent entre ouverture et rigidité quant à la manière d'appliquer cette politique.

Libération, 8 juin 1993.

CHAPITRE X

LES IMMIGRÉS EN DEVENIR

Les immigrés se trouvent ordinairement dans un « entre-deux socio-culturel ». Ils restent fidèles à des comportements et à une identité d'origine, amenés de leur pays ou transmis par les parents. Mais, dans le même temps, la vie en France, l'éducation et la socialisation des jeunes dans ce pays transforment plus ou moins profondément les modes de pensée et les pratiques. La part respective de la tradition et du changement apparaît extrêmement diverse selon les individus et les lieux, l'ancienneté du séjour, le milieu social et le niveau de vie, la structure de la famille, le sexe, la nationalité, le poids de la religion, les engagements politiques. L'interaction de tous ces facteurs explique la complexité des évolutions que connaissent les immigrés. Mais, quelles qu'en soient la vitesse et la profondeur, ce sont des modifications sociales et culturelles majeures qui s'opèrent.

1. La survivance des racines ethniques

Les populations immigrées conservent souvent de leurs origines nationales ou ethniques des traits communs appartenant à l'ordre socio-culturel. Ces racines survivent notamment à travers des pratiques ou des organisations diverses qui, selon le cas, aident au maintien des identités collectives ou peuvent au contraire préparer l'intégration dans la société française.

1.1. Les espaces ethniques

Les Français fixent fréquemment leur attention sur telle banlieue de grande ville ou quartier central dans lesquels domine une population immigrée d'origine plus ou moins homogène, comme les Maghrébins de la Porte d'Aix à Marseille, les Maghrébins et les noirs de la Goutte d'Or à Paris, les Chinois du XIIIᵉ arrondissement de la capitale, les Arméniens d'Issy-les-Moulineaux, d'Alfortville ou de Décines. Simples en apparence, la formation et la dynamique de ces rassemblements se révèlent complexes et très diverses.

Il existe quelques noyaux, peu nombreux, d'étrangers dans certains beaux quartiers des grandes villes, surtout à Paris. La présence de ces personnes demeure généralement discrète. La majorité est d'origine espagnole ou portugaise. Ils occupent des fonctions de gardiens d'immeubles, concierges, employés de maison ; certains exploitent un commerce de proximité. Ils entretiennent avec les Français, qui se situent à l'autre extrémité de l'échelle sociale, des relations distantes de salarié à patron, de fournisseur à client.

Plus nombreux apparaissent les quartiers dans lesquels la présence étrangère a introduit des modifications visibles. À Paris, dans le triangle de Choisy, les façades et les enseignes multicolores des magasins chinois, ainsi que les produits proposés à la vente, donnent une note asiatique typée. Le long des rues de la Goutte d'Or s'alignent les cafés-hôtels-restaurants africains, les bouchers marocains, les pâtissiers tunisiens, les marchands de textiles algériens, les tailleurs sénégalais, les bijouteries tenues par des juifs de Djerba. Ce réseau commercial dense et diversifié attire une clientèle venue de toute la région parisienne et aussi du Maghreb. Il en va de même dans le quartier de Belsunce à Marseille surnommé « la petite Alger » ou la « casbah ». Dans certaines communes de la banlieue parisienne où se fixèrent de nombreux Arméniens dès les années 20, le marquage ethnique de l'espace communal se révèle également très visible : églises arméniennes, maisons de la culture et écoles arméniennes, monuments aux morts rappelant le génocide de 1915, enseignes des magasins et des associations, affiches annonçant des manifestations culturelles ou sportives arméniennes, épithaphes funéraires dans les cimetières.

Les quartiers dits ethniques se sont parfois constitués en fonction d'une stratégie délibérée de regroupement. Dans ce cas, une chaîne migratoire organisée relie un lieu de départ, village, micro-région, et un lieu d'arrivée où les premiers immigrés ont trouvé des possibilités de logement à un prix abordable. Ce sont souvent les vieux centres urbains, vétustes et sous-équipés, qui ont fixé ces noyaux ou encore les anciennes banlieues industrielles, comme Gerland à Lyon, Gennevilliers, la Seine-Saint-Denis, qui possédaient un parc immobilier de médiocre qualité, proche des lieux de travail. Il apparaît ainsi que le regroupement ethnique peut résulter autant de la volonté des intéressés que d'une forme d'exclusion socio-géographique. En effet, la fuite des Français devant une vague d'étrangers envahissant un quartier et y faisant baisser le prix des propriétés est loin de constituer le cas unique. Bien souvent les nouveaux venus se sont installés dans de vieux immeubles ou des pavillons délabrés déjà désertés par les autochtones en quête de logements plus modernes. L'implantation étrangère est parfois très ancienne : depuis le XIXe siècle, Belsunce a vu se succéder les Grecs, les Italiens, les Arméniens, les Maghrébins ; à la Goutte d'Or, ce furent les provinciaux français jusque vers 1890, puis les Italiens, les Polonais, les Maghrébins, les noirs, les Yougoslaves, les Bulgares... On ne peut dire que l'invasion étrangère a dans chaque cas chassé les Français ; en vérité, ces quartiers ont vu une succession de vagues migratoires ; chacune remplaçait un groupe national qui quittait les lieux car sa situation sociale s'était améliorée.

Le « Chinatown » du XIIIe arrondissement de Paris représente un exemple particulier. Ce quartier avait été dans les années 60 l'objet d'une vaste opération de rénovation comprenant la restauration de certains bâtiments et la construction de barres et de tours d'une trentaine d'étages. Les Parisiens ayant boudé ces logements, les Asiatiques qui affluèrent à partir de 1975 s'installèrent dans des locaux neufs et libres.

Les grands ensembles HLM des banlieues sont souvent vus comme des exemples de quartiers ethniques. Là vivent en effet 28 % des ménages étrangers, au lieu de 14 % de l'ensemble des ménages, avec une forte représentation de certaines nationalités : 43 % d'Algériens, 44 % de Turcs. Dans le quartier des Minguettes à Lyon, 60 % des résidents étaient d'origine étrangère en 1985. De forts pourcentages sont également enregistrés dans de grands ensembles du même genre, comme les 4 000 de la Courneuve, les 3 000 d'Aulnay, Vaux-en-Velin, les banlieues Nord de Marseille, l'Ariane aux portes de Nice, la Zaïne de Vallauris... Or, ces zones d'habitat social fortement marquées par la présence immigrée ne sont pas nées à l'initiative de leurs hôtes actuels : elles résultent essentiellement d'une politique d'attribution des logements sociaux par l'administration. Celle-ci, profitant dès les années 60 du départ progressif des locataires français dont le niveau de vie s'améliorait, a dirigé vers les grands ensembles les anciens habitants des bidonvilles et des cités de transit, ainsi que les nouveaux arrivants des années 70 et les familles nombreuses, souvent d'origine maghrébine. Certes, ces personnes ont parfois essayé, par des stratégies habiles s'étalant sur le long terme, de se regrouper dans les mêmes rues ou les mêmes bâtiments en fonction de leurs affinités familiales ou régionales. Mais il n'existait pas de communautés structurées à l'avance et ayant choisi de se réunir dans un même lieu. C'est cette réunion, mise en œuvre par l'administration en l'occurrence « productrice d'ethnicité », qui a conduit les résidents à essayer de reconstituer des lieux communautaires. Dans la pratique, ces lieux obéissent à des logiques très diverses, selon l'âge, le sexe, le statut, la situation de l'emploi. En outre, la diversité des origines empêche que se constitue un seul type de regroupement ; il s'agit bien plutôt d'une mosaïque. Les relations sociales, les réseaux d'entraide, les bandes de jeunes, la participation aux loisirs, les conflits de voisinage ne s'ordonnent pas forcément selon une ligne de partage ethnique.

Ainsi, il existe bien des espaces ethniques, parfois fortement typés. Ceux-ci permettant la survie de certaines identités et de pratiques de solidarité. Mais ils ne peuvent demeurer totalement étanches et homogènes ; ils ne résultent pas tous d'une dépossession délibérée des Français ; ils se sont bien plutôt nichés dans les interstices abandonnés par les autochtones. Les quartiers ethniques apparaissent comme le résultat des transformations sociales et urbanistiques, et non comme de véritables ghettos ou enclaves constituées en forteresses. De nouvelles dynamiques, notamment dans le domaine de l'économie, et l'écoulement du temps devraient modifier la nature de ces espaces qui, dans le passé, ont pu différer l'intégration, mais ne l'ont pas empêchée.

1.2. Les réseaux communautaires

Les réseaux construits sur des bases ethniques rassemblent des personnes poursuivant des objectifs communs, objectifs plus ou moins précis selon le degré d'organisation du groupe.

La perception des points de ressemblance immédiats : origine et apparence, âge, voisinage, entraîne des rassemblements assez frustes, particulièrement dans les grands ensembles. Cette vie communautaire s'incarne surtout dans les bandes de jeunes qui, à partir de leurs codes de langage, de leurs tenues vestimentaires, de leurs goûts musicaux et cinématographiques, essayent de bâtir une identité collective rassurante en regard des difficultés de la vie quotidienne. Ces bandes s'approprient certains espaces, y imposent leurs règles et s'opposent, souvent de manière violente, à d'autres groupes de jeunes d'origine différente. Dans quelques circonstances la fragmentation géographique de ces jeunes a pu être dépassée grâce à l'élan que donnait un grand projet commun, ainsi, dans les années 80, la demande d'égalité des droits pour la « génération beur ». Mais la retombée de certains idéaux et le passage de l'adolescence à l'âge adulte empêchent la structuration et la permanence du regroupement des jeunes. Ceux-ci doivent bientôt chercher d'autres références.

Chez les adultes, les comportements communautaires s'enracinent dans une même origine nationale ou ethnique ; l'objectif est de maintenir une identité et surtout de promouvoir une solidarité active. La première orientation est illustrée par l'exemple des Hmong, installés notamment à Cholet et Rillieux-la-Pape ; pour perpétuer leurs liens claniques, ces populations ont mis au point un système précis d'échanges matrimoniaux. Beaucoup d'Africains et d'Asiatiques fondent leur organisation communautaire sur des relations régulières avec la région de départ, cela sous la forme d'aides ou d'investissements. Certains groupes s'appuient sur la solidarité et la convivialité ethnique pour contrôler leurs jeunes par le biais des loisirs, des activités culturelles, des pratiques religieuses. Les Italiens d'origine rurale ont longtemps maintenu leur cohésion en reproduisant les modèles villageois de relations, en perpétuant les structures familiales traditionnelles, l'endogamie, les liens de toutes sortes avec la commune d'origine. Les réseaux jouent également un rôle important pour l'accès à l'emploi : d'une manière générale, les immigrés utilisent moins que les Français les structures officielles de placement et font davantage appel à leurs compatriotes pour trouver un emploi. Cependant les jeunes s'éloignent progressivement des modes d'embauche ethnique et recourent de plus en plus aux organismes publics de placement, ce qui semble témoigner d'une forme d'intégration.

Les réseaux communautaires peuvent prendre des formes très élaborées, surtout quand ils s'appliquent à l'économie. Ainsi, un vaste système d'activités complémentaires s'est constitué à partir des quartiers maghrébins de Marseille. Ceux-ci représentent un vaste marché qui est relié à la région de Cavaillon-Saint-Rémy-Carpentras fournissant fruits et légumes, ainsi qu'à la région de Sisteron-Manosque d'où viennent les moutons mis en vente dans les boucheries musulmanes. Chez les Chinois de Paris, les entreprises ethniques tiennent une place particulièrement importante dans la structuration de la communauté. Ces entreprises, orientées principalement vers le commerce, dont la restauration – à Paris un restaurant sur six est asiatique – forment un réseau aux mailles serrées. Celui-ci comprend des magasins, des entreprises travaillant pour l'approvisionnement et l'équipement des commerces, des cabinets de gestion et d'assurances, même des agences immobilières et des banques. Une partie de cette activité sert à la reproduction identitaire, notamment pour ce qui touche à l'alimentation, les loisirs et la culture, les salons de soins corporels. Mais, au-delà de la clientèle chinoise, ces entreprises se tournent de plus en plus vers le marché français et s'adaptent à celui-ci, au point que sont nés des restaurants casher pour les juifs et des restaurants japonais tenus par des Chinois, puisqu'il y a une demande en la matière. Loin de toute sclérose traditionnaliste, les Asiatiques ont su créer des établissements de restauration rapide et des grandes surfaces de vente.

C'est dire que le réseau communautaire peut favoriser le repli, voire l'agressivité, mais aussi aplanir les difficultés sociales que pourraient rencontrer les jeunes ou les personnes isolées, faciliter le contact avec les Français, donc préparer une insertion plus harmonieuse. On peut aussi s'interroger sur les réactions à venir des jeunes, formés et socialisés en France, de moins en moins familiarisés avec la culture d'origine de leurs parents et grands-parents. Il est probable que, dans de nombreux cas, ils recueilleront seulement une partie de cet héritage.

1.3. La vie associative

Le monde de l'immigration se caractérise par un riche tissu d'associations dont le nombre, mal connu, atteint plusieurs milliers. Les Portugais, à eux seuls, possédaient 900 associations en 1985, les Italiens 360 en 1987, les musulmans plus de 1 000 en 1990.

En tête des raisons pouvant expliquer cet essor, les observateurs placent la loi du 9 octobre 1981 qui, abolissant l'obligation de déposer une demande préalable, a replacé les associations étrangères dans le droit commun régi par la loi de 1901 et a ainsi facilité les fondations. Mais beaucoup d'immigrés n'avaient pas attendu la réforme de 1981 : ainsi les Portugais parmi lesquels furent recensés 23 associations en 1971 et 769 dix ans plus tard. Parmi les facteurs favorables, il faut encore citer les encouragements prodigués par certaines collectivités locales ou institutions françaises, les subventions distribuées par le FAS ou des États étrangers, surtout musulmans, et naturellement les demandes plus ou moins fortes exprimées par les immigrés eux-mêmes.

Les associations proposent d'innombrables activités festives, sportives, culturelles, religieuses, sociales : spectacles, soirées dansantes, pratique des sports, apprentissage de la langue d'origine, maintien d'une vie religieuse, lutte contre l'exclusion, défense des droits des femmes, formation, soutien scolaire, cautionnement des locataires immigrés rejetés en raison de leurs origines... Le succès dépend de l'importance des ressources, cotisation, collectes, subventions, de la disponibilité et du rayonnement des animateurs, de la qualité des relations nouées avec les responsables locaux français.

À première vue, les associations peuvent être considérées comme un frein à l'intégration. Beaucoup d'entre elles sont nées de la volonté de conserver l'identité d'origine. Il arrive que la participation de Français aux activités ne soit ni souhaitée ni même possible, par exemple dans certains groupes folkloriques, pour la célébration des fêtes religieuses ou profanes requérant une connaissance de la langue, des rites, des pratiques vestimentaires ou alimentaires. Des groupements s'érigent en gardiens jaloux d'une identité à laquelle il faut rester fidèle. Mais précisément ce raidissement défensif peut attester non une vitalité identitaire, mais la prise de conscience d'un déclin face à une culture française conquérante. Il faut également souligner que l'extrême fragmentation des associations rend utopique le danger de constitution d'un grand front se situant en marge de la vie nationale : beaucoup de ces associations privilégient leur origine locale, provinciale, villageoise ; même chez les musulmans où le sentiment communautaire, l'appartenance à la *umma*, pourrait prévaloir, l'accent est généralement mis sur l'originalité nationale, ethnique, confrérique. Les rivalités dans la course aux subventions, aux clientèles, à la représentativité aiguisent encore les différences.

Certains associations rejettent explicitement le soupçon de repli identitaire. Ainsi à Salon-de-Provence, *Nejma* se déclare « essentiellement composée de Maghrébins, mais complètement anti-communautaire »[1]. L'Association culturelle islamique d'Épinay refuse le « financement de n'importe quel État », sauf la France[2]. Des groupements travaillent directement à l'insertion de leurs membres, les aident dans leurs démarches et leur installation, conseillent les femmes venues de pays où leur condition est minorée

---

1. Les associations nées de l'immigration dans la politique d'intégration en Provence-Alpes-Côte d'Azur, *Migration Études*, février 1993.
2. M. DIOP et R. KASTORYANO, Le mouvement associatif islamique en Ile-de-France, *Revue européenne des migrations internationales*, 1991, N° 3.

pour les amener à jouir des droits qu'offre la France. Des sorties ou des conférences sont organisées pour familiariser les derniers venus avec les réalités de leur nouveau pays de résidence. Parfois l'enseignement de la langue d'origine est repoussé à la fin des études primaires pour ne pas perturber la scolarité poursuivie dans les établissements français.

Il faut enfin remarquer que le maintien plus ou moins réussi d'une identité d'importation ne joue pas forcément contre l'intégration et peut même la favoriser. En effet, ceux qui gardent un environnement stable sont psychologiquement mieux armés pour s'adapter à une vie nouvelle. La transposition en France de pratiques et de valeurs familières crée un climat rassurant qui facilite la transition.

2. Pratiques sociales et intégration

L'analyse de la vie sociale des immigrés montre qu'ils se trouvent généralement dans une situation inférieure à celle des Français, mais que, dans plusieurs domaines, des perspectives d'évolution se dessinent.

2.1. Blocages et possibilités d'évolution du niveau de vie des immigrés

Rudement frappés par la crise économique et le chômage[1], les immigrés vivent dans une précarité accrue, surtout quand ils ont plusieurs enfants eux-mêmes sans emploi. On pourrait abondamment illustrer cette réalité. Ainsi, en 1992, seul un quart des Algériens hébergés dans les foyers Sonacotra exerce une profession ; les autres sont des chômeurs de longue durée, des pré-retraités ou des retraités ayant renoncé au retour, cette dernière catégorie augmentant régulièrement ; au total, plus de la moitié de ces personnes perçoivent des revenus mensuels inférieurs à 4 000 francs. Autre signe de la modestie du niveau de vie, les immigrés affectent près du quart de leurs revenus aux dépenses alimentaires, contre environ 20 % chez les Français ; en revanche ils consacrent moins d'argent à la culture et aux loisirs. Seul le plaisir du tabac individualise certains groupes : on comptabilise 52 % de fumeurs réguliers chez les Maghrébins au lieu de 39 % chez les Français.

Cependant, le choc des difficultés matérielles se trouve souvent atténué chez les immigrés par la plus grande solidarité familiale et communautaire dont ils bénéficient. Dans ces populations, on compte proportionnellement moins de « sans domicile fixe » que chez les Français car l'ami, le parent, même éloigné, le compatriote offrent souvent un toit à celui qui en est dépourvu. Il arrive ainsi que dans certains foyers Sonacotra le nombre de résidents africains dépasse de 30 % à 50 % l'effectif officiel. Cette sociabilité assure à son bénéficiaire, outre un lit, des repas, des prêts de vêtements ou d'argent. Des enquêtes effectuées auprès des étrangers percevant le RMI montrent que ceux-ci, grâce à l'entraide communautaire, échappent généralement à la solitude et s'exposent moins que les Français aux formes de désocialisation conduisant à la marginalisation. Il semble donc que le rétablissement de la situation matérielle des personnes concernées puisse réanimer facilement les processus d'intégration. D'ailleurs, il n'est pas sûr que ceux-ci soient toujours bloqués par la crise, car l'exclusion économique n'est pas forcément synonyme d'éloignement culturel. Il apparaît en effet que, parmi les chômeurs

---

1. Cf. supra.

étrangers, les membres des immigrations les plus anciennes, familiarisés avec la société d'accueil, ne sont pas décontenancés par les démarches administratives, utilisent au mieux les aides existantes, le RMI, l'inscription à l'ANPE. Ainsi, les Algériens suivent cinq fois plus les stages de réinsertion et les formations professionnelles que les Africains noirs.

La situation sanitaire des immigrés apparaît contrastée. La pathologie d'apport comprend toujours les parasitoses, les hémoglobinopathies, les maladies sexuellement transmissibles, toutes affections déjà enregistrées dans les années 70. En revanche, le sida s'est manifesté depuis la décennie suivante, particulièrement chez les noirs où le nombre des séropositifs se révèle supérieur à la moyenne générale. La pathologie d'acquisition, beaucoup plus nettement que les maladies d'apport, confine les immigrés dans les populations dont le statut social est inférieur. La tuberculose, favorisée par la malnutrition, les mauvaises conditions de logement et d'hygiène, le surmenage, les contraintes psychologiques, a continué de progresser. Chaque année, 40 % des nouveaux cas de cette maladie, et même 58 % en Seine-Saint-Denis, sont comptabilisés chez les immigrés. En 1993, l'incidence de la tuberculose est de 36 pour 100 000 Français, 350 pour 100 000 Nord-Africains, 865 pour 100 000 Africains noirs. Le fréquent surpeuplement des logements d'immigrés ne peut qu'accélérer la propagation des affections contagieuses, notamment celles de l'appareil respiratoire. Les maladies mentales, surtout les psychoses et les dépressions névrotiques associées à des plaintes hypocondriaques, qui constituent la rançon des difficultés d'adaptation à la vie française, restent nombreuses. Depuis une dizaine d'années, les médecins observent des taux importants de saturnisme infantile, c'est-à-dire d'intoxications communiquées par les vieilles peintures au plomb fréquentes dans les logements vétustes et insalubres. Les enfants sont également victimes d'accidents domestiques révélant certainement l'existence de barrières culturelles : à Paris, 50 % des accidents domestiques et 70 % des accidents de la circulation mettant en cause des enfants piétons frappent de jeunes migrants. Les accidents du travail demeurent proportionnellement plus fréquents chez les immigrés que chez les Français, ce qui résulte du type d'emplois à risques où les premiers ont été traditionnellement enfermés.

Accidents du travail selon la nationalité en 1983

	% des effectifs	% des accidents avec incapacité permanente	% des journées perdues avec incapacité temporaire
France	93,9	79,5	77,8
Algérie-Maroc-Tunisie	2,1	9,1	10,6
Autres pays	4,0	11,4	11,6

D'après le commissariat général du Plan, *Immigrations : le devoir d'insertion*,
la Documentation française, Paris, 1988, page 107.

Si le bilan sanitaire général n'illustre guère l'existence d'un rapprochement entre les Français et leurs hôtes, l'étude des dépenses de santé conduit à nuancer les conclusions.

Consommation médicale de villes (1980)

Nationalité	Consultations ou cabinet	Visites à domicile	Consultations à l'hôpital	Autres cas Dispensaires, etc.	Total
Français	60	30	5	5	100
Étrangers	61	20	8	11	100

INSEE

Consommation médicale de ville selon la nationalité pour l'ensemble des individus (1980)

Nationalité	Débours total		Nombre d'actes médicaux		Séances de généralistes		Séances de spécialistes	
	Francs	Indice	Nombre	Indice	Nombre	Indice	Nombre	Indice
Français	1 132	102	12,7	101	3,7	101	1,6	101
Maghrébins	456	53	7,2	72	2,1	67	1,1	70
Italiens, Espagnols, Portugais	842	80	11,7	97	3,2	92	1,3	86
Autres pays méditérranéens	407	46	11,4	108	1,8	59	2,1	135
Afrique noire	301	35	5,8	1,6	53	1,0	63	97
Autres	798	67	11,0	82	4,3	109	1,5	100
Total	1 103	100	12,5	100	3,6	100	1,6	

INSEE

Le montant moyen des dépenses apparaît certes nettement inférieur chez les immigrés, d'autant que seuls 56 % d'entre eux sont affiliés à une mutuelle, contre 78 % des Français. Le débours médical des Maghrébins représentait en 1980 le tiers de celui des Français et la moitié de celui des Italiens, des Espagnols et des Portugais. Mais la consultation de médecins généralistes et la consommation pharmaceutique se rapprochaient, tandis que le recours aux spécialistes était à peu près équivalent dans les différents groupes. Les visites dans les cabinets de médecins apparaissaient égales chez les Français et les étrangers. Ces derniers recouraient davantage aux consultations de la médecine du travail, dans les hôpitaux et les dispensaires. Il est ainsi manifeste que subsiste une inégalité face à la maladie, mais, grâce aux structures sanitaires publiques et probablement à une meilleure prise de conscience, les immigrés s'adaptent aux pratiques médicales modernes et comblent progressivement leur déficit de soins.

Le logement, point central de la vie privée, véritable marqueur social par sa localisation dans tel ou tel quartier, révélateur de la sédentarisation des immigrés, détermine en partie le rapport quotidien à la société, donc le degré d'insertion. En ce domaine règne la plus grande diversité. Celle-ci est d'abord héritée de l'histoire. Dans les années 50, lorsque l'immigration prit un essor considérable, rien n'était prêt pour accueillir les nouveaux venus. Mais les travailleurs européens arrivés durant l'entre-deux-guerres achevaient leur parcours d'intégration et connaissaient une relative ascension sociale qui les amenait à quitter progressivement les vieux centres urbains et les banlieues ouvrières. Les places qu'ils laissèrent dans les immeubles anciens, les pavillons vétustes, les meublés furent vite occupées par leurs successeurs. Le parc immobilier se révélant insuffisant, l'État créa en 1956 la Société nationale de construction pour les travailleurs (Sonacotra), ayant d'abord compétence pour les seuls Algériens, puis pour tous les immigrés. Le Fonds d'action sociale pour les travailleurs migrants et leurs familles (FAS), fondé en 1957, collabora avec la Sonacotra pour la construction de foyers, destinés au départ à des hommes seuls devant séjourner temporairement en France. Ces efforts se révélant insuffisants, un habitat insalubre de bidonvilles se développa. Là se concentrèrent ceux qui n'avaient pas la chance ou les moyens de trouver une place ailleurs, des familles refusées par les foyers, des individus se rebellant contre la stricte discipline imposée dans les établissements de la Sonacotra. À partir des années 60, les pouvoirs publics entreprirent la résorption des bidonvilles en installant leurs hôtes dans des cités d'urgence ou de transit, un peu moins médiocres. La prospérité qui régna dans les années 70 permit d'accueillir les immigrés dans les HLM où ils trouvèrent un confort jusque-là inconnu d'eux.

Le logement en 1982 (% des ménages)

	Propriétaires	*Locataires en HLM*	*Locataires sur le marché libre*	*Meublés et hôtels*	*Logés par l'employeur*
Français	52,6	12,8	25,2	1,2	3,8
Étrangers	20,9	23,6	39,3	6	7,3

Les chiffres globaux montrant que les étrangers sont moins souvent propriétaires de leur logement recouvrent de grandes disparités. Les immigrés les plus anciens, mieux enracinés et bénéficiant d'une aisance relative, jouissent d'une situation meilleure : 47 % des Italiens sont propriétaires, contre 14,5 % des Portugais et 5,5 % des Marocains. Si 29 % des Portugais logent en HLM, 74 % des Maghrébins sont dans ce cas. Cependant des progrès sont enregistrés : le pourcentage global de propriétaires étrangers est passé de 20,9 % en 1982 à 26 % en 1994, date à laquelle 56 % des Français se rangeaient dans cette catégorie.

Les conditions de confort sont généralement inférieures à celles des Français. Ainsi le surpeuplement modéré des habitations était en 1982 de 12,2 % pour les nationaux et de 30,9 % pour les étrangers. Les statistiques relatives aux équipements sanitaires placent également les immigrés derrière les Français. Cependant le bilan s'améliore : le taux de suroccupation diminue régulièrement ; un quart des étrangers ne profitaient d'aucun confort en 1979, mais seuls 8 % se trouvaient dans ce cas dix ans plus tard.

Environ 700 000 immigrés se logent par leurs propres moyens, dans des meublés ou des hôtels, où ils sont souvent la proie des marchands de sommeil. Quelque 120 000 autres sont accueillis dans les 660 foyers qui parsèment le territoire français, surtout l'Ile-de-

France où se trouvent 260 d'entre eux. Les foyers sont gérés par des associations, des organismes patronaux, des bureaux d'aide sociale et surtout par la Sonacotra qui possède la moitié de ces établissements avec 70 000 lits. Construits rapidement dans des zones écartées, car les riverains français ont toujours redouté le voisinage des ces hommes immigrés et « agglomérés », les foyers ont connu une histoire agitée. Durant la guerre d'Algérie, la police, soupçonnant certains de leurs hôtes de soutenir le FLN, exerçait une surveillance étroite. De 1975 à 1980, une bonne partie des locataires de la Sonacotra, contestant le caractère militaire des règlements intérieurs, l'inconfort, le comportement « raciste » de quelques gérants, l'absence de salles de prières pour les musulmans, poursuivirent une longue grève des loyers qui entraîna une multitude de procès, de saisies-arrêts sur les salaires, d'expulsions. Aujourd'hui, certains foyers, situés dans des régions où les emplois disparaissent, ont été fermés. D'autres subissent un taux anormal de suroccupation avec des hôtes clandestins et même des familles africaines ne trouvant pas à se loger ailleurs. Parmi les résidents, les chômeurs, 33 %, sont plus nombreux que les salariés, 30,5 %. Leur âge moyen progresse : entre 1985 et 1992, les plus de 45 ans sont passés de 35 % à 55 % ; parmi eux figure un nombre croissant de retraités, surtout maghrébins, ayant décidé de finir leurs jours en France. La Sonacotra et le FAS ont donc réorienté leur politique en réduisant les crédits jusque-là importants accordés aux foyers et en y accueillant des travailleurs français. Les résultats sont incertains. De nombreux clivages séparent les résidents : les Français et les étrangers, les vieux et les jeunes, les Africains et les Européens, les Arabes et les noirs, les religieux pratiquants et les autres. Mais la chambre, souvent équipée d'un téléviseur ou d'un poste de radio, est devenue pour beaucoup le seul univers privé ; parmi les locataires les plus anciens, une forte sociabilité, construite sur l'échange de services, les visites entre voisins, les sorties en commun, s'est développée.

LES FOYERS SONACOTRA

La Société nationale de construction de logements pour les travailleurs, société d'économie mixte, dont l'État possède 55 % du capital, a été créée en 1956. À l'époque, les immigrés d'Afrique du Nord affluent, attirés par l'expansion économique. Pour ces migrants, ouvriers célibataires, sont construits à la va-vite de nombreux foyers à la périphérie des villes industrielles. Ces bâtiments, qui poussent comme des champignons dans les années 60 et au début des années 70, constituent encore l'essentiel du patrimoine de la Sonacotra : 70 000 chambres concentrées dans 342 foyers et occupées à 80 % par des étrangers.

Des chambres minuscules et surpeuplées dans un environnement dégradé accueillent souvent des habitants sans titre d'occupation, voire de séjour, victimes de la pénurie d'HLM. D'autant que l'immigration a changé : elle est devenue familiale et permanente. Les foyers Sonacotra, avec leurs chambres de 7 mètres carrés ou 12 mètres carrés ne sont plus adaptés, s'ils l'ont jamais été.

Philippe BERNARD, *le Monde*, 9 décembre 1991.

Des problèmes particuliers se posent dans les grands ensembles. Les immigrés commencèrent à devenir nombreux dans les HLM au moment où les classes moyennes françaises quittaient ce type d'habitat et où la crise économique présentait ses premières manifestations. En définitive sont restés, tant parmi les Français que parmi les étrangers, les familles les plus menacées par les difficultés économiques et sociales, chômage, désœuvrement et démoralisation, petite délinquance, drogue, alcoolisme. Dans le même temps, les immeubles qui commençaient à vieillir nécessitaient des travaux d'entretien que les organismes gestionnaires, arguant de leur endettement et de la difficulté à percevoir certains loyers, n'ont pas effectué. Ainsi s'est constitué un paysage lugubre de bâtiments dégradés abritant de nombreuses familles dites « à problèmes ». De plus, les autorités locales, bénéficiant d'un pouvoir accru par la décentralisation, ont souvent essayé de rassembler ce type de locataires dans les mêmes quartiers. En revanche, dans les unités d'habitation récentes et plus petites ont été plutôt dirigés des résidents mieux considérés et réputés solvables, qui étaient majoritairement des Français. La nécessité de rénover le parc immobilier ancien et les incidents survenant dans les banlieues, « rodéos » de voitures volées, bagarres entre groupes hostiles, délinquance, heurts avec les forces de l'ordre, ont conduit les pouvoirs publics, surtout depuis les années 80, à mettre en place des structures spécialisées et à élaborer une politique de la ville mêlant réhabilitation architecturale, création d'équipements publics, actions pour l'insertion sociale et professionnelle des jeunes, prévention de la délinquance, aide à la vie associative.

Il est encore trop tôt pour porter un jugement définitif sur les efforts en matière de logement. La crise de l'habitat n'est certainement pas jugulée. À Paris en particulier, les HLM font défaut et, en 1990, plus de 60 000 demandes se trouvaient en attente. De mai à octobre 1992, un millier de Maliens dépourvus de toit campèrent aux abords du château de Vincennes pour attirer l'attention sur ce grave problème. Les pouvoirs publics sont cependant conscients que, les immigrés étant installés définitivement, l'action doit être soutenue et que la source des difficultés appartient moins à l'ordre de la différence ethnique qu'à celle de l'exclusion sociale.

2.2. Lourdeur et relativité de la délinquance

De même que dans la période antérieure à 1974, les statistiques soulignent l'importance de la délinquance étrangère.

Mise en cause d'étrangers

	1982	1983	1984	1985	1986
Nombre de personnes	120 086	130 876	140 204	142 637	130 597

D'après Jacqueline Costa-Lascoux, *Immigrations : le devoir d'insertion*, Commissariat général du Plan, la Documentation française, Paris, 1988.

Présentation de mineurs à la justice (Tribunaux de Béthune et Saint-Étienne)

	Algériens	Italiens	Tunisiens-Marocains	Polonais	Portugais	Espagnols
1960-1963	22	9	2	11	3	5
1970-1973	61	17	2	8	4	4
1980-1983	166	12	26	2	14	3
Total	249	38	30	21	21	12

D'après Francis Baileau, Justice des mineurs et immigration, *Migrations Études*, août-septembre 1992.

Population carcérale au 1er janvier de chaque année

Année	Total	Français	Étrangers	% étrangers
1975	26 032	21 387	4 645	17,8
1976	29 482	24 167	5 315	18,0
1977	30 511	25 013	5 498	18,0
1978	32 259	26 537	5 722	17,7
1979	33 315	27 446	5 869	17,6
1980	35 655	28 585	7 070	19,8
1981	38 957	31 102	7 855	20,2
1982	30 340	23 249	7 091	23,4
1983	34 579	25 465	9 114	26,4
1984	38 634	28 510	10 124	26,2
1985	42 937	31 354	11 583	27,0
1986	42 617	30 700	11 917	28,0
1987	47 694	34 532	13 162	27,6
1990	43 913	30 887	13 026	29,7

Source : P. TOURNIER et P. ROBERT, Migrations et délinquance : les étrangers dans les statistiques pénales, *Revue européenne des migrations internationales*, 1989, n° 3.

Origine des détenus dans les prisons en 1986

Maghrébins	Africains noirs	Européens	Asiatiques	Américains
45 %	23 %	19,8 %	8,9 %	2,3 %

D'après *Journal Officiel*, 17 novembre 1986.

Les chiffres incontestablement très lourds de la délinquance étrangère doivent être relativisés, comme on l'a déjà vu[1]. Ainsi, les nouveaux venus détiennent le quasi-monopole des délits relevant de la police des étrangers, délits qui représentèrent 26 % des mises en cause en 1990. De même, leur situation les conduit à donner environ 70 % des personnes poursuivies pour utilisation de faux documents d'identité. Les statistiques pénitentiaires mettent en valeur d'autres facteurs de la surdélinquance des étrangers : ceux-ci, au milieu des années 80, sont plus jeunes que la moyenne des détenus et plus souvent célibataires, dans une proportion de 71 % contre 66 % pour l'ensemble. Ils comprennent une masse d'illettrés de 36 % au lieu de 13 % en moyenne et un nombre important de « sans profession » : 43 % contre 39 % pour l'ensemble. En d'autres termes, les étrangers, plus jeunes, moins installés dans une vie familiale stable, peu instruits et rarement formés, souvent chômeurs, appartiennent aux catégories dans lesquelles sont généralement observés des taux de délinquance plus élevés. En outre, visibles, souvent dépourvus de garanties de représentation, les étrangers sont davantage placés en détention provisoire.

---

1. Cf. supra chapitre VII.

Cependant, même replacée à sa juste proportion, la délinquance des immigrés n'en possède pas moins ses spécificités. En plus des infractions aux conditions de séjour, elle apparaît particulièrement importante dans les trafics de stupéfiants, la toxicomanie, les vols, les violences. La délinquance offre ainsi un des exemples les plus nets de la marginalisation d'une partie des immigrés.

2.3. *L'évolution des structures familiales*

Un très net ébranlement des structures familiales traditionnelles s'opère dans le monde de l'immigration. L'organisation patriarcale n'a certes pas disparu ; l'évolution apparaît inégale ; elle est plus lente dans les milieux culturellement défavorisés, chez les Africains et les Turcs. Mais, d'une manière générale, l'emprise du père et des modèles coutumiers se relâche.

Les femmes qui, dans les premiers temps de leur séjour en France, sont troublées par le changement de vie, s'adaptent parfois très vite à la faveur des responsabilités nouvelles qu'elles doivent prendre, démarches en l'absence du mari absorbé par son travail, contacts avec l'instituteur, le médecin, les commerçants, les voisins.

LES CHEMINS DE LA PROMOTION FÉMININE

D'origine souvent rurale, elles vivaient, là-bas, dans le monde organisé et solidaire de la famille. L'homme à l'extérieur, la femme à la maison. Elles se retrouvent, tout à coup, solitaires, confinées dans un appartement anonyme et souvent délabré, contraintes d'abandonner leur rôle ancestral et de prendre toutes sortes d'habitudes nouvelles.

Pourtant, l'isolement ne dure pas : pour effectuer les démarches administratives, pour accompagner les enfants à l'école ou chez le médecin, pour faire les courses, elles se mettent à sortir de chez elles. Elles quittent le costume traditionnel pour la jupe et le chemisier.

Apprendre le français reste le plus difficile. Il faut surmonter le handicap technique – certaines femmes sont analphabètes dans leur propre langue – les complexes à l'égard des autres ou de ses propres enfants. Dans la cité, l'immeuble, le quartier, les liens, heureusement, se nouent vite. Les cours d'alphabétisation sont l'occasion de rencontres, comme les leçons de cuisine et de couture prises au centre social ou à l'association du quartier. (...)

Inévitablement s'effectue un nouveau partage des rôles, au détriment de l'homme, qui perd une partie de son pouvoir, sans pour autant que soit remise en question son autorité incontestée de chef de famille.

Geneviève LAMOUREUX, *L'Express*, 18 mai 1984.

Bientôt les jeunes prennent conscience que, souvent, leur mère a changé plus vite que leur père, qu'elle se montre davantage ouverte aux concessions et aux accomodements. Dans ce cas, c'est sur le père que se focalisent les conflits familiaux. Même dans le milieu réputé le plus traditionaliste, celui des cellules polygames qui représentent environ 10 000 ménages en France, des ébranlements sont discernables. Les femmes qui vivent généralement très mal la cohabitation avec les autres épouses érigent la famille française en modèle, essayent, sans doute avec un succès assez faible, de gagner une autonomie par l'alphabétisation ou la formation professionnelle, espèrent au moins que leurs enfants profiteront de leur présence en France pour acquérir une bonne qualification. Dans le même temps, les maris polygames, conscients de la réprobation sociale, agacés par les critiques de leurs épouses, idéalisent la culture africaine et rêvent de retour.

Les évolutions apparaissent encore plus évidentes chez les jeunes. Souvent nés et élevés en France, ils constatent rapidement qu'ils sont plus instruits que leurs parents dont, d'ailleurs, ils ne comprennent pas toujours la langue d'origine. Dans plus de la moitié des familles, les parents ne parlent pas leur idiome maternel avec leurs descendants ; le pourcentage monte à 57 % chez les Portugais et à 70 % chez les Kabyles[1]. L'usage exclusif de la langue maternelle apparaît très minoritaire, sauf chez les Turcs. Chez les couples mixtes, le français domine largement.

Pratiques langagières des immigrés en 1992
Langues parlées à leurs enfants par les immigrés arrivés après l'âge de 15 ans (%)

Origine	Langue maternelle seule	Français seul
Afrique noire	19	54
Espagne	18	37
Algérie	19	35
Maroc	26	28
Portugal	17	26
Sud-Est asiatique	18	23
Turquie	56	7

D'après Michèle Tribalat, *Faire France*, la Découverte, Paris, 1995,
enquête effectuée en 1992 auprès de 13 000 personnes.

Autre différence, les jeunes voient que leur père, exigeant quant à la préservation de son autorité, occupe fréquemment un médiocre statut socio-économique. Ce constat peut dévaloriser l'image du père et amoindrir le respect qu'il attend. L'affrontement naît du comportement des jeunes qui n'observent plus les règles anciennes. Particulièrement choquante est jugée l'émancipation des filles qui sortent librement, fument, boivent, se maquillent trop, s'affichent avec des garçons.

Le mariage, garant de la perpétuation des lignages, constitue un fréquent sujet de conflit. Le choix du conjoint et les modalités de l'accord avec la future belle-famille appartiennent depuis toujours aux parents. D'autres usages, comme la virginité des filles ou le mariage des aînés avant les cadets, doivent aussi être observés. Or ces principes se trouvent progressivement ébranlés. Les jeunes refusent de plus en plus les unions de convenance et veulent se déterminer librement. Ainsi, 70 % des Algériennes arrivées mariées en France avaient été unies par leur famille ; mais seules 34 % de leurs filles venues en France avant 16 ans n'ont pu choisir leur mari. Le contrôle strict des mariages ne demeure important que chez les Turcs. Une minorité de jeunes qui ne semble pas négligeable en nombre préfère le célibat, connaît des expériences sexuelles hors mariage ou se met en ménage sans officialiser cette situation. Les mariages mixtes, que les parents traduisent souvent comme un renoncement de leur enfant à son identité, sont de plus en plus fréquents et représentent 11 % du total des unions.

---

1. *Les étrangers en France*, INSEE-Hachette, Paris, 1994.

Les mariages mixtes

Année	Français ayant épousé une étrangère	Française ayant épousé un étranger	Total	% du total des mariages
1984	8 866	12 599	21 465	7,6
1985	8 773	12 644	21 417	8
1986	9 244	14 008	23 252	8,7
1987	8 710	12 610	21 320	8,1
1988	9 468	12 746	22 214	8,2
1989	10 789	15 420	26 209	9,4
1990	12 606	17 937	30 543	10,7
1991	13 727	19 217	32 944	11,8
1992	13 310	17 657	30 967	11,4

D'après André LEBON, *Situation de l'immigration et présence étrangère en France*, DPM, la Documentation française, fascicule annuel.

Origine du conjoint des immigrés (%)

	Français de souche	Immigré	Né en France de parent(s) immigré(s)
Espagne			
Hommes			
Arrivés après l'âge de 15 ans	18	70	12
Arrivés avant l'âge de 16 ans	58	20	22
Nés en France de 2 parents nés en Espagne	66	9	25
Femmes			
Arrivées après l'âge de 15 ans	25	59	16
Arrivées avant l'âge de 16 ans	65	22	13
Nées en France de 2 parents nés en Espagne	65	14	21
Portugal			
Hommes			
Arrivés après l'âge de 15 ans	15	82	3
Arrivés avant l'âge de 16 ans	40	46	14
Nés en France de 2 parents nés au Portugal	59	13	28
Femmes			
Arrivées après l'âge de 15 ans	6	93	1
Arrivées avant l'âge de 16 ans	31	61	8
Nées en France de 2 parents nés au Portugal	47	36	17
Algérie			
Hommes			
Arrivés après l'âge de 15 ans	20	73	7
Arrivés avant l'âge de 16 ans	25	54	21
Nés en France de 2 parents nés en Algérie	50	17	33
Femmes			
Arrivées après l'âge de 15 ans	10	85	5
Arrivées avant l'âge de 16 ans	14	77	9
Nées en France de 2 parents nés en Algérie	24	47	29

D'après Michèle TRIBALAT, op. cit.

Les mariages mixtes se révèlent plus nombreux chez les immigrés d'origine européenne que chez les Africains et surtout les Turcs qui restent totalement endogames. L'union mixte est également plus fréquente chez les personnes arrivées jeunes que chez les adultes. Ainsi 58 % des Espagnols établis en France avant 16 ans ont épousé une Française de souche contre 18 % de ceux qui sont arrivés après 15 ans.

L'hostilité des parents aux mariages mixtes peut susciter de véritables drames familiaux auxquels les médias donnent parfois un écho considérable : suicide d'une fille promise à un mari dont elle ne veut pas, enlèvement d'une récalcitrante, fugue des amoureux contrariés. Mais les compromis permettant d'éviter les affrontements sont bien davantage la règle. Ainsi, des jeunes acceptent de se marier au sein de la communauté, mais à la condition de pouvoir choisir leur conjoint. D'autres ont un ami de cœur français de souche, mais, pour ne pas choquer leurs parents, ne l'épousent pas. Cette situation, qui révèle la force de la pression familiale, est très nette dans le cas des jeunes filles d'origine algérienne : celles qui nouent une relation amoureuse informelle hors du groupe d'origine sont deux fois plus nombreuses que celles qui se marient. Il est d'ailleurs significatif que les jeunes d'origine algérienne, appartenant à un milieu où les pressions des parents se révèlent particulièrement puissantes, entrent dans la vie de couple beaucoup plus tard que les Français.

Le mariage mixte sert à la fois de révélateur et d'accélérateur de l'acculturation. Toutes les enquêtes montrent en effet que, dans ce type d'union, le français devient le plus souvent la seule langue parlée à la maison, le cercle des relations humaines s'étend largement au-delà de la communauté ethnique d'origine, les pratiques culinaires et vestimentaires, les loisirs sont calqués sur ceux du pays d'accueil, la vitalité religieuse s'efface fortement avec l'ensemble des autres signes identitaires ; les jeunes issus de couples mixtes choisissent très majoritairement un conjoint français de souche.

Influence du mariage sur les immigrés déclarant ne pas avoir de religion ou ne pas pratiquer (%)

Origines	Mariage mixte	Mariage non mixte
Algérie	75	44
Turquie	67	27
Sud-Est asiatique	66	48
Maroc	62	31
Portugal	60	27
Espagne	57	41
Afrique noire	39	20

D'après Michèle TRIBALAT, op. cit.

Les concessions réciproques destinées à éviter les ruptures au sein de la cellule familiale ne s'appliquent pas seulement au mariage. Ainsi, bien que l'influence de la religion se soit amoindrie chez les jeunes, ceux-ci n'en observent pas moins un certain nombre de rites par respect pour leurs parents : les catholiques se rendent à l'église à l'occasion des grandes fêtes et font baptiser leurs enfants ; les musulmans observent le ramadan. Même si ces pratiques ne procèdent pas d'une conviction religieuse profonde, elles signifient aux anciens que les jeunes adhèrent encore à leur communauté d'origine. Autre accommodement : l'école dans laquelle peuvent s'investir particulièrement les filles. Le système traditionnel garantit en effet aux garçons une sphère d'autonomie bien supérieure. Leur sœurs qui veulent acquérir sans conflit une certaine liberté ont la possibilité de trouver celle-ci par les études. Les éventuels succès scolaires et universitaires leur donnent souvent une assurance, une autorité intellectuelle, une promotion sociale qui élèvent leur statut dans la famille : elles se chargent des démarches et de la correspondance administrative, elles gèrent parfois le budget de la maison, elles surveillent la scolarité des cadets, quelques-unes s'engagent dans la vie associative ou militent pour le féminisme.

Les structures et les pratiques familiales se trouvent ainsi transformées par le choc de l'immigration. La portée du changement se révèle certes variable selon les cas, mais la direction est la même pour tous, celle du modèle français, parfois appelé « moderne » ou « moderniste » par les intéressés. Si l'on cherche le signe évident d'une intégration en cours, c'est tout particulièrement dans le champ de la vie privée et de la famille qu'on peut l'observer.

UNE FAMILLE ALGÉRIENNE EN VOIE D'INTÉGRATION DANS LE QUARTIER FONTVERT À MARSEILLE

Témoignage du père

« C'est un scandale ! On nous loge comme des lapins. C'est trop petit ici : on est douze dans quatre pièces. J'ai fait une demande pour un F6 à la Bricarde. C'est loin du centre, mais on a la voiture. L'ennuyeux c'est que ma femme perdrait sa place chez son docteur. Ce serait dommage, parce qu'elle y est bien ; c'est un travail qui lui plaît. Et puis, elle regarde comment c'est chez lui ; on essaie de faire un peu pareil. Ici, remarquez, si ce n'était pas si petit, ce serait très bien. Sauf le quartier, bien sûr : on dirait un terrain vague. Il n'y a rien : pas de cinéma, pas de maison pour les enfants, pas de salle pour se voir, rien... (...)

C'est pas normal qu'on attende tellement pour avoir un HLM. Ça vient de ce que les Français croient qu'on ne sait rien faire, et que les Arabes sont sales. Alors il faut passer dans une cité provisoire avant le HLM ; on nous traite comme des enfants, ce n'est pas bien.

Remarquez, on fait quand même des choses pour nous. Il y a l'ATOM[1], par exemple. Ma femme y va souvent : on lui apprend la cuisine, la lecture.

J'ai toujours travaillé sur les chantiers. Maintenant je suis grutier. C'est bien payé, et c'est un travail pas trop sale. Mais avant, quand je rentrais à la maison, j'en mettais partout de la saleté ; ma femme en devenait folle ! Au chantier, on a fait grève pour avoir droit à la douche : on a gagné. Mais c'est dur, pour les Algériens, de faire grève : les autres hésitent beaucoup. Ils sont venus en France pour gagner de l'argent ; alors pour leur faire comprendre que pendant un moment il faudra s'arrêter d'en gagner, c'est difficile !

L'école, c'est dur pour mes enfants, parce qu'à la maison on parle pas très bien le français, ma femme encore moins que moi : alors ils ont de mauvaises habitudes ; il faudrait qu'ils les perdent. Remarquez, ils ne parlent presque pas arabe non plus ; pourtant, l'Algérie c'est notre pays. Il faudrait des écoles pour nous, en France.

1. Le centre socio-culturel de l'ATOM à Fontvert.

Les immigrés du Maghreb. Études sur l'adaptation en milieu urbain, INED, Universités de Lyon, Aix-en-Provence, Poitiers, PUF, 1977, page 81.

3. Pratiques culturelles et intégration

L'intégration dépend de multiples facteurs culturels, notamment l'éducation, les comportements religieux, les options politiques. Dans chacun de ces domaines existe une vaste gamme d'interactions et de choix, ce qui apporte de multiples nuances au tableau.

3.1. Les jeunes face à leur avenir

Les jeunes, rendus différents de leurs parents par l'éducation scolaire et leur expérience de la vie en France, ont cru améliorer leur sort par diverses actions au cours des années 80. Mais ces espoirs ont été en grande partie déçus.

3.1.1. L'école, instrument d'intégration

L'obligation pour les enfants de toutes nationalités de fréquenter l'école, l'usage du français dans l'enseignement et la laïcité figurent parmi les fondements du système éducatif. Celui-ci, en accueillant la totalité des enfants dans un esprit de neutralité à l'égard des religions et des idéologies, vise en théorie à effacer les différences. Cette volonté d'égalisation implique une identité des structures et des objectifs de formation, stratégie presque impossible à respecter en raison de l'hétérogénéité des élèves.

Élèves étrangers scolarisés en France

Année	Total	%	dont (%)				
			Maternel	*Élémentaire*	*1er cycle*	*2e cycle*	*ens. spécial*
1985-86	1 080 752	8,9	9,6	10,9	7,1	6,2	17
1986-87	1 085 342	8,9	9,7	10,9	7,2	6,2	17,3
1987-88	1 076 544	8,8	9,4	10,7	7,7	5,9	17,7
1988-89	1 065 460	8,7	9,1	10,2	7,7	5,6	17,6
1989-90	1 065 258	8,8	8,8	10,4	8,2	5,6	18,3
1990-91	1 056 154	8,6	8,5	10,3	8,3	5,8	18,4
1991-92	1 044 080	8,5	8,1	10,2	8,2	6	18,3
1992-93	999 360	8,2	7,9	9,7	7,8	5,9	17,6

Origine des élèves étrangers en 1992-1993

Marocains	*Algériens*	*Portugais*	*Africains noirs*	*Turcs*	*Tunisiens*
256 000	205 000	130 000	93 000	79 000	75 000

D'après André LEBON, op. cit.

En 1974-1975, les élèves étrangers représentaient 6,8 % des effectifs. Le pourcentage augmenta ensuite jusqu'aux environs de 9 %, puis amorça un déclin à partir du milieu des années 80 en raison de la réduction du regroupement familial. Il n'en reste pas moins que ces jeunes forment une masse d'autant plus importante que les statistiques ne prennent pas en compte les enfants de nationalité française mais d'origine étrangère.

Les chiffres bruts montrent que les élèves étrangers semblent réussir moins bien que les Français et sont peu présents dans les études longues. En effet, de 1985 à 1993, ils ont représenté en moyenne 10,4 % des effectifs de l'enseignement élémentaire, mais seulement 7,7 % de ceux du premier cycle secondaire et 5,9 % du second cycle. En revanche, dans la même période, ils ont constitué en moyenne 17,7 % des élèves dans les sections d'éducation spécialisée, les groupes de classes-ateliers, l'enseignement adapté ; ils ont été également nombreux dans les classes pré-professionnelles de niveau et les classes préparatoires à l'apprentissage, autrement dit dans les sections traditionnellement dévalorisées. La fréquence des redoublements apparaît aussi plus grande chez les jeunes immigrés, surtout les Algériens. A la sortie du système scolaire, les jeunes d'origine étrangère possèdent un niveau de formation inférieur à la moyenne nationale. Seules les jeunes filles espagnoles poursuivent des études plus longues et obtiennent de nombreux diplômes car leurs parents, ne cherchant pas à les faire entrer rapidement sur le marché du travail, comme ils le font pour les garçons, les ont laissées plus longtemps dans les établissements d'enseignement. En revanche, certaines enquêtes montrent que les jeunes Algériennes, contrairement à une idée répandue, tout en réussissant légèrement mieux que leurs frères, se situent à un niveau nettement inférieur à la moyenne nationale.

Les pouvoirs publics, estimant que les jeunes issus de l'immigration souffraient d'une inadaptation culturelle au système scolaire français, mirent en place au début des années 70 des structures spécifiques destinées à rétablir l'équilibre. Ces créations s'inspiraient aussi de l'idée que les élèves étrangers pouvaient légitimement conserver certaines de leurs différences car ils regagneraient ultérieurement leur patrie. Ainsi apparurent dès 70 dans les écoles élémentaires les classes d'initiation et en 1973 dans le secondaire les classes d'adaptation, rebaptisées plus tard classes d'accueil, dans lesquelles les enfants non francophones sont mis au niveau linguistique en un an. A partir de 1973, une série d'accords bilatéraux signés successivement avec le Portugal, l'Italie, la Tunisie, l'Espagne, le Maroc, la Yougoslavie, la Turquie et l'Algérie organisèrent l'enseignement des langues et cultures d'origine (ELCO). Cette initiative visait à préserver l'identité des jeunes migrants pour faciliter leur retour au pays. À cette fin, les gouvernements signataires envoient en France des enseignants formés et rétribués par eux. Ces professeurs disposent de trois heures hebdomadaires pour apprendre la langue et la civilisation aux enfants. En 1989-1990, le ministère de l'Éducation nationale dénombra dans les ELCO 1 427 enseignants et 112 147 élèves, soit un tiers des enfants des nationalité concernées inscrits dans les écoles élémentaires. Ces effectifs représentaient 55 % des petits Turcs, 25 % des Marocains, 20 % des Algériens et des Tunisiens. Autre création des années 1970, les Centres de formation et d'information pour la scolarisation des enfants de migrants (CEFISEM) furent implantés dans certaines écoles normales d'instituteurs pour initier les maîtres au traitement des difficultés propres aux jeunes issus de l'immigration. Enfin, en 1982, Alain Savary, ministre de l'Éducation nationale, soucieux de « contribuer à corriger l'inégalité sociale par le renforcement sélectif de l'action éducative dans les zones et dans les milieux sociaux où le taux d'échec scolaire est le plus élevé », créa les Zones d'éducation prioritaires (ZEP). Les établissements situés dans ces zones mettent en avant les diverses difficultés qu'ils rencontrent pour remplir leur mission éducative ; parmi ces difficultés, la proportion d'étrangers est considérée comme déterminante : dans les ZEP elle avoisine les 30 %. Pour résoudre ces problèmes, les établissements reçoivent des dotations particulières en postes, en crédits, en temps de formation ; le travail avec les acteurs sociaux de la zone et l'élaboration d'un projet commun sont encouragés. En 1984-1985 existaient 383 ZEP groupant 4 600 établissements.

Une partie des résultats obtenus dans les structures spécifiques est aujourd'hui contestée. Les élèves des ZEP semblent avoir rattrapé une fraction de leurs retards dans l'élémentaire et avoir été moins souvent orientés vers les filières courtes du secondaire. En revanche, la didactique utilisée dans les classes d'accueil est mise en cause par certains spécialistes. Les ELCO sont accusés de marginaliser les élèves, de les livrer à des professeurs étrangers mal contrôlés, utilisant parfois des méthodes pédagogiques contestables et se livrant au prosélytisme religieux dans le cas des musulmans. Il est encore reproché à ces enseignements de prendre la place de certains cours fondamentaux français, ces derniers se révélant d'autant plus importants que les élèves ne regagneront pas le pays d'origine de leurs parents. Un syndicaliste hostile aux ELCO déclare :

> « Chez moi, à Dreux, c'est un frein à l'intégration. On vient chercher les gamins dans les classes. On les prive de cours de français et on désorganise tous les autres. Après, on pleure parce qu'ils ont des difficultés pour lire »[1].

Cependant, les avocats des ELCO observent que les accusations selon lesquelles ces enseignements favorisent la discrimination plus que l'intégration relèvent de la rumeur. Un rapport de l'inspection générale de l'Éducation nationale, publié en 1992, indique que les entorses à la laïcité « restent relativement rares » et que les enseignants étrangers « représentent un capital de compétences mal ou insuffisamment utilisé par l'école »[2].

Quant aux situations d'échec scolaire, les enquêtes les plus récentes montrent qu'elles sont peu liées à l'origine étrangère des élèves, mais surtout à leur condition sociale. Une étude du ministère de l'Éducation nationale effectuée entre 1989 et 1994 sur 27 000 collégiens indique certes que, parmi les élèves français entrés en sixième, une proportion de 74,1 % parvient en quatrième sans redoubler et 48,3 % en seconde ; pour les étrangers, les pourcentages correspondants ne sont que 63,9 % et 32,7 %[3]. Mais ces contre-performances qui peuvent s'expliquer en partie par l'origine immigrée des sujets, début de scolarisation à l'étranger, pratique d'une langue maternelle autre que le français, viennent plus encore des pesanteurs sociales plaçant ces enfants dans les milieux défavorisés à l'intérieur desquels la réussite scolaire est entravée : les parents sont peu ou pas diplômés, voire illettrés, ils effectuent des métiers ingrats et peu estimés ou ils se trouvent au chômage ; la présence de nombreux frères et sœurs, ainsi que l'exiguïté des logements créent une ambiance peu propice aux études et à l'achèvement des devoirs. Aussi les enquêteurs ont-ils effectué des comparaisons entre élèves français et étrangers de même niveau social. Dans un tel cadre, les jeunes issus de l'immigration obtiennent des résultats parfois supérieurs à ceux des petits autochtones. Selon la recherche conduite sur les

---

1. *Libération*, 7 juin 1993.
2. Cité par Françoise LORCERIE, L'islam dans les cours de langue et culture d'origine : le procès, *Revue européenne des migrations internationales*, vol. 10, n° 2, 1994.
3. *Éducation et Formation*, n° 40, 1995.

27 000 collégiens entre 1989 et 1994, l'avance des immigrés est de 7 % à la sortie de la troisième et même de 13 % quand le sujet est né en France d'une famille installée de longue date et parle seulement le français chez lui. Un des critères essentiels de la réussite réside dans le niveau scolaire de la mère.

Aujourd'hui, la majorité des immigrés voient dans l'école un instrument fondamental pour l'intégration et la réussite sociale. Elle est placée en première place, avec 70 % de réponses, dans un sondage effectué en 1993 parmi des Maghrébins de 18 à 30 ans[1]. Et les intéressés alignent leurs comportements sur leur analyse. Les ELCO sont de plus en plus délaissés, sauf, dans certains cas, par les Turcs et les Marocains, car les familles ont l'impression qu'il s'agit de « cours d'immigrés pour immigrés ». Quand vient le moment de se déterminer pour une langue étrangère, les élèves suivent le choix majoritaire en faveur de l'anglais, de l'allemand, de l'espagnol. Au milieu des années 80, la mise à l'écart des langues d'origine s'est accentuée puisque seuls 5 % des jeunes Maghrébins ont opté pour l'arabe, 15,7 % des Portugais pour la langue de Camoens, 2 % des Italiens pour celle de Dante. Les parents, mieux informés, essayent de plus en plus d'orienter leurs enfants vers des filières longues, sauf les Ibériques pour qui le travail manuel et l'artisanat sont davantage associés à l'idée de promotion sociale. Ainsi l'école, malgré toutes les difficultés qu'elle connaît, continue à jouer un rôle important dans le processus d'intégration.

3.1.2. Les espoirs des années 80

Au début des années 80, les jeunes issus de l'immigration, venus en France en bas âge ou nés dans ce pays dont ils possédaient souvent la nationalité, formés par l'école de la République, communiquant presque toujours en français, avaient pris conscience qu'ils resteraient définitivement sur le sol où ils vivaient alors. Certes, ils ne reniaient pas forcément la culture d'origine de leur famille. De même qu'à la même époque beaucoup de Français partaient à la découverte de leurs racines par des recherches généalogiques ou une attention nouvelle pour les traditions régionales, des jeunes issus de l'immigration se tournaient vers les pays, peu connus d'eux, d'où étaient partis leurs parents. Ces pays leur offraient souvent une image positive : une Italie dont le poids économique s'était affirmé dans la Communauté européenne, un Portugal enfin doté d'un régime démocratique, des États maghrébins indépendants. Aussi ces jeunes, contrairement aux membres de la génération précédente qui s'étaient souvent montrés discrets, n'hésitaient-ils pas à cultiver leur différence et à afficher une certaine fierté de leurs origines.

Cependant les jeunes construisaient généralement du pays de leurs ascendants une image abstraite, voire mythique. En fait, ils connaissaient surtout ces lieux éloignés par des récits familiaux, des lectures, des nourritures typiques, des chansons ou, dans le meilleur cas, des séjours durant les vacances d'été. Ces voyages leur servaient souvent à mesurer ce qui les séparait des autochtones demeurés sur la terre des ancêtres, en matière de rapports sociaux, d'usages vestimentaires, de pratique de la langue. Souvent rebutés par le traditionalisme régnant au loin, ils se trouvaient confortés dans l'idée que leur avenir se situait en France : en 1980-1981 un tel choix était affirmé par 65 % des jeunes d'origine italienne interrogés à l'occasion d'une enquête sociologique ; et parmi

---

1. SOFRES-*Nouvel Observateur*, 2-8 décembre 1993.

les 35 % d'autres avis, beaucoup envisageaient seulement de s'installer en Italie pour une période limitée[1].

Il n'en restait pas moins que beaucoup de jeunes éprouvaient en France une sorte de malaise identitaire, surtout si leurs origines ethniques les marquaient physiquement, s'ils habitaient une banlieue défavorisée, s'ils se sentaient victimes d'un rejet xénophobe ou raciste. Ils rappelaient souvent que, de 1981 à 1983, une quarantaine d'entre eux avaient été tués ou blessés grièvement par des policiers brutaux, des commerçants adeptes de l'autodéfense, des voisins excédés par le bruit.

Ce fut dans ce climat que naquit au début des années 80 une grande espérance : puisque les plus conscients des jeunes savaient qu'ils resteraient en France, ils voulaient, sans renier toutes leurs particularités, y aménager leur juste place, écraser le racisme, profiter des droits que la République garantit aux citoyens, surtout l'égalité face à l'embauche, au logement, à la justice. La manifestation la plus spectaculaire de cette aspiration fut la marche accomplie du 15 octobre au 3 décembre 1983, entre Marseille et Paris, par une quarantaine de jeunes Arabes ou « beurs », mot argotique entrant dans l'usage depuis les années 70. Ce n'était pas un hasard si ces « Marcheurs de l'égalité » était justement ceux qui souffraient le plus de marginalisation sociale. La marche, organisée par Toumi Djaïdja, un jeune des Minguettes, près de Lyon, et par un prêtre du même quartier, le père Christian Delorme, avait pour principaux slogans : « Vivre ensemble avec nos différences » et « Rengainez, on arrive ». Les marcheurs, tenant un discours résolument pacifiste, se réclamant volontiers de Gandhi et de Martin Luther King, ne voulaient pas se laisser annexer par un courant idéologique particulier. Le voyage vers Paris, commencé dans une certaine indifférence, s'affirma d'étape en étape comme un succès ; des députés, des syndicalistes, des évêques dont le cardinal Lustiger, des ministres tel Jack Lang vinrent rencontrer les marcheurs sur leur route. Des déclarations de soutien « pour mieux vivre ensemble », « pour la sécurité de toutes les communautés qui vivent et travaillent aujourd'hui en France » furent publiées par les représentants des grandes religions, par des intellectuels comme Simone de Beauvoir ou Pierre Bourdieu. Après leur arrivée à Paris où les attendaient 100 000 personnes, les jeunes furent reçus à l'Élysée par François Mitterrand qui leur annonça la création de la carte unique de séjour de dix ans.

L'année suivante, en 1984, une nouvelle marche, baptisée Convergence, rassembla des beurs, mais aussi des noirs, des Asiatiques, des Français, au départ de Marseille, Toulouse, Brest, Dunkerque et Strasbourg. L'opération de 1984 voulait souligner le thème de l'égalité dans la ressemblance à l'aide du slogan : « La France c'est comme une mobylette, pour avancer il lui faut du mélange ». L'une des organisatrices de Convergence, Farida Belghoul, précisa que les jeunes ne voulaient plus que l'accent fût mis sur leurs singularités culturelles :

> « Nous ne sommes pas étrangers à la réalité française, aux conditions de travail, de logement, à la télévision, etc. On nous a enfermés pendant des années sur le terrain des différences culturelles (...). Le fameux droit à la différence n'aboutit jamais à l'égalité, c'est une forme voilée de l'exclusion. On s'appuie sur les différences culturelles pour favoriser des ségrégations politiques, sociales et territoriales »[2].

---

1. G. CAMPANI, M. CATANI, S. PALIDDA, *Communità e gruppi italiani in Francia*, Santi Ed. Roma, 1983.
2. *Le Monde*, 16 décembre 1984.

La demande exprimée pacifiquement par les jeunes marcheurs se traduisait aussi anarchiquement par des violences répétées dans les banlieues, « rodéos » de voitures volées, affrontements avec la police à l'occasion de contrôles mal supportés, dégradation volontaire d'un parc immobilier déjà très vieux. Les pouvoirs publics prirent conscience que l'urbanisation désordonnée des années 60, la construction de barres et de tours sans âme et mal entretenues, la rareté des équipements collectifs et socio-éducatifs expliquaient une bonne part du malaise. Aussi, vers la fin des années 80, une politique de la ville fut-elle définie. Les sites difficiles, quartiers, banlieues, parfois communes entières, furent circonscrits et là intervinrent de manière groupée l'État, la région, le département, la municipalité, l'organisme HLM, la caisse d'allocations familiales, avec des moyens financiers substantiels. L'objectif était de se mettre à l'écoute des besoins manifestés par le public et les nombreuses associations qui se créaient, puis d'entreprendre une action globale portant sur la réhabilitation des logements, l'éducation et la formation professionnelle, l'emploi, les loisirs, le sport, la culture.

Beaucoup d'observateurs se demandaient précisément s'il existait une culture de l'immigration, plus particulièrement des immigrés des banlieues, et si, en cas de réponse positive, elle favorisait ou entravait l'ascension sociale. Une sorte de signal fut donné en 1983, l'année de la première marche pour l'égalité, avec la parution au Mercure de France du roman de Mehdi Charef, *Le Thé au harem d'Archi Ahmed*. C'était un des premiers « romans beurs »[1]. Une vingtaine d'autres suivirent avant la fin de la décennie. Une élite, un groupe pouvant servir d'exemple par ses compétences et ses talents, s'affirma par l'écriture romanesque, la poésie, le journalisme, les arts plastiques, la danse, le théâtre, la musique, le cinéma, la radio, le sport. Certains de ces jeunes constituaient des modèles par leur parcours professionnel : Azouz Begag, auteur d'une des œuvres les plus réussies de la littérature beur, *Le Gône du Chaâba*[2], élevé dans un bidonville lyonnais, accomplit de brillantes études qui le conduisirent à un doctorat et à un poste de chercheur à l'université de Lyon II. Nacer Kettane, qui publia lui aussi un roman attachant, *Le Sourire de Brahim*[3], avait pour père un ouvrier kabyle et, par ses efforts, était devenu médecin.

Certains intellectuels se demandèrent alors si la France voyait éclore une culture beur. Dans certains cas, aucune réponse n'était possible : Kader Belarbi, danseur étoile de l'Opéra de Paris, Saïd Kaïdi, champion du monde de boxe américaine en 1985, tel footballeur ou judoka d'origine non française exprimaient-ils avec leur corps une spécificité culturelle particulière, alors qu'ils accomplissaient des gestes universels soigneusement codifiés ? Se plaçant sur un registre général, plusieurs artistes niaient l'existence d'une culture beur, ainsi le chanteur Karim Kacel :

> « Mon idéal, c'est l'anti-frontière, le cosmopolitisme (...). Pas de musique beur ni française : si je traîne des accents justes, c'est que tout cela est au fond de moi »[4].

Mehdi Charef adapta au cinéma son livre *Le Thé au harem*, puis tourna des films dépourvus de connotation ethnique.

---

1. Le premier roman publié par un jeune issu de l'immigration semble être *L'Amour quand même*, d'Hocine Touabti, Belfond, Paris, 1981.
2. Azouz Begag, *Le Gône du Chaâba*, le Seuil, Paris, 1986.
3. Nacer Kettane, *Le Sourire de Brahim*, Denoël, Paris, 1985.
4. In Ahmed Boubker et Nicolas Beau, *Chroniques métissées*, Alain Moreau, Paris, 1986.

Cependant, la quasi-totalité des œuvres d'art produites par la génération beur se nourrissait abondamment des expériences de vie de leurs auteurs, évoquaient la banlieue des années 60 et les récits transmis par les parents. Les romans, largement autobiographiques, étaient centrés sur les rites initiatiques que sont l'entrée à l'école, les premières expériences sexuelles, les tentatives de retour au pays. Dans certains sketches le fantaisiste Smaïn personnifiait explicitement un immigré. Le groupe Carte de séjour chantait *Douce France* de Charles Trénet sur des rythmes orientaux.

Il n'existait pas une « école beur » avec des règles, un manifeste ou une volonté concertée de donner aux œuvres un style commun. Cependant, les années 80 furent celles d'un état d'esprit beur reflétant une identité bi-polaire. Ainsi, Madjid, mis en scène par Mehdi Charef, ne se sentait

> « ni arabe, ni français (...), fils d'immigré paumé entre deux cultures, deux histoires, deux langues, deux couleurs de peau, ni blanc ni noir, à s'inventer ses propres racines, se les fabriquer »[1].

En d'autres termes, les beurs prenaient conscience qu'ils se situaient quelque part sur le difficile chemin de l'intégration. Dès la première année d'école, ils commençaient à rompre avec le milieu familial et les valeurs dont celui-ci était porteur. La langue française avec son système de règles devenait le principal véhicule de communication. Les rédacteurs du journal *Sans frontière* qui exprima bien la sensibilité de cette époque soulignaient ce trait :

> « Le choix du français comme langue de communication illustre aussi une autre idée-force, (...) : la conviction que la France est en train de changer de peau, que les communautés d'origine étrangère sont pour longtemps partie prenante de cette société »[2].

Azouz Begag, revenant en 1993 sur le mécanisme apparemment inexorable de la transformation identitaire et sur les nombreux témoignages de fils d'immigrés publiés au long des années 80, niait que cet ensemble constituât une culture au sens propre ; il y voyait plutôt une sorte de mue :

> « Ce n'est pas une culture, c'est un phénomène social et temporaire (...). On raconte d'où on vient pour pouvoir mieux l'oublier ensuite »[3].

3.1.3. Les interrogations des années 90

L'intégration culturelle s'est poursuivie. La langue française a affermi sa victoire. Dans les enquêtes publiées en 1994, plus de la moitié des parents possédant une langue maternelle autre que celle de Voltaire ont renoncé à la parler ordinairement avec leurs enfants. Parmi ces derniers, 87 % de ceux qui sont d'origine algérienne citent le français comme leur langue maternelle. La connaissance de la langue des ascendants s'affaiblit rapidement : 91 % des enfants de parents espagnols peuvent converser dans la langue de Cervantès, mais seulement 35 % des petits-enfants. Chez les arabophones algériens, les proportions sont respectivement de 69 % et 24 %[4]. Les membres de la deuxième géné-

---

1. Mehdi CHAREF, *Le Thé au harem d'Archi Ahmed*, op. cit.
2. *Culture au quotidien*, Centre de création industrielle, Centre Georges Pompidou, Paris, 1984.
3. *Le Nouvel Observateur*, 2-8 décembre 1993.
4. *Les étrangers en France*, INSEE, op.-cit.

ration qui occupent un emploi effectuent le plus souvent une ascension sociale par rapport à leurs parents. Certains deviennent professeurs, ingénieurs, cadres commerciaux, animateurs socio-culturels. En 1990, neuf beurs furent reçus à l'agrégation de mathématiques, deux à celle de lettres classiques, douze sortirent de l'École centrale de Paris, huit de HEC et dix-huit de l'École supérieure des Arts et Métiers ; quatre-vingt neuf réussirent aux concours d'entrée aux grandes écoles.

Copyright Farid BOUDJELLAL

Cependant, en dépit de quelques réussites individuelles exemplaires et d'une évidente intégration culturelle, les jeunes des années 90 ne peuvent se prévaloir d'une intégration économique et sociale. Le malaise des banlieues n'est pas résorbé et s'est peut-être même aggravé, car les jeunes d'aujourd'hui semblent nourrir moins d'espoirs que leurs grands frères de la décennie précédente. Ces derniers ont d'ailleurs généralement quitté le devant de la scène. Dès 1985, une amertume née de nombreuses divisions avait envahi le mouvement beur et la troisième marche pour l'égalité, en décembre de cette même année, s'avéra un échec. Beaucoup de militants associatifs mettaient en cause SOS Racisme qu'ils accusaient de se substituer à eux et de récupérer leur combat avec un grand savoir-faire médiatique. Aussi les anciens se dispersèrent-ils. Certains s'engagèrent dans une action politique qui les éloigna du terrain. D'autres reprirent place dans leur banlieue d'origine, se muèrent en animateurs socio-culturels ou poursuivirent un projet de carrière personnel. D'autres encore sombrèrent, connurent le chômage ou la prison.

Cependant, une partie des aménagements urbains prévus par les « contrats de ville » des années 80 ont été réalisés. Or il faut bien reconnaître que la réparation des cages d'escaliers, l'ouverture de salles de réunions et de sports, l'organisation des loisirs, la construction à grands frais de murs d'escalade n'effacent pas certains problèmes de fond au premier rang desquels figure le chômage. La plupart des jeunes sont confrontés à ce mal qui peut frapper leurs parents ou eux-mêmes. Ils se sentent condamnés à un avenir médiocre, fait de « petits boulots » ou de stages de formation dépourvus de débouchés sérieux. Déçus, amers, mesurant ce dont ils sont privés quand ils regardent les feuilletons télévisés ou les vitrines des magasins qui s'alignent dans les centres villes, ils cherchent des issues. Une partie des adolescents s'enferment dans le cadre rassurant de la bande qui leur offre ses codes et sa solidarité. Quelques-uns se livrent, sans scrupules apparents, à de petits larcins et au trafic de la drogue qui, parfois, constitue le principal revenu de la famille. Beaucoup, qui ne se reconnaissent aucun modèle, proclament qu'ils éprouvent « la haine » de la société. Des incidents opposant jeunes et forces de l'ordre éclatent régulièrement, même dans les banlieues rénovées. Si l'intégration culturelle apparaît en bonne voie, l'intégration économique et sociale reste en panne.

3.2. Forces et faiblesses de l'islam de France

L'islam est aujourd'hui considéré comme la deuxième religion de France, après le catholicisme, grâce aux trois à quatre millions de fidèles théoriques qu'il compte. Ces fidèles comprennent les immigrés étrangers, Maghrébins, Turcs, Africains des pays subsahariens, leurs enfants qui, en vertu du Code de la nationalité, sont souvent français, les 400 000 harkis et leurs familles qui sont également français.

3.2.1. La fragmentation de l'islam en France

Malgré son ambition de former une seule communauté de croyants, l'islam se présente en France comme une véritable mosaïque. L'hétérogénéité tient d'abord à la diversité des origines nationales et ethniques des musulmans. Arabes, Kabyles, Turcs, noirs soninke ou wolof, parmi d'autres, ne parlent pas les mêmes langues, n'éprouvent pas la même sensibilité religieuse, se distinguent par certaines pratiques, s'affrontent pour des raisons parfois anciennes. Ainsi, les Turcs dénient aux Arabes le droit d'incarner tout l'islam, les Marocains dont le roi exerce une autorité religieuse dénoncent la volonté hégémonique des Algériens, les noirs se rassemblent volontiers dans des confréries accusées par les musulmans orthodoxes de se livrer à des pratiques animistes.

La fragmentation se retrouve dans les institutions. Parmi celles-ci, la Grande Mosquée de Paris, inaugurée en 1926, détient un prestige particulier hérité de l'histoire. Le passé récent de cet établissement a été marqué par la forte personnalité de Si Hamza Boubakeur, recteur de 1957 à 1982. Celui-ci, après de multiples démêlés juridiques, permit à l'Algérie de reprendre le contrôle de la mosquée, contrôle que ce pays avait détenu jusqu'en 1962. Ce fut donc le gouvernement d'Alger qui nomma le recteur suivant, le cheikh Abbas, ignorant le français, en fonction de 1982 à sa mort en 1989. Son successeur Tedjini Haddam resta en place jusqu'en 1992, date à laquelle il se retira pour siéger au Haut Comité d'État en Algérie. Dalil Boubakeur, fils de Si Hamza, fut alors nommé à la tête de la mosquée. Ce médecin est le premier recteur de nationalité française. Tout en demeurant sous la suzeraineté de l'Algérie, il recherche d'autres appuis, ceux de l'Égypte ou de l'Arabie Saoudite, et il essaie de fédérer autour de lui l'islam de France.

C'est en effet un dessein constant de la Grande Mosquée de Paris que de s'ériger en pôle de rassemblement des musulmans vivant dans l'hexagone. En 1981 déjà, Si Hamza Boubakeur avait créé un Conseil supérieur des affaires islamiques en France chargé d'unifier certaines pratiques, comme la fixation des dates du ramadan. Mais le refus d'une bonne partie des musulmans fit échouer la tentative du recteur. En avril 1993, Dalil Boubakeur prit la tête de la toute nouvelle Coordination nationale des musulmans de France (CNMF) qui espérait jouer un rôle fédérateur dans le domaine religieux à l'instar d'un consistoire. Puis, en novembre 1993, le recteur compléta son dispositif par la création d'un Conseil consultatif des musulmans de France (CCMF), regroupement plus large appelé à gérer l'ensemble des intérêts musulmans. Mais ces initiatives ne réunirent pas l'unanimité. De fait, les associations musulmanes adressent à la mosquée de Paris des reproches variés : son hégémonisme traditionnel, son inféodation à l'Algérie, ses liens avec la droite française, sa trop grande modération dans le domaine religieux, sa volonté de faciliter l'intégration.

L'un des opposants les plus déterminés à la main-mise de la Mosquée de Paris est la Fédération nationale des musulmans de France (FNMF), fondée en décembre 1985 par des Français convertis à l'islam, rassemblant 150 à 200 associations, surtout tunisiennes, marocaines, turques, sénégalaises. La FNMF refuse d'accepter la suprématie de l'Algérie sur les musulmans de France ; elle a donc recherché le soutien de la Ligue islamique mondiale qui dépend de l'Arabie Saoudite. Cette protection n'empêche pas la FNMF de vouloir bâtir une sorte d'islam gallican.

L'Union des organisations islamiques de France (UOIF), créée en août 1983, proche des Frères musulmans, fait preuve de dynamisme et se flatte de regrouper 207 associations en 1994. Elle réunit chaque année, à la fin du mois de décembre, une grande fête au Bourget où se pressent 10 000 à 20 000 personnes. L'UOIF semble tenir plusieurs discours. Sur un plan général, elle appelle de ses vœux la naissance d'un État islamique appliquant la loi religieuse, seule voie de salut pour libérer le monde du joug capitaliste et de l'incroyance. En ce qui concerne la France, l'Union veut à la fois favoriser une insertion communautaire permettant aux musulmans, devenus une minorité reconnue, d'exercer intégralement leur religion et prêcher l'islam pour augmenter le nombre des fidèles. A cette fin, l'UOIF a ouvert en janvier 1992 la première faculté théologique islamique privée, près de Château-Chinon, dans la Nièvre.

DÉCLARATION D'ABDALLAH BEN MENSOUR SECRÉTAIRE GÉNÉRAL DE L'UNION DES ORGANISATIONS ISLAMIQUES DE FRANCE

Les musulmans doivent admettre leur situation de minoritaires, tenus de respecter le cadre de la société, les lois et la laïcité françaises. Il n'y a pas d'incompatibilité entre l'islam et la République. Or, il y a encore des imams qui prêchent le contraire, qui appellent à la guerre contre la France, veulent leur revanche de la colonisation et vivent dans un autre siècle. C'est pourquoi nous avons fondé à Bouteloin, dans la Nièvre, un institut pour former des imams français ou adaptés aux réalités françaises.

En contrepartie, la France doit admettre des aménagements pour faciliter l'exercice de notre religion. Elle ne peut pas continuer à traiter l'islam comme un phénomène étranger. Elle compte déjà deux, voire trois générations de musulmans nés en France et ne connaissant que la France. L'actuel traitement politique et médiatique de l'islam, fondé sur l'hostilité, doit cesser.

Des maires ne font-ils pas systématiquement jouer leur droit de préemption pour empêcher toute construction de lieux de culte ? Et que penser des exclusions de jeunes lycéennes portant le foulard ? Le Conseil d'État a dit que le foulard n'était pas incompatible avec la laïcité. Celle-ci s'applique aux programmes – et s'abstenir de tel ou tel cours n'est pas admissible – et non au comportement des élèves, qui peuvent venir librement à l'école en jean, en mini-jupe ou avec un foulard sur la tête. Je sais bien que le foulard peut exprimer une symbolique politique très forte, mais en l'interdisant en France comme le fait M. Bayrou, on pousse des centaines de jeunes filles à se radicaliser.

Le Monde, 24 décembre 1994.

D'autres organisations sont à l'œuvre parmi les musulmans de France. L'association Foi et Pratique, déclarée en 1972, constitue en fait le rameau français du Tabligh né en Inde en 1927. Ce mouvement populaire et apolitique veut diffuser, avec un sens très vif du prosélytisme, un islam simple, très fidèle aux prescriptions coraniques. Le Groupement islamique de France (GIF), plus engagé politiquement, cherche davantage à extirper le mal en s'en prenant aux gouvernements impies. L'Union islamique de France (UIF) et l'Association islamique de France, plus radicale, recrutent essentiellement parmi les Turcs. Bien d'autres groupements font ressortir les origines nationales ou les attaches corporatives de leurs membres, comme l'Association des étudiants islamiques de France ou l'Association des médecins musulmans de France. Enfin, à partir de 1990, le Front islamique du salut (FIS), apparu en Algérie en mars 1989, a commencé à s'implanter en France. Depuis février 1991, le FIS a bénéficié d'un relais, celui de la Fraternité algérienne en France (FAF), animée principalement par de jeunes intellectuels qui critiquent le modèle de vie français, la laïcité, la démocratie, l'intégration culturelle.

Ainsi, l'islam n'étant pas doté d'un clergé avec sa hiérarchie et d'une autorité centrale, a profité de la loi de 1901 sur la liberté d'association et de celle de 1905 sur la séparation des Églises et de l'État pour se doter de structures multiples. La situation se révèle d'autant plus complexe et mouvante que ces organisations, selon les moments et les rapports de force existants, s'accordent, voire s'affilient les unes aux autres, ou se combattent. La politisation des enjeux et l'influence des bailleurs de fonds, Algérie, Maroc, Tunisie, Arabie Saoudite, États du Golfe, embrouillent encore le tableau.

Les pouvoirs publics français se sont longtemps abstenus de toute intervention car ils pensaient que les immigrés regagneraient un jour leurs pays d'origine et que ces derniers, par conséquent, pouvaient bien, dans l'intervalle, maintenir un certain encadrement de leurs ressortissants, patroner des associations, financer la construction de mosquées, envoyer et rétribuer des imams. A la longue, les responsables français perçurent que les musulmans, comme les autres immigrés, se sédentarisaient et que leurs enfants devenaient français. A ce constat s'ajouta la crainte dans les années 80, que les Iraniens ne voulussent exporter leur révolution islamique chiite en France, puis, dans les années 90, la peur d'une transplantation de la guerre civile algérienne par les relais du FIS. Il semblait ainsi que le manque d'attention pour la question musulmane pût faire peser des menaces sur l'ordre public.

La perspective d'un dialogue entre l'État et la nébuleuse musulmane ne réalisait cependant pas l'unanimité. Certains s'en réjouissaient et pensaient que la clarification des rapports favoriserait la transparence de la gestion culturelle, entraverait l'action politique sous couvert religieux et les ingérences étrangères. En revanche d'autres redoutaient que la reconnaissance des autorités islamiques, leur notabilisation en quelque sorte, ne stimulât l'élan déjà très fort dont faisait preuve cette religion et ne menaçât de la sorte l'identité nationale : la France des clochers ne risquait-elle pas d'être submergée par celle des minarets ? Les responsables français n'en décidèrent pas moins d'aller de l'avant et de susciter la naissance d'un interlocuteur musulman unique et représentatif, jusque-là inexistant.

Aussi, en mars 1990, le ministre de l'Intérieur socialiste Pierre Joxe, après avoir pris de nombreux conseils, institua-t-il le Conseil de réflexion sur l'avenir de l'islam en France (CORIF), composé de quinze personnalités, intellectuels, représentants des associations et des mosquées dont le recteur de Paris. Cette structure consultative, embryon possible d'un consistoire, régla quelques problèmes pratiques comme la fixation des dates du ramadan, l'organisation de carrés musulmans dans les cimetières, la distribution de viande *halal* aux militaires musulmans. Le CORIF contribua également à dépassionner le climat politique à l'époque de la Guerre du Golfe mais il ne résista pas aux remous suscités par la nomination d'un de ses membres, Tadjini Haddam, recteur de la mosquée de Paris, au Haut Comité d'État créé à Alger après le coup d'État anti-FIS du 11 janvier 1992. Enfin la victoire électorale de la droite en France, en mars 1993, porta un coup fatal au jeune Conseil.

En effet, le nouveau ministre de l'Intérieur, Charles Pasqua, ne voulait pas contourner le pôle modéré que représentait la Mosquée de Paris, mais au contraire s'appuyer sur lui. Aussi ne réunit-il plus le CORIF. Le ministre encouragea le recteur Dalil Boubakeur à mettre en place des structures fédératives, CNMF et CCMF[1], puis, en octobre 1993, l'Institut d'études supérieures de formation religieuse et théologique, chargé de préparer à leur tâche les imams exerçant en France. En janvier 1995, Charles Pasqua consacra le rôle central de la mosquée de Paris en reconnaissant officiellement le Conseil représentatif des musulmans de France (CRMF), présidé par Dalil Boubakeur et issu du Conseil consultatif créé par celui-ci en 1993. Le nouveau Conseil remit alors au ministre une charte du culte musulman en France, texte qui exprime les positions modérées de la Grande Mosquée, exaltation d'un islam « de la tolérance, de l'ouverture et du progrès », refus explicite des extrémismes et soumission des musulmans aux « lois républicaines », demande d'aide à l'État pour la construction de lieux de culte et la création d'aumôneries. Ce document correspond bien aux vœux des pouvoirs publics, mais on peut se demander quelle en sera la portée. En effet l'islam reste divisé ; la plupart des organisations autres que la Grande Mosquée, FNMF et UOIF notamment, ne font pas partie du Conseil représentatif et n'ont pas signé la charte.

EXTRAITS DU DISCOURS PRONONCÉ PAR CHARLES PASQUA
À L'INAUGURATION DE LA GRANDE MOSQUÉE DE LYON
LE 30 SEPTEMBRE 1994

La France est un pays au sein duquel l'islam doit trouver sa place sans qu'elle lui soit marchandée au nom de je ne sais quelle discrimination, mais sans qu'elle lui soit pour autant concédée au nom de je ne sais quel abandon des principes de notre République (...)
Il convient de traiter la question de l'islam de France comme une question française et non

---

1. Cf. supra.

plus comme une question étrangère ou la prolongation en France de problèmes étrangers (...).
Il ne saurait plus y avoir seulement un islam en France. Il doit y avoir un islam de France.
La République française y est prête (...)
Il va de soi que si des influences contraires à nos traditions, nos valeurs, notre conception des droits de l'homme et de la femme venaient à se développer au sein de votre communauté, alors ce serait un risque majeur pour la communauté musulmane, mais aussi pour la cohésion nationale dans son ensemble, et cela nous ne saurions ni l'accepter, ni même le laisser s'installer petit à petit (...)
La France n'encourage pas le prosélytisme, mais ne décourage nullement le fidèle (...)
Veillons ensemble à ce que l'exaltation de quelques-uns ne nuise pas à l'harmonie de tous et que l'arbre intégriste ne cache pas la forêt de cet islam modéré, tolérant, discret qui est celui de l'ensemble de vos coreligionnaires.

3.2.2. Le réveil d'une identité musulmane

La vie de l'islam en France se heurte à divers obstacles : les divisions de la communauté, l'intervention de pays étrangers qui financent les activités et envoient des imams, la médiocre éducation religieuse de beaucoup de musulmans, l'image négative reçue par l'opinion française prompte à déceler un intégriste derrière tout croyant.

Il n'en demeure pas moins que le besoin religieux demeure et même se renforce dans certains cas, cela pour plusieurs raisons. Le réveil de l'islam revêt d'abord une dimension psychosociale. Les immigrés de la première génération arrivent progressivement à l'âge de la retraite et, comme les personnes de la même génération appartenant à d'autres confessions, cessent d'être des fidèles « sociologiques », se rapprochent de leurs racines, retrouvent une pratique plus régulière. En outre, certains adultes s'inquiètent de la destructuration de la cellule familiale, des dangers guettant leurs enfants, délinquance ou consommation de stupéfiants ; ils redoutent aussi que les jeunes ne s'assimilent à l'excès et perdent leur identité. Ces craintes entraînent un repli vers les valeurs traditionnelles comprises comme un môle de sécurité.

Des motivations plus directement religieuses apparaissent également. Des musulmans, choqués par les critiques fréquentes adressées à l'islam et le rôle de bouc émissaire qu'on fait jouer à cette religion, veulent restaurer l'image de celle-ci, montrer qu'elle repose sur de nobles principes, paix, liberté, justice, tolérance, qu'elle permet à chacun de s'épanouir. D'ailleurs, dès les années 70, un travail discret de reconquête des fidèles, à partir de thèmes religieux, fut entrepris par des associations, notamment dans les foyers d'hommes seuls ; l'une des revendications exprimées durant la longue grève des loyers dans les établissements de la Sonacotra était précisément l'aménagement de salles de prière.

Enfin, le retour de l'islam a été encouragé par une série d'événements que l'on peut qualifier de politiques au sens large du terme, principalement depuis 1989. Ce fut précisément au début de 1989 que les musulmans de France réagirent à la suite de la condamnation prononcée par l'imam Khomeyni contre l'écrivain britannique Salman Rushdie, auteur des *Versets sataniques*. Le 26 février, un millier de personnes, encadrées par un groupuscule, La Voix de l'islam, manifestèrent à Paris aux cris de « À mort Rushdie », « Nous sommes tous des khomeynistes », « *Allah akbar* ». Le dirigeant de La Voix de l'islam, Abdul Farid Gabteni, s'écria : « Nous ne renoncerons jamais à ce que ce livre disparaisse de la mémoire des hommes, même si chaque musulman devait être passé par les armes ». L'opinion française fut choquée par cette violence, les associations antiracistes se mobilisèrent contre les intégristes, le Premier ministre Michel Rocard menaça de poursuites judiciaires ceux qui lanceraient des nouveaux appels au meurtre. Mais beaucoup de musulmans, surtout parmi les plus modestes, même s'ils ne souhaitaient pas l'exécution de Salman Rushdie, souffraient de l'insulte faite à leur foi et craignaient que les remous suscités par l'affaire n'aboutissent encore à discréditer l'islam. Certaines organisations musulmanes, y compris les plus modérées comme la Mosquée de Paris, protestèrent contre la publication des *Versets sataniques* en France et demandèrent aux tribunaux l'interdiction du livre. L'échec de cette action en justice conforta ceux qui déploraient les humiliations infligées à leur religion.

Les musulmans subirent un nouvel outrage dans l'été qui suivit. Les municipalités se montraient généralement réservées face aux projets d'installation de mosquées, en raison de l'hostilité des Français habitant les quartiers où devaient être implantés les lieux de culte. Le 16 août 1989, l'opposition autochtone prit un tour plus offensif quand, à Charvieu-Chavagneux dans l'Isère, le maire, invoquant une opération de rénovation immobilière, fit détruire au petit matin une salle de prière à coups de bulldozer. L'affaire soulevant une forte émotion en France et à l'étranger, surtout dans les pays arabes, le maire déclara que la destruction résultait d'une erreur. Il ne convainquit pas les musulmans qui se sentirent une nouvelle fois victimes d'une agression sacrilège.

La crise principale restait à venir : l'affaire des foulards islamiques de Creil à partir de l'automne 1989. A la suite du renvoi de trois collégiennes qui, malgré les admonestations du principal, restaient voilées en classe, un vaste débat national se développa, sur un mode souvent passionné. Les adversaires du voile qui se posaient en défenseurs authentiques de la laïcité, formaient une coalition hétéroclite où se côtoyaient l'extrême droite la plus intransigeante, une partie de la droite républicaine, la gauche anticléricale et les féministes. De ce côté de l'opinion étaient dénoncés tour à tour les atteintes à l'identité française, l'exaltation de la différence et le refus d'intégration que révélait le port du voile, la soumission de la femme qu'il impliquait, la volonté de prosélytisme que comportait cet accessoire vestimentaire voyant. À l'inverse, des chrétiens modérés, la gauche libérale, des associations comme SOS Racisme et le MRAP plaidèrent pour la tolérance et le droit à la différence, contre la mise à l'écart des jeunes fille voilées, cette exclusion loin de l'école publique pouvant faire le jeu des intégristes. Mme Danièle Mitterrand remarqua : « Si le voile est l'expression d'une religion, nous devons accepter les traditions quelles qu'elles soient ». L'avocat Jacques Vergès, qui défendait les collégiennes, s'indigna de « l'acte de discrimination raciale » dont celles-ci étaient victimes.

De fait, beaucoup de musulmans voyaient dans l'argumentation des laïques hostiles au voile une forme de rejet xénophobe, voire raciste, et le refus d'accepter une expression identitaire légitime. Certains fidèles de l'islam se sentaient d'autant plus exclus que, observaient-ils, leurs adversaires n'avaient jamais fait campagne contre la croix qu'arboraient certains chrétiens, l'étoile ou la kippa que portaient les juifs pieux. Plusieurs associations comme la Fédération nationale des musulmans de France et surtout l'Union des organisations islamiques soutinrent activement les fillettes sanctionnées et se posèrent ainsi, face à la Mosquée de Paris restée en retrait, comme les meilleurs défenseurs de l'islam et ses porte-parole les plus autorisés. Quand le Conseil d'État et Lionel Jospin, ministre de l'Éducation nationale, rendirent des avis équilibrés et nuancés sur le problème soulevé par l'affaire de Creil, les associations islamistes pavoisèrent. Les textes officiels consacraient certes les principes de la laïcité, bannissaient toutes formes de prosélytisme, de provocation, de trouble apporté à l'ordre public, mais ils reconnaissaient aussi aux élèves, au nom de la liberté, « le droit d'exprimer et de manifester leurs croyances religieuses à l'intérieur des établissements scolaires »[1] . Ainsi, les manifestations d'appartenance communautaire devenaient légitimes dans la mesure où elles traduisaient la liberté individuelle. Les islamistes pouvaient crier victoire puisque le port du voile devenait en quelque sorte licite à l'école et qu'ainsi, l'identité musulmane pouvait s'afficher publiquement. Cependant, François Bayrou qui succéda à Lionel Jospin au ministère de l'Éducation nationale essaya de limiter la portée des concessions par une circulaire du 20 septembre 1994 qui, sans nommer les foulards, invitait les établissements à bannir « les signes ostentatoires qui constituent en eux-mêmes des éléments de prosélytisme ou de discrimination ».

Dans la pratique, ce sont les collèges et les lycées qui apprécient le trouble que le port du voile peut apporter dans l'établissement. Les parents d'élèves exclues, radicaux ou poussés par les associations, font parfois appel de ces décisions. Si le tribunal administratif de Lyon a confirmé en mai 1994 l'exclusion de deux collégiennes de Nantua, le Conseil d'État, en novembre 1992, a censuré des règlements intérieurs qui, à Montfermeil et Angers, interdisaient le port du voile et a ordonné la réintégration des élèves. En septembre 1995, le tribunal administratif de Nancy a même condamné l'État à verser 50 000 francs aux parents d'une jeune fille exclue de son collège à Vandœuvre. Ces décisions encouragent les islamistes à demander davantage : dispense de certains enseignements et des activités physiques mixtes, aménagement de salles de prière dans les établissements.

Le sentiment de dignité retrouvée qu'éprouvaient certains musulmans après l'affaire des foulards se renforça en janvier 1991 lors de la guerre du Golfe. En effet, le dictateur irakien Saddam Hussein, assailli par l'ensemble des puissances occidentales coalisées, prit figure de défenseur de la cause arabo-musulmane et de vengeur des humiliations subies par les immigrés depuis des années. La lutte, jugée virile et courageuse, menée par l'Irak contre les grandes puissances fit naître un fréquent sentiment de fierté. Cependant, la popularité de Saddam Hussein dans les banlieues les plus défavorisées n'entraîna pas les troubles que les pouvoirs publics craignaient.

La prise de conscience identitaire favorisée par l'affaire Rushdie, l'incident de Charvieu-Chavagneux, la crise des foulards et la guerre du Golfe coïncida avec la retombée du mouvement beur des années 80 et le déclin des espoirs suscité par la naissance de nombreuses associations dans les banlieues, à la même époque. Ces associations, fortes surtout de leur bonne volonté, manquaient souvent de moyens et n'avaient guère amélioré la situation sociale et professionnelle des jeunes dont elles s'occupaient. Quant aux efforts déployés par les pouvoirs publics, ils avaient facilité l'implantation de certains équipements collectifs dans les quartiers et permis des réhabilitations architecturales, mais l'insertion des jeunes dans la société demeurait douteuse et le chômage exerçait des ravages grandissants. Un tel contexte se révélait très favorable à la propagande religieuse. En effet, l'islam trouvait devant lui une masse d'individus déçus, désorientés, se sentant exclus ou méprisés. Les prédicateurs pouvaient dès lors présenter la religion comme un instrument de valorisation et de revanche sociale, un moyen de purification et d'équilibre personnels, un rempart contre les déviances et les tentations, notamment celles de la dro-

---

1. Avis du Conseil d'État, 27 novembre 1989.

gue, de l'alcool, du sexe. Ainsi l'islam, hier marginalisé, s'affirmait conquérant. Mais on peut se demander s'il n'était pas devenu une référence plus idéologique et identitaire que strictement religieuse.

3.2.3. Les contrastes de la pratique religieuse

Aujourd'hui, la pratique adopte des formes diverses dont il n'est pas toujours facile de mesurer l'importance respective.

L'observance religieuse a globalement connu une baisse : entre 1989 et 1994 le pourcentage des personnes d'origine musulmane qui se déclarent pratiquantes a baissé de 37 % à 27 %. Le taux de ceux qui prient quotidiennement est passé de 41 % à 31 %. La fréquentation de la mosquée le vendredi reste stable dans la faiblesse avec 16 %[1]. En vérité, beaucoup de musulmans, cultivés ou non, ont fait entrer leur religion dans la sphère du privé. Ils vivent une foi tranquille, ils adaptent certains rites en fonction des rythmes de travail ou de l'organisation des loisirs, ils relativisent des interdits et parfois les transgressent. Des enquêtes montrent que, si la majorité s'abstient de consommer du porc, l'interdit pesant sur l'alcool est souvent enfreint. De nombreuses fêtes sont célébrées plus en raison de leur dimension conviviale que de leur signification religieuse ; des familles se réunissent à la fois pour l'Aïd et pour Noël ; des adolescents qui ne respectent pas les abstinences du ramadan festoient pour la rupture du jeûne ; si le ramadan reste bien observé, il traduit souvent une fidélité aux origines et perd une partie de sa dimension spirituelle. Ces modifications qui vont dans le sens d'une moindre spécificité traduisent l'intégration d'une population musulmane sédentarisée. Il est cependant possible d'observer l'ensemble des pratiques, tout en maintenant l'islam dans l'ordre du privé. C'est ce que font des personnes âgées, comme les retraités vivant dans les foyers, ou les membres de certaines confréries qui se réunissent volontiers entre eux pour prier, étudier le Coran, méditer, psalmodier, chanter.

Les modifications de la pratique n'impliquent pas un rejet de l'identité musulmane à laquelle la plupart des personnes sont attachées. Ainsi, les musulmans ont de leur religion une image très positive et citent comme valeurs la qualifiant le mieux, dans l'ordre, la justice, la liberté, la démocratie, la protection de la femme. Même si peu de fidèles fréquentent les mosquées, 74 % des musulmans souhaitent en 1994 que de nouveaux lieux de prière soient construits, ce qui souligne l'attachement aux traditions. Un effort a d'ailleurs été fourni à cet égard puisque le nombre des lieux de culte est passé de 438 en 1983 à environ 1 200 en 1994, dont huit grandes mosquées de plus de 1 000 places à Paris, Mantes-la-Jolie, Evry, Roubaix-Tourcoing, Lille, Reims, Lyon, Marseille, et 120 salles pouvant accueillir de 200 à 1 000 personnes.

C'est l'attitude bipolaire, partagée entre la fidélité aux valeurs traditionnelles et l'adhésion plus ou moins marquée à la vie française, qui semble majoritaire, au moins d'après les sondages.

---

1. Sondages IFOP *Le Monde*, 30 novembre 1989 et 13 octobre 1994.

Questions	Réponses en %	
	1989	1994
Plus on est intégré à la société française, moins on est musulman		
D'accord	33	31
Pas d'accord	60	66
Ne se prononcent pas	7	3
On peut être parfaitement intégré à la société française et pratiquer la religion musulmane en privé		
D'accord	93	95
Pas d'accord	4	3
Ne se prononcent pas	3	2
Les musulmans doivent bénéficier d'un statut propre à leur religion	27	17
Les lois doivent être les mêmes pour tous	66	78
Que pensez-vous du port du voile islamique dans les écoles publiques		
Favorable 30	30	22
Opposé	45	44
Indifférent	22	31
Ne se prononcent pas	3	3
Quelle opinion avez-vous du FIS ?		
Très bonne		4
Assez bonne		5
Assez mauvaise		19
Très mauvaise		50
Le FIS donne une bonne image de l'islam		
Plutôt d'accord		9
Plutôt pas d'accord		71

D'après Sondages IFOP *Le Monde*, 30 novembre 1989 et 13 octobre 1994.

D'autres indices confirment le progrès de l'intégration. Si 74 % des musulmans souhaitent la construction de mosquées, le pourcentage de ceux qui demandent la diffusion d'appels à la prière par haut-parleur baisse de 34 % à 28 % entre 1989 et 1994. Entre ces mêmes dates, l'approbation donnée aux mariages mixtes augmente de 49 % à 59 %. L'accord se révèle encore plus important, 78 %, quand il s'agit de l'union d'un garçon avec une non-musulmane.

Les données globales doivent être nuancées à la lumière de l'âge et du sexe. Chez les jeunes, surtout les Algériens, la pratique connaît une forte chute qui les rapproche des taux moyens enregistrés en France dans les autres religions. Les plus éloignés de l'islam sont issus de familles mixtes ou implantées de longue date dans ce pays.

**Degré de pratique religieuse des jeunes d'origine étrangère
et de la moyenne des Français, suivant le sexe**

	Pas de religion	*Pas de pratique*	*Pratique occasionnelle*	*Pratique régulière*
HOMMES				
Nés en France de deux parents nés en Algérie	30	38	22	10
Nés en France d'un parent né en Algérie	60	27	6	7
Moyenne des Français	27	43	26	5
FEMMES				
Née en France de deux parents nés en Algérie	30	28	24	18
Née en France d'un parent né en Algérie	58	23	14	6
Moyenne des Françaises	20	35	36	9

D'après Michèle TRIBALAT, op. cit.

Les femmes pratiquent généralement davantage que les hommes. Certaines enquêtes montrent qu'elles se rendent peu à la mosquée et qu'elles prient volontiers chez elles, notamment au cours de réunions intégrées aux rites des confréries.

Si vous êtes musulman, faites-vous :

	les 5 prières + ramadan	*seulement ramadan*	*fête Aïd**	*aucun* 3*	*plus* mus.*
Total (%)	27	22	7	14	8
Homme	30	16	5	17	11
Femme	20	30	8	14	7
18-24 ans	10	22	7	20	17
25-34 ans	25	23	7	18	3
35-44 ans	65	10	4	4	0
45-54 ans	65	20	4	4	0
55-64 ans	2	2	0	23	5
Père né en France	13	32	9	20	12
Né en Algérie	6	22	6	6	44
Né en Tunisie	53	20	7	7	0
Né au Maroc	74	9	2	6	2
Né aux Comores					

* fête Aïd = je fête l'Aïd,
aucun 3 = Aucun des trois,
plus mus. = je ne me considère plus comme musulman

D'après Jocelyne CESARI, *Être musulman en France*, Karthala-IREMAM, Paris, 1994.

L'âge influence aussi le jugement formulé sur le port du foulard islamique à l'école : si, en moyenne, 44 % des musulmans se disent opposés à cet usage, le taux monte à 56 % chez les personnes de plus de 35 ans. En d'autres termes, la durée du séjour semble entraîner une plus large acceptation des comportements de ce pays.

La vitalité religieuse et la pratique doivent aussi être analysées en fonction de l'origine nationale. Les plus assidus à la mosquée sont les noirs d'Afrique suivis par les Marocains et les Turcs. Le record d'abstention appartient aux Algériens, peut-être parce qu'ils forment la communauté musulmane immigrée la plus ancienne : 48 % d'entre eux se déclarent « sans religion » ; 11 % seulement fréquentent les lieux de culte.

A l'inverse de ceux qui relativisent la place de la religion, certains musulmans pratiquent un islam plus strict et plus visible, sans pour autant se poser en ennemis de la société environnante et de ses valeurs. Ces fidèles, dévôts plus qu'intégristes, souvent membres d'associations ou de confréries, appliquent leur religion à la lettre, revêtent la tunique, récitent les prières cinq fois par jour, respectent rigoureusement les prescriptions alimentaires, font du porte à porte ou investissent les lieux publics pour ramener leurs frères sur le droit chemin. Ils veulent généralement offrir une image positive de l'islam, ne demandent pas l'instauration de la loi coranique en France, cherchent à vivre en bonne intelligence avec les citoyens de ce pays et se détournent de la politique, car ils sont avant tout préoccupés par les fins dernières de l'homme.

Au sein de l'islam radical existent plusieurs paliers d'exigences. D'une manière générale, la stratégie est offensive et conquérante. Il s'agit d'un mouvement de réislamisation visant particulièrement les jeunes des banlieues deshéritées. L'objectif est de ramener les individus à une pratique stricte et purificatrice, de structurer le groupe par l'enseignement, le mode de vie, l'adhésion associative. Ainsi ceux qui se sentent exclus, sans espoir d'obtenir une promotion sociale et professionnelle, retrouvent une identité et des repères. La religion leur offre une sorte de nouvelle patrie spirituelle. De celle-ci ils se montrent fiers et, par là, ils prennent leur revanche sur une société française décevante. Certains en viennent à rejeter le modèle d'intégration individuelle que propose traditionnellement la France et à revendiquer une insertion communautaire comportant des avantages particuliers. Quelques-uns n'hésitent pas à tenir des propos provocateurs comme cet imam turc de Nantua qui déclara : « La loi d'Allah doit être suivie avant la loi française »[1], ce qui lui valut d'ailleurs d'être expulsé du territoire français. Une minorité, s'alignant sur les thèses des extrémistes d'Algérie, rejettent la culture française, la démocratie telle qu'elle est conçue de ce côté de la Méditerranée, la laïcité et l'école vues comme des machines de guerre anti-islamiques visant à l'assimilation des jeunes. C'est parmi cette frange d'ultras, plus ou moins endoctrinés par des émissaires venus de l'étranger, que peuvent être recrutés des militants politico-religieux croyant servir Dieu par des actes terroristes.

3.3. *Les immigrés en politique*

Des immigrés installés de longue date et attachés à leurs droits participent davantage au débat politique. Les jeunes, souvent Français de naissance, possèdent la totalité des droits civiques et peuvent, s'ils le veulent, s'engager et défendre leurs intérêts par tous les moyens offerts aux citoyens.

---

1. *Le Figaro*, 6 novembre 1993.

3.3.1. Les facteurs de politisation

L'intérêt des immigrés pour la politique et leur participation éventuelle au débat résultent d'abord de l'ancienneté du séjour. Les retours ayant été peu nombreux, même quand des aides financières furent offertes, un nombre important de personnes s'est sédentarisé et les enfants sont en majorité devenus Français, ce qui a renforcé l'enracinement. On a vu que les habitudes de ces personnes installées de longue date se sont souvent modifiées et que des processus d'intégration plus ou moins marqués se sont mis en route.

Dans le domaine politique, les immigrés les plus anciens se familiarisent progressivement avec le système français, ses valeurs et ses codes, ses organisations représentatives, ses réseaux, les possibilités d'expression qu'il garantit. Quant aux jeunes issus de l'immigration, ils sont pour la plupart citoyens de naissance et formés par l'école française ; ils possèdent ainsi les droits et la culture qui permet de comprendre et d'utiliser ceux-ci.

Le niveau de conscience et de maturité dont font preuve les immigrés se traduit notamment par l'intérêt qu'ils manifestent pour la politique.

Intérêt pour la politique
Sondage du 8 mai 1988 (%)

Beaucoup	Assez	Peu	Pas du tout	Sans réponse
15	36,2	32,2	14,2	2
51,2		46,4		

D'après Jocelyne CESARI, op. cit.

Fait très significatif, 63,7 % des personnes interrogées dans le cadre d'une enquête conduite de 1987 à 1989 s'intéressent plus à la vie politique française qu'aux affaires internationales ou à celles de leur pays d'origine[1]. L'inscription sur les listes électorales permet aussi de mesurer le degré d'engagement des immigrés. D'après des sondages effectués à grande échelle, les Français originaires d'Espagne figurent sur les listes à hauteur de 90 %, ce qui correspond à la moyenne nationale ; 70 à 80 % des citoyens originaires du Portugal, d'Algérie, du Maroc sont inscrits, de même que 50 % à 70 % de ceux qui viennent de Turquie, d'Asie, d'Afrique. Les femmes apparaissent toujours un peu moins nombreuses que les hommes. La majorité des jeunes d'origine étrangère est également présente sur les listes, mais dans une proportion généralement inférieure à celle des autres Français du même âge. En particulier, contrairement à ce qui est parfois avancé, les deux tiers des citoyens d'origine algérienne et âgés de 25 à 29 ans sont inscrits.

Les immigrés, plus conscients et attentifs à la conjoncture française, réagissent aux stimulations de celle-ci, parfois vivement. Les xénophobes, les racistes, les provocateurs

---

1. Catherine WITHOL DE WENDEN et Rémy LEVEAU, Modes d'insertion des populations de culture islamique dans le système politique, *Migrations Études*, septembre 1991.

ne trouvent plus en face d'eux une population toujours craintive et prête à subir l'outrage. Les prises de position anti-étrangères du Front national ont à la fois aiguisé l'inquiétude et accéléré la volonté de riposte. Cette faculté de réaction était déjà manifeste à la fin des années 70 quand les immigrés entamèrent des grèves de la faim pour protester contre une législation qui rendait leur situation précaire. La relation entre l'ancienneté du séjour et l'engagement fut particulièrement mis en évidence à la fin de 1983 dans les grandes grèves qui frappèrent l'industrie automobile. Ainsi, parmi les grévistes marocains de l'usine Talbot de Poissy, 73 % comptaient plus de dix ans de présence dans l'entreprise et 6 % plus de vingt ans. Ces hommes avaient appris à connaître leurs droits et, sûrs d'eux-mêmes, réagissaient aux menaces pesant sur leur emploi, sans attendre les incitations syndicales.

L'entrée des immigrés dans le champ politique fut également favorisée par les pouvoirs publics. À cet égard, le retour de la liberté d'association en 1981 et la promesse de l'octroi du droit de vote aux étrangers, promesse faite par François Mitterrand à la même époque, ont joué un rôle considérable. En effet, les immigrés, à qui des possibilités d'action nouvelles étaient reconnues ou annoncées, se sont sentis davantage responsables de leur destin. Ce surcroît d'autonomie a permis la naissance d'organisations diverses et facilité des initiatives telles que les marches antiracistes de 1983 et 1984. Du monde de l'immigration sont alors sortis des hommes nouveaux, parfois connus du grand public, responsables associatifs, intellectuels, militants et même élus locaux qui remplissent la fonction de porte-parole et de défenseurs des intérêts de leurs mandants. Les politiques d'intégration, définies surtout depuis la fin des années 80, ont voulu rapprocher les immigrés des nationaux dans le domaine social, économique, culturel. Les esprits les plus audacieux ont pu penser que l'intégration entraînerait aussi une évolution du statut juridique des étrangers et de leurs droits politiques.

3.3.2. Les choix politiques des immigrés

Les dirigeants français dont dépend l'éventuel élargissement des droits dévolus aux immigrés étudient de près l'opinion de ceux-ci.

Les enquêtes montrent que les immigrés souhaitent jouir du droit de vote pour les élections municipales. Dans un sondage de mars 1989, ils sont 81,3 % à exprimer ce vœu[1]. Un autre sondage, effectué un an plus tard, révèle que 66 % des personnes interrogées aimeraient voter aux élections municipales, mais aussi que 57 % aimeraient exercer ce droit aux présidentielles, 52 % aux européennes, 51 % aux législatives[2]. Les Maghrébins apparaissent plus demandeurs de droits que les ressortissants de la Communauté européenne.

Les préférences des immigrés vont nettement vers la gauche et plus particulièrement vers le Parti socialiste, toujours placé en tête.

---

1. Jocelyne CESARI, *Être musulman en France*, op. cit.
2. SOFRES *l'Express*, 23 mars 1990.

Choix politiques des immigrés (%)

	Personnes issues de l'immigration et ayant voté le 8 mai 1988	Étrangers interrogés en mars 1990
Parti communiste	22,5	4
Un parti d'extrême gauche	9,7	1
Parti socialiste	40,7	51
Mouvement écologiste	4	4
UDF	0,3	2
RPR	2,1	5
Front national	0,5	1
Aucun	10	8
Divers	7,7	12
Sans réponse	2,5	12

D'après J. CESARI, op. cit.   D'après *L'express*, 23 mars 1990.

Le 8 mai 1988, second tour de l'élection présidentielle, 92,7 % des personnes issues de l'immigration déclarent avoir voté pour François Mitterrand. Ce dernier en mars 1990, inspire de la sympathie à 85 % des étrangers et 67 % de ceux-ci auraient voté pour lui en 1988 s'ils l'avaient pu.

Cependant, le score obtenu par la gauche doit être relativisé. En effet, 52 % des personnes interrogées en 1990 confient qu'en dépit de leur sympathie de principe pour la gauche, elles auraient, dans leur commune, voté en faveur du maire en place, fut-il de droite. On observe donc une sorte de légitimisme qui profite aux détenteurs du pouvoir, donc à la gauche qui, en 1990, gérait les affaires nationales depuis près de dix ans.

Le terrorisme est demeuré extrêmement minoritaire au sein de l'immigration. D'ailleurs les auteurs d'actes violents sont souvent des agents venus spécialement de l'extérieur pour commettre leurs forfaits. Mais ils peuvent aussi recruter des complices parmi les réfugiés politiques, chez des sympathisants fanatisés ou des marginaux soudoyés. De la sorte, la France est souvent devenue le théâtre de violences, enlèvements, règlements de comptes, attentats se déroulant en général par vagues.

Avant 1989, les opposants aux démocraties européennes étaient exposés à la rancune de leurs gouvernements. Les Roumains recevaient des colis piégés, comme ce fut le cas pour l'écrivain Paul Goma ou l'ancien ministre Nicolas Penesco, ou se faisaient rouer de coups par des inconnus. Des exilés yougoslaves furent assassinés en 1972 et 1978. Un Bulgare faillit périr d'une injection de poison faite par un parapluie piégé.

Le milieu de l'année 1982 fut marqué par une série d'attentats généralement liés aux événements du Proche-Orient : assassinat de personnalités israéliennes et palestiniennes, mort de six personnes après le mitraillage du restaurant Goldenberg rue des Rosiers à Paris, le 9 août. De mars à septembre 1982, le terrorisme fit 18 morts et 182 blessés.

Parmi les responsables des violences de 1982 figuraient des nationalistes arméniens, résolus à se venger des Turcs, responsables du génocide de 1915, et à faire parler d'eux par des actions spectaculaires. Groupés dans diverses organisations, dont le Commando des justiciers du génocide arménien et l'Armée secrète de libération de l'Arménie

(ASALA), plus ou moins liés à l'aile gauche de l'Organisation de libération de la Palestine, les terroristes arméniens se manifestèrent à partir du 24 octobre 1975, date de l'assassinat de l'ambassadeur de Turquie à Paris. L'attentat le plus grave, l'explosion d'une bombe près des comptoirs de la *Turkish Airlines* à l'aéroport d'Orly, le 15 juillet 1983, causa 6 morts et 56 blessés. La violence arménienne déclina ensuite et s'arrêta en 1985.

Au cours des années suivantes, la France connut de nouvelles agressions dont se rendirent coupables tour à tour des séparatistes basques frappant les intérêts espagnols, les Brigades rouges italiennes, des groupes pro-iraniens dont le Djihad islamique qui assassinèrent des personnalités ayant jadis servi le Shah d'Iran, les Kurdes anti-Turcs du Parti des travailleurs du Turkistan (PKK). Le mois de septembre 1986 fut ensanglanté par une vague d'attentats particulièrement nombreux.

Dans les années 90, les activités clandestines semblent prendre une inflexion nouvelle. Elles constituent d'abord le prolongement en France de la guerre civile algérienne. Le Front islamique du salut (FIS) et le Groupement islamique armé (GIA) ont formé des réseaux de soutien qui paraissent bien structurés, cachés derrière d'innocentes associations se vouant par exemple au soutien scolaire et alimentés en argent par la perception d'un « impôt révolutionnaire », des trafics divers, des actes relevant du bandistisme.

Le Monde, 10 novembre 1993.

La police a découvert des stocks d'armes, des ateliers de faux papiers, des cachettes permettant d'héberger des individus recherchés. Mais la France ne représente pas seulement pour les islamistes durs le théâtre de leurs règlements de comptes internes, comme l'assassinat à Paris, le 11 juillet 1995, du cheikh Sahraoui, incarnant l'aile modérée du FIS et victime probable d'une branche plus extrémiste. La France se trouve aussi impliqué directement. Elle est en effet accusée par les opposants à l'État algérien de soutenir celui-ci. En décembre 1994, après l'échec du détournement d'un avion Airbus d'Air-France, échec se soldant par la mort des terroristes, abattus sur l'aérodrome de Marseille-Marignane, l'Armée islamique du salut, branche militaire du FIS, proclama que « la guerre contre la France est devenue un devoir légal » et annonça qu'elle voulait « rendre aux injustes coup pour coup pour venger les croyants »[1]. Dernier fait nouveau, les extré-mistes semblent chercher des recrues dans la jeunesse issue de l'immigration. Les pouvoirs publics se sont émus de cette stratégie et, dans un rapport publié le 26 septembre 1994, le préfet de la Seine-Saint-Denis évoque « un travail patient et méthodique d'endoctrinement », « la polarisation du prosélytisme islamique vers la jeunesse la plus déshéritée des banlieues », une « stratégie d'imprégnation du tissu social ». Cette fermentation est responsable, selon la police, d'une nouvelle vague d'attentats survenue dans l'été 1995, attentat dont le plus meurtrier, l'explosion d'une bombe dans la station de métro Saint-Michel à Paris, le 25 juillet, a causé 7 morts et 29 blessés.

Le terrorisme rencontre un écho dans certaines communautés immigrées. Ainsi, à la fin des années 70, les Arméniens furent comme réveillés par les attentats spectaculaires que commettaient les extrémistes. Ils se trouvèrent replongés dans l'actualité du drame impuni vécu par leurs pères en 1915, ce qui les amena parfois à absoudre la violence, voire à l'approuver. Des manifestations de soutien aux terroristes arrêtés et des collectes de fonds pour confier leur défense à de grands avocats furent organisées. La création d'associations politiques et culturelles, la publication de nombreux ouvrages attestèrent que le terrorisme avait contribué à rapprocher les Arméniens de leurs racines.

Le terrorisme islamiste est observé de très près par les immigrés d'origine algérienne. Ceux-ci confirment que les réseaux extrémistes ont pris pied dans les banlieues, mais qu'ils s'appuyent seulement sur des individus isolés. Pour l'écrivain Azouz Begag, il s'agit d'un terrorisme « qui repose sur quelques paumés, quelques fous qu'on peut recruter parmi les délinquants ou les dealers ». Azouz Begag ajoute : « Je ne crois pas à un terrorisme idéologique, très organisé, qui aurait pris racine chez nous » ; l'écrivain assure que les jeunes des banlieues sont hostiles aux violences barbares et que les militants musulmans voient dans celles-ci une trahison de l'islam[2]. Il n'en demeure pas moins que l'opinion française, sans céder à la panique, éprouve un malaise et que celui-ci se transmet aux immigrés, lesquels à tort ou à raison, décèlent un soupçon chez les Français de souche. Azouz Begag croit reconnaître une lueur d'inquiétude dans le regard des gens qu'il côtoie dans le métro. Dalil Boubakeur, recteur de la mosquée de Paris, se flattant d'être « l'écho sonore d'une communauté de 4 millions d'âmes », déclare : « Ce que nous redoutons, c'est que la France voie dans tout musulman un terroriste en puissance »[3]. Le soupçon ne peut qu'être entretenu par les nombreuses opérations de police anti-islamistes : le 4 juin 1993 découvertes d'armes, puis 88 interpellations de militants de la

1. *El Feth El Moubine*, 30 décembre 1994.
2. *Télérama*, 20 septembre 1995.
3. *Le Monde*, 10 août 1994.

Fraternité algérienne en France le 9 novembre 1993, perquisition chez des islamistes tunisiens le 8 décembre 1993, nouvelles opérations les 21 et 22 mars 1994, une trentaine d'interpellations en septembre 1994 après la fusillade de Marrakech mettant en cause des terroristes venus de France, 95 interpellations les 7 et 8 novembre 1994, à nouveau 140 interpellations parmi les réseaux de soutien au GIA le 21 juin 1995, perquisitions et arrestations après la vague terroriste de l'été 1995. Ces opérations sont souvent entourées d'une certaine publicité médiatique, destinée à rassurer l'opinion. Mais, de la sorte, la méfiance du public peut être entretenue, ce qui risque d'entraver l'accession des immigrés à une forme de citoyenneté.

3.3.3. Quelle citoyenneté pour les immigrés ?

Loin des violences terroristes, la masse des immigrés sédentarisés et pacifiques est de plus en plus concernée par la vie de la cité et, dans certains cas, participe activement à celle-ci.

Selon la conception traditionnelle, l'exercice complet des droits civiques est lié à l'acquisition de la nationalité française. Des associations comme France-Plus invitent les étrangers à demander leur naturalisation et exhortent les jeunes, devenus Français automatiquement, à utiliser leurs droits, notamment la faculté de voter. De la sorte, estime Arezki Dahmani, président de France-Plus, les immigrés montrent leur « adhésion à une Nation et à ses valeurs »[1], et ils sortent de leur marginalité politique. Cette forme d'intégration civique pourrait contribuer à l'affaiblissement de l'esprit communautaire ou ethnique et mieux souder la nation française.

En septembre 1987, huit mois avant l'élection présidentielle, France-Plus lança une vaste campagne pour amener les jeunes issus de l'immigration à s'inscrire sur les listes électorales, baptisées ironiquement « un charter pour les droits civiques ». L'association estimait le nombre de ces électeurs potentiels à 1 200 000. Puis France-Plus entama des négociations avec les partis pour obtenir d'eux la présence de Beurs sur les listes de candidature au scrutin municipal de mars 1989. Cette proposition rejoignait le constat des hommes politiques s'avisant que, dans certaines circonscriptions, les personnes issues de l'immigration représentaient un poids électoral non négligeable. Ainsi, en février 1989, peu avant le scrutin municipal, la mairie de Paris, constatant que les Chinois demandaient fréquemment leur naturalisation, invita 4 000 Asiatiques à une grande réception à l'occasion du Nouvel An lunaire. Des candidats aux mairies d'arrondissement invitèrent des Orientaux à figurer sur leurs listes. France-Plus, pour sa part, posait deux conditions à ses interlocuteurs : que les candidats d'origine étrangère fussent placés en position d'éligibilité et que leurs colistiers ne concluent aucun accord avec le Front national. Plusieurs personnalités acceptèrent cette sorte de contrat, ainsi Jacques Chaban-Delmas à Bordeaux, Dominique Baudis à Toulouse, Michel Rocard à Conflans-Sainte-Honorine, Michel Delebarre à Dunkerque. En définitive, quelque 150 conseillers municipaux d'origine maghrébine furent élus. Certains d'entre eux accédèrent à la notoriété, comme le cardiologue Salem Kacet, adjoint au maire de Roubaix, exemple d'intégration, de réussite professionnelle et politique. Des immigrés autres que maghrébins furent également élus en 1989. Le plus connu d'entre eux, Kofi Yamgnane, d'origine togolaise, installé dans la petite commune bretonne de Saint-Coulitz en 1973, naturalisé en 1975,

---

1. *Libération*, 25-26 février 1989.

conseiller municipal en 1983, maire en 1989, devint secrétaire d'État à l'Intégration en 1991.

Aux élections municipales de 1995, des mutations s'opérèrent. France-Plus, en proie à une crise interne, avait perdu de son influence. Des élus de 1989 ne se représentèrent pas car ils avaient compris que, pour certains maires, ils faisaient seulement fonction d'« Arabes de service », de caution servant à attirer les électeurs de même origine qu'eux ou à désamorcer les troubles dans les banlieues. Des hommes nouveaux firent acte de candidature, plus nombreux qu'à la consultation précédente, soucieux de se démarquer du communautarisme, beaucoup moins hésitants que leurs devanciers à s'engager à droite ou chez les écologistes. Dans plusieurs communes, des listes juxtaposèrent à dessein des noms français de souche et des patronymes maghrébins, africains noirs, espagnols, portugais.

Au-delà de la conception traditionnelle des droits liés à la nationalité, une nouvelle approche de la citoyenneté semble émerger, sans doute dans le sillage de la promesse d'octroi du droit de vote aux étrangers. Un nombre important de personnes estiment qu'il n'est pas nécessaire de posséder la nationalité française pour faire de la politique dans ce pays et participer aux élections locales. En 1989 déjà, 79,2 % des immigrés interrogés dans un sondage, exprimaient une telle opinion[1]. La revendication de ce nouveau droit n'évacue pas le sens des devoirs : 64 % des jeunes issus de l'immigration se disent prêts à défendre la France par les armes, si elle était attaquée, contre 20 % de réponses négatives[2].

Certains immigrés contestent aussi le principe de nationalité comme réducteur et symbole d'une assimilation dépassée en raison de la construction européenne. De fait, les accords de Maastricht ont prévu de donner aux ressortissants de la Communauté le droit de vote aux élections municipales dans leur pays de résidence. La France pourrait ainsi compter un million d'électeurs supplémentaires. Mais la droite s'est montrée fort réservée sur cette disposition : un sondage organisé en 1992 auprès de 21 512 élus locaux conservateurs indique que 85 % d'entre eux sont hostiles à la participation des étrangers aux scrutins municipaux[3]. En revanche, 54 % des élus français acceptent que les ressortissants de la Communauté votent aux élections européennes. Les étrangers concernés ont pu effectivement prendre part à la désignation des représentants français à l'Assemblée de Strasbourg, le 12 juin 1994. Mais l'empressement apparut généralement faible ; dans une grande ville cosmopolite telle que Nice, seuls 193 étrangers s'inscrivirent sur les listes électorales. La majorité préféra voter dans les locaux consulaires pour élire des candidats du pays d'origine.

En fait, l'identité européenne est encore à construire, pour les Français comme pour les étrangers. Les uns et les autres se sentent davantage concernés par les problèmes de proximité, sur lesquels ils estiment avoir prise grâce aux élections locales et nationales. Pour l'instant, seuls les nationaux peuvent participer à ces consultations. Mais le débat sur le type de citoyenneté, lié ou non à la nationalité, est appelé à disparaître progressivement en raison du nombre croissant de personnes qui sont à la fois issues de l'immigration et juridiquement françaises.

---

1. Catherine WITHOL DE WENDEN et Rémy LEVEAU, op. cit.
2. Sondage SOFRES *le Nouvel Observateur*, 2-8 décembre 1993.
3. *Le Quotidien de Paris*, 15 mai 1992.

CONCLUSION

Depuis un siècle, la France a accueilli des vagues successives d'immigrés. Ceux qui restèrent s'intégrèrent progressivement et leurs enfants, en tout cas, devinrent des citoyens généralement comparables aux Français de souche. Mais les difficultés étaient sans cesse réactivées par le caractère répétitif du phénomène migratoire : tandis que les représentants d'une génération ancienne d'immigrés s'inséraient dans la société française, des contingents nouveaux arrivaient et se trouvaient à leur tour confrontés aux problèmes que leurs prédécesseurs commençaient à surmonter. Aujourd'hui, les personnes d'origine belge, italienne, espagnole, polonaise, arménienne, russe, ne se singularisent plus dans le contexte national. Quand les Français parlent des immigrés, ils évoquent surtout les derniers arrivés, les Maghrébins, les Africains noirs, les Turcs.

L'appartenance de nombreux immigrés à l'islam amène certains Français à expliquer les difficultés actuelles par l'origine religieuse de ces personnes. Or, en leur temps, les étrangers de culture chrétienne se heurtèrent aussi à de sérieux obstacles sur la voie de l'adaptation et à de sévères critiques des autochtones. Les malheureux ouvriers massacrés à Aigues-Mortes en 1893 venaient d'Italie et non d'une lointaine terre exotique. En fait, c'est la prise de conscience d'une différence, plus ou moins marquée, entre les nationaux et leurs hôtes, qui fait naître des tensions. À ce sentiment de différence s'ajoutent des facteurs qui influencent le jugement : le poids de la conjoncture économique et la perception des intérêts à préserver, les attaches idéologiques et religieuses, le lieu de résidence, le niveau social et culturel, la nationalité des étrangers que l'on côtoie et la catégorie à laquelle ils appartiennent : travailleurs, réfugiés, intellectuels, résidents fortunés. De la sorte, le comportement des Français est gouverné par une combinaison d'influences et l'idée d'un seuil unique de tolérance ne résiste pas à l'analyse. L'opinion fluctue sur une sorte d'échelle mobile variant selon les circonstances.

Parmi les principaux facteurs qui ont traditionnellement favorisé l'intégration, figurent la réussite professionnelle, l'ascension sociale, les rencontres quotidiennes dans les quartiers, dans les organisations politiques et syndicales, dans les activités de loisir. Pour les plus jeunes, l'école a joué un rôle essentiel dans la transmission de la langue et des valeurs du pays d'accueil. Mais ces mécanismes ne fonctionnent plus aujourd'hui avec une égale efficacité. La poussée du chômage ralentit fortement l'amélioration des conditions de vie et prive les jeunes d'espoir. La crise du mouvement ouvrier, l'affaiblissement des organisations représentatives, la constitution de vastes banlieues que les classes moyennes françaises ont en partie quittées réduisent les possibilités de rencontre. Ainsi, les difficultés résultent plus de l'évolution de la conjoncture économique et sociale que de l'origine ou des particularités des immigrés. Toutefois, la durée du séjour reste un facteur d'intégration décisif. Avec le temps, le milieu d'accueil exerce une influence diffuse, mais déterminante, sur les comportements et parfois sur les modes de pensée.

Les sondages semblent témoigner d'une bonne intégration. En 1993, quelque 86 % des immigrés interrogés se déclaraient « très » ou « assez satisfaits de vivre en France »[1]. En réponse à une autre question formulée différemment, 92 % disaient « se sentir bien en France »[2]. Une forte majorité de 78 à 80 % se montrait favorable à une lutte résolue contre l'immigration clandestine. Certes, ces chiffres doivent être nuancés à la lumière de la fréquente réaction des immigrés qui atténuent leurs difficultés et ne veulent pas remettre en cause leur choix d'installation définitive en France, pour ne pas avouer un éventuel échec. Il est significatif que 30 % confient avoir été victimes d'actes racistes de la part des Français et que le jugement sur le comportement de ces derniers soit mitigé : 54 % trouvent les nationaux « plutôt agréables » ; seuls 20 % les estiment chaleureux. Cependant, tout montre que les immigrés ont changé, au point de, souvent, se sentir étrangers quand ils retournent dans leur pays d'origine. N'est-il pas symbolique et révélateur d'une adaptation intellectuelle réussie qu'en 1995 le prix Médicis ait couronné *La Langue maternelle* du Grec Vassilis Alexakis et *Le Testament français* du Russe Andreï Makine, ce dernier devenant en outre le lauréat du prix Goncourt ?

Aujourd'hui, les États de la Communauté européenne sont tous plus ou moins confrontés au problème de l'immigration. Certes, les ressortissants de la Communauté, culturellement proches, souvent intégrés, pouvant en théorie circuler librement dans les pays de l'Union depuis mars 1995, dotés du droit de vote aux élections européennes dans leur lieu de résidence, se situent à part : ni les gouvernements ni les opinions publiques ne s'alarment à leur sujet ; l'usage de l'épithète « immigrés » à leur endroit sort même de l'usage.

En revanche, les Européens éprouvent des inquiétudes face aux quelque huit millions d'étrangers, clandestins non compris, qui ne sont pas ressortissants de la CEE et vivent à l'intérieur de celle-ci. Ces immigrés, généralement originaires d'Afrique et du Proche-Orient, sont culturellement plus lointains et gardent souvent un niveau de vie inférieur, avec toutes les pesanteurs sociales qu'entraîne une telle condition. C'est précisément cette population qui souffre d'un retard d'intégration. Les gouvernements de la Communauté redoutent aussi l'afflux d'Européens de l'Est, attirés par la plus grande prospérité régnant à l'ouest du continent. Les craintes qu'éprouvent les ressortissants de la Communauté et leurs interrogations identitaires s'expriment vigoureusement dans le discours des partis nationaux-populistes et d'extrême droite et se traduisent par les succès électoraux du Front national en France, par des attentats xénophobes en Allemagne, par une émergence du racisme en Espagne et en Italie. Aussi les États de la CEE tendent-ils à élaborer une politique commune, ce à quoi les invitaient dès 1985 les accords de Schengen qui prévoyaient d'harmoniser l'octroi du droit d'asile, les règles relatives au fran-

---

1. SOFRES *le Figaro*, 13 juillet 1993.
2. IFOP *L'Express*, 9 septembre 1993.

chissement des frontières extérieures, la lutte contre l'immigration et le travail clandestins.

Sans que les objectifs fixés par la convention de Schengen soient déjà atteints, la France et ses partenaires ont pris des décisions qui rapprochent leurs législations respectives. Ainsi, en matière d'accès à la nationalité, aux deux modèles différents d'une France qui intègre traditionnellement les immigrés dans une communauté républicaine les incitant à oublier leurs particularismes et d'une Allemagne fermée dans la défense de son homogénéité ethno-culturelle, succèdent des règles de droit plus convergentes : la France, sans renier le droit du sol, met davantage l'accent sur le principe de filiation nationale, tandis que l'Allemagne s'entrouvre au droit du sol. Dans un autre domaine, la gestion de plus en plus décentralisée des questions socio-économiques concernant les immigrés en France rejoint des pratiques déjà bien ancrées dans plusieurs pays de la CEE. De même, la volonté d'organiser un islam plus « gallican », détaché des influences étrangères, ce qui représente une entorse au principe de la neutralité laïque des pouvoirs publics, rapproche la France d'autres États où la frontière avec les religions est moins étanche.

En France, la crise a conduit le gouvernement à suspendre l'immigration en 1974. Aucun dirigeant n'a, depuis, remis en cause cette décision, même si, dans le discours politique, des divergences semblent séparer une gauche libérale d'une droite plus stricte. Les gouvernements de gauche comme de droite ont aussi tous réaffirmé solennellement leur volonté de favoriser l'intégration des immigrés installés régulièrement, immigrés qui ont concouru à son essor économique, maintenu sa santé démographique, enrichi son patrimoine culturel. Ainsi, ce n'est plus en acceptant de recevoir des flux incontrôlés d'immigrés, mais en les maîtrisant et en assurant aux hommes qui l'ont servie, et s'enracinent sur son sol, des conditions de vie décentes, des assurances quant à leur sécurité, des espoirs de promotion, que la France conservera sa réputation de terre d'accueil.

BIBLIOGRAPHIE

Généralités

Vues d'ensemble

AMAR Marianne et MILZA Pierre, *L'immigration en France au XXe siècle*, Colin, Paris, 1990.

ANGLADE Jean, *La vie quotidienne des immigrés en France de 1919 à nos jours*, Hachette, Paris, 1976.

Aux soldats méconnus. Étrangers, immigrés, colonisés au service de la France, *Hommes et Migrations*, novembre 1991.

Composition française. Les apports étrangers dans le patrimoine français, *Migrants-Formation*, numéro spécial, mars 1992.

DOMENACH Hervé et PICOUET Michel, *Les migrations*, Que sais-je ? PUF, Paris, 1995.

DUPEUX GEORGES (dir.), *Les migrations internationales de la fin du XVIIIe siècle à nos jours*, CNRS, Paris, 1980.

Étrangers, immigrés, Français. Un siècle d'immigration en France, *Vingtième Siècle*, numéro spécial, septembre 1985.

FALGA Bernard, WIHTOL DE WENDEN Catherine, LEGGEWIE Claus, *Au miroir de l'autre. De l'immigration à l'intégration en France et en Allemagne*, le Cerf, Paris, 1994.

LEQUIN Yves (dir.), *La mosaïque France*, Larousse, Paris, 1988.

LIAUZU Claude, *Histoire des migrations en Méditerranée occidentale*, Complexe, Bruxelles, 1996.

NOIRIEL Gérard, *Le creuset français*, le Seuil, Paris, 1989.

NOIRIEL Gérard, *Population, immigration et identité nationale en France, XIXe et XXe siècles*, Hachette, Paris, 1992.

SCHOR Ralph, La question immigrée, *l'Histoire*, n° 111, mai 1988.

WIHTOL DE WENDEN Catherine, *Les immigrés et la politique. Cent cinquante ans d'évolution*, Presses de la Fondation nationale des Sciences politiques, Paris, 1988.

Études démographiques

ARMENGAUD André, *La population française au XIXe siècle*, Que sais-je ? PUF, Paris, 1971.

ARMENGAUD André et FINE A., *La population française au XXe siècle*, Que sais-je ? PUF, Paris, 1983.

DUPAQUIER Jacques (dir.), *Histoire de la population française*, tomes 3 et 4, PUF, Paris, 1988.
TRIBALAT Michèle, *Cent ans d'immigration. Étrangers d'hier, Français d'aujourd'hui*, INED-PUF, Paris, 1991.

Les nationalités et les groupes

Les Africains noirs en France, *Hommes et Migrations*, avril et mai 1990.
BRODY Jeanne, *Rue des Rosiers : une manière d'être juif*, Autrement, Paris, 1995.
CARREIRA Teresa Pires et TOME Maria-Alice, *Portugais et Luso-Français*, CIEMI-L'Harmattan, Paris, 1994.
FAIDUTTI-RUDOLF Anne-Marie, *L'immigration italienne dans le Sud-Est de la France*, Louis Jean, Gap, 1964.
HERMET Guy, *Les Espagnols en France*, Éditions ouvrières, Paris, 1967.
HOVANESSIAN Martine, *Le lien communautaire. Trois générations d'Arméniens*, Colin, Paris, 1992.
HOVANESSIAN Martine, *Les Arméniens et leurs territoires*, Autrement, Paris, 1995.
L'immigration portugaise en France, *Hommes et Migrations*, juin-juillet 1989.
MILZA Pierre, *Voyage en Ritalie*, Plon, Paris, 1993.
MILZA Pierre et BLANC-CHALÉARD Marie-Claude, *Le Nogent des Italiens*, Autrement, Paris, 1995.
PONTY JANINE, *Les Polonais du Nord ou la mémoire des corons*, Autrement, Paris, 1995.
ROUCH Monique (dir.), *Comprar un prà. Des paysans italiens disent l'immigration* (1920-1960), Maison des Sciences de l'homme d'Aquitaine, Bordeaux, 1989.
SAYAD Abdelmalek, Les trois âges de l'émigration algérienne en France, *Actes de la recherche en sciences sociales*, n° 15, juillet 1977.

L'opinion

Les chrétiens et l'immigration, *Hommes et Migrations*, janvier 1992.
GIRARD Alain et STOETZEL Jean, *Français et immigrés,* INED-PUF, 2 volumes, Paris, 1953-1955.
MILZA Olivier, *Les Français devant l'immigration*, Complexe, Bruxelles, 1988.
Le poids des mots, *Hommes et Migrations*, mai 1992.

Études régionales

BRUNET Jean-Paul (dir.), *Immigration, vie politique et populisme en banlieue parisienne (fin XIXe-XXe siècles)*, l'Harmattan, Paris, 1995.
L'immigration en Aquitaine, Maison des Sciences de l'homme, Bordeaux, 1988.
KASPI André et MARES Antoine (dir.), *Le Paris des étrangers depuis un siècle*, Imprimerie nationale, Paris, 1989.
MARES Antoine et MILZA Pierre (dir.), *Le Paris des étrangers depuis 1945*, Publications de la Sorbonne, Paris, 1994.
Marseille et ses étrangers, *Revue européenne des migrations internationales*, numéro spécial, volume 11, n° 1, 1995.
NOIRIEL Gérard, *Longwy, immigrés et prolétaires, 1880-1980*, PUF, Paris, 1984.
TEMIME Émile, *Migrance, Histoire des migrations à Marseille*, 4 volumes, Édisud, Aix-en-Provence, 1989-1991.
TEMIME Émile, *Marseille transit : les passagers de Belsunce*, Autrement, Paris, 1995.

Avant 1940

Aspects généraux

BONNET Jean-Charles, *Les pouvoirs publics français et l'immigration dans l'entre-deux-guerres*, Centre d'histoire économique et sociale de la région lyonnaise, Lyon, 1976.

BUNLE H., *Les mouvements migratoires entre la France et l'étranger*, Imprimerie nationale, Paris, 1943.

DEPOID P., *Les naturalisations en France (1870-1940)*, Imprimerie nationale, Paris, 1942.

MAUCO Georges, *Les étrangers en France*, Colin, Paris, 1932.

SCHOR Ralph, Le facteur religieux et l'intégration des étrangers en France (1919-1939), *Vingtième Siècle*, juillet-septembre 1985.

L'opinion

PERROT Marguerite, Les rapports entre ouvriers français et étrangers (1971-1893), *Bulletin de la Société d'histoire moderne*, 1960.

SCHOR Ralph, Xénophobie et extrême droite : l'exemple de l'Ami du Peuple, 1928-1937, *Revue d'histoire moderne et contemporaine*, tome 23, 1976.

SCHOR Ralph, Le Parti communiste français et les étrangers, *l'Histoire*, n° 35, juin 1981.

SCHOR Ralph, *L'opinion française et les étrangers, 1919-1939*, Publications de la Sorbonne, Paris, 1985.

SCHOR Ralph, L'image des minorités ethniques de Marseille dans les médias de l'entre-deux-guerres, *Cahiers de la Méditerranée*, décembre 1987.

SCHOR Ralph, Racisme et xénophobie à travers la caricature française (1919-1939), *Revue européenne des migrations internationales*, volume 4, 1er semestre 1988.

TAGUIEFF Pierre-André, Face à l'immigration : mixophobie, xénophobie ou sélection, un débat français de l'entre-deux-guerres, *Vingtième Siècle*, juillet-septembre 1995.

Les Italiens

DUROSELLE Jean-Baptiste et SERRA Enrico (dir.), *L'émigration italienne en France avant 1914*, Franco Angeli, Milan, 1976.

L'immigration italienne en France dans les années 20, CEDEI, Paris, 1988.

MILZA Pierre, *Français et Italiens à la fin du XIXe siècle*, École française de Rome, 1982.

MILZA Pierre, Le fascisme italien à Paris, *Revue d'histoire moderne et contemporaine*, juillet-septembre 1983.

MILZA Pierre (dir.), *Les Italiens en France de 1914 à 1940*, Ecole française de Rome, 1986.

SCHOR Ralph, *Le fascisme italien dans les Alpes-Maritimes (1922-1940)*, Migrazioni attraverso le Alpi occidentali, Regione Piemonte, 1988.

Les juifs étrangers

GREEN Nancy, *Les travailleurs immigrés juifs à la Belle Époque*, Fayard, Paris, 1985.

HYMAN Paula, *De Dreyfus à Vichy. L'évolution de la communauté juive en France, 1906-1936*, Fayard, Paris, 1985.

SCHOR Ralph, *L'antisémitisme en France pendant les années 1930*, Complexe, Bruxelles, 1992.

WEINBERG David, *Les juifs à Paris de 1933 à 1939*, Calmann-Lévy, Paris, 1974.

Les Algériens

AGERON Charles-Robert, *Les Algériens musulmans et la France (1871-1919)*, PUF, Paris, 1968.

MASSARD-GUILBAUD Geneviève, *Des Algériens à Lyon. De la Grande Guerre au Front Populaire* CIEMI-l'Harmattan, Paris, 1995.

MEYNIER Gilbert, *L'Algérie révélée. La guerre de 1914-1918 et le premier quart du XXᵉ siècle*, Droz, Paris-Genève, 1981.

SCHOR Ralph, Les conditions de vie des immigrés nord-africains dans la Meurthe-et-Moselle entre les deux guerres, *Cahiers de la Méditerranée*, juin 1977.

STORA Benjamin, *Messali Hadj, pionnier du nationalisme algérien*, l'Harmattan, Paris, 1986.

STORA Benjamin, *Ils venaient d'Algérie. L'immigration algérienne en France, 1912-1992*, Fayard, Paris, 1992.

Les Allemands

BADIA Gilbert (dir.), *Les barbelés de l'exil*, Presses universitaires de Grenoble, 1979.

Les bannis d'Hitler. Accueil et luttes des exilés allemands en France (1933-1939), EDI-Presses universitaires de Vincennes, Paris, 1984.

PALMIER Jean-Michel, *Weimar en exil*, Payot, Paris, 1988.

SCHOR Ralph, Les travailleurs allemands et la reconstruction de la France au lendemain de la Grande Guerre (1919-1923), *Revue Historique*, juillet-septembre 1984.

Les autres nationalités

DEWITTE Philippe, *Les mouvements nègres en France, 1919-1939*, l'Harmattan, Paris, 1985.

PONTY Janine, Les problèmes soulevés par la scolarisation des enfants polonais en France après la Première Guerre mondiale, *Relations Internationales*, 1977, N° 12.

PONTY Janine, Des Polonaises parlent : mémoires d'immigrées dans le Nord-Pas-de-Calais entre les deux guerres mondiales, *Revue du Nord*, 1981, n° 250.

PONTY Janine, *Polonais méconnus. Histoire des travailleurs immigrés en France dans l'entre-deux-guerres*, Publications de la Sorbonne, Paris, 1988.

La Deuxième Guerre mondiale

Aspects généraux

BARTOSEK Karel, GALLISSOT René, PESCHANSKI Denis (dir.), *De l'exil à la Résistance. Réfugiés et immigrés d'Europe centrale en France (1933-1945)*, Arcantère, Paris, 1989.

Exilés en France : souvenirs d'antifascistes émigrés, 1933-1945, Maspéro, Paris, 1982.

LAGUERRE Bernard, Les dénaturalisés de Vichy, 1940-1944, *Vingtième Siècle*, octobre-décembre 1988.

MILZA Pierre et PESCHANSKI Denis (dir.), *Exils et migration. Italiens et Espagnols en France. 1938-1946*, l'Harmattan, Paris, 1994.

STEIN Louis, *Entre l'exil et l'oubli. Les réfugiés espagnols en France, 1939-1945*, Mazarine, Paris, 1982.

Les camps français

FONTAINE André, *Le camp d'étrangers des Milles, 1939-1943*, Édisud, Aix-en-Provence, 1989.

GRANDJONC Jacques et GRUNDTNER Theresia (dir.), *Zone d'ombres : exil et internement d'Allemands et d'Autrichiens dans le Sud-Est de la France*, Alinea-Erca, Aix-en-Provence, 1990.

GRYNBERG Anne, *Les camps de la honte : les internés juifs des camps français*, la Découverte, Paris, 1991.

LAHARIE C., *Le camp de Gurs, 1939-1945*, Infocompo, Pau, 1985.

LEVY Paul, *Un camp de concentration français : Poitiers, 1939-1945*, SEDES, Paris, 1995.
   Plages d'exil : les camps de réfugiés espagnols en France, 1939, BDIC, Nanterre, 1989.

SCHRAMM Hanna et VORMEIER Barbara, *Vivre à Gurs. Un camp de concentration français, 1940-1941*, Maspero, Paris, 1979.

Les juifs étrangers

COHEN Asher, *Persécutions et sauvetages. Juifs et Français sous l'occupation et sous Vichy*, le Cerf, Paris, 1993.

KASPI André, *Les juifs pendant l'occupation*, le Seuil, Paris, 1991.

MARRUS Michael et PAXTON Robert, *Vichy et les juifs*, Calmann-Lévy, Paris, 1981.

Les étrangers dans la Résistance

COURTOIS Stéphane, RAYSKI Adam, PESCHANSKI Denis, *Le Sang de l'étranger. Les immigrés de la MOI dans la Résistance*, Fayard, Paris, 1989.

GUILLON Jean-Marie, Les étrangers dans la Résistance provençale, *Revue d'histoire moderne et contemporaine*, octobre-décembre 1989.

JOUTARD Philippe et MARCOT François (dir.), *Les étrangers dans la Résistance en France*, Musée de la Résistance et de la Déportation, Besançon, 1992.

WIEVIORKA ANNETTE, *Ils étaient juifs, résistants, communistes*, Denoël, Paris, 1986.

Depuis 1945

Aspects généraux

ABOU SADA Georges et MILLET Hélène, *Générations issues de l'immigration*, Arcantère, Paris, 1986.

BERNARD Philippe, *L'immigration*, le Monde-Marabout, Paris, 1993.

COSTA-LASCOUX Jacqueline, *De l'immigré au citoyen*, la Documentation française, Paris, 1989.

DEBRÉ Robert et SAUVY Alfred, *Des Français pour la France (Le problème de la population)*, Gallimard, Paris, 1946.

DUBET François, *Immigration : qu'en savons-nous ?*, la Documentation française, Paris, 1989.

Les étrangers en France, *Esprit*, avril 1966.

Français-Immigrés, *Esprit*, juin 1985.

GEORGE Pierre, *L'immigration en France*, Colin, Paris, 1986.

GRANOTIER Bernard, *Les travailleurs immigrés en France*, Maspéro, Paris, 1970.

HEMERY S. et RABUT O., La contribution des étrangers à la natalité en France, *Population*, novembre-décembre 1973.

HILY Marie-Antoinette et POINARD Michel, Fonctions et enjeux du mouvement associatif portugais en France, *Revue européenne des migrations internationales*, septembre 1985.

KASTORYANO Riva, *Être Turc en France*, CIEMI-l'Harmattan, Paris, 1986.

LANNES Xavier, *L'immigration en France depuis 1945*, Nijhoff, La Haye, 1953.

LEBON André, Bilan annuel de l'immigration et de la présence étrangère en France, établi par la Direction de la Population et des Migrations, publié par la Documentation française.

LOCHAK Danielle, *Étrangers, de quel droit*, PUF, Paris, 1990.

MINCES Juliette, *Les travailleurs étrangers en France*, le Seuil, Paris, 1973.

MESTIRI Ezzedine, *L'immigration*, Repères, la Découverte, Paris, 1990.

RICHER L., *Le droit de l'immigration*, Que sais-je ? PUF, Paris, 1986.

SAUVY Alfred, Évaluation des besoins de l'immigration française, *Population*, n° 1 janvier-mars 1946.

SAYAD Abdelmalek, *Les paradoxes de l'altérité*, De Boeck, Bruxelles, 1991.

SIMON Gildas, *Géodynamique des migrations internationales dans le monde*, PUF, Paris, 1995.

TAPINOS Georges, *L'immigration étrangère en France, 1946-1973*, PUF, Paris, 1975.

TOUBON Jean-Claude et MESSAMAH Khelifa, *Centralité immigrée. Le quartier de la Goutte d'Or*, CIEMI-l'Harmattan, Paris, 1990.

TRIBALAT Michèle, *Faire France. Une enquête sur les immigrés et leurs enfants*, la Découverte, Paris, 1995.

WEIL Patrick, *La France et ses étrangers. L'aventure d'une politique de l'immigration, 1938-1991*, Calman-Lévy, Paris, 1991.

WEIL Patrick, Racisme et discrimination dans la politique française de l'immigration, 1938-1995, *Vingtième Siècle*, juillet-septembre 1995.

WIHTOL DE WENDEN Catherine, *Citoyenneté, nationalité et immigration*, Arcantère, Paris, 1987.

ZEHRAOUI Ahsène, *L'immigration. De l'homme seul à la famille*, CIEMI-l'Harmattan, Paris, 1994.

Rapports officiels

BERQUE Jacques, *L'immigration à l'école de la République*, rapport au ministre de l'Éducation nationale, la Documentation française, Paris, 1985.

HANNOUN Michel, *L'homme est l'espérance de l'homme. Rapport sur le racisme et les discriminations en France*, la Documentation française, Paris, 1987.

HESSEL Stéphane, *Immigration : le devoir d'insertion*, rapport du Commissariat général du Plan, la Documentation française, Paris, 1988.

LEBON André et MARANGE James, *L'insertion des jeunes d'origine étrangère dans la société française*, Rapport au ministre du Travail, la Documentation française, Paris, 1992.

LONG Marceau, *Être Français aujourd'hui et demain*, la Documentation française, Paris, 1988.

Essais et témoignages

BEN JELLOUN Tahar, *La plus haute des solitudes*, le Seuil, Paris, 1979.

FUCHS Gérard, *Ils resteront*, Syros, Paris, 1987.

GASPARD F. et SERVAN-SCHREIBER C., *La fin des immigrés*, le Seuil, Paris, 1984.

GRIOTTERAY Alain, *Les immigrés : le choc,* Plon, Paris, 1984.

KACET Salem, *Le droit à la France*, Belfond, Paris, 1991.

KETTANE Nacer, *Droit de réponse à la démocratie française*, la Découverte, Paris, 1986.

LE GALLOU Jean-Yves, *La préférence nationale : la réponse à l'immigration*, Albin Michel, Paris, 1985.

STASI Bernard, *L'immigration, une chance pour la France*, Laffont, Paris, 1984.

Représentations et comportements publics

BATTEGAY Alain et BOUBEKER Ahmed, *Les images publiques de l'immigration,* CIEMI-l'Harmattant, Paris, 1993.

BENVENISTE Annie et CYNGISER Annie, Temps d'échange et de repli : la Goutte d'Or pendant la guerre du Golfe, *Revue européenne des migrations internationales*, volume 9, n° 2, 1993.

COSTES André, L'Église catholique dans le débat sur l'immigration, *Revue européenne des migrations internationales*, volume 4, 1ᵉʳ semestre 1988.

GASTAUT Yvan, La flambée raciste de 1973, *Revue européenne des migrations internationales*, volume 9, n° 2, 1993.

GASTAUT Yvan, Le rôle des immigrés pendant les journées de mai-juin 1968, *Migration Société*, mars-avril 1994.

GASTAUT Yvan, Les effets positifs de la « culture black » sur l'image du Noir en France, *Migrations Société*, novembre-décembre 1995.

MRAP, *Chronique du flagrant racisme*, la Découverte, Paris, 1984.

ORIOL Paul, *Les immigrés devant les urnes*, CIEMI-l'Harmattan, Paris, 1992.

PRENCIPE Lorenzo, L'image médiatique de l'immigré : du stéréotype à l'intégration, *Migrations Société*, novembre-décembre 1995.

WIEVIORKA Michel, *La France raciste*, le Seuil, Paris, 1992.

Les immigrés dans l'économie

AUVOLAT Michel et BENATTIG Rachid, Les artisans étrangers en France, *Revue européenne des migrations internationales*, volume 4, n° 3, 1988.

Entrepreneurs entre deux mondes. La création d'entreprises par les étrangers (articles de M. Dreyfus, C.V. Marie, E. Ma Mung, A. Belbahri, N. Weibel, S. Palidda) numéro spécial de la *Revue européenne des migrations internationales*, volume 8, n° 1, 1992.

GARSON Jean-Pierre et TAPINOS Georges (dir.), *L'argent des immigrés. Transferts de fonds de huit nationalités*, INED, Paris, 1981.

GIRARD Alain, Le recours à la main-d'œuvre allemande, *Population*, N° 3, juillet-septembre 1947.

GOGOLEWSKI Edmond, Les ouvriers polonais en France après la Seconde Guerre mondiale, numéro spécial de la *Revue du Nord*, n° 7, 1992.

TALHA Larbi, *Le salariat immigré dans la crise*, CNRS, Paris, 1989.

TRIPIER Maryse, *L'immigration dans la classe ouvrière en France*, CIEMI-l'Harmattan, Paris, 1991.

Aspects sociaux

BAROU Jacques, Le logement des immigrés, *Hommes et Migrations*, janvier 1989.

BAROU Jacques, Processus de ségrégation et ethnicisation de l'espace, *Migrations Études*, janvier 1995.

BATTEGAY Alain, La question des territoires ethniques, *Revue européenne des migrations internationales*, volume 8, n° 2, 1992.

BERNARDOT Marc, Le mode de vie des résidents en foyers pour isolés à la Sonacotra, *Migrations Études*, juin 1995.

BILSKO S., La santé des migrants d'origine subsaharienne, *Migrations Études*, juin 1994.

HERVO Monique et CHARRAS Marie-Ange, *Bidonvilles*, Maspéro, Paris, 1971.

Les étrangers et le RMI : une population spécifique ? *Migrations Études*, mars-avril 1992.

La santé des migrants en France, *Revue européenne des migrations internationales*, volume 6, n° 3, 1990.

Les structures familiales

BARBARA Augustin, *Mariages sans frontières*, le Centurion, Paris, 1985.

CAMILLERI Carmel, Évolution des structures familiales chez les Maghrébins et les Portugais de France, *Revue européenne des migrations internationales*, volume 8, n° 2, 1992.

QUIMINAL C. et BOBIN C., Mode de constitution des ménages polygames et vécu de la polygamie en France, *Migrations Études*, octobre 1993.

STREIFF-FÉNART Jocelyne, Le mariage : un moment de vérité de l'immigration familiale maghrébine, *Revue européenne des migrations internationales*, décembre 1985.
STREIFF-FÉNART Jocelyne, *Les couples franco-maghrébins*, l'Harmattan, Paris, 1989.

Les jeunes, l'école, l'intégration

À l'école, l'intégration, *Hommes et Migrations*, septembre 1991.
BOULOT Serge et BOYZON-FRADET Danielle, *Les immigrés et l'école : une course d'obstacles. Lectures de chiffres (1973-1987)*, CIEMI-l'Harmattan, Paris, 1988.
BASTENIER Albert et DASSETTO Felice, *Immigration et espace public. La controverse de l'intégration*, CIEMI-l'Harmattan, Paris, 1993.
COSTA-LASCOUX Jacqueline, Filiations et dépendances institutionnelles : les secondes générations, *Revue européenne des migrations internationales*, décembre 1985.
DESPLANQUES François, Quand les beurs prennent la plume, *Revue européenne des migrations internationales*, volume 7, n° 3, 1991.
Générations nouvelles, numéro spécial de la *Revue européenne des migrations internationales*, volume 1, n° 2, décembre 1985.
HILY Marie-Antoinette et ORIOL Michel, Deuxième génération portugaise : la gestion des ressources identitaires, *Revue européenne des migrations internationales*, volume 9, n° 3, 1993.
Les immigrés du Maghreb. Études sur l'adaptation en milieu urbain, INED, Université de Lyon II et III, Aix-Marseille et Poitiers, PUF, Paris, 1977.
L'intégration au quotidien, *Hommes et Migrations*, octobre 1990.
JAZOULI Adil, *L'action collective des jeunes Maghrébins en France*, CIEMI-l'Harmattan, Paris, 1986.
LEVEAU Rémy, Les beurs dans la cité, *Vingtième Siècle*, octobre-décembre 1994.
POINSOT Marie, L'intégration politique des jeunes maghrébins : deux stratégies associatives dans la région lilloise, *Revue européenne des migrations internationales*, volume 7, n° 3, 1991.
SCHNAPPER Dominique, *La France de l'intégration*, Gallimard, Paris, 1991.
Service national : le creuset ? *Hommes et Migrations*, décembre 1990.
TODD Emmanuel, *Le destin des immigrés. Assimilation et ségrégation dans les démocraties occidentales*, le Seuil, Paris, 1994.

Les Maghrébins en France

BAROU Jacques, *Les travailleurs africains en France*, Presses universitaires de Grenoble, 1978.
COSTA-LASCOUX JACQUELINE et TEMINE EMILE (dir.), *Les Algériens en France. Genèse et devenir d'une migration*, Publisud, Paris, 1985.
CESARI Jocelyne, De l'immigré au minoritaire : les Maghrébins en France, *Revue européenne des migrations internationales*, volume 10, n° 1, 1994.
GILETTE Alain et SAYAD Abdelmalek, *L'immigration algérienne en France*, Éditions Entente, Paris, 1985.
L'immigration maghrébine en France : les faits et les mythes, *les Temps Modernes*, mars-mai 1984.
MICHEL Andrée, *Les travailleurs algériens en France*, CNRS, Paris, 1956.
SIMON Gildas, *L'espace des travailleurs tunisiens en France*, Université de Poitiers, 1979.

L'islam en France

ANDEZIAN Sossie, Pratiques féminines de l'islam en France, *Archives de sciences sociales des religions*, 55/1, 1983.
CESARI Jocelyne, *Être musulman en France. Associations, militants et mosquées*, Karthala-IREMAM, Paris, Aix-en-Provence, 1994.

ETIENNE Bruno, *La France et l'islam*, Hachette, Paris, 1989.
L'islam en France, *les Cahiers de l'Orient*, 1986, n° 3.
KEPEL Gilles, *Les banlieues de l'islam*, le Seuil, Paris, 1987.
KEPEL Gilles, *À l'ouest d'Allah*, le Seuil, Paris, 1994.
LEVEAU Rémy et KEPEL Gilles (dir.), *Les musulmans dans la société française*, Presses de la Fondation nationale des Sciences politiques, Paris, 1988.
MAHÉ Alain, Les femmes dans les associations musulmanes, *Migrations Études*, novembre 1992.

Les Asiatiques en France

La diaspora chinoise en occident, numéro spécial de la *Revue européenne des migrations internationales*, volume 8, n° 3, 1992.
GUILLON Michelle et TABOADA-LÉONETTI Isabelle, *Le triangle de Choisy. Un quartier chinois à Paris*, CIEMI-l'Harmattan, Paris, 1986.
LE HUU Khoa, *Les Vietnamiens en France*, CIEMI-l'Harmattan, Paris, 1985.

Revues

Actualités Migrations
Hommes et Migrations
Migrants-Formation
Migrations Etudes
Migrations Société – CIEMI
Plein Droit
Revue européenne des migrations internationales.

TABLE DES MATIÈRES

Photocomposition
Nord Compo
59650 Villeneuve-d'Ascq

Normandie Roto Impression s.a.
61250 Lonrai
N° d'imprimeur : 962230
Dépôt légal : novembre 1996